ANNA SAVAS

Stay Here

New England School of Ballet

Die Bücher von Anna Savas bei LYX:

Die New England School of Ballet-*Reihe:*
1. Hold Me – New England School of Ballet
2. Stay Here – New England School of Ballet
3. Shine Bright – New England School of Ballet
4. Move On – New England School of Ballet

Die Keeping-*Reihe:*
1. Keeping Secrets
2. Keeping Dreams
3. Keeping Hope

Weitere Romane der Autorin sind bei LYX in Vorbereitung.

ANNA SAVAS

stay here

NEW ENGLAND SCHOOL OF BALLET

Roman

LYX

LYX in der Bastei Lübbe AG
Dieser Titel ist auch als E-Book und als Hörbuch erschienen.

NACHHALTIG PRODUZIERT

Die Bastei Lübbe AG verfolgt eine nachhaltige Buchproduktion. Wir verwenden Papiere aus nachhaltiger Forstwirtschaft und verzichten darauf, Bücher einzeln in Folie zu verpacken. Wir stellen unsere Bücher in Deutschland und Europa (EU) her und arbeiten mit den Druckereien kontinuierlich an einer positiven Ökobilanz.

FSC www.fsc.org MIX Papier | Fördert gute Waldnutzung FSC® C014496

Originalausgabe:

Bei Fragen zur Produktsicherheit wende dich bitte an:
produktsicherheit@bastei-luebbe.de

Dieses Werk wurde vermittelt durch die Literarische Agentur Thomas Schlück GmbH, 30161 Hannover.

Textredaktion: Stephanie Janek
Umschlaggestaltung: © Jeannine Schmelzer, Bastei Lübbe AG unter Verwendung einer Gestaltung von © Vanessa Weuffel und eines Motivs von Bokeh Blur Background/Shutterstock
Satz: Greiner & Reichel, Köln
Gesetzt aus der Adobe Caslon
Druck und Verarbeitung: GGP Media GmbH, Pößneck

Printed in Germany
ISBN 978-3-7363-1926-4

5 7 6

Weitere Informationen unter:
lyx-verlag.de
luebbe.de | lesejury.de

Liebe Leser:innen,

dieses Buch enthält potenziell triggernde Inhalte.
Deshalb findet ihr auf der letzten Seite eine Triggerwarnung.

Achtung: Diese enthält Spoiler für das gesamte Buch!

Wir wünschen uns für euch alle
das bestmögliche Leseerlebnis.

Eure Anna und euer LYX-Verlag

Für Dich

PLAYLIST

lovely – billie eilish, khalid
matilda – harry styles
echo (acoustic) – alexander stewart
good die young – elley duhé
love and hate – camylio
sign of the times – harry styles
me myself & i – 5 seconds of summer
traffic lights – sara kays
house of cards – alexander stewart
pray – jxdn
where's my love (alternate version) – syml
you don't go to parties – 5 seconds of summer
feel something – bea miller
two ghosts – harry styles
willow – taylor swift
ocean eyes – billie eilish
bigger than the whole sky – taylor swift
moonlight – chase atlantic
slip away – unsecret, ruelle
long sleeves – gracie abrams
homesick – lexi jayde
just fucking let me love you – lowen
always you – louis tomlinson

1. TEIL

Intro

MOCKINGBIRD

Written and performed by: Liam Bellamy

You were always chasing heights
Beautiful and brave
Dancing fearless through the nights
Knowing you are safe

Suddenly a voice appears
Rushing through your head
Gives you worries and dark fears
Keeping you awake

Sometimes it's okay to get help
Fighting back the dust
Spread your wings, untie your chains
Make your voice get heard
We'll be dancing in the rain
My lovely mockingbird

Hearts can break from time to time
Fragile little souls
Getting smaller, seem to hide
The things you used to know

When your world just seems too empty
When you lose your way
When you feel like you can't find the
Strength to make you stay
Know that I'll be here to catch you
When you think you fall
Know that I'll be here to guide you
When you lose it all
Promise you'll find back to yourself
When you dare to trust

Sometimes it's okay to get help
Fighting back the dust
Spread your wings, untie your chains
Make your voice get heard
We'll be dancing in the rain
My lovely mockingbird

PROLOG
Rayne

Es beginnt mit einem Song.

Meinem Song. Okay, genau genommen ist es nicht mein Song. Mein Dad hat ihn geschrieben, aber es geht darin um mich. *Mockingbird.* Das bin ich.

Die Töne sind vertraut. Der Songtext. Der Klang der Gitarre. Ein bisschen rau, weil das Instrument wahrscheinlich ziemlich alt ist. Aber das ist nicht schlimm.

Alles an dem Song ist vertraut.

Nur die Stimme nicht. Auch sie ist ein wenig rau und gleichzeitig unglaublich weich. Wie Seide über Schmirgelpapier. Ich weiß nicht, ob ich jemals zuvor so eine Stimme gehört habe. Nicht mal Dad hat so eine Stimme, dabei hat seine ihn berühmt gemacht. Sie ist genauso rau, aber viel tiefer, sie vibriert in der Brust, und ich bekomme jedes Mal eine Gänsehaut, wenn Dad singt.

Aber diese Stimme hier geht mir unter die Haut, nistet sich in jeder Faser meines Körpers ein. Sie dringt bis in mein Herz, das aufgeregt in meiner Brust tanzt.

Sometimes it's okay to get help
Fighting back the dust
Spread your wings, untie your chains
Make your voice get heard

We'll be dancing in the rain
My lovely mockingbird

Die letzten Töne verklingen, der Song ist zu Ende. Ich starte das Video wieder von vorne. Zum dreizehnten Mal. Der Song läuft seit einer Stunde in Dauerschleife. Ich muss ihn meinem Dad vorspielen, wenn er nach Hause kommt. Diese Version wird ihm gefallen, das weiß ich. Sie ist anders als alle anderen, die ich bisher gefunden habe. Eher eine Mischung aus Pop und Rock. Schneller und poppiger, weniger melancholisch als Dads Akustikversion. Dads Song wird von seiner Stimme und seiner Gitarre beherrscht, mehr nicht. Die meisten versuchen, an das Original der Ballade ranzukommen, was allerdings den wenigsten gelingt, und selbst wenn, klingt es eher nach einer Kopie. Diese Jungs hier haben den Song zu ihrem eigenen gemacht.

Ich habe unzählige Versionen von *Mockingbird* gefunden, weil ich täglich danach suche. Vielleicht bin ich ein bisschen besessen davon, den Menschen dabei zuzuhören, wie sie über mich singen. Aber keine war wie diese.

Drei Coverversionen habe ich Dad bisher gezeigt. Eine mochte er. Das ist zwei Jahre her. Casey, die junge Frau, die den Song gesungen hat, hat daraufhin einen Plattenvertrag von Dads Label bekommen. Inzwischen singt sie ihre eigenen Songs, tourt um die Welt und lebt das Leben, von dem sie immer geträumt hat.

Und ich hocke immer noch im Wohnzimmer des Anwesens meiner Eltern in Los Angeles und suche nach dem perfekten Cover. Damals dachte ich, ich hätte es gefunden.

Heute weiß ich, dass es nicht so war. Heute weiß ich, dass das hier besser ist. Dass *er* besser ist. Dieser Typ, der mit seiner Gitarre in der Hand in einem Plattenladen steht und meinen

Song singt. Und er singt ihn nicht einfach nur, er *fühlt* ihn. Jede Zeile, jedes Wort. *Mich.*

Er ist nicht allein. Sie sind zu viert, die Jungs von *We Are No Saints*, und sie sind alle gut, verdammt gut sogar. Ein Typ mit dunklem Buzz-Cut sitzt hinter dem Schlagzeug, ein breites Grinsen auf den Lippen. Er spielt, als würde sein Leben davon abhängen und als würde er es bereitwillig opfern, einfach nur, um spielen zu können. Den anderen scheint es genauso zu gehen. Der Kerl, der die Bassgitarre in den Händen hält, hat ein Piercing in der Augenbraue und einen konzentrierten Ausdruck auf dem Gesicht. Seine Hände bewegen sich schnell und sicher, als hätte er das schon tausendmal gemacht. Und dann sind da noch die beiden Sänger. Beide mit ihren Gitarren vor dem Körper. Einer blond, einer dunkelhaarig. Rhythmusgitarre und Leadgitarre. Der Blonde singt die Harmonien. Er hat eine schöne Stimme, weich und klar, die perfekt zu der Stimme des anderen passt. Dem Leadsänger. Dem Typen, wegen dem ich das Video wieder und wieder gestartet habe. Wegen dieser Stimme, die mein Herz zum Flattern bringt.

Er ist wahrscheinlich ein paar Jahre älter als ich, irgendwas Anfang zwanzig. Dunkle, zerzauste Haare, die an den Seiten etwas kürzer sind als oben, und ein Gesicht, für das man hier in Hollywood töten würde. Klare, scharf geschnittene Züge, volle Lippen, dichte Brauen und Wimpern. Seine Augen sind halb geschlossen, sodass ich nicht erkennen kann, welche Farbe sie haben. Nur dass sie dunkel sind.

Er ist umwerfend. Aber sein Gesicht ist nicht der Grund dafür, warum ich wieder und wieder dieses YouTube-Video starte, sondern seine Stimme. Und seine Hände. Ich habe eine Schwäche für schöne Hände, und seine sind verdammt schön, mit langen, schlanken, sehr geschickten Fingern.

Ein Kribbeln durchläuft mich, als ich das Video ein weiteres Mal starte. Es ist viel zu gut. Ich könnte ihm ewig zuhören.

Eine Hand legt sich auf meine Schulter, und ich fahre erschrocken herum. Dad steht hinter mir. Seine Lippen bewegen sich, aber ich kann ihn nicht verstehen, weil ich immer noch höre, wie dieser Typ *Mockingbird* in mein Ohr singt.

Ich nehme die Kopfhörer ab und reiche sie Dad. »Du musst dir das anhören«, fordere ich ihn auf, ohne ihn zu begrüßen, ohne ihn zu fragen, was er gerade gesagt hat.

Seine dunklen Augenbrauen wandern nach oben, ein Lächeln umspielt seinen Mund. »So gut?«

»Besser.« Ich kann den aufgeregten Unterton in meiner Stimme nicht verbergen, und mein Blick zuckt ganz von selbst zu Dads Grammy, der auf dem Kamin steht und im sanften Licht der Stehlampe golden aufleuchtet, als wollte die Skulptur des Grammophons mir etwas sagen. Dad hat den Preis damals für *Mockingbird* gewonnen. Für mein Lied. Fünf Jahre ist das her. Seitdem suche ich immer wieder das Internet nach Coverversionen ab.

»Dann lass mal hören.« Dad kommt um das Sofa herum und lässt sich neben mich fallen. Er trägt immer noch seinen Anzug, weil er mit Mom bei irgendeiner Gala war, lockert aber zumindest die Krawatte, bevor er sich die Kopfhörer aufsetzt und ich erst ein weiteres Mal auf Play drücke und ihm dann mein Handy reiche.

Mein Herz klopft viel zu schnell, ich beobachte jede Regung in Dads Gesicht, jedes Zucken seiner Mundwinkel und Augenbrauen, das Flackern in seinen dunklen Augen, während er zuhört.

»Liam? Hast du …« Moms Stimme verstummt gleichzeitig mit dem Klappern ihrer hohen Absätze, das auf dem Holzboden kaum zu überhören ist.

Ich drehe den Kopf in ihre Richtung und sehe sie in der Tür zum Wohnzimmer stehen, die Arme vor der Brust verschränkt, ein amüsiertes Lächeln auf den Lippen. Die hellblonden Haare fallen in einer Kaskade weicher Wellen über ihre Schultern. Sie trägt ein dunkelblaues, atemberaubendes Abendkleid, und die Anmut, die sie ausstrahlt, obwohl sie sich überhaupt nicht bewegt, versetzt mir einen albernen Stich. Sie ist wunderschön. Durch und durch eine Tänzerin, obwohl ihre Karriere noch vor meiner Geburt vorbei war.

Ich kann mich so sehr bemühen, wie ich will, ich werde nie so sein wie sie.

Der Gedanke zuckt ganz von selbst durch meinen Kopf, ich kann nichts dagegen tun, ihn nicht einfach ausblenden. Konnte ich noch nie. Entschieden dränge ich ihn beiseite. Es geht jetzt nicht ums Ballett. Nicht um Mom. Und auch nicht um mich. Nur um diesen Song.

»Ich hätte wissen müssen, dass ich euch hier finde.« Mom stößt sich vom Türrahmen ab und kommt mit geschmeidigen Schritten zu uns rüber. Sie deutet auf mein Handy, als sie sich neben mich setzt und ihre absolut mörderischen High Heels abstreift. »Was hört ihr euch an?«

»*Mockingbird*«, erwidere ich und werfe Dad einen kurzen Blick zu. Er hat die Augen geschlossen, eine tiefe Falte hat sich zwischen seine Augenbrauen gegraben. Er ist hochkonzentriert, und ich rutsche aufgeregt auf den weichen Polstern hin und her, weil es ewig her ist, dass ich ihn so gesehen habe, wenn er ein Cover gehört hat. Genau genommen zwei Jahre.

Mom lacht leise, die hellgrauen Augen, die ich von ihr geerbt habe, leuchten. »Warum frage ich überhaupt?«

»Keine Ahnung.« Ich grinse sie an, und sie streckt eine Hand nach mir aus, um mir eine dunkle Haarsträhne hinters Ohr zu streichen.

»Wolltest du nicht Hailey fragen, ob sie heute Abend rüberkommt? Ich dachte, ihr wolltet einen Mädelsabend machen, wenn du sturmfrei hast.«

Ich zucke mit den Schultern. Ja, wir wollten die Gelegenheit nutzen, dass meine Eltern nicht da sind. Aber manchmal gibt es wichtigere Dinge. Zumindest für meine beste Freundin. »Sie hat abgesagt. Der Typ, auf den sie steht, hat sie endlich um ein Date gebeten, und da konnte ich ihr doch nicht im Weg stehen.«

»Das ist lieb von dir.«

Ich ziehe eine Grimasse. »So bin ich.«

Aber das ist nicht die Wahrheit. Nicht wirklich jedenfalls. Hailey war diejenige, die beschlossen hat, dass ich ihr heute Abend nicht im Weg stehen kann, nicht ich. Doch das muss Mom nicht wissen.

Mom greift nach meiner Hand und drückt sie. »Hast du dann den ganzen Abend nur Musik gehört?«

»Mehr oder weniger.« Ich zucke mit den Schultern. »Ich habe auch eine neue Serie angefangen.«

Mom streckt sich. »Klingt nach einem entspannten Abend.«

»Ja. Ich …« Ich breche ab, als Dad die Kopfhörer abnimmt. »Und?«, platzt es aus mir heraus. »Was sagst du?«

»Du hast recht. Das ist gut. Richtig gut!« Sein Mund verzieht sich zu einem breiten Lächeln, und mir entfährt ein aufgeregtes Quietschen.

»Das heißt, du zeigst es Alan?«

»Das heißt, ich werde mir ansehen, was die Jungs sonst so draufhaben, und *dann* spreche ich mit Alan.« Er gibt mir mein Handy zurück und steht auf. »Aber zuerst muss ich aus diesem Anzug raus.«

»Das ist okay.« Grinsend presse ich das Handy an meine Brust, mein Herz schlägt wie verrückt. »Danke, Dad!«

Ich werfe ihm eine Kusshand zu und kuschle mich tiefer in die Polster der Couch, nachdem er das Wohnzimmer verlassen hat. Es hat ihm gefallen. Es hat ihm wirklich gefallen. Und er sieht sich die Jungs an.

Es ist albern, wie glücklich mich das macht.

»Süße, wir müssen noch mal über das Vortanzen sprechen«, sagt Mom, und ihre Worte versetzen dem kribbelnden Glücksgefühl in meinem Bauch einen jähen Dämpfer. »Bist du sicher, dass du nicht hingehen willst?«

Ich drehe mich zu ihr um. »Warum sollte ich? Ich werde sowieso nicht genommen. Ich bin nicht gut genug, Mom, und das weißt du genauso gut wie ich.«

»Das ist nicht wahr. Du hast Talent, Rayne.« In ihrer Stimme schwingt ein hoffnungsvoller Unterton mit, und ich hasse es, sie zu enttäuschen.

»Habe ich nicht. Ich bin keine vollkommene Katastrophe, aber ich bin nicht gut genug für die New England School of Ballet.«

Mom seufzt. »Was kann ich tun, um dich vom Gegenteil zu überzeugen? Du bist gut genug. Gut genug für alles, was du willst.«

»Mom, bitte«, bringe ich gequält hervor. Wir haben schon so oft darüber gesprochen, und das Ergebnis ist immer dasselbe.

»Na gut. Tut mir leid, ich höre schon auf.« Mom greift nach meiner Hand und drückt sie. »Du sollst das machen, was dich glücklich macht.«

Ich will etwas erwidern, irgendwas, aber die Worte sind mir abhandengekommen. Ich weiß nicht, was mich glücklich macht, habe keine Ahnung, was ich mit meinem Leben anfangen will. Dabei ist mir vollkommen klar, dass ich bald eine Entscheidung treffen muss. Irgendeine. Mein Schulabschluss ist in ein paar Monaten. Ich habe mich bisher noch an keinem College beworben. Ich habe gar nichts gemacht, und im Grunde ist es jetzt auch längst zu spät, wenn ich nicht wäre, wer ich bin. Wenn Mom und Dad nicht wären, wer sie sind. Meine Noten sind gut, ich würde dank ihrer Beziehungen vermutlich überall noch einen Platz bekommen. Wenn ich nur wollte.

Aber ich weiß einfach nicht, was ich will. Mein Leben liegt vor mir, eine Straße mit zu vielen Abzweigungen, zu vielen Möglichkeiten. Ich entscheide mich nicht, weil ich Angst habe, die falsche Entscheidung zu treffen. Stattdessen warte ich. Auf ein Zeichen, das nicht kommen wird. Ich weiß nur, dass es nicht das Vortanzen ist. Nicht die Schule, die Mom einst selbst besucht hat, als sie so alt war wie ich.

Mom seufzt noch mal, dann rafft sie den langen Saum ihres Kleides zusammen und steht auf. »Ich gehe mich auch umziehen. Wollen wir gleich zusammen einen Film anschauen?«

»Klar. Soll ich schon mal was aussuchen?«

Sie nickt, und dann lässt sie mich allein. Ihre Schritte auf der Treppe sind beinahe lautlos.

Ich tippe auf mein Handy, anstatt nach der Fernbedienung zu greifen, und starte *Mockingbird* ein weiteres Mal.

Seine Stimme jagt mir einen wohligen Schauer über den Rücken, und in mir zieht sich etwas zusammen. Flatternd schließen sich meine Lider, und ich lasse mich von dieser Stimme forttragen.

Die vertrauten Worte klingen auf einmal anders, haben einen anderen Unterton, eine andere Wirkung. Er nimmt Dads Song und macht ihn zu seinem eigenen. Er singt von einem kleinen Vogel, er singt von mir. Und tut es doch nicht. Weil er nicht Dad ist, sondern irgendein Typ, den ich nicht kenne, der von einem Mädchen singt, das frei und verloren zugleich ist.

Irgendwas in mir bekommt einen Riss. Es ist verrückt, weil es doch eigentlich nur ein Song ist, nur ein Typ, nur eine Stimme. Aber es ist mehr als das. Er ist mehr als irgendein Typ. Und es ist nicht irgendein Song, sondern meiner, und deshalb muss ich wissen, wie er heißt.

Ich schließe YouTube und öffne Instagram. Mit fliegenden Fingern gebe ich den Namen der Band ein. Ich finde sie sofort. Sie haben nicht viele Follower, ein paar Tausend, mehr nicht, aber es gibt nichts, was mich weniger interessieren könnte. Ich scrolle durch die Bilder, bis ich eins finde, auf dem alle vier markiert sind.

Zwei Minuten. Länger dauert es nicht, bis ich seinen Namen kenne.

Easton Coleman.

Ich muss lächeln, und bevor ich darüber nachdenken kann, ob das eine gute Idee ist oder kompletter Wahnsinn, tippe ich auf das kleine Nachrichtensymbol und beginne zu schreiben.

17. April um 10:06 PM

mockingbird:
Ich habe euer Video von Mockingbird *gesehen. Ihr seid genial. Du bist genial. Ich glaube, ich habe noch nie eine bessere Version gehört.*

Ich schicke die Nachricht ab und wünsche mir in der nächsten Sekunde, ich hätte es nicht getan. Mehr fangirlen geht wohl nicht. Meine Wangen brennen vor Verlegenheit. Easton muss mich für komplett bescheuert halten, wenn er die Nachricht liest. Falls er sie liest. Vielleicht landet sie auch auf Nimmerwiedersehen in seinen Nachrichtenanfragen.

Ich hebe den Kopf, als jemand mir die Kopfhörer von den

Ohren zieht, aus denen schon seit Minuten kein Ton mehr dringt. Dad steht vor mir. Ich war so auf mein Handy konzentriert, dass ich ihn und Mom überhaupt nicht bemerkt habe. Beide haben Anzug und Kleid gegen deutlich bequemere Klamotten getauscht.

»Und für welchen Film hast du dich entschieden?« Er setzt sich neben mich und zieht Mom auf seinen Schoß. Die beiden sind so verliebt, als wären sie nicht schon seit zwanzig Jahren ein Paar. Wenn sie zusammen sind, benehmen sie sich manchmal mehr wie Teenager als ich.

Ich schlage den ersten Film vor, der mir in den Sinn kommt, weil ich keinen Gedanken daran verschwendet habe. *Stolz und Vorurteil* ist einer von Moms Lieblingsfilmen, wir haben ihn schon so oft zusammen angeschaut, dass wir ihn beinahe mitsprechen können. Doch jetzt bin ich nicht richtig bei der Sache. Nicht, als Mom den Film bei Netflix auswählt, nicht, als der Vorspann über den Bildschirm flimmert, und genauso wenig während der ersten fünfzig Minuten.

Und als nach zweiundfünfzig Minuten das Display meines Handys aufleuchtet und mir eine Benachrichtigung von Instagram anzeigt, verabschiedet sich auch der letzte Rest meiner Aufmerksamkeit.

Easton hat mir geschrieben.

17. April um 10:58 PM

eastcoleman:
Dann scheinst du das Original nicht besonders gut zu kennen, oder?

Ich muss lächeln, und mein Herz stellt in meiner Brust auf einmal ziemlich seltsame Dinge an.

Meine Finger fliegen über das Display, tippen eine Antwort.

Das ist der Moment, in dem alles anfängt. Der Moment, in dem noch alles gut ist.

Ich weiß nicht, dass ich ihn genießen sollte. Diesen Moment, diesen Abend. Mit meinen Eltern auf dem Sofa neben mir, ihr leises Lachen im Ohr, mit meinem Handy in der Hand und Eastons Nachrichten vor Augen.

Ich weiß nicht, dass ich ihn genießen sollte. Weil solche Momente zu selbstverständlich sind.

Bis sie es nicht mehr sind.

Easton

Drei Monate später

Rockstar Liam Bellamy stirbt bei tragischem Autounfall

Los Angeles – Es ist eine traurige Nachricht: Rockstar Liam Bellamy (†38) ist in der Nacht zum Montag, dem 11. Juli, bei einem tragischen Autounfall ums Leben gekommen. Auch seine Frau Laura Bellamy (†37) erlag wenige Stunden nach dem Unfall ihren Verletzungen.

Die genauen Ursachen für den Unfall müssen noch geklärt werden.

Lowlight Recording reagierte bestürzt über den tragischen Tod des Stars: »Unsere Herzen sind gebrochen. Liam gehörte seit siebzehn Jahren zu unserer Familie. Wir sind untröstlich über diesen Verlust.«

Liam und Laura Bellamy hinterlassen eine achtzehnjährige Tochter, Rayne Bellamy.

Nein. Nein. Nein.

Das kann nicht sein. Es darf nicht sein.

Wie betäubt starre ich auf mein Handy. Aber da steht es. Schwarz auf weiß. Bei jeder verfickten Nachrichtenseite, die ich in den letzten Minuten aufgerufen habe.

Liam Bellamy ist tot.

Er ist tot. Genau wie seine Frau. Autounfall. Das Internet ist voll davon.

Adrenalin jagt durch meine Adern, das Blut rauscht so heftig in meinen Ohren, dass ich die weibliche Stimme, die aus dem Fernseher schallt und uns genau das erzählt, was wir auf unseren Handys längst gelesen haben, kaum verstehe. Immer wieder werden kurze Videos eingeblendet. Ein Mädchen, das ein Krankenhaus in L. A. verlässt, die Kapuze ihres übergroßen Hoodies tief ins Gesicht gezogen, aber ihre auffälligen violetten Haarsträhnen lugen darunter hervor. Liams und Lauras Tochter. Ihr Gesicht ist nicht zu erkennen, sie hält den Kopf gesenkt. Zwei völlig demolierte Autos auf der Straße, Scherben überall. Pressesprecher von Lowlight Recording, völlig geschockt.

Ich kann mich nicht bewegen. Nichts sagen. Nichts machen. Ich sitze nur da und versuche zu verstehen, was da verdammt noch mal passiert ist. Wie das passieren konnte. Wie es sein kann, dass Liam, der vor einer Woche noch nach Boston gekommen ist, um uns persönlich zu sagen, dass er uns gerne als Vorband für seine neue Tour haben will, tot ist.

Liam, der uns ermutigt hat, weiterzumachen, immer besser zu werden, der mir mit den Songtexten geholfen hat. Der uns einfach zwischendurch geschrieben hat, um zu fragen, wie es läuft und ob es uns gut geht.

Liam, der in den vergangenen Monaten nicht nur der Sänger einer unserer Lieblingsbands war, sondern irgendwie auch unser Mentor geworden ist.

Und jetzt ist er tot.

Es kann nicht sein. Das ist unmöglich.

Aber es ist möglich. Es ist kein verfluchter Traum, aus dem man aufwachen kann. Es ist die verdammte Realität.

Ein unachtsamer Moment, ein anderer Fahrer, der nicht aufgepasst hat, und es war vorbei.

Hinter meinen Augen breitet sich ein unbekannter Druck aus, und ich kann nicht mehr richtig atmen. Meine Kehle fühlt sich an wie zugeschnürt. Ich weiß nicht, wann ich das letzte Mal geweint habe. Es ist zu lange her, ich habe vergessen, wie sich das anfühlt.

Im Gegensatz zu Beck, den ich neben mir leise schniefen höre. Seine Augen glänzen, Tränen haben Spuren auf seinen Wangen hinterlassen. Er hatte noch nie ein Problem damit, seine Gefühle einfach rauszulassen. Colin sitzt auf dem Boden vor dem Fernseher, still und kreidebleich.

Jax ist vorhin ins Bad verschwunden, der Wasserhahn läuft, sonst ist aus dem kleinen Raum nichts zu hören. Aber ich schätze, er will es auch genau so.

Mir wird schlecht, als ich an seine Tochter denke. Ich kenne Rayne nicht, weiß nur, dass sie jünger ist als ich, Liam hat erzählt, dass sie dieses Jahr erst mit der Highschool fertig geworden ist. Sie hat unsere Videos bei YouTube gefunden und ihrem Vater gezeigt, wir haben sie allerdings nie getroffen. Liam hat uns ein paar Mal in Boston besucht, aber wir waren nie in Los Angeles, und Rayne konnte Liam wegen ihrer Abschlussprüfungen nicht begleiten.

Sie ist zu jung, um ihre Eltern zu verlieren. Scheiße, man ist *immer* zu jung dafür.

Und dann muss ich an ein anderes Mädchen denken. Das Mädchen, dessen Lieblingssong *Mockingbird* ist.

Das Mädchen, das mir nie seinen Namen verraten hat, obwohl wir seit Monaten schreiben. Das Mädchen, das sich so nennt wie der Song, der es zu uns geführt hat. Zu mir.

Sie liebt diesen Song abgöttisch. Sie liebt alle Songs von Liam Bellamy, und ich weiß, dass sie die Tage gezählt hat, bis sein neues Album erscheint. Ich weiß es, weil wir das zusammen gemacht haben.

Meine Hände zittern, als ich Instagram öffne. Ich muss wissen, ob es ihr gut geht, obwohl mir eigentlich vollkommen klar ist, dass das Wunschdenken ist.

Es gibt diese Menschen, die hören von dem Tod ihres Lieblingsmusikers, und dann sind sie traurig und betroffen, aber für sie ist es zu weit weg, und nach ein paar Wochen denken sie nicht mehr daran.

Aber Birdy ist nicht so. Für sie ist Liams Tod nicht weit weg. Sondern viel zu nah, weil seine Musik ihr die Welt bedeutet.

Ich gehe auf ihr Instagramprofil und starre auf ihre Fotos, weil ich es nicht über mich bringe, ihr die Frage zu stellen, die ich ihr stellen muss. Mein Herz zieht sich zusammen. Ich habe Angst vor der Antwort. Ich habe Angst davor, was das mit ihr macht.

Ihre Bilder verschwimmen vor meinen Augen. Ich kenne jedes einzelne.

Das, auf dem sie ein verwaschenes Tour-T-Shirt von Liam trägt, dunkle Haare fallen bis zu ihrer Taille. Es zeigt nur einen Teil ihres Halses und ihren Oberkörper. Nicht ihr Gesicht. Nie ihr Gesicht. Wir schreiben seit drei Monaten, und ich habe nie ihr Gesicht gesehen.

Aber ich weiß, dass ihren Rippenbogen das Tattoo einer kleinen Spottdrossel ziert. Ich kenne die Armbänder, die um ihr schmales Handgelenk geschlungen sind. Goldene Sterne und eine feine Mondsichel. Ein silbernes, etwas breiteres Armband, in das etwas eingraviert ist, das auf den Fotos nicht zu erkennen ist. Ich kenne die Ringe, die sie trägt. Sechs an der rechten Hand, vier an der linken. Ich weiß, dass sie die grausten Augen der Welt hat, mit unendlich langen Wimpern, weil sie ein Foto gepostet hat, auf dem nur ihre Augen zu sehen sind. Der Blick geht direkt in die Kamera, tief und eindringlich. Ich kenne das kleine Muttermal auf ihrem rechten Wangenknochen von einem anderen Foto, auf dem ihr Profil zu sehen ist, zur Hälfte abgeschnitten, man erkennt nur die Wangenknochen und ihr Kinn. Ihre Haare sind zu einem lockeren Knoten hochgebunden, sie trägt große Kopfhörer, und man sieht dieses Muttermal. Ich kenne unendlich viele winzige Fragmente dieses Mädchens, aber ich habe nie ihr ganzes Gesicht gesehen.

Aber das ist auch nicht nötig.

Ich kenne *sie*. Und sie kennt mich. Jeden Gedanken, jede Unsicherheit. Jeden Lieblingssong. Und deswegen muss ich ihr diese Nachricht schreiben. Ihr diese Frage stellen. Auch wenn ich die Antwort doch eigentlich längst kenne.

Ich tippe auf das Nachrichtensymbol, und meine Finger finden die Buchstaben ganz von selbst, ich muss nicht mal richtig hinsehen.

11. Juli um 6:36 PM

eastcoleman:
Du hast es gehört, oder? Wie geht's dir?

Sie antwortet nicht. Es geht ihr nicht gut.

Danach

20. Juli um 6:05 PM

eastcoleman:
Birdy? Kann ich was tun? Irgendwas? Völlig egal, was.
gesehen

20. Juli um 11:58 PM

eastcoleman:
Was brauchst du?
gesehen

21. Juli um 12:07 AM

eastcoleman:
Rede mit mir. Oder lass es. Wonach auch immer du dich fühlst. Aber ich bin da, okay?
gesehen

25. Juli um 3:36 AM

eastcoleman:
Sag mir, wenn ich aufhören soll, dir zu schreiben. Wenn es dir zu viel ist, höre ich auf.
gesehen

26. Juli um 2:42 AM

mockingbird:
Nicht aufhören. Bitte hör nicht auf.

eastcoleman:
Hey, Birdy. Da bist du ja. Ich hab dich vermisst.

mockingbird:
Ich kann dir nicht schreiben. Es fühlt sich an, als wäre mein Leben auseinandergebrochen, und irgendwie ist es das auch. Ich kann nicht darüber reden, aber bitte hör nicht auf.

eastcoleman:
Scheiße, Birdy, ich will dich gerade einfach nur in den Arm nehmen. Du musst nicht darüber reden, wenn du nicht willst. Aber wenn du doch reden willst, bin ich da, okay?

mockingbird:
Lass mich nicht allein.

eastcoleman:
Niemals.

gesehen

28. Juli um 1:13 PM

eastcoleman:
Jax, Colin und Beck ziehen bei mir und Willow ein. Ich kann nicht glauben, dass sie echt Ja gesagt hat. Ich meine, würdest du mit deinem Bruder und seinen drei besten Freunden zusammenwohnen wollen?

Ich denke nicht.
Aber gut. Ihre Entscheidung. Sie hätte auch Nein sagen können.

gesehen

01. August um 2:23 PM

eastcoleman:
Wir bauen gerade um. Irgendwie müssen wir Platz schaffen, sonst passen nie im Leben noch drei Kerle mehr in dieses Haus.
Jax hat den Keller für sich beansprucht.
Ich glaube, ich will den Dachboden. Wollte ich als Kind schon, aber Dad hatte da oben immer seine Modelleisenbahn stehen, und da ging das nicht.

gesehen

12. August um 3:56 PM

eastcoleman:
Foto
Ist noch nicht ganz fertig, aber ich glaube, mir gefällt es auf dem Dachboden ganz gut.

gesehen

17. August um 1:19 AM

eastcoleman:
Du fehlst mir.

gesehen

25. August um 5:07 PM

eastcoleman:
Wir arbeiten gerade an neuen Songs, aber die Jungs sind bei den Texten im Moment echt keine Hilfe.
gesehen

26. August um 6:12 AM

eastcoleman:
Ich sollte schlafen, aber ich hänge an einer Stelle im Song. Mir fehlt eigentlich nur ein Wort, aber ich komm nicht drauf, welches das richtige ist. Ich bin mir ziemlich sicher, dass du es wüsstest. Glaubst du, dass du mir je wieder antwortest?
gesehen

03. September um 5:34 PM

eastcoleman:
Sprachnachricht 0:59
Das ist ein Teil des neuen Songs. Ich dachte, vielleicht gefällt er dir.
gesehen

14. September um 3:54 PM

eastcoleman:
House of Memories – Panic! At the Disco

gesehen

21. September um 4:24 AM

eastcoleman:
Scheiße, Birdy, du fehlst mir. Wie kann man jemanden so sehr vermissen, den man noch nie im echten Leben getroffen hat?

gesehen

04. Oktober um 11:37 PM

eastcoleman:
Du könntest mich mal in Boston besuchen kommen. Die Stadt ist gar nicht so übel. Also, falls du mal wegmusst, wo auch immer du gerade bist. Keine Ahnung, ob du noch in Kalifornien bist. Ich weiß, du meintest, du kannst nicht schreiben, aber ich mache mir echt Sorgen um dich. Und ich vermisse dich und deine Nachrichten. Die bescheuerten GIFs. Die Songs, die du mir immer geschickt hast.
Ich vermisse dich.

gesehen

06. Oktober um 10:09 PM

eastcoleman:
Hilft dir das hier wirklich? Dass ich dir ständig schreibe und dir irgendwelche irrelevanten Dinge über mein Leben erzähle? Ich hab es schon mal gesagt, aber ich sag's auch noch mal: Wenn ich aufhören soll, musst du es nur sagen.

gesehen

07. Oktober um 12:03 AM

eastcoleman:
Du hast nichts gesagt, dann mache ich weiter.
Du bist nicht allein, Birdy. Vergiss das nicht.
gesehen

23. Oktober um 5:17 PM

eastcoleman:
A Sky Full of Stars – Coldplay
gesehen

31. Oktober um 8:45 PM

eastcoleman:
Jax hat uns gezwungen, uns für die verdammte Halloweenparty, die er unbedingt schmeißen wollte, zu verkleiden. Ich hasse Verkleidungen.
Foto
gesehen

28. November um 7:13 PM

eastcoleman:
Tut mir leid, dass ich mich nicht gemeldet habe. Die letzten Wochen war die Hölle los, ich musste ein paar Extraschichten schieben, das Weihnachtsgeschäft geht bald los.
Ich denke an dich.
Jeden verdammten Tag.
gesehen

25. Dezember um 1:57 PM

eastcoleman:
Frohe Weihnachten, Birdy.
gesehen

01. Januar um 12:01 AM

eastcoleman:
Happy New Year, Birdy.
Dieses Jahr wird besser.

mockingbird:
Versprochen?

eastcoleman:
Versprochen!
gesehen

2. TEIL

Erste Strophe

1. KAPITEL
Easton

Miss Missing You – Fall Out Boy

Mein Handy vibriert in meiner Hosentasche, und ich weiß, dass sie es nicht ist. Ich weiß es, aber ich muss trotzdem sofort nachschauen, ich kann nicht anders. Die Nachricht, die auf meinem Display aufleuchtet, ist von Colin. Natürlich. Es hätte jeder sein können, abgesehen von ihr.

Enttäuschung durchflutet mich, ich kann nichts dagegen tun. Es tut immer noch scheiße weh, dass sie nicht mehr schreibt, nicht auf meine Nachrichten antwortet.

»Immer noch nichts?« Becks mitfühlende Stimme lässt mich aufblicken. Er steht auf der anderen Seite der Theke, die Unterarme auf der Holzplatte abgestützt, und pustet sich eine blonde Haarsträhne aus der Stirn.

Ich schüttle den Kopf. Nein, immer noch nichts.

»Wie lange schreibt sie dir jetzt schon nicht mehr?«

»Sechs Monate«, gebe ich widerwillig zu, obwohl das nicht stimmt. Aber die vier Nachrichten, die ich in diesen sechs Monaten von ihr bekommen habe, zählen kaum. Auch wenn die letzte vor fünf Tagen kam.

»Vielleicht solltest du damit aufhören.« Der Blick aus seinen dunklen Augen ist besorgt, und ich verstehe diese Sorge, wirklich. An seiner Stelle würde ich vermutlich das Gleiche denken.

Trotzdem schüttle ich den Kopf. Ich kann nicht. Ich habe ihr versprochen, dass ich sie nicht alleine lasse. Also werde ich das auch nicht tun. Auch wenn ich schon seit Monaten das Gefühl habe, dass mehr hinter ihrem Schweigen steckt als der Tod eines ihrer Lieblingssänger.

Man verkriecht sich nicht so, wie sie es tut, wenn jemand stirbt, den man im Grunde gar nicht kennt, oder?

Fuck, ich habe keine Ahnung. Jeder trauert anders, und vielleicht kenne ich sie auch nicht so gut, wie ich dachte, egal, wie beschissen allein der Gedanke auch sein mag.

»Hast du sie mal gefragt, was los ist? Hinter der Funkstille steckt doch mehr, oder?«, fragt Beck, als könnte er meine Gedanken lesen.

Manchmal glaube ich, dass er das tatsächlich kann. Wir sind mehr Brüder als Freunde, kennen uns praktisch schon unser ganzes Leben. Wir sind zusammen aufgewachsen, in demselben Viertel, in derselben Straße. Es gab Wochen, da hat er mehr Zeit bei meiner Familie verbracht als bei seiner eigenen. Er kennt mich besser als jeder andere Mensch auf der Welt.

Fast jeder.

»Nein«, antworte ich schließlich.

»Warum nicht?«

»Weil sie mir geschrieben hat, dass sie nicht reden kann. Dass sie das Gefühl hat …« Ich verstumme, weil ich ihm nicht sagen kann, was sie für ein Gefühl hatte. Das geht ihn nichts an. Beck weiß von ihr, weil er alles weiß. Aber er hat keine Ahnung, worüber wir geredet haben. Was sie von mir weiß. Was ich von ihr weiß. »Ich kann sie nicht fragen, weil ich sie nicht drängen will. Ich will ihr keinen Druck machen.«

Beck seufzt schwer und verdreht die Augen. »Manchmal habe ich das Gefühl, du bist zu gut für diese Welt.«

»Einer von uns muss es ja sein«, gebe ich zurück, obwohl wir beide wissen, dass das Bullshit ist. So gut bin ich nicht.

»Und ich bin das definitiv nicht.« Grinsend stößt er sich von der Theke ab und schaut sich im Laden um. »Heute ist echt gar nichts los.«

»Dich hat niemand gezwungen, herzukommen, um mir Gesellschaft zu leisten«, erinnere ich ihn.

Ich arbeite seit sieben Jahren bei *Repeat Records*, einem Plattenladen im West End von Boston, und die Tage nach Silvester ist jedes Jahr wenig los, wenn die meisten Leute wieder arbeiten müssen und der kurze Frieden zwischen den Feiertagen verpufft, als hätte es ihn nie gegeben. Bei den allermeisten Leuten ist das Stresslevel jetzt, Anfang Januar, schon wieder genauso hoch wie vor den Feiertagen. Die meisten haben gerade schlicht und ergreifend keine Zeit, nach neuen Platten zu suchen oder sich in das kleine Café hinten im Laden zu setzen und Musik zu hören.

In ein paar Tagen wird wieder mehr los sein. Wenn die Leute sich daran erinnern, dass das Jahr gerade erst angefangen hat und sie noch einundfünfzig weitere Wochen haben, um zu arbeiten und ihr Leben wieder in den Griff zu bekommen, oder was auch immer sie sonst so stresst.

»Ich weiß.« Beck zuckt mit den Schultern. »Aber mir war langweilig.«

»Ich glaube, du bist der einzige Mensch, dem an seinem freien Tag langweilig ist.«

»Schon möglich.« Er greift nach einem der Stifte, die auf der Kassentheke rumliegen, und dreht ihn zwischen den Händen. »Ich brauche irgendwas zu tun – etwas, das mich … keine Ahnung, fordert. Der Job bei Dad im Büro ödet mich an. Wie kann man sich freiwillig jeden Tag in ein viel zu kleines Büro mit abgestandener Luft setzen und verdammte Excel-Tabellen ausfüllen?«

»Es soll Leute geben, denen so was Spaß macht«, erwidere ich.

Wir gehören definitiv nicht dazu. Beck hat den Job in der Firma seines Dads auch nur genommen, weil es leicht verdientes Geld ist. Vergleichsweise viel Kohle für wenig Stunden. Ich habe drei Jobs und verdiene in etwa genauso viel. Nur dass ich deutlich mehr Stunden arbeite. Na ja, was soll's.

Ich mag den Job im Plattenladen, hier fühle ich mich zu Hause. Zwischen all den Bands und Musikern, die mich schon mein ganzes Leben lang begleiten, die mich inspirieren und von denen ich lernen konnte. Auf den ersten Blick wirkt der Laden etwas runtergekommen, aber genau das macht seinen Charme aus. Durchgesessene Ledersessel, Tische mit Plattenspielern und großen Over-Ear-Kopfhörern, damit man in die LPs reinhören kann. Im Moment haben wir fast hunderttausend Platten im Laden. Ich weiß das, ich musste im Dezember einen Großteil davon katalogisieren. CDs gibt es hier weniger, aber auch davon immer noch genug, dass ich jeden Tag Überstunden machen konnte. Inventuren machen wirklich Spaß. Nicht. Beck, Jax und Colin waren zwar fast jeden Tag hier, um mir zu helfen, weil ich in der Weihnachtszeit sonst gnadenlos untergegangen wäre, aber es war trotzdem die Hölle.

»Ich geh mir einen Kaffee holen, willst du auch?« Er wirft mir den Stift zu, mit dem er in den letzten Minuten rumgespielt hat. Ich fange ihn auf und stelle ihn zurück in die Tasse, in die er eigentlich reingehört.

»Ja, bitte.«

»Kommt sofort. Dann hat Evie wenigstens auch mal was zu

tun«, sagt Beck und schlendert zwischen den halbhohen Regalen, in denen unsere Platten stehen, hindurch nach hinten, wo sich der Laden in einen weiten Raum öffnet, in dem seit zwei Jahren ein kleines Café untergebracht ist.

Evie, unsere Barista, sitzt mit übereinandergeschlagenen Beinen an einem der Tische, Stöpsel in den Ohren und das Handy in der Hand. Sie hebt den Kopf, als Beck vor ihr stehen bleibt. Er bedeutet ihr, die In-Ear-Kopfhörer rauszunehmen, und sie reagiert mit einem genervten Augenrollen – vermutlich, weil sie jetzt tatsächlich etwas tun muss.

Grinsend wende ich mich ab und will gerade nach meinem eigenen Handy greifen, als die Tür aufgeht und die Glocke, die am Rahmen hängt, leise bimmelt und neue Kundschaft ankündigt.

Ich hebe den Blick, aber das Mädchen, das gerade hereinkommt, schaut nicht einmal in meine Richtung. Eine schwarze Beaniemütze verdeckt ihr Haar, sie trägt einen Oversize-Mantel und hat einen dicken Schal um den Hals geschlungen, der ihr halbes Gesicht versteckt – kein Wunder, es ist arschkalt draußen.

Ich beobachte sie ein paar Sekunden lang, warte, ob sie Hilfe braucht oder sich nur umschauen will. Sie würdigt mich noch immer keines Blickes, während sie durch den Laden geht. Ihre Finger streichen über die Platten, aber sie hält kein einziges Mal inne, so als würde sie etwas ganz Bestimmtes suchen, und als wüsste sie auch genau, wo sie das finden kann. Dabei habe ich sie hier noch nie gesehen, und ich kann mich an die meisten Leute, die regelmäßig hierherkommen, erinnern. Allerdings bin ich nicht jeden Tag da, und erst recht nicht den ganzen Tag. Vormittags ist Rudy, der Besitzer, immer hier und kümmert sich selbst um seinen Laden.

Das Mädchen wendet mir den Rücken zu, als sie schließlich

vor einem der halbhohen Regale stehen bleibt. Ich weiß, welches es ist, und mein Herz zieht sich schmerzhaft zusammen. Es ist das Regal, in dem die Platten von Liam Bellamy stehen. Jede einzelne. Und ich muss sofort wieder an Birdy denken. Daran, dass sie nicht auf meine Nachrichten reagiert.

Seit Neujahr habe ich ihr jeden Tag geschrieben. Songs geschickt. Sprachnachrichten, in denen ich ihr einige Teile aus meinen neuen Songs vorgesungen habe. Ich habe ihr sogar verdammte Bilder von Pinterest geschickt. Alles, was ich gesehen habe und wobei ich an sie denken musste. Um ihr zu beweisen, dass dieses Jahr wirklich besser wird. Auch wenn ich das unmöglich beweisen kann und vielleicht auch nicht hätte versprechen sollen. Ich weiß schließlich nicht, ob ich das Versprechen halten kann.

Keine Antwort.

Die letzten Nachrichten hat sie nicht mal mehr gelesen.

Mir ist klar, dass es bescheuert ist. Albern. Alles nicht gerechtfertigt. Ich habe dieses Mädchen noch kein einziges Mal getroffen. Ich habe noch nie ihre Stimme gehört, denn im Gegensatz zu mir hat sie nie Sprachnachrichten geschickt. Ich kenne nicht mal ihren Namen. Wir haben drei Monate geschrieben, ehe alles kaputtgegangen ist. Das war's.

Nur dass sich diese drei Monate angefühlt haben wie eine kleine Ewigkeit. So ist das wohl, wenn man jede freie Minute damit verbringt, sich gegenseitig zuzutexten. Man gewöhnt sich aneinander, lernt einander kennen, und wenn es dann vorbei ist, spielt es keine Rolle mehr, ob es nur Nachrichten waren. Es tut trotzdem auf eine sehr reale Art verdammt weh.

»Hey.« Eine leise, seltsam verunsicherte Stimme lässt mich aufblicken. Das Mädchen steht vor mir, ein paar Schritte von mir entfernt.

»Hast du was gefunden?«, frage ich, aber sie hat weder eine Platte noch eine CD in den Händen. Sie kommt ein Stück näher, beißt sich auf die volle Unterlippe, ein unsicheres, nervöses Glitzern in den Augen.

Graue Augen. Die grausten Augen der Welt. Lange, dunkle Wimpern. Ein Muttermal direkt auf dem rechten Wangenknochen. Ein schmaler silberner Ring in ihrer Nase. Mein Blick zuckt instinktiv zu den Ringen an ihren Fingern, vertraute Ringe. Aus dem Ärmel ihres Mantels blitzen Armbänder hervor, eine Mondsichel, Sterne. So vertraut.

Adrenalin schießt durch meinen Körper, als er vor meinem Verstand begreift, wer sie ist. Mein Herz schlägt plötzlich so heftig, dass es wehtut, während ich sie anstarre und verzweifelt versuche, zu begreifen, was hier vorgeht.

Ich kenne unendlich viele winzige Fragmente dieses Mädchens, und jetzt kenne ich auch ihr Gesicht.

»Birdy«, sage ich, und meine Stimme klingt nicht nach mir. Ungläubig und rau, irgendwie hart, irgendwie verdammt noch mal überfordert, weil sie tatsächlich hier ist. In Boston. In diesem Plattenladen. Direkt vor mir.

»Rayne«, sagt sie, und ich brauche ein paar Sekunden, bis ich begreife, dass sie mir nach neun Monaten endlich ihren Namen verraten hat.

Rayne.

Der Name passt zu ihr und ihren gewittergrauen Augen.

Mein Herz stolpert in meiner Brust herum, kann sich nicht entscheiden, was es fühlen soll. In meinem Nacken beginnt es zu kribbeln. Ich starre sie an. Und starre sie an. Bin wirklich komplett überfordert, ich weiß nicht mal, ob ich mich gerade freue, sie zu sehen.

Obwohl das nicht stimmt.

Ich freue mich.

Freude pulsiert durch meinen Körper, gemischt mit Erleichterung. Lässt mein Herz rasen und meinen Magen einen aufgeregten Satz machen.

Ich freue mich.

Ich habe nur nicht damit gerechnet, sie zu sehen. Hier. Heute. Überhaupt irgendwann.

Wie auch? Wie hätte ich damit rechnen sollen? Richtig. Gar nicht.

»Du bist hier«, sage ich, weil es gerade alles ist, was ich sagen kann. Was ich denken kann.

Weil es irgendwie alles ist, was zählt.

2. KAPITEL

Rayne

11 Minutes – YUNGBLUD, Halsey, Travis Barker

Einige Minuten zuvor

Oh Gott.

Oh. Mein. Gott.

Was zum Teufel tue ich hier?

Das ist eine ganz, ganz miese Idee.

Ich drehe mich um und gehe den gleichen Weg zurück, den ich gekommen bin. Das Uber hat mich vorhin zwei Straßen weiter rausgelassen, weil ich mir selbst eingeredet habe, dass ich wegen dieses einen Secondhandshops ins West End gefahren bin, nicht wegen *Repeat Records*.

Es regnet. Schon den ganzen Tag. Nicht doll. Es sind eher diese ganz feinen Regentropfen, die wie Nadeln in die Haut stechen und einen komplett durchnässen, wenn man zu lange draußen ist. Mein Gesicht ist kalt, und ich bin froh, dass ich mich nicht geschminkt habe, sonst wäre meine Wimperntusche furchtbar verlaufen. Doch trotz des Regens und obwohl die Tropfen sich auf meiner Haut anfühlen wie Eis, friere ich nicht. Mir ist warm. Das ist die Aufregung, das Adrenalin.

Mein Herz schlägt schnell, viel zu schnell, hämmert gegen meine Rippen, gegen diesen knöchernen Käfig, so heftig, als könnte es ihm entkommen, wenn es sich nur genug anstrengt.

Wovor hast du Angst, Mockingbird?

Dads Stimme in meinem Ohr, wie er mir wieder und wieder diese Frage gestellt hat, weil er wissen wollte, warum ich nicht bei den Treffen dabei sein wollte. Mit Easton und den anderen.

Du solltest dabei sein. Schließlich hast du sie gefunden. Warum willst du nicht?

Ich hatte keine Antwort für ihn. Keine, die Sinn ergibt. Vielleicht habe ich mich auch einfach selbst nicht verstanden. Weil ich Easton treffen wollte. Die ganze Zeit.

Aber nachdem wir angefangen hatten zu schreiben, ist es nicht bei ein paar kurzen Nachrichten geblieben, bei Smalltalk, der nichts bedeutet. Bei Nachrichten, die man schreibt und ein paar Tage später vergessen hat.

Es war mehr. Von Anfang an.

Deswegen konnte ich nicht mit zu Dads Treffen mit der Band gehen. Es ging einfach nicht.

Dad hatte recht. Ich hatte Angst. *Habe* Angst. Immer noch.

Letztes Jahr hatte ich Angst davor, dass es in der Realität nicht funktioniert. Dass wir online Freunde sein können, es in der echten Welt aber nicht schaffen, so miteinander zu reden. Solche Dinge passieren. Man kann sich gut verstehen, wenn man sich kennt, dabei aber eben nicht wirklich kennt. Nicht alles.

Wenn ich Easton und die Band getroffen hätte, hätte ich ihm die Wahrheit sagen müssen. Dass das Mädchen, mit dem er schreibt, Liam Bellamys Tochter ist. Ich hätte ihn unmöglich anlügen können, aber ich hatte Angst davor, ihm zu sagen, wer ich bin. Davor, dass er mich anders behandelt, wenn er es weiß.

Wäre schließlich nicht das erste Mal. Und ich war nicht bereit dafür. Bin ich vielleicht immer noch nicht.

Jetzt habe ich Angst davor, dass er mich hasst, weil ich mich die letzten sechs Monate verkrochen und nicht auf seine Nachrichten geantwortet habe.

Er hasst dich nicht. Ganz sicher nicht, sonst hätte er längst aufgehört, dir zu schreiben. Er ist dein Freund. Hab Vertrauen.

Das ist es, was Mom gesagt hätte. Wenn sie noch am Leben wäre. In meiner Brust breitet sich ein dumpfer Schmerz aus, ein schwarzes Loch, das mich zu verschlingen droht. Mich in den vergangenen Monaten schon verschlungen hat, wieder und wieder und wieder.

Mir schnürt sich die Kehle zu, Tränen brennen in meinen Augen, und ich bleibe mitten auf dem Bürgersteig stehen. Es kümmert mich nicht, dass die Leute hinter mir zur Seite ausweichen müssen und mich mit bösen Blicken durchbohren, während sie an mir vorbeihasten.

Atmen, Rayne. Atmen.

Aber ich kann nicht atmen. Ich kann nicht atmen, da sind Scherben in meiner Lunge, die entsetzlich schmerzen. Mich zerfetzen. Nicht das erste Mal. Nie das letzte Mal. Aber immer, immer, immer wieder.

Atmen. Einfach atmen, Rayne.

Ein.

Und aus.

Ein.

Und aus.

Ich ringe nach Luft, und irgendwie geht es. Es ist unfair. Dass es immer noch so wehtut. Auch noch nach sechs Monaten. Wer auch immer gesagt hat, Zeit würde alle Wunden heilen, hat gnadenlos gelogen. Das tut sie nicht. Es tut immer noch genauso weh. Es ist nicht besser geworden. Eher schlimmer. Weil der Schock irgendwann abgeebbt ist. Geblieben ist nur der Schmerz, ein Ziehen und Stechen in meinem Inneren, was mir viel zu oft die Luft abschnürt.

»Mädchen, du stehst im Weg. Verzieh dich«, blafft mich eine kühle Stimme hinter mir an, und ich zucke erschrocken zusammen. Ich stolpere zwei Schritte zur Seite, verharre an Ort und Stelle. Und weiß nicht, was ich tun soll.

Geh zu ihm. Er hasst dich nicht.

Wieder ist da Moms Stimme, warm und sanft, und ich möchte weinen, weil ich jetzt schon nicht mehr weiß, ob sie wirklich so geklungen hat, ob ihre Stimmfarbe die gleiche war wie die, die ich jetzt im Ohr habe, oder ob ich bereits begonnen habe, sie zu vergessen.

Nicht darüber nachdenken. Einfach nicht darüber nachdenken. Du vergisst sie nicht. Kannst du gar nicht.

Aber doch, kann ich. Es ist anders als mit Dad. Seine Stimme wird immer da sein. Solange ich seine Platten habe, solange es Streamingdienste und das Internet gibt, ist seine Stimme da.

Moms nicht.

Natürlich gibt es Videos. Von Mom und Dad. Von Mom und mir. Sprachnachrichten, Voicemails. Aber das ist was anderes. Ich kann nicht benennen, warum, doch es ist anders als mit Dads Songs. Sie sind da, seine Gedanken, und deswegen wird ein Teil von ihm immer bei mir sein.

Mom kann ich so nicht festhalten. Sie existiert nur noch auf meinem Handy, nur noch für mich. Die ganze Welt wird irgendwann vergessen, wie sie klingt, wenn sie lacht, wie hell und weich ihre Stimme war, wenn sie mir früher vorgelesen hat, als ich noch klein war.

Ich wirble erneut herum, denke nicht mehr nach. Laufe einfach los. Ich kann keine Angst mehr haben. Ich brauche

Easton. Und ich brauche mehr als seine Nachrichten. Ich brauche ihn in der realen Welt. Meinen besten Freund.

Atemlos bleibe ich schließlich vor *Repeat Records* stehen. Der Laden ist größer als erwartet. Easton hat mir letztes Jahr Fotos geschickt, auf denen hat er immer kleiner gewirkt. Aber nein, es sind zwei Stockwerke. Im oberen Schaufenster werden Instrumente ausgestellt. Ich erinnere mich daran, wie Easton mir geschrieben hat, dass er eigentlich nur deshalb angefangen hat, hier zu arbeiten, weil ihm das Geld für eine neue Gitarre gefehlt hat. Er hat sich das Instrument über Monate hinweg erarbeitet.

Ich stoße die Tür auf, ein leises Klingeln ertönt, als ich eintrete, den Blick auf den Boden geheftet. Ich kann mich nicht nach ihm umsehen. Keine Ahnung, warum. Es geht einfach nicht. Möglicherweise habe ich Angst davor, dass er gar nicht hier ist. Ich weiß nicht, ob ich es schaffe, noch mal herzukommen, wenn ich mich heute ganz umsonst dazu überwunden habe.

Aber dann höre ich die vertrauten Klänge von *My heart is lost* von Blackbear, und ich weiß sofort, er ist hier. Er hat mir den Song geschickt, drei Tage nachdem wir angefangen haben zu schreiben.

Nervös streife ich zwischen halbhohen Regalen voller Platten hindurch, mein Blick bleibt an einigen Covern hängen, ABBA, Queen, Taylor Swift und Lana Del Rey, und jetzt will ich mich doch umschauen, mich vergewissern, dass Easton da ist. Doch irgendwas hält mich nach wie vor davon ab. Es ist komplett albern.

Aber wenn ich ihn ansehe und er mich vielleicht gleichzeitig auch ansieht, dann … keine Ahnung. Womöglich verliere ich dann den Verstand.

Beruhige dich, Himmelherrgott noch mal.

Das ist allerdings gar nicht so leicht, nicht mit diesem unruhigen Pochen in meinem Bauch, meinem rasenden Puls, den ich in jeder Faser meines Körpers spüre. Meine Handflächen werden feucht. Was, wenn er mich doch hasst? Soll ich mich vorstellen? Oder erkennt er mich? Aber nein, wie sollte er? Ich habe nie Fotos von meinem ganzen Gesicht gepostet. Er hat keine Ahnung, wer ich bin, und ich nicht mehr, was ich ihm sagen soll.

Hi, ich weiß, ich habe dich die letzten sechs Monate ignoriert, aber jetzt bin ich hier, und es wäre schön, wenn wir wieder Freunde sein könnten, weil ich in dieser verfluchten Stadt sonst niemanden kenne und mich verdammt verloren fühle?

Eher nicht.

Ich hatte einen Plan, bevor ich hergekommen bin. Ich habe mir die Worte zurechtgelegt, habe gründlich darüber nachgedacht, was ich ihm sagen will, in meinem neuen Zuhause, das sich nicht wie eins anfühlt, in meinem neuen Zimmer, das fremd und falsch ist. Ich hatte einen Plan, aber jetzt ist mein Kopf vollkommen leer.

Ich halte inne, direkt vor dem Regal, in dem Dads Platten stehen, wie ferngesteuert, als wüsste mein Körper ganz genau, wie er ihn immer und überall finden kann.

Die Platte ganz vorne ist eine Single, kein Album. *Mockingbird*. Natürlich. Schicksal? Möglich.

Zitternd atme ich ein, als meine Finger über das Cover streichen. Es ist mir so vertraut, dass ich es selbst mit verbundenen Augen nachzeichnen könnte. Schließlich hat es jahrelang in meinem Zimmer gehangen.

Da ist es wieder. Das Ziehen und Stechen in meiner Brust.

Ich kann damit jetzt nicht umgehen. Nicht in diesem Augenblick. Hastig wende ich mich ab, und dann passiert es einfach. Dass ich doch hinsehe.

Hinter der Theke steht Easton. Kein Zweifel. Ich kenne sein

Gesicht in- und auswendig. Die dunklen Haare, die am Oberkopf etwas zu lang sind und ihm jetzt in die Stirn fallen. Ich kenne seine hochgewachsene Statur, die breiten Schultern. Ich kenne seine Hände. Vermutlich habe ich ein bisschen zu viel Zeit damit verbracht, mir die YouTube-Videos der Band anzusehen.

Geh schon. Jetzt trau dich. Du bist hier. Er ist hier. Geh. Rede mit ihm. Das ist doch das, was du die ganze Zeit tun wolltest.

Ja. Wollte ich. Mehr als alles andere. Ich konnte nur nicht, und ich bin mir auch nicht sicher, ob ich es jetzt kann. Aber ich will auch nicht gehen. Nein, ich will seine Stimme hören. So richtig. Nicht aus Lautsprechern, nicht aus meinen Kopfhörern. Ich will seine Stimme hören, und ich will, dass er mit mir redet.

»Hey«, sage ich, als ich ein Stück von der Theke entfernt stehen bleibe. Atemlos. Unsicher. Hoffnungsvoll.

Er hebt den Kopf, und ich hatte keine Ahnung, dass seine Augen so blau sind.

»Hast du was gefunden?«, fragt er, seine Stimme ist freundlich und warm. Ein wenig distanziert. Er erkennt mich nicht. Natürlich nicht, wie sollte er auch?

Doch dann findet sein Blick meinen. Seine Augen weiten sich. Jetzt erkennt er mich anscheinend doch, blinzelt. Verwirrt. Ungläubig. Hoffnungsvoll. Und mein Herz setzt für ein, zwei, drei Schläge einfach aus.

»Birdy.« Der Name, den er mir gegeben hat, weil ich ihm meinen nie verraten habe. Ein Kribbeln jagt mir die Wirbelsäule hinunter, mir wird noch wärmer. Viel zu warm.

»Rayne«, sage ich, ohne Sinn und Verstand, aber auf einmal will ich, dass er weiß, wie ich heiße. Wie ich *wirklich* heiße. Ich will hören, wie seine Stimme klingt, wenn er meinen Namen ausspricht.

»Du bist hier«, sagt er stattdessen.

»Ich wohne jetzt hier.« Die Worte schmecken bitter auf meiner Zunge, und ich habe nicht den blassesten Schimmer, warum das das Erste ist, was ich ihm erzähle. Warum kann ich mich nicht für die Funkstille entschuldigen? Ihm erklären, was passiert ist. Warum ich nicht mit ihm reden konnte. Warum kriege ich das nicht hin?

Seine Augenbrauen wandern nach oben, sein Blick flackert. »Hier? In Boston?«

Ich nicke. »Ja.«

Himmel, ich bin nicht mehr in der Lage, irgendwas Sinnvolles von mir zu geben, aber auf einmal ist alles unangenehm und peinlich. Es ist genau so, wie es nicht sein sollte. Das ist es, wovor ich Angst hatte. Dass es befangen und seltsam wird. Aber das ist schließlich auch nicht weiter überraschend, oder? Ich bin selbst schuld. Ich hätte ihm schreiben sollen, dass ich hier bin, anstatt ihn einfach so zu überfallen. Was habe ich mir nur dabei gedacht?

Offenbar nicht besonders viel.

»Warum?« Er klingt so überfordert, wie ich mich fühle.

Die Frage ist berechtigt, und die Antwort ist eigentlich so einfach. Dass ich wegen eines Tanzstudiums hier bin. Wegen des Balletts. Genau das, was ich eigentlich nicht wollte. Ich habe ihm davon geschrieben, damals, als es noch um das Vortanzen ging, als alles noch in Ordnung war und ich alle Möglichkeiten dieser Welt für meine Zukunft hatte.

Die Worte liegen mir auf der Zunge, aber ich bringe keinen Ton heraus. Denn so einfach die Antwort im Grunde ist – sie ist es eben nicht. Kein bisschen.

Ich sehe ihn an, und er sieht mich an, und wieso ist das alles so kompliziert und schwierig?

In meinen Ohren rauscht es. Das war ein Fehler. Ich hätte

nicht herkommen sollen. Nicht so, nicht ohne ihm vorher Bescheid zu sagen.

Jetzt habe ich alles kaputtgemacht, und er wird mir nicht mehr schreiben, und *jetzt* hasst er mich bestimmt.

»Tut mir leid, ich hätte nicht herkommen sollen«, bringe ich erstickt hervor, weiche zurück.

Ich muss gehen. Sofort.

»Nein, Rayne. Ich …« Er bricht ab, er hat meinen Namen gesagt, und es klingt anders, als ich es mir vorgestellt habe.

Ich laufe weg, und wieder sagt er meinen Namen, ruft nach mir. Irgendein Teil von mir will stehen bleiben, in der Hoffnung, dass wie durch ein Wunder alles einfach wird.

Der andere Teil wünscht sich, ich wäre nie hergekommen.

3. KAPITEL
Easton

Losing You – UNSECRET, Sam Tinnesz

»Rayne, warte!« Meine Stimme hallt laut durch den leeren Laden, aber sie bleibt nicht stehen.

Ich folge ihr, bevor ich darüber nachdenken kann. Leider bin ich zu langsam, zu spät losgelaufen. Als ich auf die Straße stolpere, ist sie längst verschwunden.

»Fuck! Fuck, fuck, fuck!« Fluchend raufe ich mir die Haare, zerre an den Strähnen. Das Herz schlägt mir bis zum Hals, ich kann ihn überall spüren, meinen Puls. Viel zu schnell, viel zu heftig. Irgendwie panisch und sehr verwirrt. Komplett überfordert.

Sie war hier.

Sie war wirklich hier, und jetzt ist sie wieder weg.

Scheiße, sie kann nicht wieder weg sein.

Aber sie ist es, und das fühlt sich viel schlimmer an als ihre Nicht-Antworten auf meine Nachrichten. Da konnte ich mir wenigstens noch einigermaßen erfolgreich einreden, dass es wieder besser wird. Wir irgendwann in den Normalzustand zurückkehren mit Fragen und Antworten, Songs und GIFs, mit kleinen und großen Geheimnissen. Jetzt geht das nicht mehr.

Weil ich das dumme Gefühl habe, dass sie jetzt auch keine Nachrichten mehr will.

Sie ist weggelaufen.

Vor mir.

Ich weiß nicht, was das bedeutet. Ich weiß nicht mal, ob ich es wissen will.

»East?« Becks Stimme, fragend, besorgt. Ich drehe mich um, mein bester Freund steht in der Eingangstür des Ladens. Er verzieht das Gesicht, weil es regnet, stärker als heute Mittag, und eiskalt ist. »Alles okay?«

Ich nicke, schüttle den Kopf. Nein, echt nicht. Es ist nicht alles okay.

»Wer zur Hölle war das?« Fröstelnd verschränkt er die Arme vor der Brust, hält mit einem Fuß die Tür auf und wartet ganz offensichtlich nur darauf, dass ich wieder rein ins Warme komme.

Aber ich kann mich nicht bewegen. Ich bleibe einfach stehen, obwohl es kalt ist, obwohl es regnet. Birdy ist weg. *Rayne.*

Ihr Name bringt irgendeine Saite in mir zum Klingen. Als müsste ich ihn kennen. Tue ich aber nicht. Oder?

Stirnrunzelnd starre ich auf die Straße. Doch, irgendwo habe ich diesen Namen schon mal gehört, aber wo, wo, wo?

»East? Hey! Komm endlich rein, es ist wirklich arschkalt!«, beschwert Beck sich, inzwischen klingt er genervt.

Ich reagiere nicht. Ihr Name. Fuck, wo habe ich den schon mal gehört? Oder gelesen? Ja, vielleicht eher gelesen. Aber wo, verdammt noch mal.

»East! Jetzt mach.« Beck kommt zu mir, greift nach meinem Arm und zerrt mich unsanft zurück in den Laden. »Colin dreht dir den Hals um, wenn du schon wieder krank wirst! Und vielleicht machen Jax und ich dieses Mal mit. Wir haben vor Weihnachten zwei Wochen wegen deiner Mandelentzündung schon nicht geprobt! Noch eine Zwangspause können wir uns gerade echt nicht leisten!«

Die Tür fällt hinter uns ins Schloss, das Glöckchen klingelt leise, Beck zieht mich durch den Verkaufsraum nach hinten ins Café.

Evie sitzt wieder an einem der runden Tische und konzentriert sich auf ihr Handy. Sie wirft uns nur einen kurzen, irritierten Blick zu, als Beck hinter der Theke verschwindet und eins der Trockentücher aus dem Schrank holt, mit denen Evie normalerweise die Theke trockenwischt.

Er wirft es mir zu und deutet auf meine feuchten Haare.

»Danke«, murmle ich und rubble mir über den Kopf. Das Adrenalin verschwindet langsam, ich beginne am ganzen Körper zu zittern.

»Das war wirklich superdämlich«, stellt er fest, und ja, da hat er wohl recht.

»Geht schon.« Ich winke ab, aber Beck lässt mich nicht so leicht vom Haken. Hätte ich mir eigentlich denken können.

»Hast du noch einen anderen Pulli hier? Deiner ist komplett nass.«

Trotz allem komme ich nicht gegen das Grinsen an, das sich auf meinem Gesicht ausbreitet. »Ja, Mom, ich ziehe mich gleich um.«

»Mach dich ruhig lustig, aber irgendjemand muss ja auf dich aufpassen.« Er schnaubt und greift nach der Tasse, die neben der Siebträgermaschine steht.

»Es ist nur ein bisschen Regen.«

»Es ist eiskalter Regen«, korrigiert er mich. »Wenn es noch ein bisschen kälter wird, fängt es garantiert an zu schneien. Los, geh dich umziehen!« Er scheucht mich weg, und ich tue ihm den Gefallen, weil ich weiß, dass er sonst keine Ruhe gibt. Also gehe ich kurz nach oben, einmal quer durch die erste Etage und die schmale Wendeltreppe hoch in die zweite, wo Rudys Büro ist und ein kleiner Raum, in dem wir Mitarbeiter unser Zeug aufbewahren können. In meinem Spind liegt noch ein Hoodie, den ich irgendwann mal vergessen und nie mitgenommen habe – für den Fall der Fälle. Heute ist offenbar so ein Fall. Eilig ziehe ich mich um und gehe zurück nach unten, wo Beck immer noch hinter der Theke steht und auf mich wartet.

Er schiebt mir eine Tasse rüber, als ich zu ihm trete. »Also, erklärst du mir jetzt, was das gerade war?«

»Birdy. Das war Birdy.« Ich seufze und schüttle den Kopf. »Sie heißt Rayne.«

Beck starrt mich über den Rand seiner eigenen Kaffeetasse hinweg ungläubig an. »Birdy? Das Nachrichten-Mädchen?«

»Jep.«

»Sie war hier?«

»Offensichtlich.« Frustriert reibe ich mir über die Stirn. Ich verstehe nicht, wie unsere erste Begegnung dermaßen schieflaufen konnte.

»Warum?«

»Gute Frage. Aber wie es aussieht, wohnt sie jetzt in Boston.«

»Was? Sie *wohnt* in Boston?« Er stellt seine Tasse so heftig ab, dass Kaffee über den Rand schwappt.

»Anscheinend.«

»Warum?«

»Keine Ahnung.« Mir entfährt ein trockenes Lachen. »So weit sind wir nicht gekommen, bevor sie abgehauen ist.«

»Okay, ich check das alles nicht. Ich dachte, sie hätte dir nicht mehr geschrieben?«

»Hat sie auch nicht.« Nein, sie ist einfach aufgetaucht, und ich war völlig unvorbereitet. Scheiße, so hätte das alles wirklich nicht laufen sollen.

»Also ist sie einfach hergekommen? Warum? Ich meine, was

für einen Sinn ergibt das? Sie antwortet nicht auf deine Nachrichten, aber plötzlich wohnt sie in derselben Stadt wie du und taucht in dem Plattenladen auf, in dem du jobbst?«

»Ich habe ihr erzählt, wo ich arbeite. Ist ja schließlich kein Geheimnis.«

»Das ist alles schon ein bisschen seltsam, das weißt du, oder?«

Ich antworte nicht. Nichts daran ist seltsam. Es ist einfach nur verflucht kompliziert.

»Warum ist sie weggelaufen?«

»Keine Ahnung, Mann.« Ich stöhne auf. »Wenn ich das wüsste, wäre ich einen großen Schritt weiter.«

»Frag sie doch«, erwidert er, als wäre es die einfachste Sache der Welt.

»Klar. Dieses Mal wird sie mir mit Sicherheit antworten.« Ich kann nichts gegen den bitteren Unterton tun, der in meiner Stimme mitschwingt.

Schweigen breitet sich zwischen uns aus, ich trinke einen Schluck von meinem Kaffee und verziehe angewidert das Gesicht, als ich feststelle, dass er nur noch lauwarm ist. Ich hasse kalten Kaffee.

»Was hast du gesagt, wie sie heißt?«, will Beck eine Weile später wissen.

»Rayne«, sage ich, und es fühlt sich auf eine verdrehte Weise gut an, ihren richtigen Namen zu benutzen.

»Rayne? Wie in *Rayne Bellamy*?«

»Nein, Quatsch, ganz sicher …« Ich breche ab, und auf einmal steht die Welt still.

Rayne.

Mockingbird.

Kein Foto ihres ganzen Gesichts auf ihrem Account, kein Hinweis auf ihren Namen.

Liam.

Mockingbird, der Song.

Sie hat mich angeschrieben, nur zwei Tage, bevor Liam sich bei uns gemeldet hat. Er hat erzählt, dass seine Tochter unser Video bei YouTube gefunden hat, dass sie uns gerne getroffen hätte, das wegen der Schule aber keine Option war, weil er uns immer in Boston besucht hat und wir nie nach L.A. geflogen sind. Keiner von uns hat sich irgendwas dabei gedacht.

Die unzähligen Artikel zu dem Unfall. Ihr Name wurde immer wieder erwähnt. Deswegen kam er mir so bekannt vor. Ich erinnere mich an verpixelte Fotos eines zierlichen Mädchens mit violetten Haaren und einer großen Sonnenbrille auf der Nase, die ihr halbes Gesicht verdeckt. Ihre Haarfarbe war wegen der Mütze gerade nicht zu erkennen, sie muss die Haare komplett unter die Wolle gestopft haben.

»Fuck«, flüstere ich. In meinen Ohren rauscht es. Wie konnte ich das übersehen? Gott, was bin ich für ein Idiot.

Sie hat sich bei Instagram den Namen eines Songs ihres Vaters gegeben, und ich habe es nicht kapiert.

Aber sie ist es.

Birdy ist Rayne Bellamy.

4. KAPITEL
Rayne

Better Days – Dermot Kennedy

Die Haustür fällt mit einem lauten Knall hinter mir ins Schloss. Schwer atmend lasse ich mich gegen die Tür sinken und schließe für einen Moment die Augen. Tränen brennen hinter meinen Lidern, ich habe einen dicken Kloß im Hals.

Scheiße. Das ist total schiefgelaufen.

Mein Herz tut weh. Ich hab's verkackt. Auf die mieseste Art und Weise. Nur weil ich nicht richtig nachgedacht habe.

Meine Hände ballen sich zu Fäusten, ich beiße mir auf die Unterlippe, um das Schluchzen zu unterdrücken, das in mir aufsteigt, dabei ist Grandma gar nicht da. Im Haus herrscht absolute Stille, und ich bin heilfroh darüber.

Ich kann nicht mit ihr reden. Jetzt noch weniger als sonst.

Grandmas Haus in Back Bay ist zu groß für uns. Eine alte Frau und ein Teenager. Zwei Menschen, die sich kaum kennen.

Alles in diesem Haus fühlt sich falsch an. Die knarzenden Holzdielen, die dunkelgrünen Wände. Dunkle Möbel, dunkle Bilderrahmen. Das ganze Haus ist dunkel. Die Zimmer sind nicht klein, aber sie wirken so, weil jeder Raum komplett vollgestellt ist. Hohe Bücherregale mit ledergebundenen Bänden, die niemand liest. Kommoden, auf denen Kerzen stehen, die nie brennen. Goldgerahmte Spiegel und Lampenfüße verleihen dem Ganzen einen Hauch Helligkeit, das war's aber auch schon.

Grandmas Haus ist das komplette Gegenteil von unserer lichtdurchfluteten Villa in Los Angeles, in der Wohnzimmer und Küche ineinander übergingen. Die ganze untere Etage war offen gestaltet, mit bodentiefen, breiten Fenstern. Man konnte das Meer sehen.

Hier sieht man nur winzig kleine Gärten und Hinterhöfe, wenn man aus dem Fenster schaut. Und breite Straßen mit altmodischen Laternen und Bäumen, die in einigen Monaten anfangen zu blühen.

Boston ist so anders als Los Angeles. Weniger weit, weniger frei. Die Stadt wirkt viel beherrschter, kontrollierter, *ordentlicher*.

So wie Grandma. Sie ist genauso, und das ist einer von tausend Gründen, warum ich nicht mit ihr reden kann. Es spielt keine Rolle, dass sie alles ist, was mir an Familie noch bleibt.

Angestrengt schlucke ich gegen den Kloß in meiner Kehle an, wische mir über die feuchten Augen und stoße mich dann von der Tür ab. Ich ziehe Schuhe und Mantel aus und tapse auf Socken die Treppe hinauf nach oben in mein Zimmer.

Achtlos werfe ich meinen Rucksack auf den Boden neben mein Bett, obwohl es mir in den Fingern juckt, mein Handy rauszuholen und nachzuschauen, ob Easton mir geschrieben hat. Dabei weiß ich, dass er es nicht getan hat, dafür muss ich nicht nachsehen. Es gibt keinen Grund dafür. Er hat sich monatelang um mich bemüht, und ich bin trotzdem vor ihm weggelaufen. Nein, wenn sich jemand melden muss, dann bin ich das.

Ich weiß nur nicht, wie. Was ich ihm sagen soll. Welchen Teil der Wahrheit oder die ganze. Letzteres wäre richtig, aber sie tut weh. Die ganze Wahrheit.

Mit einem frustrierten Seufzen lasse ich mich auf mein Bett fallen und schreie ins Kissen. Wieder und wieder und wieder, bis mein Hals wehtut und meine Stimme rau ist.

Irgendwann, keine Ahnung, wie viel Zeit vergangen ist, drehe ich mich auf den Rücken. Versuche, ruhig zu atmen. Nicht an Easton zu denken.

Es führt eh zu nichts. Aber an nichts zu denken ist unmöglich, vor allem, wenn man nicht denken will. Mein Kopf ist zu voll, und mein Herz tut weh. Heute war nicht der erste Tag, an dem ich darüber nachgedacht habe, Easton im Plattenladen zu besuchen. Es war nur der erste, an dem ich mich getraut habe, auch wirklich hinzugehen. Ich hätte es lassen sollen.

Ich setze mich auf, ziehe die Knie an und umarme mich selbst, während ich mich in meinem Zimmer umsehe.

Es fühlt sich immer noch fremd an, obwohl ich seit beinahe sechs Monaten in Boston wohne.

Das Zimmer ist genauso dunkel eingerichtet wie das restliche Haus. In gewisser Weise erinnert es mich an mein Zimmer in L.A., nur dass mein altes Zimmer gemütlich und warm war, trotz der schwarzen Wände. Hier hängen keine Bilder über dem Bett, es gibt nicht Dutzende Lichterketten, die alles in weiches Licht tauchen, und ich habe nicht jeden Zentimeter mit Songtexten und Gedanken vollgeschrieben. Weißer Stift, unordentliche Buchstaben. Mein Zimmer hat eine Geschichte erzählt. Meine Geschichte. Jetzt gerade sind alle Seiten leer.

Ich habe es nicht über mich gebracht, mich hier einzurichten. Schließlich hatte ich von Anfang an nicht vor, lange zu bleiben.

Mein Blick wandert zu den Umzugskartons, die sich in einer Ecke stapeln. Ich warte seit Tagen darauf, dass der oberste Karton runterfällt.

Zwei Koffer liegen offen vor meinem Kleiderschrank. Ich muss meine Klamotten nur vom Boden aufklauben und sie wieder einpacken. Der Schrank ist leer, war er von Anfang an.

Das Einzige, was ich richtig ausgepackt habe, ist Dads Plattenspieler und die Platten, die ich aus L.A. mitgenommen habe. Der Plattenspieler thront auf der hohen Kommode, direkt gegenüber von meinem Bett. Ich habe ihn jeden Abend im Blick. Und jeden Tag, weil ich mir meistens nicht die Mühe mache, aufzustehen und das Zimmer zu verlassen. Die LPs haben ihren Platz in dem breiten Bücherregal neben dem Fenster gefunden. Die konnten nicht in den Kartons bleiben. Das hätte mir das Herz gebrochen.

Allerdings ist es jetzt an der Zeit, sie wieder einzupacken. Zwei Tage, dann bin ich weg. Ich verlasse nicht die Stadt, nur dieses Zimmer und dieses Haus, aber das ist ein Anfang. Das, was ich jetzt brauche.

Mit Grandma zusammenzuwohnen ist schwierig. Ich schätze, wir empfinden es beide so. Wir wissen einfach nicht, was wir miteinander anfangen sollen. Achtzehn Jahre haben wir keine Rolle im Leben der anderen gespielt. Die letzten Monate haben wir versucht, so zu tun, als wäre das egal, aber das ist es nicht.

Ich klettere aus dem Bett, ziehe eine Platte aus dem Regal, *Folklore* von Taylor Swift, weil Taylor immer die richtige Wahl ist und ich sie jetzt brauche, diese melancholischen Klänge, die mir dabei helfen, nicht zu viel zu denken.

Dann beginne ich zu packen. Verteile die LPs vorsichtig auf mehrere Kartons, damit sie nicht zu schwer werden, ich muss sie schließlich tragen können.

Meine Klamotten stopfe ich einfach in die Koffer, es sind

sowieso hauptsächlich T-Shirts, Leggins und Hoodies, da spielt es keine Rolle, ob irgendwas zerknittert.

Nach einer Weile ist alles gepackt. Grandma ist immer noch nicht da, obwohl es bestimmt bald Zeit fürs Abendessen ist, und ich kann mich langsam nicht mehr gegen den Drang wehren, mein Handy aus dem kleinen Rucksack zu kramen und nachzusehen, ob Easton mir geschrieben hat.

Was immer noch extrem unwahrscheinlich ist, wenn ich ehrlich bin. Aber die Hoffnung ist trotzdem da, das kann ich nicht leugnen.

Ich habe schwitzige Hände, als ich das Smartphone aus der Tasche ziehe und auf das Display tippe. Mein Magen sackt enttäuscht nach unten. Keine Nachricht. Natürlich nicht. Ich atme ein, blinzle, aber es tut trotzdem weh.

Meine Sicht verschwimmt, als ich erst Instagram öffne und dann unseren Chat. Meine Finger schweben über der Tastatur, über den Buchstaben, doch mir fehlen die richtigen Worte. Oder überhaupt irgendwelche Worte. Es müssen ja nicht mal die richtigen sein.

Aber da ist gar nichts, nur Leere, und irgendwann gebe ich auf und krieche zurück ins Bett. Ziehe mir die Decke über den Kopf. Schließe die Augen.

* * *

»Du musst echt nicht mitkommen.« Ich werfe Grandma einen kurzen Blick zu, meine Finger krallen sich um das Glas Orangensaft in meinen Händen. Es ist Sonntag, wir sitzen an dem viel zu großen Tisch im Esszimmer beim Frühstück und machen uns, so wie es aussieht, gleich zusammen auf den Weg zu meinem neuen Zuhause. Dem zweiten innerhalb von sechs Monaten.

Sie schüttelt den Kopf, ihr Mund verzieht sich zu einem kühlen Lächeln, das nicht bei ihren Augen ankommt. Das tut es nie. Ich habe sie noch kein einziges Mal richtig lächeln sehen. »Mir macht das nichts aus.«

Ich presse die Lippen zusammen. Ihr vielleicht nicht. Mir schon, aber ich kann nicht protestieren. Ich schulde ihr was.

Mein Magen verknotet sich bei dem Gedanken daran, dass ich nur ihretwegen einen Platz an der New England School of Ballet bekommen habe. Ich musste nicht mal zum Vortanzen gehen. Es reicht, dass ich Penelope Bennetts Enkelin bin. Sie kennt Travis Pearson, den Direktor, und sitzt schon seit Jahren im Vorstand der Schule. Sie musste praktisch nur mit den Fingern schnippen, um mir den Platz zu ermöglichen. Es ist bitter, wie leicht sie es mir macht, gleichzeitig bin ich ihr jedoch unendlich dankbar. Alleine hätte ich es nicht geschafft.

»Okay«, gebe ich schließlich nach.

»Brauchst du noch Hilfe beim Packen?«

»Nein. Ich komme klar. Danke«, schiebe ich hinterher, und ich hasse es, dass es so schwierig ist, mit ihr zu reden. Aber ich kann nicht so tun, als wäre nie was vorgefallen. Als gäbe es keine Gründe dafür, dass Grandma uns nie in Kalifornien besucht hat. Ich weiß das, sie weiß das. Wir haben sechs Monate zusammengewohnt und kein einziges Mal darüber geredet.

Aber wir reden schließlich auch nicht über Mom. Oder Dad.

»In Ordnung.« Sie steht auf und streicht ihr schmal geschnittenes Wollkleid glatt. Grandma hat immer noch die Statur der Tänzerin, die sie früher mal war. Hochgewachsen und sehr schlank. Sie ist immer noch schön, auch wenn ihr Haar nicht länger blond, sondern grau ist. Der strenge Knoten auf ihrem Hinterkopf ist allerdings immer noch derselbe. Sie sieht aus wie eine ältere Version meiner Mom, und manchmal, zu oft, tut es mir weh, sie auch nur anzuschauen, weil ich dann daran denken muss, dass Mom niemals ihre eigene ältere Version werden wird.

So wie jetzt. In meiner Brust sticht es, aber ich darf jetzt nicht anfangen zu weinen, also zwinge ich mich dazu, tief durchzuatmen.

Ein.

Und aus.

Ein.

Und aus.

Das Stechen lässt nach, und als ich sie wieder anschaue, erwidert sie meinen Blick aus den gleichen grauen Augen, die auch ich habe.

»Dann lass uns aufbrechen.« Sie verlässt das Esszimmer, ich stehe auf und gehe nach oben, hole meine beiden Koffer und bringe sie nach unten. Grandma hat extra Francis, ihren Fahrer, herbestellt, obwohl Sonntag ist, doch sie würde nie in ein Uber steigen oder zulassen, dass eine von uns sich hinters Steuer setzt.

Während Francis meine Koffer verstaut, laufe ich zurück nach oben in mein Zimmer, um eine Kiste nach der anderen nach unten zu tragen. Meine Platten. Die Notizbücher, die Dad mir immer geschenkt hat. Den Plattenspieler. Es ist zu viel Zeug, aber ich kann nichts zurücklassen. Es geht einfach nicht.

Es dauert eine Viertelstunde, bis meine Sachen im Kofferraum verstaut sind, Grandma sitzt schon seit ein paar Minuten im Wagen, als ich endlich auf die Rückbank rutsche. Francis startet den Motor, und dann machen wir uns auf den Weg zur New England School of Ballet – der Ballettakademie, die meine Mom schon besucht hat.

Sie hat es geliebt, ein Teil der Akademie zu sein, das weiß ich. Sie hat schließlich oft genug davon gesprochen. Und sie hätte letztes Jahr nicht versucht, mich davon zu überzeugen, dass ich gut genug für das Vortanzen bin, wenn es ihr dort nicht gefallen hätte. Ich hoffe, dass es mir genauso ergeht. Dass ich mich in diesen Ort verliebe. Einen Platz haben werde, an dem ich mich nicht verloren fühle.

Und ich hoffe, dass ich einen Teil von ihr dort wiederfinde. Den Teil, gegen den ich mich immer ein bisschen gewehrt habe, weil ich die Musik mein Leben lang mehr geliebt habe als das Ballett. Aber das war vorher.

Dad ist immer bei mir. Irgendwie.

Mom ist diejenige, die ich wiederfinden muss.

Und mich selbst auch.

5. KAPITEL
Rayne

Waking up (Acoustic) – PVRIS

Der Weg zur New England School of Ballet ist kurz. Es sind nur ein paar Minuten von Grandmas Haus zum Campus.

»Francis, warten Sie bitte, bis Rayne und ich zurück sind«, sagt Grandma, als der Wagen auf dem Parkplatz der Schule hält, und ich bekomme augenblicklich ein schlechtes Gewissen, weil Francis an einem Sonntagvormittag garantiert etwas Besseres zu tun hat, als darauf zu warten, dass ich weiß, wo ich all den Kram aus dem Kofferraum hinbringen muss. Aber es nützt alles nichts, ich kann die Sachen nicht zu dem Gespräch mit Direktor Pearson mitnehmen. Ein Koffer ginge vielleicht noch, aber der ganze Rest … eher nicht. Außerdem ist da ja auch noch Grandma, die er wieder nach Hause fahren muss.

»Natürlich, Mrs Bennett«, erwidert Francis höflich.

Grandma nickt knapp und öffnet die Tür. Kalte Januarluft weht in den Wagen, ich schaudere. Es ist kälter als noch vor ein paar Tagen. Der Himmel ist von dicken grauen Wolken bedeckt. Vielleicht schneit es bald.

»Rayne, beeil dich.« Grandma schiebt sich den Henkel ihrer

Handtasche über die Schulter und wirft mir einen ungeduldigen Blick zu.

Ich unterdrücke ein Seufzen und klettere aus dem Auto. Grandma ist mir schon ein paar Schritte voraus, ich folge ihr über den Parkplatz, gehe auf das schmiedeeiserne Tor zu, das in die Sandsteinmauer eingelassen ist, die den Campus umgibt. In schnörkellosen Buchstaben prangt der Name der Schule über dem Torbogen, und ich vergesse für einen Moment zu atmen, als wir den Campus betreten und ich zum ersten Mal die Schule vor mir sehe, die meine Mom vor neunzehn Jahren selbst besucht hat.

Natürlich kenne ich Fotos, aber keins davon wird der Realität auch nur ansatzweise gerecht. Der Campus ist wunderschön, im viktorianischen Stil gehalten. Roter Sandstein, Erkerfenster, hohe Ziegeldächer. Mitten auf dem Campus befindet sich das *New England Theatre*, das schuleigene Theater – ihr Herzstück, denn alle anderen Gebäude wurden darum herum gruppiert. Die beiden Wohnheime, das Verwaltungs-, das Lehr- und das Trainingsgebäude.

Der Campus ist weitläufig mit einer großen Rasenfläche und Dutzenden Bäumen. Wenn im Frühling alles anfangen wird zu blühen, ist es sicher atemberaubend.

Draußen ist, abgesehen von uns, kaum jemand unterwegs, aber die Fenster in den Wohnheimzimmern sind hell erleuchtet, und auch im Trainingsgebäude brennen Lichter. Vereinzelt kann ich dunkle Schatten ausmachen, Jungen oder Mädchen, die gerade trainieren. Wie es scheint, sind viele der Schülerinnen und Schüler bereits aus den Winterferien zurückgekehrt. Aber ich bin zu weit entfernt, um mehr erkennen zu können.

Ich merke erst, dass meine Schritte sich verlangsamt haben, als Grandma mir über die Schulter hinweg einen auffordernden Blick zuwirft.

»Sorry«, murmle ich, bin mir aber nicht mal sicher, ob sie mich hört, sie antwortet nicht.

Meine Schritte beschleunigen sich, trotzdem hole ich sie erst ein, als sie das Verwaltungsgebäude längst erreicht hat.

Der Eingangsbereich ist groß und vollkommen still. Außer uns ist niemand hier, aber schließlich ist auch Sonntag. Von der Tür aus läuft man direkt auf den Empfang zu, an gemütlichen Sitzecken vorbei, die vor den hohen Fenstern stehen. An den Wänden hängen überall Bilder, die Tänzerinnen und Tänzer in den unterschiedlichsten Figuren zeigen. Mein Herz macht einen Satz, und ich frage mich unwillkürlich, ob auch ein Bild von Mom hier hängt.

Instinktiv bewege ich mich auf die Bilder zu, meine Handflächen werden feucht, und meine Brust fühlt sich auf einmal viel zu eng an. Ich habe Mom tanzen sehen, öfter als ich zählen kann. Mein ganzes Leben lang. Und es gibt Bilder von ihr, als sie getanzt hat. Aber die Bilder, die an dieser Wand hängen, sind anders. Ich weiß nicht, warum ich mir auf einmal wünsche, dass eins von ihr dabei ist, aber ich tue es. So sehr, dass es beinahe wehtut.

»Rayne, bitte, beeil dich. Wir sind ohnehin schon spät dran.« Grandmas Stimme lässt mich mitten in der Bewegung innehalten, bevor ich mir auch nur das erste Bild richtig anschauen kann.

Sie verschwindet in einem der Flure, die hinter dem Empfangsbereich abzweigen, ihre Schritte hallen laut durch das Gebäude. Ich zögere, ich will mir doch nur diese Bilder ansehen, das dauert nicht lange. Doch das stimmt natürlich nicht. Es würde dauern, weil es zu viele Bilder in dieser Eingangshalle gibt.

Enttäuscht wende ich mich ab und folge Grandma ein weiteres Mal, zwei Treppen hoch, nach links, dann bleibt sie vor einer dunklen Tür stehen.

Sie hat die Hand schon gehoben, um anzuklopfen, als sie noch einmal innehält. Fragend sieht sie mich an. »Bist du so weit?«

Ich nicke, obwohl ich nicht weniger bereit sein könnte. Mein Magen zieht sich nervös zusammen, meine Hände ballen sich ganz von selbst zu Fäusten. Ich wünschte, ich hätte wieder etwas, woran ich mich festhalten kann, aber meine Mütze steckt mit meinen anderen Klamotten im Koffer.

Grandma klopft an, einen Moment später geht die Tür auf, und ich sehe mich einem hochgewachsenen, schlanken Mann gegenüber, der erst Grandma, dann mir ein warmes Lächeln schenkt.

»Penelope, schön, dass ihr hier seid.« Pearson tritt einen Schritt zur Seite, um uns in sein Büro zu lassen. Er ist attraktiv mit seinem markanten Gesicht und den dunklen, nach hinten gestylten Haaren, die von silbergrauen Strähnen durchzogen sind. Sein Lächeln ist freundlich, der Blick aus seinen dunklen Augen warm. Er trägt eine schwarze Hose, dazu ein weißes Hemd und ein graues Sakko. Sein Büro ist hell und geräumig, mit einem riesengroßen Schreibtisch vor einer hohen Fensterfront. Drei Stühle stehen vor dem Schreibtisch, sonst gibt es, abgesehen von einem Regal und einem niedrigen Sideboard, keine Möbel. Clean und geschmackvoll.

»Travis, danke, dass du Zeit für uns hast.« Grandma legt mir eine Hand auf den Rücken, und ich versteife mich. »Das ist Rayne, meine Enkelin.«

»Ich freue mich, dich kennenzulernen.« Seine Stimme ist tief und warm. Dann erlischt sein Lächeln, und ich weiß, was kommt. Ich weiß es, weil es immer kommt, aber ich will es nicht hören. »Es tut mir sehr leid, dass du deine Eltern verloren hast.«

Bei seinen Worten schnürt sich mir die Kehle zu, und ich zwinge mich – muss mich zwingen – zu antworten. »Danke.« Meine Stimme ist leise, erstickt.

Eine unangenehme Stille breitet sich zwischen uns aus, so ist das immer, weil danach niemand weiß, was er sagen soll.

»Setzt euch doch«, meint Pearson schließlich, sein Lächeln ist wieder da, und ich bin froh darüber. Wenn er jetzt noch etwas über Mom und Dad gesagt hätte, wäre ich garantiert in Tränen ausgebrochen.

Ich setze mich auf den rechten Stuhl, Grandma auf den linken, während Pearson um den Schreibtisch herumgeht. Der Stuhl in der Mitte bleibt frei.

»Soll ich dir erst mal ein bisschen was über die Schule erzählen?«, fragt er, konzentriert sich voll und ganz auf mich.

»Gerne«, bringe ich krächzend hervor, obwohl ich vermutlich längst alles weiß, was es zu wissen gibt. Entweder von Mom oder von der Website der Schule.

Aber ich brauche einen Moment, um mich zu sammeln, und dem Blick nach zu urteilen, den Pearson mir zuwirft, scheint er das zu verstehen.

Er beginnt zu reden, und ich mag seine Stimme, ich mag die Art, wie er spricht, ruhig, aber mit unüberhörbarem Stolz. Ihm ist anzumerken, dass er gerne der Direktor ist. Er erzählt mir von der Geschichte der Schule, welche Werte uns vermittelt werden sollen, dass es nicht nur um das Ballett geht, sondern darum, unseren eigenen Weg zu finden. Freundschaften zu schließen, uns selbst kennenzulernen und herauszufinden, was wir wirklich wollen.

»Hast du noch Fragen?«, erkundigt er sich schließlich.

Ich schüttle den Kopf. »Erst mal nicht.«

»Wenn doch, kannst du jederzeit zu mir kommen oder mit deinen Lehrerinnen und Lehrern sprechen.« Er steht auf und geht zu einem dunklen Regal hinüber. Einen Moment später legt er einen grauen Jutebeutel vor mich auf den Tisch. »In dieser Tasche findest du alles, was du für die erste Zeit bei uns brauchst. Deinen Stundenplan, die Schulregeln und natürlich den Hoodie, den alle bekommen. Du hast den gleichen Stundenplan wie alle anderen in deinem Jahrgang, aber ich habe bereits mit Miss Chelsea abgesprochen, dass du vorerst nicht auf Spitzenschuhen tanzen wirst. Du wirst ihren Kurs trotzdem besuchen und währenddessen an deiner Technik feilen, in Ordnung?«

Ich bin so überrumpelt, dass ich einfach nur stumm nicke. Kein Spitzentanz. Keine Spitzenschuhe. Ich bin mir nicht sicher, ob ich mich darüber freue oder nicht. Ein Teil von mir ist froh darüber, weil ich nicht so weit bin, nicht nach einer so langen Pause, und weil es vorher für mich schon schwierig war, auf Spitze zu tanzen. Der andere Teil … Ich weiß gerade nicht, was der andere Teil empfindet.

Pearson wirft Grandma einen kurzen Blick zu, dann schenkt er mir ein aufmunterndes Lächeln. »Ich hoffe, dass du dich schnell bei uns einleben wirst. Aber setz dich bitte nicht zu sehr unter Druck. Du bist hier, um zu lernen und zu wachsen, und das geht nicht von heute auf morgen. Du hast einiges durchgemacht. Lass dir Zeit, in Ordnung?«

Ich bin mir nicht sicher, warum sich mir plötzlich schon wieder die Kehle zuschnürt. Vielleicht habe ich einfach nicht damit gerechnet, dass er so nett ist.

»Okay.«

»Wunderbar. Dein Unterricht beginnt morgen um neun.« Er wendet sich an meine Großmutter. »Penelope, hast du noch einen Moment für mich? Ich würde gerne noch etwas mit dir besprechen.«

»Natürlich.«

»Danke dir.« Er linst auf seine Armbanduhr, ein Lächeln erscheint auf seinem Gesicht. Dann reicht er mir etwas, das ich erst im zweiten Moment als den Schlüssel zu meinem neuen

Zimmer erkenne. »Ich habe heute leider keine Zeit, dich herumzuführen, aber ich glaube, ich habe einen guten Ersatz gefunden.« Er geht zur Tür, ich drehe mich automatisch auf meinem Stuhl um, genau wie Grandma, während mein Nacken nervös zu prickeln beginnt.

Was meint er damit?

Die Frage beantwortet sich von selbst, als zwei Mädchen sein Büro betreten, beide haben rote Haare, eine eher Kupfer, die andere Beere.

»Das sind Zoe und Mae«, stellt Pearson die beiden vor. »Sie sind ebenfalls im ersten Jahr. Ihr wohnt auf demselben Flur. Die beiden werden dir alles zeigen.«

»Hey!« Mae, das Mädchen mit den Beerenhaaren, grinst mich an. »Wollen wir dann los?«

»Klar.« Ich schaue kurz zu Grandma, keine Ahnung, warum, ich brauche ihre Erlaubnis nicht. Sie nickt.

»Geh ruhig.«

Ich stehe auf und bleibe einen Augenblick lang unschlüssig stehen. Grandma zum Abschied zu umarmen kommt nicht infrage. So sind wir nicht, sie und ich. Wir haben nicht diese Art von Beziehung.

»Na dann, los geht's.« Maes Lächeln wird breiter.

Ich nicke Grandma ein letztes Mal ungelenk zu und lächle Pearson dankbar an. Dann nehme ich den Beutel vom Schreibtisch und gehe zu den beiden Mädchen, die im Türrahmen auf mich warten. Doch bevor wir das Büro des Direktors verlassen, hält er mich auf.

»Ach, Rayne?«

Ich drehe mich um, Grandma hat mir längst wieder den Rücken zugewandt.

Pearsons Lächeln ist warm. »Willkommen an der New England School of Ballet.«

6. KAPITEL
Rayne

Alone – Chandler Leighton

»Ich bin übrigens Rayne«, stelle ich mich vor, als wir durch den leeren Flur zurück Richtung Eingangshalle laufen, weil Pearson das gerade irgendwie vergessen zu haben scheint.

»Wissen wir. Pearson hat uns von dir erzählt«, erwidert Mae, und ihre Stimme hat diesen sanften, mitfühlenden Tonfall, bei dem sich alles in mir zusammenzieht.

»Das mit deinen Eltern tut uns sehr leid«, fügt Zoe hinzu, genauso sanft, genauso mitfühlend.

Ich blinzle hektisch, atme tief durch. »Danke.«

Schweigen breitet sich zwischen uns aus, die beiden wechseln einen kurzen Blick miteinander, und es ist wie vorhin mit Pearson, als er mich begrüßt hat. Es wird unangenehm und komisch. Die beiden kennen mich nicht. Sie können nichts sagen, was dafür sorgt, dass ich mich besser fühle, und wenn ich ehrlich bin, will ich auch nichts hören.

»Wie ist es hier so?«, platze ich heraus, weil ich diese Stille nicht ertrage. Sie sollen sie füllen. Mit irgendwas. Völlig egal.

»In drei Worten: anstrengend, herausfordernd, toll.« Mae zählt die Adjektive an den Fingern ab.

Zoe verdreht die Augen, lächelt aber. »Es wird dir hier ganz bestimmt gefallen. Wir sind nur zwanzig in unserem Jahrgang – okay, kein Jahrgang hat mehr Schülerinnen und Schüler. Es sind kleine Klassen, aber das ist das Tolle an der Schule. So können wir alle gefördert werden.«

»Seid ihr schon lange hier?« Mom hat erzählt, dass einige Schülerinnen und Schüler schon vor ihrem Studium hier ausgebildet werden. Sie tanzen dann nicht nur, sondern machen gleichzeitig ihren Highschool-Abschluss.

Mae schüttelt den Kopf. »Erst seit September. Wir sind beide noch recht neu.«

Wir verlassen das Gebäude, und ich ziehe fröstelnd die Schultern hoch, als eiskalter Wind unter meinen Mantel kriecht.

»Wo sind deine Sachen?«, erkundigt Zoe sich und zieht Handschuhe aus den Taschen ihrer Winterjacke.

»Noch im Auto.« Ich deute auf den Parkplatz, und die beiden gehen zielstrebig los.

»Ihr müsst mir nicht helfen«, beeile ich mich zu sagen. Ich will ihnen keine Umstände machen.

Sie werfen mir gleichzeitig einen missbilligenden Blick zu. »Keine Chance. Natürlich helfen wir dir. Du hast doch nicht nur einen Koffer dabei, oder?«

»Nein. Aber ich muss eh mehrere Male gehen.«

»Siehst du. Dann brauchst du unsere Hilfe erst recht.« Mae macht einen vergnügten Hüpfer und sieht dabei so zufrieden aus, dass ich beinahe lachen muss. »Lass uns helfen. Du bist jetzt eine von uns. Wir tun so was füreinander.«

Ich gebe nach. Irgendwas sagt mir, dass sie sich das ohnehin nicht ausreden lassen würden.

Mae hakt sich bei Zoe unter und greift dann auch nach meinem Arm, als wäre es das Selbstverständlichste auf der Welt.

Überrumpelt lasse ich es zu. Es ist ewig her, dass das jemand bei mir getan hat.

In meinem Inneren beginnt es zu ziehen, als ich unwillkürlich an Hailey denken muss. Früher war sie dieses Mädchen an meiner Seite, aber Moms und Dads Tod hat nicht nur mich verändert, sondern auch unsere Freundschaft. Ich zwinge mich, den Gedanken an meine beste Freundin beiseitezuschieben, bevor es anfängt, wehzutun.

Vielleicht tut es auch einfach die ganze Zeit weh. Wer weiß das schon. In mir ist so viel Schmerz, dass ich manchmal nicht weiß, ob es noch irgendeinen Teil von mir gibt, der nicht wehtut.

»Hat Pearson dir deinen Stundenplan gegeben?« Zoe wirft mir an Mae vorbei einen kurzen Blick zu.

»Ja, der ist irgendwo in dem Beutel hier.« Vielsagend hebe ich die Tasche an, die über meiner Schulter hängt.

»Super, dann können wir später gucken, welche Kurse wir zusammen haben.«

»Haben wir nicht sowieso alle Kurse zusammen?«

Sie schüttelt den Kopf. »Die Theoriestunden am Nachmittag, ja. Den normalen Technikkurs, Spitzentanz und Pas de deux, wobei da auch alle aus dem zweiten Jahr dabei sind. Technik und Spitzentanz stehen jeden Morgen an, Pas de deux ist dieses Semester nur zweimal die Woche, dienstags und donnerstags. An den anderen Tagen haben wir andere praktische Kurse, bei mir ist es dieses Semester unter anderem Contemporary. Da werden wir mit allen Schülerinnen und Schülern aus den anderen Semestern durchgemischt.«

»Klingt kompliziert.«

»Ja, aber eigentlich ist es das gar nicht. Du gewöhnst dich dran.«

»Meinst du?«

»Ach, da machen wir uns gar keine Sorgen, oder, Mae?«

»Nö. Niemals.«

Wir erreichen den Wagen, und ich sage Francis kurz Bescheid, dass wir meine Sachen holen wollen. Einen Moment später geht der Kofferraum auf, und er hilft uns dabei, die Koffer und Kisten rauszuholen.

»Ist das ein Plattenspieler?«, will Zoe ungläubig wissen, und ich spüre, wie mir das Blut in die Wangen schießt.

»Ja.«

»Das ist so cool! Ich hab mir *Midnights* von Taylor als LP gekauft, obwohl ich überhaupt keinen Plattenspieler habe. Aber ich musste sie einfach haben. Es ging nicht anders.« Sie lacht, und ich weiß nicht, woran es liegt, aber ich mag sie irgendwie jetzt schon.

»Ich hab sie auch«, bekenne ich. »Und ungefähr alle anderen.«

Mae stößt ein theatralisches Seufzen aus. »Ich glaube, du wirst unsere neue beste Freundin. Natürlich nur, damit wir bei dir all deine Platten hören können.«

»Ich glaube, das ist total in Ordnung.« Ich muss lächeln, ein echtes Lächeln, das erste seit einer Ewigkeit.

Es ist seltsam, wie einfach es ist, mit den beiden zu reden. Es ist seltsam, wie leicht sie es mir machen. Wie selbstverständlich sie mich aufnehmen.

Sie wissen, wer ich bin, sie wissen, was passiert ist. Aber sie fragen nicht nach, lassen mir meinen Raum, und ich glaube, ich war lange nicht für etwas so dankbar wie dafür.

Es gibt Menschen, die mich sofort ausgequetscht hätten. Nach L.A., meinen Eltern, welche Musiker und Schauspielerinnen ich kenne, nach all den Dingen, über die ich nicht reden will. Ich weiß das, ich habe solche Menschen kennengelernt.

Mae und Zoe sind nicht so.

»Ich glaube, wir müssen auch zu dritt zweimal gehen«, stellt Zoe fest, als sie nach einem meiner Koffer greift.

»Ich fürchte auch.« Mae sieht kurz in Francis' Richtung, aber ihn kann ich unmöglich um Hilfe bitten. Wenn Grandma wiederkommt und er weg ist, wäre das vermutlich nicht gut.

»Tut mir leid. Ehrlich, ihr müsst mir nicht helfen. Ich kriege das auch alleine –«

»Lass das!«, unterbricht Mae mich entschieden. »Wir helfen dir. Wir haben ohnehin nichts anderes zu tun, und Pearson hat uns zwei unter allen aus dem ersten Jahr ausgewählt, damit wir uns um dich kümmern, also machen wir das auch.«

»Mae ist manchmal ein bisschen theatralisch. Falls dir das nicht schon aufgefallen sein sollte.« Zoe zwinkert mir verschwörerisch zu, und Mae verzieht in gespielter Empörung das Gesicht, bevor sie ein sehr, sehr schweres Seufzen ausstößt.

»Das stimmt. Ich liebe Theatralik.« Sie stapelt zwei Kartons aufeinander. »Und jetzt los! Wir haben viel zu tun!«

* * *

»Hm, müssen wir Rayne noch irgendwas zeigen?«, erkundigt Mae sich bei Zoe, aber die schüttelt den Kopf.

»Ich glaube nicht. Die Ballettsäle siehst du eh morgen früh, und die Räume für den Theorieunterricht sind jetzt nicht so spannend.«

»Oh, was ist mit dem Gym und der Sauna? Das Schwimmbad?«

»Ihr habt ein Schwimmbad und eine Sauna?« Perplex sehe ich die beiden an. Das ist mir bei meinen Recherchen irgendwie durchgegangen.

»Cool, oder? Nicht, dass ich beides im letzten Semester besonders oft genutzt hätte, aber es ist immerhin schön, so viel Auswahl zu haben.« Mae kichert.

Zoe streicht sich eine Strähne ihrer kupferroten Haare aus

der Stirn, ihre braunen Augen blitzen fröhlich. »Vielleicht ja dieses Semester.«

»Verkehrt wäre es auf jeden Fall nicht.«

Wir sind unten im Speisesaal, dem diese Bezeichnung kaum gerecht wird, mit den gebogenen Fenstern und den samtbezogenen grünen Sesseln, die um die runden Tische herumstehen. Es ist schön hier unten im Erdgeschoss des Wohnheims. Gemütlich. Tatsächlich ist die ganze Schule ziemlich gemütlich, dafür, dass es sich eben um eine Schule handelt. Selbst wenn es eine Ballettakademie ist.

Nachdem meine Sachen in meinem neuen Zimmer verstaut waren, haben die beiden mir das Wohnheim gezeigt, unseren Aufenthaltsraum und die Dachterrasse. Allerdings sind wir nicht rausgegangen, weil es wieder zu regnen angefangen hat. Es ist wohl doch noch nicht kalt genug für Schnee.

Jetzt sitzen wir an einem der Tische und trinken Smoothies, die hier jeden Morgen frisch für uns zubereitet werden.

»Dann haben wir dir fürs Erste eigentlich alles gezeigt«, meint Zoe. »Du willst bestimmt auch irgendwann auspacken, oder?«

»Brauchst du Hilfe?« Mae zieht an dem Strohhalm in ihrem Glas.

»Ich glaube, das schaffe ich alleine.«

»Bist du sicher, wir –«

»Mae, lass gut sein, okay?«, fällt Zoe ihrer Freundin ins Wort. »Nicht jeder braucht Gesellschaft beim Auspacken.«

»Ich fand deine Gesellschaft toll«, gibt Mae zurück und zieht eine Schnute.

»Ja. Du bist auch das absolute Chaos. Du hast einfach alles irgendwohin gestopft, ohne auch nur einen Hauch von Ordnung.« Zoe dreht sich zu mir. »Ich kann total verstehen, dass du das alleine machen willst!«

»Oh Gott, bitte sag mir nicht, dass du auch so perfektionistisch veranlagt bist wie Zoe.« Über den Tisch hinweg greift Mae nach meiner Hand. Ihr Griff ist fest, ihre Haut warm.

Ich schüttle den Kopf. »Nein, ich bin eher Team Chaos. Aber ich packe trotzdem lieber alleine aus.«

»Na schön, ich vergebe dir. Weil du in meinem Team bist. Sehen wir uns beim Abendessen?«

Ich nicke. »Klar.«

»Super, wir holen dich einfach ab.« Zoe erhebt sich, und wir folgen ihr, unsere Gläser sind leer. Wir bringen sie weg, bevor wir uns ein zweites Mal an diesem Tag auf den Weg in den vierten Stock machen. Unsere Zimmer liegen direkt unter dem Dach. Bei schönem Wetter ist die Aussicht von da oben ganz sicher atemberaubend.

Vor unseren Zimmern – Zoes und Maes liegen direkt nebeneinander, gegenüber von meinem – verabschieden wir uns kurz, dann fällt die Tür hinter mir ins Schloss, und ich bin allein.

Meine Schultern sacken nach unten. Allein. Ganz allein.

Das Zimmer ist kleiner als meins zu Hause in L.A., kleiner als das Zimmer, in dem ich bei Grandma gewohnt habe, aber ich mag es jetzt schon lieber. Der Boden ist genauso dunkel wie in Grandmas Haus, aber die Wände sind weiß gestrichen und haben hübsche Stuckleisten. Es gibt einen kleinen Eingangsbereich mit Garderobe und ein winziges Bad. Bett, Schreibtisch, Kleiderschrank und Kommode vervollständigen das Zimmer. Mein Plattenspieler hat seinen Platz längst auf der Kommode gefunden. Ich bin mir noch nicht ganz sicher, wo ich alle Platten unterbringen soll, aber ich werde schon noch einen Platz für sie finden.

Ich hole meine In-Ear-Kopfhörer aus dem Rucksack, drücke sie in meine Ohren und greife nach meinem Handy. Zum Auspacken brauche ich definitiv Musik.

Einen Moment später erklingen die ersten Töne von *You Don't Go To Parties* von 5 Seconds of Summer. Ich liebe den Song, ich liebe seine Vibes, aber gerade kann ich mich nicht fallen lassen, es geht nicht.

Ich habe immer noch mein Handy in der Hand, und natürlich hat Easton mir nicht geschrieben. Irgendwie habe ich es den ganzen Tag geschafft, nicht an ihn zu denken, aber jetzt, wo ich auf das Display schaue und da keine ungelesene Nachricht von ihm angezeigt wird, kann ich nicht mehr anders.

Zwei Tage sind vergangen, seit ich bei *Repeat Records* war. Zwei Tage Funkstille. So kann das nicht weitergehen. Gott, ich will mit ihm reden. Ich will ihm sagen, warum ich hier bin. In dieser Stadt, an dieser Schule.

Wir waren Freunde.

Er war mein einziger echter Freund in den letzten sechs Monaten, und er hat das nicht verdient. Dass ich nicht antworte, mich nicht melde, ihn ignoriere. Dass ich weglaufe.

Ich öffne unseren Chat bei Instagram, und ich will ihm alles sagen, was mir durch den Kopf geht, jeden noch so wirren Gedanken, und davon habe ich viele. Doch stattdessen tippe ich nur vier Worte.

Aber ich schätze, das sind sowieso auch die wichtigsten.

mockingbird:
Es tut mir leid.

gesehen

Davor

28. April um 12:38 PM

mockingbird:
Heute ist dieses bescheuerte Vortanzen, und ich wollte die ganze Zeit nicht hingehen. Schon als Mom es das erste Mal erwähnt hat, wollte ich nicht. Warum denke ich also gerade, dass es vielleicht ein Fehler war, nicht hingegangen zu sein?

eastcoleman:
Ich weiß nicht … warum denkst du das?

mockingbird:
Gute Frage … vielleicht …
Keine Ahnung. Ich weiß absolut nicht, was ich mit meinem Leben anfangen soll. Vielleicht wäre das Tanzstudium doch keine schlechte Idee.

eastcoleman:
Hmmm … Soll ich ehrlich sein?

mockingbird:
Nein, bitte, lüg mich an.
Ja. Sei ehrlich. Sei immer ehrlich zu mir.

eastcoleman:
Du hast dich gegen das Vortanzen entschieden, weil du zwar

gerne tanzt, die Musik dir aber immer schon mehr bedeutet hat. Alsoooo, kann es sein, dass du dich unter Druck gesetzt fühlst? Von deiner Mom? Weil sie Tänzerin war und sich freuen würde, wenn du hingehen würdest? Und jetzt hast du ein schlechtes Gewissen, weil du dich dagegen entschieden hast?

mockingbird:
Nein, das ist es nicht. Also, vielleicht ein bisschen. Okay, irgendwie habe ich ein schlechtes Gewissen, und klar, Mom würde sich freuen, für sie war das Ballett das Wichtigste auf der Welt. Ich glaube, manchmal ist sie enttäuscht, dass ich es nicht so liebe wie sie, aber eigentlich hat sie es akzeptiert. Dachte ich jedenfalls. Ich weiß es doch auch nicht. Ich bin verwirrt.

eastcoleman:
Merkt man. Wie kann ich dir helfen, Birdy?

mockingbird:
Keine Ahnung. Wenn ich das wüsste, wäre ich vielleicht schon einen Schritt weiter.
Ich frage mich auch, warum Mom überhaupt wollte, dass ich hingehe. Immerhin ist die Schule in Boston. Meine Grandma wohnt in Boston.

eastcoleman:
Wieso klingt das, als wäre das ein Problem?

mockingbird:
Weil es eins ist. Meine Eltern verstehen sich nicht besonders gut mit meiner Großmutter. Was übrigens die Untertreibung des Jahrhunderts ist. Grandma hat uns noch nie in L.A. besucht. Ich kann mich nicht mal richtig an sie erinnern, weil es so lange

her ist, seit ich sie das letzte Mal gesehen habe. Ich weiß nur, dass Grandma nicht viel von meinem Dad hält. Sie gibt ihm die Schuld daran, dass Mom ihr Studium geschmissen hat.

eastcoleman:
Uff. Klingt nach einer komplizierten Familiengeschichte.

mockingbird:
Du hast ja keine Ahnung.

eastcoleman:
Hab kein schlechtes Gewissen, Birdy. Es ist dein Leben, und du triffst die Entscheidungen. Wenn du nicht tanzen willst, dann ist das okay. Wenn du es irgendwann doch willst, machst du es eben dann (auch wenn ich mich natürlich gefreut hätte, wenn du nach Boston gezogen wärst).

mockingbird:
Warum bist du so klug?

eastcoleman:
Bin ich nicht. Ich bin nur gut darin, anderen Ratschläge zu erteilen, die ich vermutlich selbst nicht befolgen würde.

mockingbird:
Ich mag deine Ratschläge.

eastcoleman:
Das freut mich. Ich habe nur irgendwie das Gefühl, dass ich dir gar nicht wirklich weitergeholfen habe.

mockingbird:
Doch, hast du. Du hörst mir zu. Das reicht.

7. KAPITEL
Rayne

Face The Music – Louis Tomlinson

Mein erster Tag an der New England School of Ballet beginnt mit dem neuesten Album von Louis Tomlinson und einem energischen Klopfen an meiner Zimmertür.

»Moment!«, rufe ich, während ich versuche, meine Haare zu einem ordentlichen Knoten zusammenzustecken. Ich hätte nicht gedacht, dass man das verlernen kann, aber es geht, denn das ist schon mein vierter Versuch, und trotzdem hängen immer noch Haare heraus.

Mit einem frustrierten Stöhnen werfe ich die Bürste ins Waschbecken und gehe zur Tür.

Zoe und Mae stehen draußen auf dem Flur. Beide tragen den grauen Schulhoodie, und beide haben ihre Haare ordentlich zurückgebunden. Sehr ordentlich. Es ist ein bisschen unfair.

»Guten Morgen«, flötet Mae. »Bist du fertig fürs Frühstück?«

Ich trete zur Seite, damit die beiden reinkommen können. »Noch nicht ganz. Meine Haare wollen nicht so wie ich.«

»Brauchst du Hilfe?«, bietet Zoe an, und ich atme erleichtert auf.

»Bitte. Ich bin ein bisschen aus der Übung. Ich hab seit Monaten nicht mehr getanzt und irgendwie …« Ich breche ab. *Mist.* Das hätte ich nicht sagen sollen.

Niemand, wirklich niemand, schafft es nach einer monatelangen Pause auf eine Elite-Ballettakademie. Vor allem dann nicht, wenn man das Training vorher schon nicht so richtig ernst genommen hat und nur halbherzig hingegangen ist. Jede Pause rächt sich, und je länger sie dauert, desto schwieriger wird es, wieder reinzukommen. Es ist völlig egal, dass Zoe und Mae und alle anderen eher früher als später sowieso gemerkt hätten, dass ich nicht auf ihrem Leistungsniveau bin.

Wie soll ich tanzen, wenn ich es nicht mal hinkriege, meine Haare ordentlich zusammenzubinden?

»Ist doch nicht schlimm.« Zoes Mund verzieht sich zu einem sanften Lächeln. »Ich denke, dafür werden alle Lehrer Verständnis haben.«

Ich nicke nur. Ja, vielleicht. Trotzdem macht sich ein mulmiges Gefühl in mir breit. Ich bin nicht gut, wirklich nicht, und das wird allen sofort auffallen. Und dann werden sie sich fragen, wie ich den Platz bekommen konnte. Sie werden herausfinden, wer ich bin, wer meine Eltern waren, und dass ich das nur meiner Grandma zu verdanken habe. Und dann werden sie mich hassen, weil ich es nicht verdient habe, hier zu sein.

»Rayne.« Zoe legt mir eine Hand auf die Schulter. »Mach dir nicht so viel Druck. Du kriegst das hin, okay?«

»Genau, wir helfen dir.« Mae steht vor der Kommode mit meinem Plattenspieler, eine LP in der Hand. »Und zuerst helfen wir dir mit deinen Haaren. Bin gleich wieder da!« Sie legt die Platte zurück auf ihren Platz und rauscht aus meinem Zimmer, kommt jedoch kurz darauf mit einer Bürste, die deutlich feinere Borsten hat als meine, unendlich vielen Haarnadeln und Haarspray bewaffnet zurück.

»Los geht's. Wir müssen uns beeilen, sonst haben wir nicht genug Zeit fürs Frühstück, und ich hab echt Hunger.« Sie drückt Zoe die Sachen in die Hand. »Mach du das, Little Miss Perfect. Du kannst das auf jeden Fall besser als ich.«

Zoe rümpft ihre zierliche Nase. »Du übertreibst maßlos.«

»Mache ich immer«, erinnert Mae sie.

»Ich weiß«, seufzt Zoe und deutet auf den Schreibtischstuhl. »Kannst du dich setzen, Rayne?«

»Klar.« Ich folge ihrer Aufforderung, lehne mich aber nicht gegen die Rückenlehne, damit sie Zoe nicht im Weg ist. Zoe tritt hinter mich und lässt die Bürste durch meine Haare gleiten.

»Ich finde deine Farbe toll.«

»Danke«, erwidere ich, ein Stich fährt mir durchs Herz, aber nein, ich kann jetzt nicht daran denken, dass Dad mir das erste Mal die Haare gefärbt hat, nur ein paar Tage vor dem Unfall.

»Damit passt du ziemlich perfekt zu uns.« Mae setzt sich auf mein Bett und grinst uns fröhlich an. »Als hätte es so sein sollen. Wir haben alle Haarfarben, die zusammenpassen.«

»Eigentlich beißen sie sich eher«, meint Zoe trocken. Sie hat recht. Kupfer, Beere und Violett passen in der Tat nicht so gut zusammen.

Doch Mae winkt ab. »Ach, Quatsch.«

»Muss ich die Piercings eigentlich rausnehmen?«, frage ich und fasse mir an die Nasenspitze, denke an die vielen Ringe und Stecker in meinen Ohren.

»Ich glaube nicht«, antwortet Zoe, sie zieht an meinen Haaren, ein bisschen zu fest, aber es ist genau der Druck, den ich selbst nicht hinbekommen habe. »Warte einfach ab, ob einer der Lehrer was sagt. Aber ich glaube, im Unterricht kannst du sie drin lassen. Auf der Bühne müsstest du sie rausnehmen, aber so weit sind wir ja noch nicht. Die Armbänder und Ringe an deinen Fingern solltest du allerdings abnehmen. So, fertig.

Das Haarspray machst du am besten selbst drauf.« Sie reicht mir die Dose, und ich stehe auf.

»Zeit fürs Frühstück«, trällert Mae, als ich fertig bin, und hüpft von meinem Bett. »Wird auch Zeit. Ich brauche Koffein.«

Gemeinsam gehen wir nach unten in die Cafeteria und holen unser Frühstück, bevor wir zu einem der runden Tische rübergehen, an dem bereits ein blonder Junge und ein dunkelhaariges Mädchen sitzen. Ich habe gestern beim Abendessen schon einige Leute kennengelernt, konnte mir die meisten Namen allerdings nicht merken. Nur Jase, Zoes Freund, und Skye sind mir im Gedächtnis geblieben.

»Ihr seid spät dran«, begrüßt Skye uns, während Zoe sich zu Jase runterbeugt und ihm einen zärtlichen Kuss auf die Lippen haucht. Seine grünen Augen leuchten auf.

»Es gab ein kleines Haarproblem«, erklärt Mae und lässt sich auf den Platz neben Skye fallen. Ich setze mich auf den Stuhl gegenüber von ihr.

»So wie's aussieht, konntet ihr das ja lösen.« Skye mustert uns nacheinander grinsend. Ihre langen Haare fallen noch offen über ihre schmalen Schultern.

Ich trinke einen Schluck Kaffee, während die anderen sich unterhalten, über ihre Ferien und die Feiertage.

»Wie war's eigentlich bei Tristans Eltern?«, fragt Skye, und Mae wird tatsächlich rot.

»Gut. Ziemlich gut sogar.«

»Genau so, wie ich es vorausgesagt habe.« Auf Zoes Gesicht hat sich ein zufriedenes Lächeln ausgebreitet, und Jase schüttelt leise lachend den Kopf.

»Tristan ist mein Freund«, erklärt Mae, als sie meinen verwirrten Blick bemerkt. »Das zwischen uns läuft noch nicht so lange, aber er wollte, dass ich Silvester seine Familie kennenlerne, und ja … es war schön.« Sie seufzt mit einem verträumten

Ausdruck in den Augen, und ich muss lächeln, obwohl ich sie gar nicht richtig kenne, Tristan erst recht nicht. Aber sie sieht so glücklich aus, dass ich nicht anders kann.

»Griffin und Robyn sind auch einfach so niedlich«, fährt Mae fort und beginnt, von Tristans Brüdern zu erzählen, die beide sehr viel jünger zu sein scheinen als der älteste Spross der Familie, bevor sich das Gespräch schließlich dem nächsten Semester zuwendet.

Schweigend sitze ich daneben und höre einfach zu. Aber es ist nicht unangenehm. Die anderen geben sich Mühe, mich in ihr Gespräch mit einzubeziehen, ohne mich mit Fragen zu bombardieren, die ich weder beantworten kann noch möchte.

Um kurz vor halb neun machen wir uns auf den Weg zum Trainingsgebäude, damit wir uns noch aufwärmen können, bevor die erste Stunde beginnt. Im Treppenhaus verabschieden wir uns von Jase und Skye, die in einen anderen Ballettsaal müssen, weil sie ein Jahr weiter sind als wir. Dann gehen wir hoch in den dritten Stock und betreten das letzte Studio auf der rechten Seite.

Es ist egal, welche Ballettschule in welcher Stadt in welchem Land man betritt – die meisten Studios sind mehr oder weniger ähnlich aufgebaut. Es gibt eine Spiegelwand, zwei Wände, an denen Ballettstangen befestigt sind – manchmal auch an der vor dem Spiegel – und freistehende Stangen. Eine große Fensterfront, von der aus man direkt auf den Campus blicken kann, macht diesen Saal aber zu etwas Besonderem. Der Flügel steht links neben der Tür vor dem Spiegel.

Alles wirkt vertraut, obwohl ich noch nie hier war, und meine Brust zieht sich schmerzhaft zusammen, weil ich an Moms Studio in unserer Villa denken muss, direkt unter dem Dach. Wir haben zusammen viel Zeit da oben verbracht, als ich noch ein Kind war und gerade erst mit dem Ballett angefangen hatte. Irgendwann bin ich weniger oft nach oben und stattdessen zu Dad gegangen, habe ihm zugehört, wenn er seine Songs aufgenommen hat, anstatt mit Mom zu trainieren. Aber Mom war immer dort. Sie ist nie auf der Bühne aufgetreten, dennoch hat sie das Ballett niemals losgelassen. Tanzen war für sie das, was für Dad die Musik war. Etwas, das nur ihr gehörte, was sie geliebt hat und worin sie unvergleichlich gut war.

Bilder steigen in mir auf, Erinnerungen an Mom, die hinter mir steht und meine Position korrigiert. Ihre Hände auf meinen Schultern, meiner Taille, sanft, aber bestimmt. Sie war immer geduldig mit mir, selbst an den Tagen, an denen ich mich unerträglich benommen habe, weil ich frustriert war, wenn wieder etwas nicht so funktioniert hat, wie ich es mir gewünscht habe.

Achte auf dein Gleichgewicht, Liebling. Du kannst das, ich weiß es.

Ich bekomme eine Gänsehaut, hinter meinen Augen ist plötzlich wieder dieser vertraute Druck, ich fange gleich an zu heulen. Weil Mom mir fehlt. So sehr, dass ich nicht weiß, wie ich je darüber hinwegkommen werde, dass sie nicht mehr da ist. Ich weiß nicht, wie das gehen soll. Es gibt keine Anleitung dafür.

Sie soll hier sein, bei mir. Ich will, dass sie draußen auf dem Flur steht und mich bei meiner ersten Stunde beobachtet, auch wenn das albern ist, weil die Schule garantiert keine Eltern zusehen lassen würde und weil ich vor allem nicht hier sein würde, wäre Mom noch am Leben.

Tränen steigen mir in die Augen, ich bekomme keine Luft mehr. Einen Moment lang vergesse ich, wo ich bin, dass ich in Boston bin, nicht in Los Angeles. Ein Moment, dann streift eine schmale Hand meinen Arm, und ich bin wieder im Hier und Jetzt, muss atmen, um nicht die Fassung zu verlieren, weil das nicht geht. Nicht an meinem ersten Tag, nicht vor all diesen fremden Leuten.

»Rayne?« Zoes Stimme klingt besorgt. »Alles okay?«

Hektisch blinzle ich gegen die Tränen an und zwinge mich zu einem Lächeln. »Ja, alles gut.«

Sie wirkt nicht überzeugt, ist sensibel genug, um zu merken, dass ich lüge, aber sie hakt nicht nach. »Kommst du mit rüber?« Sie nickt in Richtung der Ecke, in der Mae schon auf dem Boden sitzt und sich dehnt.

Ich nicke, folge ihr, fühle mich leer und betäubt zugleich, und das alles ist ziemlich beschissen. Es tut weh. Entschieden schiebe ich die Bilder und Erinnerungen beiseite. Muss ich, es geht nicht anders. Ich muss mich konzentrieren, auf diesen Moment, sonst verliere ich womöglich den Verstand.

Zusammen mit Zoe beginne ich mit meinen Aufwärmübungen. Ich merke schnell, dass ich bei den Dehnübungen nicht mal ansatzweise so tief komme wie sie. Meine Muskeln sind nicht so weich wie ihre, ich fühle mich steif und ungelenk. Unfähig. So als würde ich nicht hier hingehören. Als hätte ich diesen Platz nicht verdient.

»Stress dich nicht«, sagt Zoe, so leise, dass außer mir niemand ihre Worte verstehen kann. Kann sie Gedanken lesen? Eher nicht, ich schätze, sie stehen mir einfach ins Gesicht geschrieben.

»Ich versuch's«, murmle ich genauso leise, aber es ist schwer, denn wenn ich mich umsehe, stelle ich fest, dass alle besser sind als ich, dabei hat der Unterricht noch nicht einmal begonnen.

Die Bewegungen der anderen sind fließend und leicht, anmutig. Bei ihnen sieht es so einfach aus. Viel einfacher, als es ist. Ich verkrampfe mich, kann nichts dagegen tun, obwohl es alles noch schwieriger macht.

»Guten Morgen.« Die tiefe, gut gelaunte Stimme lässt mich

schließlich aufblicken. Ein junger Mann, vielleicht Ende zwanzig, betritt den Saal. Er sieht gut aus, mit einem charmanten Lächeln und leuchtenden Augen. »Willkommen zurück und ein frohes neues Jahr!«

»Das ist Mr Conrad«, flüstert Zoe mir zu und zieht mich auf die Füße.

Sein Blick landet direkt auf mir. Den Bruchteil einer Sekunde lang mustert er mich prüfend, es fühlt sich an wie ein Test, den ich eigentlich nicht bestehen kann, doch dann lächelt er. »Ich habe schon gehört, dass wir noch einen Neuzugang haben. Du bist Rayne Bellamy, richtig?«

Neugieriges Gemurmel tönt durch den Saal, ich muss mich zwingen, Mr Conrad weiter anzusehen, nicht dem Ziehen in meinem Inneren nachzugeben, weil jetzt alle wissen, wer ich bin. Aber was habe ich auch erwartet. Dads Name war wochenlang tagtäglich in der Presse, genau wie meiner. Ich wurde öfter erwähnt, als ich zählen kann. Ich versuche, nicht an die Fotos zu denken, die von mir gemacht wurden. Bei der Beerdigung. Bei jeder der wenigen Gelegenheiten, wenn ich mich getraut habe, das Haus zu verlassen. Ich habe mich geweigert, mir auch nur eins davon anzugucken, habe versucht, mein Gesicht und die violetten Haare so gut wie möglich unter Sonnenbrillen und Basecaps zu verstecken. Zu viele Leute wissen, wer ich bin und wie ich aussehe.

Und dass ich nichts von alldem gewollt habe, weder die Artikel noch die Fotos, die Videos, die online gepostet wurden, ändert absolut gar nichts daran, dass es sie gibt.

Die Presse hat mich erst in Ruhe gelassen, als ich nach Boston gezogen bin und mich bei meiner Großmutter versteckt habe.

Ein Räuspern reißt mich aus meinen Gedanken. Mr Conrad mustert mich, und ich erinnere mich daran, dass er mich etwas gefragt hat. Ich nicke ziemlich verspätet, mein Mund ist so trocken, dass ich nicht antworten kann.

»Willkommen. Schön, dass du hier bist«, sagt Mr Conrad, ein mitfühlender Ausdruck huscht über sein Gesicht, aber er sagt nicht, wie leid es ihm tut, dass meine Eltern gestorben sind. Gott sei Dank, ich glaube, damit könnte ich nicht umgehen, nicht vor allen hier.

Es fühlt sich ohnehin schon seltsam an, die einzige Neue zu sein. Die anderen hatten schon ein halbes Jahr, um sich kennenzulernen und aneinander zu gewöhnen, herauszufinden, wer welchen Platz in dieser Klasse einnimmt. Ich komme mir vor wie ein Eindringling, obwohl das mit sehr großer Wahrscheinlichkeit niemand sonst so empfindet. Trotzdem komme ich nicht dagegen an.

Mr Conrad schenkt mir noch ein kurzes, aufmunterndes Lächeln, dann wendet er sich an alle. »Deborah hat sich in den Ferien leider eine Hand gebrochen, deswegen brauchten wir kurzfristigen Ersatz für die Begleitung am Klavier.«

Wie aufs Stichwort betritt eine hochgewachsene, schlanke Gestalt den Saal. Eine sehr vertraute Gestalt mit dunklen Haaren und blauen Augen.

»Das ist Easton Coleman, er wird in diesem Semester Deborahs Platz einnehmen«, fährt Mr Conrad fort, aber seine Worte dringen kaum zu mir durch.

Ich kann nur Easton anstarren. Er starrt zurück, aus geweiteten Augen, ist genauso fassungslos wie ich.

Mein Herz überschlägt sich, mir wird heiß, auf eine unangenehme, nervöse Art. Das ist verrückt. Er kann nicht hier sein. Was ist das für ein Zufall, dass er an genau derselben Schule arbeitet, die ich seit diesem Tag besuche? Es ist der Gipfel jeder Absurdität. Ich verstehe das nicht. Noch weniger verstehe ich, warum er mir nichts davon erzählt hat.

Es ist albern, wie sehr es mich verletzt. Es ist ungerechtfertigt und unfair. Aber es tut trotzdem weh. Weil er mir alles erzählt hat. Obwohl ich nicht geantwortet habe, hat er mir trotzdem immer alles erzählt. Dachte ich zumindest.

Offensichtlich habe ich mich geirrt.

8. KAPITEL
Easton

Dreamer – Dermot Kennedy

Es tut mir leid.

Vier Worte. Eine Entschuldigung, aber keine Erklärung. Ich habe gestern nicht auf Raynes Nachricht geantwortet, obwohl ich sie gelesen habe, und jetzt, wo sie vor mir steht und mich aus diesen grauen Augen entsetzt anstarrt, schäme ich mich dafür.

Aber ihr zu antworten und zu sagen, dass es okay ist und ihr nichts leidtun muss, wäre komplett gelogen gewesen. Und sie zu fragen, warum sie weggelaufen ist, warum sie mir nicht erzählt hat, dass sie in Boston ist, hätte nichts genützt. Sie hätte es mir wahrscheinlich ohnehin nicht gesagt.

Hätte sie wirklich nicht?, will diese dämliche, viel zu hartnäckige Stimme in meinem Kopf wissen, die ich seit drei Tagen zu ignorieren versuche. Erst wollte sie mich dazu bringen, Rayne zu schreiben. Dann, ihr zu antworten. Ich habe weder das eine noch das andere gemacht.

Und jetzt schäme ich mich nicht nur dafür, ich bereue es auch. Denn vielleicht hätte sie dieses Mal doch zurückgeschrieben, und dann hätten wir möglicherweise wieder angefangen, uns richtig zu unterhalten. Und ganz eventuell hätten wir dann heute Morgen beide gewusst, dass wir uns an diesem Tag wiedersehen würden.

Dann wären wir jetzt nicht ganz so überrumpelt.

Obwohl Rayne eher entsetzt wirkt. Ihre Lippen bewegen sich, man muss kein Genie sein, um zu wissen, welche Worte ihr auf der Zunge liegen.

Was machst du hier?

Ich stelle mir die gleiche Frage. Nicht, was ich hier mache, sondern sie. Sie sollte nicht hier sein. Korrigiere: Sie *will* nicht hier sein.

Zumindest nicht die Rayne, die ich kenne. Oder kannte? Ich bin mir nicht sicher. Denn im Grunde kenne ich sie doch gar nicht, oder?

Rayne ist Liam Bellamys Tochter, und ich hab's nicht gemerkt, nicht gewusst, nicht gesehen. Nicht mal, als sie direkt vor mir stand. Vielleicht hätte ich es früher begriffen, wenn sie ihre Haare nicht unter der Mütze versteckt hätte, diese violetten, langen Strähnen, die unübersehbar und jetzt zu einem festen Knoten zurückgesteckt sind.

»Okay, Leute. An die Stangen.« Mr Conrad klatscht in die Hände und reißt mich aus meiner Erstarrung. Rayne zuckt zusammen und wendet sich abrupt ab. Erst als sie sich den beiden Mädchen an ihrer Seite zuwendet, fällt mein Blick auf Zoe und Mae.

Mae winkt mir fröhlich zu, während Zoe mich warm anlächelt. Wenigstens scheinen die beiden sich zu freuen, mich zu sehen. Rayne dagegen ignoriert mich ab sofort komplett, ich kann sehen, wie sehr sie sich verkrampft hat. Ihre Schultern sind angespannt, ihre Hände zu Fäusten geballt.

Alles in mir drängt danach, zu ihr rüberzugehen und mit ihr zu sprechen, aber jetzt ist nicht der richtige Zeitpunkt. Schließlich bin ich nicht ihretwegen hier, sondern um zu arbeiten.

Also zwinge ich mich, mich abzuwenden und an den Flügel zu setzen. Das Instrument ist wunderschön und hat vermutlich mehr gekostet als alle, die zu Hause bei uns im Wohnzimmer rumstehen, zusammengenommen. Und wir haben viele.

Mein Herz macht einen nervösen Satz, als ich meine Hände auf die Tasten lege. Ich wünschte, ich könnte behaupten, dass das alles keine große Sache ist, dass es ein Job wie jeder andere ist und ich nur hier bin, um Geld zu verdienen, aber das stimmt nicht ganz. Ja, ich bin vor allem wegen des Geldes hier, aber es ist definitiv kein Job wie jeder andere. Nicht wie der im Plattenladen, nicht wie der im Lighthouse.

Die Arbeit bei *Repeat Records* ist entspannt und nicht besonders anspruchsvoll. Ins Lighthouse kommen die Leute meinetwegen, wegen meiner Musik. Sie folgen ihr, wollen für eine Nacht vergessen. Ihr Leben, ihre Probleme. Sie wollen frei sein, wenigstens für ein paar Stunden. Und ich kann dabei helfen.

Aber das hier … Ich kann nicht einfach machen, was ich will. Ich begleite das Training der Tänzerinnen und Tänzer an dieser Schule, und dafür ist mehr nötig als nur die Beherrschung des Klaviers und das Talent, zu improvisieren. Für diesen Job braucht man Ballettkenntnisse, und dass ich die habe, verdanke ich meiner älteren Schwester Willow und all den Jahren, in denen ich ihr Training bei uns zu Hause am Klavier begleitet habe.

Und natürlich meinem Freund Jase, der mich als Ersatz für die eigentliche Ballettrepetitorin vorgeschlagen hat, als sie ausgefallen ist.

Ich hebe den Kopf und finde Rayne im Spiegel sofort. Sie sieht anders aus als beim letzten Mal, kein Wunder. Schließlich trägt sie jetzt keinen übergroßen Mantel, sondern ein enges schwarzes Trikot und weiße Strumpfhosen, die sich an ihren zierlichen Körper schmiegen. Ihre Haare sind zu einem strengen Knoten zurückgebunden. Die Ringe und Armbänder sind verschwunden, nur die Piercings in ihrer Nase und ihren Ohren sind noch da. Sie ist blass, starrt stur geradeaus, blinzelt nicht einmal in meine Richtung. Aber ihre Finger verschränken sich nervös, sie will an den Ringen drehen, die jetzt nicht da sind, und dann schaut sie doch zu mir. Nur ganz kurz, aber ihr Blick trifft mich mitten ins Herz.

Und ich weiß, wir müssen miteinander reden.

Es geht nicht mehr anders.

Ich werde jeden Tag hier sein, sie jeden Tag sehen. Ich kann nicht so tun, als wäre nichts gewesen, als würden wir uns nicht kennen.

Deshalb müssen wir reden.

Und so, wie sie mich jetzt anschaut, mit diesem unsicheren Ausdruck in den Augen, sieht sie das wohl genauso.

»Fangen wir an.« Mr Conrads laute Stimme veranlasst mich dazu, wegzusehen, mich auf das zu konzentrieren, weswegen ich hergekommen bin.

Ich drücke die Tasten herunter und beginne zu spielen.

9. KAPITEL
Rayne

this is me trying – Taylor Swift

Ich kann mich nicht konzentrieren. Nicht mit Easton im selben Raum. Er sieht mich nicht an, trotzdem ist mir seine Anwesenheit viel zu bewusst.

Wirklich viel zu sehr. Vor allem dafür, dass wir uns nur Nachrichten geschrieben und lediglich ein einziges Mal gesehen haben. Und das zählt kaum, schließlich haben wir da im Grunde nicht wirklich miteinander gesprochen.

Trotzdem spüre ich, dass er da ist. Ich spüre es, weil da ein warmes Kribbeln in meinem Bauch ist, eine nervöse Unruhe, die sich nach Angst anfühlt, aber auch ein bisschen nach Hoffnung.

Er lenkt mich ab, und ich weiß, dass das nicht gut ist. Ich komme nicht mit. Kein bisschen. Das Tempo, das Mr Conrad in der Mitte des Saals und Easton am Klavier vorgeben, ist zu schnell für mich.

Ich kenne die Übungen alle, habe sie in der Vergangenheit tausendmal gemacht: Plié, Relevé, Échappé. Ich weiß, wie ich meine Füße setzen und meine Arme bewegen muss. Leider spielt mein Körper nicht mit. Mein Muskelgedächtnis funktioniert nicht richtig, und die fehlenden Monate Training machen sich schon nach wenigen Minuten bemerkbar, weil alles zieht und ich viel zu schnell außer Atem bin. Schweißtropfen bilden sich in meinem Nacken, auf meiner Stirn, mein Puls geht zu schnell, und jetzt erinnere ich mich auch wieder daran, warum Tänzerinnen und Tänzer nicht nur tanzen, sondern auch Cross- und Kardiotraining machen. Wir brauchen Ausdauer, und unsere Muskeln müssen vernünftig arbeiten können, stark sein.

Mr Conrad beobachtet mich, seine Blicke bohren sich in meinen Rücken. Zwischendurch kommt er zu mir, um meine Haltung zu korrigieren, meine Hüfte zu begradigen, leichten Druck auf meine Schultern auszuüben. Er kommentiert mein Versagen nicht, obwohl er es bei allen anderen tut. Möglich, dass er Mitleid mit mir hat. Oder dass er mich nicht direkt am ersten Tag völlig demotivieren will. Ich hoffe auf Letzteres, denn ich bin nicht hier, um mich bemitleiden zu lassen.

Ich bin hier, um zu lernen und besser zu werden. Ich bin hier, um Mom gerecht zu werden. Ihrem Talent.

Also mache ich weiter, spanne die Muskeln in meinem Bauch und den Innenseiten meiner Oberschenkel noch etwas mehr an, hebe die Fersen in der halben Spitze noch ein kleines Stückchen weiter, während ich darum kämpfe, das Gleichgewicht zu halten. Dass ich damit auch an der Stange Probleme habe, sagt eigentlich alles. Es reicht nicht. Nicht so. Ich muss mir mehr Mühe geben.

Als wir von der Stange in die Mitte wechseln, klebt der dünne Stoff des Trikots bereits an meinem Oberkörper, und mein Gesicht ist peinlich gerötet, während alle anderen noch fast genauso aussehen wie am Anfang der Stunde. Ein bisschen erhitzt vielleicht, aber nicht so angestrengt wie ich. Leider ist das auch keine Überraschung.

»Du machst das gut«, flüstert Zoe mir zu, als wir in der Mitte stehen bleiben, darauf warten, dass Mr Conrad uns sagt, welche Schrittfolge wir als Erstes durchgehen.

Ich ziehe eine Grimasse und ringe mir ein schiefes Lächeln ab. Sie lügt, das ist uns beiden klar, aber irgendwie bin ich ihr dennoch dankbar für den Versuch.

Mr Conrad tritt vor uns, und ich sollte mich auf ihn konzentrieren, aber von meiner Position aus muss ich den Kopf nur ein ganz kleines bisschen drehen, um Easton zu sehen. Ich würde gerne behaupten, dass es mir nicht schwerfällt, mich davon abzuhalten, ihn zu beobachten. Allerdings ist das doch eher ein Ding der Unmöglichkeit.

Es ist die Art und Weise, wie er an dem schwarzen Flügel sitzt. Mit geradem Rücken und leicht geneigtem Kopf. Dunkle Haarsträhnen fallen ihm in die Stirn. Ich kann nur sein Profil sehen, trotzdem erkenne ich den konzentrierten Ausdruck auf seinem Gesicht. Er beißt sich auf die Unterlippe, und ich muss an dieses eine Foto bei Insta denken, auf dem man praktisch nur sein Lächeln sieht. Er hat ein verdammt schönes Lächeln.

Er hebt den Kopf, im Spiegel trifft sein Blick meinen, und für einen Moment bleibt die Zeit stehen, und er sieht mich einfach nur an. Sein Blick ist offen und klar, da ist keine Wut in seinen Augen, nicht mal Enttäuschung. Mein Herz macht einen Satz.

Ich nicke ihm zu, ein Reflex und eine Antwort auf eine stumme Frage.

Reden. Wir müssen reden.

»Rayne, Augen zu mir.« Mr Conrads Stimme lässt mich erschrocken zusammenfahren, meine Wangen werden noch röter. Ich glühe vor Verlegenheit.

Hastig reiße ich mich von Easton los, schaue zu Mr Conrad, der uns das Zeichen gibt, zu beginnen.

Schon nach ein paar Sekunden wird mit erschreckender

Deutlichkeit klar, dass ich es nicht hinkriege, und ich hasse es, dass Easton mir bei meinem Versagen zusehen kann. Weil ich glaube, zu wissen, was er denkt.

Warum bist du hier?

Ich weiß nicht, ob ihm meine Antwort gefallen würde.

* * *

Als Mr Conrad die erste Stunde beendet, fühlen sich meine Beine so weich an, dass ich fürchte, sie könnten jeden Augenblick einfach nachgeben. Ich würde gerne behaupten, dass meine Muskeln einfach überfordert sind, dass ich mich übernommen habe und es keinen anderen Grund dafür gibt.

Nur gibt es den eben doch, und ich gehe direkt auf ihn zu. Dieses Mal kann ich nicht weglaufen, will ich auch nicht. Glaube ich jedenfalls.

Meine Fingernägel graben sich in meine Handflächen, ich bin so angespannt, dass es wehtut.

Beruhige dich. Es wird alles gut. Er kennt dich.

Das Problem ist nur, dass er mich eben doch nicht kennt. Nicht ganz. Er weiß immer noch nicht, wer ich bin. Ich habe ihm meinen Vornamen verraten, aber er hat keine Ahnung, wer mein Vater war. Wer ich bin. Oder doch?

Ich muss es ihm jetzt jedenfalls sagen, ich habe keine andere Wahl mehr. Alle anderen wissen Bescheid, und ich will, dass er es von mir erfährt, nicht durch einen dummen Zufall.

Aber wie zum Teufel sagt man seinem besten Freund, dass man ihn monatelang angelogen hat?

Easton hat mir den Rücken zugewandt, er sitzt immer noch am Flügel, hat aber jetzt sein Handy in der Hand und tippt eine Nachricht. Leider will ich sofort wissen, an wen, obwohl es mich absolut und überhaupt gar nichts angeht.

»Hey«, sage oder krächze ich vielmehr. Meine Stimme zittert und klingt furchtbar erstickt. Unbehaglich trete ich von einem Fuß auf den anderen, bin mir der neugierigen Blicke der anderen im Saal nur allzu bewusst. Ich will mir keinen Kopf darüber machen, was sie denken, aber ich tue es trotzdem. Sie wissen nicht, dass ich Easton kenne, also fragen sie sich bestimmt, warum ich ihn anspreche, und seien wir ehrlich, so wahnsinnig viele Möglichkeiten gibt es da nicht. Vielleicht ist meine Grübelei aber auch nur ein Verdrängungsversuch, damit ich nicht daran denke, dass er möglicherweise gar nicht mit mir reden will. Dass er einfach aufsteht und geht, mich ignoriert und …

Er dreht sich zu mir um, ein überraschtes, aber dennoch erfreutes Funkeln liegt in seinen Augen, und mein Herz schlägt augenblicklich ein klein wenig langsamer, ist sofort ruhiger. Die Anspannung in meinen Schultern löst sich etwas.

»Hey.«

»Ich …« Ich stocke, auf einmal fehlen mir die Worte, mein Hirn ist vollkommen leer, und dann platzt etwas absolut Unpassendes aus mir heraus. »Du hast nicht geantwortet.«

Er steht auf, und er ist so viel größer als ich, dass ich mich auf einmal entsetzlich klein fühle. Jetzt geht er bestimmt, ich habe es schon wieder vermasselt. Gott, was stimmt nicht mit mir?

Aber nein, er geht nicht, er schiebt nur sein Handy in die Hosentasche und nestelt dann an einem Armband an seinem Handgelenk herum, das ich noch nicht kenne. Ich habe es noch in keinem Video und auf keinem Foto gesehen.

»Ich weiß. Tut mir leid. Ich –«

»Das muss dir nicht leidtun!«, unterbreche ich ihn hastig, weil er *wirklich* nichts falsch gemacht hat. Ich dagegen habe sehr viel falsch gemacht. »Mir tut es leid. Dass ich dir nicht geantwortet habe. Und dass ich weggelaufen bin. Ich habe mich unmöglich benommen, und ich kann total verstehen, wenn du nie wieder mit mir reden wollen würdest, aber falls doch, würde mir das echt viel bedeuten«, sprudelt es aus mir heraus. Völlig ungebremst.

Ich verstumme, als er leise lacht.

Es ist ein sanftes, warmes Lachen, und das Geräusch lässt glühend heiße Blitze durch mein Inneres schießen. Erst jetzt fällt mir auf, dass ich ihn noch nie habe lachen hören. Ich mag sein Lachen. Und ich will es sofort noch einmal hören. Immer wieder.

Doch er wird schnell wieder ernst, und sein Blick ist plötzlich so traurig, dass meine Kehle eng wird.

»Ich will mit dir reden, Rayne.«

Mein Name aus seinem Mund, und wieder klingt es anders, als ich es mir vorgestellt hatte. Gut anders. So gut anders, dass etwas in meiner Brust zu flattern beginnt. Ich glaube, es ist mein Herz.

»Und du musst dich nicht entschuldigen.«

»Doch«, widerspreche ich, und auf einmal ist es erschreckend einfach, mit ihm zu reden. »Muss ich. Ich muss dir ganz viele Dinge erklären.«

Vor allem muss ich ihm sagen, wer ich bin und warum ich mich die letzten Monate so verschanzt habe.

»Okay.« Seine Hand zuckt, beinahe macht es den Anschein, als wollte er mich berühren, aber er tut es nicht, und das versetzt mir einen enttäuschten Stich. Dabei sind wir überhaupt noch nicht so weit. Wir reden schließlich gerade das erste Mal miteinander. So richtig.

»Hast du später vielleicht Zeit?«, frage ich, bin mir plötzlich wieder bewusst, wo wir uns befinden und dass wir nicht allein sind. Hier und jetzt ist weder die richtige Zeit noch der richtige Ort für alles, was er erfahren muss.

Ganz abgesehen davon, dass mein nächster Kurs in ein paar Minuten anfängt und wir mehr Zeit brauchen.

»Ja«, sagt er, ohne auch nur eine Sekunde zu zögern.

Ich atme erleichtert auf. »Okay, gut.«

»Möchtest du vielleicht zu mir kommen? Die Jungs sind nicht da, nur meine Schwester. Also, du musst auch nicht, wenn du nicht willst. Ich dachte nur …« Er bricht ab, seine Wangen verfärben sich rot, und es ist irgendwie niedlich, dass er jetzt derjenige ist, der verlegen wirkt.

»Nein. Das klingt gut. Ich komme gerne.«

»Okay, gut«, wiederholt er meine Worte von gerade, und als würde ihm das genau jetzt auch bewusstwerden, vertieft sich die Röte auf seinem Gesicht. »Ich schicke dir dann meine Adresse, okay?«

»Ja.«

»Ich muss jetzt los, zu einem anderen Kurs. Wir sehen uns dann später.«

»So gegen acht?«

»Passt.«

»Dann bis später.« Ich versuche mich an einem Lächeln, und es fühlt sich beinahe an wie früher. Vielleicht habe ich das mit dem Lächeln doch nicht vollkommen verlernt.

»Bis später.« Er geht an mir vorbei zur Tür, aber bevor er auf den Flur tritt, halte ich ihn noch einmal auf. Ich kann nicht anders.

»Easton? Sind wir noch Freunde?«

Er dreht sich zu mir um, sein Mund hat sich zu einem schiefen, sehr vertrauten Lächeln verzogen, das ein warmes Gefühl in meinem Bauch verursacht.

»Immer, Birdy.«

3. TEIL

Pre-Chorus

Davor

02. Mai um 8:34 PM

eastcoleman:
Birdy?
Scheiße, Birdy, komm schon.
Sei online.
Bitte.

mockingbird:
Bin schon da. Warum klingst du so gestresst?

eastcoleman:
Ich bin nicht gestresst, ich flippe völlig aus!!

mockingbird:
Warum?
Was ist passiert?
Soll ich mit dir ausflippen oder dich runterholen?

eastcoleman:
Du erinnerst dich daran, dass Liam Bellamy uns angeschrieben hat? DER Liam Bellamy?

mockingbird:
Oha. Wenn du so viele Großbuchstaben benutzt, ist es wirklich ernst.

Aber ja, natürlich erinnere ich mich. Wie könnte ich das vergessen?

eastcoleman:
Er will nach Boston kommen und über unsere Zukunft reden. Ob er uns vielleicht helfen kann. Stell dir das mal vor! Vielleicht kommen wir endlich einen Schritt weiter!

mockingbird:
Omg, Easton!!! Das ist toll! Ich freue mich so für euch! Wisst ihr schon, wann?

eastcoleman:
Nein, noch nicht.
Oh Gott, fuck ey. Ich kann's echt nicht glauben.

mockingbird:
Ich schon. Ihr seid gut! So, so gut! Und das weißt du auch.

eastcoleman:
Ja, aber das sind völlig neue Maßstäbe. Das alles ist total abgefahren.

mockingbird:
Das verstehe ich, aber du hast es verdient, dass das passiert. Ihr alle habt das.

eastcoleman:
Jaaa, vielleicht.

mockingbird:
Nicht vielleicht! Ganz sicher!
Wie lange macht ihr das schon mit der Band?

eastcoleman:
Wir haben mit fünfzehn angefangen.

mockingbird:
Dann überleg mal, wie viel Zeit ihr schon in die Musik investiert habt. Ihr habt das verdient.

eastcoleman:
Ja, okay, vielleicht hast du recht. Aber es gibt auch andere Bands, die ziemlich viel Zeit in ihre Musik investieren und nicht so ein Glück haben.

mockingbird:
Das hat aber nichts mit euch zu tun! Du hast mir übrigens immer noch nicht erzählt, wie ihr angefangen habt …

eastcoleman:
So spannend ist es nicht.

mockingbird:
Erzähl's mir trotzdem.

eastcoleman:
Es ist superklischeehaft.

mockingbird:
Mir egal. Ich liebe Teenieklischees.

eastcoleman:
Hörst du mein abgrundtiefes Seufzen?

mockingbird:
Jetzt sag!

eastcoleman:
Beck und ich wurden schon als Kinder in eine Musikschule geschickt. Unsere Mütter waren der Meinung, dass es uns guttut, ein Instrument zu lernen, und dass wir dann weniger Zeit haben, uns anderswo in Schwierigkeiten zu bringen. Ich bin mir nicht sicher, ob sie das im Nachhinein nicht vielleicht bereut haben. In der Highschool haben wir Colin und Jax kennengelernt. Wir hatten zusammen Musikunterricht, und wir vier wurden für ein Projekt in eine Gruppe gesteckt. Und das war's im Grunde auch schon. Wir haben uns gut verstanden. Wir hatten Spaß zusammen. Nach dem Projekt hat Beck gefragt, ob wir weitermachen, und keiner von uns konnte sich vorstellen, wieder aufzuhören. Die Musik hat uns verbunden, auch wenn das kitschig klingt (wehe, du lachst!). Am Anfang haben wir nur Songs gecovert, aber ich hab meine Gedanken immer schon aufgeschrieben. Schon als Kind. Da waren es so alberne Tagebucheinträge. Irgendwann wurden es Songtexte, und dann haben wir angefangen, unser eigenes Ding durchzuziehen.

mockingbird:
Das klingt wirklich schön.

eastcoleman:
War es auch.
Wir hatten Spaß daran, an Songs zu arbeiten, und wir hatten endlich was gefunden, das wir gut konnten. Wir waren alle vier nicht besonders gut in der Schule, aber spielen und Songs schreiben, das konnten wir. Richtig gut.

mockingbird:
Könnt ihr immer noch.

eastcoleman:
Weißt du, jetzt, wo ich so drüber nachdenke, werde ich beinahe ein bisschen nostalgisch. Damals war alles irgendwie einfach, wir haben uns frei gefühlt, wenn wir Musik gemacht haben. Dann hat nichts anderes mehr gezählt. Die Schule nicht, unsere Eltern nicht. Gar nichts. Nur wir und unsere Instrumente.

mockingbird:
Und jetzt ist das nicht mehr so?

eastcoleman:
Doch. Aber anders. Es geht jetzt um mehr. Wir wollen mehr.

mockingbird:
Und ihr werdet alles bekommen, was ihr euch wünscht. Das weiß ich.

eastcoleman:
Meinst du wirklich?

mockingbird:
Ich bin mir sogar ganz sicher. Ihr werdet alles schaffen, was ihr euch wünscht. Weil ihr gut seid. Hab ein bisschen Vertrauen. Ganz abgesehen davon, bin ich ja nicht die Einzige, die das so sieht, schließlich kommt Liam Bellamy euretwegen nach Boston.

eastcoleman:
Ja. Das ist wirklich abgefahren.

mockingbird:
Ist es. Aber vor allem ist es total verdient.
Ich bin stolz auf euch, Easton.

10. KAPITEL
Rayne

smile again – blackbear

Die Stunde im Spitzentanz ist eine einzige Katastrophe. Miss Chelsea, unsere Lehrerin, ist nett. Sehr nett sogar. Sie macht keine große Sache daraus, dass ich die Einzige in ihrem Kurs bin, die nicht auf Spitze tanzt. Ich bin diejenige, die das macht. Weil ich mich plötzlich wie eine Außenseiterin fühle. Es ist demütigend, als Einzige weiterhin die weichen Schläppchen zu tragen, anstelle der harten, unbequemen Spitzenschuhe. Und es ist demütigend, die Einzige zu sein, die die Übungen, trotz der Schläppchen, nicht sauber ausführen kann. Die anderen Mädchen gehen mit einer Leichtigkeit durch ihre Übungen, dass ich weinen möchte, weil ich mich so entsetzlich unfähig fühle.

Aber ich beiße die Zähne zusammen und dränge die Tränen zurück, weil ich mir nicht die Blöße geben will, dass irgendjemand mitbekommt, wie viel mir das Ganze ausmacht.

Zoe und Mae werfen mir immer mal wieder mitfühlende Blicke zu, die ich ignorieren muss, weil ich sonst wirklich losheule.

Zerdenk es nicht zu sehr, Liebling. Achte auf die Musik, hör auf deinen Körper, dein Rhythmusgefühl. Du kannst das. Ballett ist mehr als perfekte Technik.

Ich habe Moms Stimme im Ohr, und ich will auf sie hören, aber es geht nicht. Sie ist zu leise, und meine Selbstzweifel sind zu laut.

Am Ende der Stunde tun mir, trotz der Schläppchen, die Füße höllisch weh. Obwohl mir streng genommen eigentlich alles wehtut. Ich bin völlig erledigt. Wenn ich ehrlich bin, habe ich mir meinen ersten Tag anders vorgestellt. Weniger schlimm.

»Lass dir Zeit«, sagt Zoe zum gefühlt tausendsten Mal, als wir nach dem Kurs das Trainingsgebäude verlassen. Eigentlich hätten wir jetzt noch einen weiteren Kurs in Contemporary – anders als Mae, die jetzt noch weitertanzen muss –, aber der beginnt erst am Mittwoch, weil er von einer Gastdozentin aus New York geleitet wird, die aus Gründen, die uns nicht mitgeteilt wurden, noch nicht hier ist. Meine Erleichterung darüber, dass der erste Trainingstag zu Ende ist, überwiegt beinahe die Frustration über mein absolutes Versagen. Aber auch nur beinahe.

»Ich weiß nicht, ob Zeit was bringt. Ich werde nie so gut sein wie ihr«, jammere ich und hasse mich für den wehleidigen Unterton in meiner Stimme.

»Das weißt du doch gar nicht. Außerdem bist du wirklich nicht so schlecht, wie du glaubst.«

»Mhm«, mache ich nur, und Zoe verdreht die Augen.

»Echt nicht. Du bist einfach nur ein bisschen aus der Übung.«

»Ich bin mir gerade nicht mal sicher, ob ich jemals Übung hatte.« Ich seufze. »Ich hätte das alles ernster nehmen sollen, als ich noch die Zeit dafür hatte.«

Zoe bleibt mitten auf dem Campus stehen. Ihre Sporttasche trifft mit einem dumpfen Laut auf den feuchten Boden. »Du hast Zeit, okay?«, sagt sie entschieden. »Du musst nicht alles von Anfang an perfekt hinbekommen.«

»Zoe, ich meine das nicht böse, aber du bist unglaublich. Du bist so gut, dass ich –«

»Ich kann auch nicht alles«, unterbricht Zoe mich. »Ich hatte am Anfang des ersten Semesters unfassbare Probleme mit dem Pas de deux. Es ging absolut gar nichts. Deswegen … Ich weiß, wie du dich fühlst, glaub mir. Aber ich weiß auch, dass es tatsächlich funktionieren kann, wenn du dir Zeit lässt und dich ein bisschen weniger unter Druck setzt.«

Sie sieht mich auf eine Weise an, dass mir ganz anders wird, und ich bekomme sofort ein schlechtes Gewissen. »Tut mir leid, das war blöd. Ich wollte dich nicht so anzicken.«

»Hast du gar nicht.« Ein versöhnliches Lächeln breitet sich auf ihrem Gesicht aus. »Du bist nur frustriert. Und glaub mir, niemand versteht das besser als ich. Pass auf: Wenn du in ein paar Tagen oder Wochen immer noch das Gefühl hast, dass nichts so läuft, wie es sollte, quetschen wir ein paar Extratrainingseinheiten dazwischen, okay?«

»Das würdest du für mich machen?«, frage ich überrascht.

Sie greift nach ihrer Tasche und schiebt sich den Henkel zurück auf die Schulter. »Klar. Dafür sind Freundinnen doch da.«

»Wir sind Freundinnen?« Ich kann nicht verhindern, dass ein unsicherer Tonfall in meiner Stimme mitschwingt. Und ein Anflug von Hoffnung.

Zoes Blick ist warm. »Wenn du willst.«

Ich traue mich fast nicht, Ja zu sagen, weil ich an Hailey denken muss und wie sehr unsere Freundschaft den Bach runtergegangen ist. Ich weiß nicht, ob ich das noch mal kann. Mich so auf jemanden einlassen und am Ende möglicherweise doch wieder enttäuscht zu werden.

Hast du doch schon getan, erinnert mich die leise Stimme in meinem Kopf, und sie hat recht. Hab ich. Nur dass das mit Easton doch irgendwie etwas vollkommen anderes ist.

»Kann man das einfach so beschließen?«

»Ja, schon. Mae hätte dich am liebsten gestern schon adoptiert. Sie kann das gut. Sie braucht keinen Tag, um zu wissen, ob sie jemanden in ihrem Leben haben will oder nicht. Und dich hätte sie gerne dabei. Wir beide.« Wieder lächelt sie mich an, und ich glaube ihr.

Gemächlich setzen wir uns wieder in Bewegung und gehen zurück zum Wohnheim.

»Ich bin nicht besonders gut in diesem Freundschaftsding«, sage ich nach einer Weile, weil ich finde, dass sie das wissen sollte.

»Ich auch nicht«, erwidert sie ehrlich. »Aber Mae ist gut darin, sie zeigt uns, wie das geht.«

Ich atme tief ein und langsam wieder aus. »Okay.«

»Das bedeutet allerdings, dass wir dich irgendwann darüber ausquetschen werden, woher du Easton kennst.« Sie grinst, und ich weiß – ich weiß einfach, dass sie mich niemals unter Druck setzen würden, ihnen wirklich alles zu erzählen, wenn ich das nicht möchte. Sie versucht nur, mir zu helfen, das alles ein bisschen entspannter anzugehen.

»Das ist eine lange Geschichte.«

»Das sind die besten und zugleich die schlimmsten.«

Anscheinend spricht sie aus Erfahrung.

»Woher kennst du ihn?«

»Lange Geschichte. Obwohl nein, das stimmt nicht. Jase und Easton sind befreundet. Deswegen kenne ich ihn.«

Ich werfe ihr von der Seite einen kurzen Blick zu. »Aber es gibt eine lange Geschichte hinter alldem.«

»Die gibt es doch immer. Vielleicht erzählen wir uns ja eines

Tages unsere Geschichten.« Sie öffnet die Tür zum Wohnheim, und ich schlüpfe an ihr vorbei ins Warme.

»Das wäre schön«, erwidere ich, und ich schätze, es gibt Menschen, mit denen ist es manchmal wirklich so einfach. Freundinnen zu werden. Vertrauen zu fassen. Ich selbst zu sein.

Eigentlich sollte mich das nicht überraschen. Bei Easton war es schließlich genauso.

* * *

Der Himmel ist klar und mitternachtsschwarz, als ich mich am Abend auf den Weg zu Easton mache. Ich bin so nervös, dass ich die Fahrerin meines Ubers zweimal bitte, noch mal um den Block zu fahren, sobald wir das Haus erreichen, in dem die Band zusammen mit Eastons Schwester wohnt. Beim dritten Mal wirft sie mir einen sehr skeptischen Blick zu, eine wortlose Frage, ob ich wirklich hier sein will oder ob sie mich nicht doch lieber zurück zur Schule fahren soll.

Nein, soll sie nicht.

Ich bin spät dran, und ich bin mir sicher, dass Easton sich schon fragt, wo ich bleibe.

Tief durchatmen. Tür öffnen. Aussteigen. Das ist nicht schwierig. Wirklich gar nicht. Nur dass es sich schwierig anfühlt. Aber irgendwie bringe ich es doch fertig und gehe auf Eastons Zuhause zu. Das Haus hat definitiv schon bessere Tage gesehen, aber das Licht, das durch die Fenster nach draußen auf die Straße fällt, ist warm.

Mein Puls geht viel zu schnell, als ich vor der Tür stehen bleibe und die Hand hebe, um anzuklopfen. Und tatsächlich schaffe ich auch das.

Ich verstehe gar nicht, warum ich so nervös bin. Wir haben uns heute Morgen schon unterhalten, er hat gesagt, dass wir immer noch Freunde sind. Es ist alles gut. Trotzdem habe ich ein unruhiges Flattern im Bauch, und meine Handflächen sind schon wieder feucht. Vielleicht, weil er immer noch nicht weiß, wer ich wirklich bin.

Dann geht die Tür auf, Easton steht vor mir, und ich habe echt keine Ahnung, wie er das macht, aber er sieht mich an, er lächelt, und alles in mir wird ruhig und warm.

»Da bist du ja«, begrüßt er mich.

»Tut mir leid, ich bin spät dran.«

»Ist doch nicht schlimm. Wir haben es doch nicht eilig.«

»Ich weiß, aber ich hasse Unpünktlichkeit.«

Seine Mundwinkel heben sich zu einem wissenden Grinsen. »Ja, ich erinnere mich.«

Natürlich. Ich habe es ihm schließlich erzählt.

»Komm rein.«

Er tritt zur Seite, nimmt mir meine Jacke ab, und mein Herz macht einen begeisterten Satz, als ich erst den Flur und dann das Wohnzimmer betrete. Auch von innen hat das Haus definitiv schon bessere Tage gesehen, die Tapeten blättern an manchen Stellen ab, die Holzdielen sind alt und durchgetreten, aber es ist gemütlich.

Und erfüllt von Musik.

Nicht nur optisch, sondern tatsächlich. Ich erkenne die Klänge von *smile again* von blackbear, der aus den großen Boxen im Wohnzimmer hallt, und muss tatsächlich lächeln, weil ich ihm den Song geschickt habe, letztes Jahr im Juni. Einen Moment lang bilde ich mir ein, dass der Song meinetwegen läuft, aber das wäre doch etwas viel des Zufalls. Er wusste schließlich nicht, dass ich genau jetzt ankomme.

Im Wohnzimmer steht auf einem beigen, flauschigen Teppich ein riesengroßes dunkelbraunes Sofa mit einer so breiten Sitzfläche, dass zwei Leute bequem nebeneinander darauf liegen können. Ein kleiner Couchtisch befindet sich rechts daneben. Eine Wand wird von einem hohen Bücherregal verdeckt, in dem allerdings kaum Bücher, sondern vor allem Platten sind. Easton hat mir erzählt, welche Platten er besitzt, aber ich weiß, dass ich irgendwann trotzdem vor diesem Regal stehen und jede einzelne durchgehen werde.

Beherrscht wird das Wohnzimmer jedoch von den Instrumenten der Band – Jax' Schlagzeug, die Gitarren der anderen Jungs und das Keyboard, das Jax spielt, wenn sie einen Song akustisch performen. An den Wänden hinter den Instrumenten hängen verschiedene Bandposter, ordentlich nebeneinander in schwarzen Bilderrahmen. In der Mitte erkenne ich eins von Dads Tourpostern und sehe hastig weg, weil mein Herz sofort schmerzhaft zu ziehen beginnt.

Im Regal und an den Fenstern sind Lichterketten angebracht, deren kleine Lampen das Wohnzimmer in gedämpftes Licht tauchen. Der ganze Raum strahlt eine warme Gemütlichkeit aus, die mir für einen kurzen Moment den Atem raubt. Das hier fühlt sich an wie ein echtes Zuhause. Wie mein früheres Zuhause.

»Für die Lichterketten und Kerzen ist Willow verantwortlich«, sagt Easton, der mich beobachtet hat.

»Es ist schön hier.«

»Wir haben uns beim Umbau Mühe gegeben.«

Ich drehe mich zu ihm um, er steht in der Tür, die Hände in den Hosentaschen vergraben. »Sieht man.«

Schweigen breitet sich zwischen uns aus, nicht unangenehm, es ist eher … abwägend.

»Zeigst du mir auch dein Zimmer?«, frage ich, ich bin mir nicht ganz sicher, warum. Aber ich möchte unbedingt auch den Teil des Hauses sehen, der nur Easton gehört. Vielleicht will ich aber auch einem Treffen mit seiner Schwester und seinen

Freunden aus dem Weg gehen, auch wenn er gesagt hat, dass die Jungs heute Abend nicht hier sind. Wer weiß schon, wann sie wiederkommen.

»Klar«, erwidert er und klingt dabei so überrascht, dass ich sofort zurückrudere, als mir klar wird, was genau ich da gerade gefragt habe.

»Du musst nicht, wenn du nicht willst. Sorry, das ist eine blöde Idee.« Hitze steigt mir in die Wangen. Himmel, was habe ich mir nur gedacht? Das ist total unhöflich. Ich fürchte, ich habe verlernt, wie das geht. Normal mit anderen Menschen umzugehen. Mit *Freunden*.

»Nein, ist es nicht. Ich zeige dir gerne mein Zimmer.« Er wendet sich ab und wirft mir über die Schulter hinweg nur einen knappen Blick zu. »Kommst du?«

Mein Gesicht brennt, und ein Teil von mir will schon wieder weglaufen, doch dieses Mal wehre ich mich gegen diesen verdammten Fluchtreflex und folge Easton nach oben. Eine Treppe in den ersten Stock, dann eine zweite, sehr viel schmalere nach oben auf den Dachboden.

Ich kenne sein altes Zimmer nicht, aber in das neue habe ich mich schon auf dem Foto verliebt, das er mir letzten Herbst geschickt hat. Das war einer der Momente, in denen ich ihm antworten wollte und es dann doch nicht über mich gebracht habe.

Die Decke ist tief, gerade so hoch, dass Easton aufrecht stehen kann. Unter einer der Schrägen befinden sich sein Bett und ein kleiner Nachttisch. Gegenüber gibt es niedrige Kommoden, es ist kein Platz für einen normalen Kleiderschrank, dafür aber für zwei große Sitzsäcke.

Direkt gegenüber von der Tür, zwischen den beiden Dachschrägen, stehen eine Akustikgitarre und ein E-Piano. Unwillkürlich muss ich daran denken, wie er heute Morgen im Ballettsaal am Flügel gesessen hat, wie seine Finger über die

Tasten getanzt sind. Vielleicht bitte ich ihn später, etwas für mich zu spielen.

Der Hauptgrund, warum ich sein Zimmer sehen wollte, sind jedoch die Wände. Seine sind dunkelblau, nicht schwarz wie meine früher. Trotzdem sind sie vertraut. Es liegt an den weißen Buchstaben. Seine Schrift ist unordentlich, von Weitem kann ich die Worte nicht entziffern, ich bin mir trotzdem sicher, dass es Songtexte und Gedanken sind.

So wie bei mir.

Bedächtig setze ich einen Fuß vor den anderen, während ich sein Zimmer durchquere, bin mir nur zu bewusst, dass ich mich im tiefsten Inneren seiner Privatsphäre befinde. Es fühlt sich fast so an, als wäre ich in einem Teil seines Kopfes.

Und er hat mich bereitwillig reingelassen.

Vor dem E-Piano bleibe ich stehen, setze mich auf den niedrigen Hocker und drücke eine Taste herunter. Ein tiefer Klang ertönt, es überrascht mich gar nicht, dass es angeschaltet ist.

»Ich mag dein Zimmer«, sage ich leise.

»Ich bin froh, dass du hier bist«, sagt er genauso leise.

»Ich auch. Ich hab dir so viele Dinge zu sagen.« Nervös streiche ich mir eine Haarsträhne hinters Ohr. Es ist so weit. Ich muss es ihm sagen. »Die Funkstille ... Es hatte nichts mit dir zu tun. Es ging nur darum, wer ich bin und wer meine Eltern –«

»Du musst es nicht aussprechen«, unterbricht er mich behutsam. Seine Stimme ist so weich und warm.

»Ich will aber, dass du es weißt.« Noch immer auf dem Hocker sitzend, drehe ich mich zu ihm um. Er hat sich in einen der Sitzsäcke gefläzt, sieht mich unverwandt an, und ich kann erkennen, wie blau seine Augen sind, obwohl uns einige Meter trennen. Vielleicht sehe ich es aber auch nur, weil ich *weiß*, wie blau seine Augen sind.

»Ich weiß es. Ich weiß, wer du bist, Rayne Bellamy.«

Mir stockt der Atem, mein Herz … Keine Ahnung, was es gerade macht. Ob es zu schnell schlägt oder gar nicht mehr. Möglich, dass die Welt auch einen Moment lang stillsteht.

»Wie … Woher … Wann?«, bringe ich stammelnd hervor. Plötzlich ist mir schwindelig.

»Dein Vorname ist was Besonderes. Ich habe die Artikel gelesen. Ich habe die Bilder von dir gesehen. Deine violetten Haare sind echt nicht zu übersehen. Und du heißt Mockingbird bei Instagram. Du hast deinem Vater von uns erzählt. Deshalb ist er auf uns aufmerksam geworden. Er hat gesagt, seine Tochter hätte ihm unser YouTube-Video gezeigt. Du hast mir nur ein paar Tage vor ihm geschrieben. Im Nachhinein frage ich mich, wie es so lange dauern konnte, bis ich es begreife.«

Wie betäubt starre ich ihn an. Er hat recht. Es gab viele Hinweise, und alle zusammengenommen zeichnen sie ein ziemlich klares Bild von mir.

»Tut mir leid, ich hätte dir früher sagen sollen, wer ich bin.« Meine Stimme klingt gepresst, ich bin so überfordert, dass ich nicht weiß, wohin mit mir. Er weiß es. Ändert das etwas?

Er schüttelt den Kopf. »Muss es nicht. An deiner Stelle hätte ich mir das wahrscheinlich auch nicht erzählt. Wir kannten uns schließlich kaum.«

»Aber ich hab's dir auch nicht erzählt, als wir uns kannten.«

»Du bist trotzdem noch dieselbe.«

»Bin ich das?«, frage ich zittrig. Wie kann es sein, dass er es mir so leichtmacht?

Ein schiefes Lächeln erscheint auf seinem Gesicht. »Ja. Ob ich dich jetzt Birdy oder Rayne nenne, ist egal. Du bist dieselbe. Wir sind Freunde, und was passiert ist, tut mir leid. Es tut mir so leid.«

Blinzelnd weiche ich seinem Blick aus, bringe kein Wort mehr heraus. Ich fange gleich an zu heulen, ganz sicher.

»Rayne?«

Jetzt hebe ich doch den Kopf. Seine Augen sind so, so blau. Und besorgt.

Mein Herz zieht sich zusammen, und da ist es wieder, dieses schwarze Loch in meiner Brust. Dieser Schmerz, der sich in mein Innerstes krallt und mir die Luft zum Atmen nimmt.

»Wie geht's dir?«

11. KAPITEL

Easton

Fix You – Coldplay

Sie lacht nervös, und dieser Laut sorgt dafür, dass sich mein Magen verkrampft. Es gefällt mir nicht, wie verloren sie klingt.

»Du stellst gleich die ganz komplizierten Fragen, hm?« Sie trägt wieder ihre Armbänder und Ringe und dreht jetzt nervös an den beiden Ringen an ihrem linken Zeigefinger.

»Wir haben uns noch nie mit Smalltalk aufgehalten«, erwidere ich ruhig und frage mich gleichzeitig, ob ich nicht doch genau das hätte tun sollen. Unverfängliche Fragen stellen. Aber welche wäre da die richtige gewesen? Es gibt keine. Dafür haben wir zu lange nicht miteinander gesprochen, und dafür kennen wir uns eigentlich auch zu gut.

»Ich weiß.« Sie seufzt leise und streicht sich eine Strähne ihrer violetten Haare hinters Ohr. Sie fallen offen über ihre Schultern, anders als heute Morgen. Jetzt wirkt sie mehr wie sie selbst. Ohne diese strenge Frisur und das enge Trainingsoutfit.

In der weiten Jeans und dem schwarzen Oversize-Hoodie scheint sie sich wohler zu fühlen. Sie bewegt sich anders. Weniger gehemmt. Weniger kontrolliert. Weniger unsicher.

»Frag mich trotzdem was anderes«, bittet sie mich, und ich tue ihr den Gefallen, weil ich ihr jeden tun würde. Ich kann gar nicht anders.

»Seit wann bist du in Boston?«

Eine ihrer Augenbrauen wandert nach oben, das *Echt jetzt?* steht ihr ins Gesicht geschrieben. Ich zucke mit den Schultern. Ich bin von der ganzen Situation wahrscheinlich fast genauso überfordert wie sie.

Sie seufzt erneut, ihre Schultern sacken nach unten, wieder weicht sie meinem Blick aus. »Knapp sechs Monate.« Ihre Stimme ist kaum zu hören, ihre Brust hebt sich, sie hält den Atem an, weil sie nicht weiß, wie ich darauf reagiere.

Dabei habe ich selbst keine Ahnung.

Sechs Monate.

Wir wohnen seit sechs Monaten in derselben Stadt, und sie hat kein Wort gesagt.

»Du bist sauer, oder?« Sie klingt so hilflos, dass ich aufstehen und sie in den Arm nehmen möchte.

Stattdessen bleibe ich sitzen und schüttle den Kopf. »Nein, ich bin nicht sauer.«

»Enttäuscht?«

»Vielleicht ein bisschen«, gebe ich zu, weil es ohnehin keinen Zweck hat, zu lügen. Außerdem haben wir uns versprochen, immer ehrlich zueinander zu sein.

»Tut mir leid, dass ich dir nichts gesagt habe.«

»Muss es nicht.« Das ist die Wahrheit. Sie hatte ihre Gründe dafür, dass sie mir nichts davon gesagt hat, und bis zu einem gewissen Grad verstehe ich das auch. Ich kann es nicht vollkommen nachvollziehen, werde ich nie können, weil ich nicht durchgemacht habe, was sie durchmachen musste.

Dass ich enttäuscht bin, muss ihr nicht leidtun. Sie hat nichts falsch gemacht. Ich hätte mir nur gewünscht, dass es anders gelaufen wäre. Dass alles anders wäre und wir uns unter anderen Umständen getroffen hätten.

»Ich wusste nicht, wie ich dir irgendwas hätte erklären sollen. Wenn du gewusst hättest, dass ich in Boston bin, und wenn du gewusst hättest … wer ich bin, dann hättest du mir helfen wollen. Weil du einfach dieser Typ Mensch bist, der allen helfen muss.«

Ich schweige, weil sie recht hat.

»Ich wollte nicht, dass mir jemand hilft.« Ihre Stimme bricht, und meine Hände ballen sich ganz von selbst zu Fäusten. »Ich wollte mich einfach nur verkriechen und alles vergessen.« Sie blinzelt hektisch, ein ersticktes Lachen kommt ihr über die Lippen, und ich hasse das. Ich will sie aufhalten, sie soll nicht darüber reden, wenn sie nicht möchte, aber ich bringe keinen Ton heraus. Und wer weiß, möglich, dass sie doch darüber reden möchte. »Hat irgendwie nicht so gut funktioniert, wie ich es gerne gehabt hätte.«

»Rayne …« Sie schüttelt den Kopf, und ich breche sofort wieder ab.

»Ich weiß, dass das, was ich gemacht habe, unfair war. Ich hätte dir antworten sollen, aber es ging nicht. Ich habe so oft vor meinem Handy gesessen und wollte dir antworten, aber ich wusste nicht, was ich dir sagen soll, weil du nicht wusstest, wer ich bin, und alles beschissen ist und wehtut.« Ihr Blick klebt an ihren Händen, an den Ringen. »Wenn ich dir geantwortet und die Wahrheit gesagt hätte – und das hätte ich getan, weil es keine andere Möglichkeit mehr gegeben hätte, damit du mich verstehst.« Sie holt tief Luft. »Wenn ich dir das alles erzählt hätte, hätte ich irgendwann, nach ein paar Wochen, vielleicht nach ein paar Monaten, so tun müssen, als würde es mir besser gehen. Nicht weil du mir das Gefühl gegeben hättest, dass ich das tun muss, das hättest du nie getan.«

Es beruhigt mich ein bisschen, dass sie sich da so sicher ist. Gleichzeitig tut es mir weh, dass sie das Gefühl hatte, mir etwas vorspielen zu müssen.

»Aber dein Leben ist weitergegangen. Meins ist einfach stehen geblieben.« Sie schafft es irgendwie, die Knie anzuziehen und sich selbst zu umarmen, obwohl sie immer noch auf dem sehr schmalen Hocker vor meinem E-Piano sitzt. »Ich konnte nicht mehr mithalten. Kann ich immer noch nicht. Und deswegen konnte ich dir nicht antworten. Ich hatte nichts zu sagen. Außer dass mir alles wehtut.« Sie ringt nach Atem, und ich kann ihren Schmerz förmlich spüren. Ich will ihn ihr nehmen, ich weiß nur verdammt noch mal nicht, wie. »Es tut so weh.«

Tränen rollen ihr über die Wangen, sie macht sich nicht mal die Mühe, sie wegzuwischen. Ich kann mich nicht bewegen, dabei will ich nichts mehr, als zu ihr zu gehen und sie zu umarmen, festzuhalten. Irgendwas tun, was es zwar nicht besser, aber vielleicht ein bisschen erträglicher macht.

»Tut mir leid. Gott, tut mir leid, ich bin furchtbar. Du solltest dir das echt nicht geben müssen.« Sie springt auf und ist schon beinahe an der Tür, als ich endlich aus meiner Erstarrung erwache und mich ebenfalls erhebe.

In drei Schritten bin ich bei ihr, eine Hand schließt sich um ihre, bevor ich mich aufhalten kann, bevor ich auch nur einen Gedanken daran verschwende, ob sie das überhaupt will, ob es okay ist.

»Lauf nicht weg«, bitte ich sie. Wenn sie jetzt wieder wegläuft … Ich weiß nicht, was ich dann machen soll. Wie es weitergehen soll.

Raynes Augen schwimmen in Tränen, als sie zu mir hochschaut, sie ist klein und schmal und sehr traurig.

»Wir sind Freunde, schon vergessen? Und Freunde sind füreinander da. Auch wenn alles beschissen ist. Auch wenn man traurig ist. Und du darfst traurig sein. Es ist okay. Ich wünschte, du hättest keinen Grund dafür, aber es ist okay.«

»Ich hasse das alles«, flüstert sie erstickt. »Ich hasse es, und es soll aufhören, so verdammt wehzutun.«

Ich presse die Lippen zusammen, antworte aber nicht. Es gibt nichts, was ich sagen könnte, was dafür sorgen würde, dass es ihr besser geht. Ich kann ihr nicht sagen, dass alles gut wird. Weil nie wieder alles gut werden wird. Nicht so, wie es eigentlich hätte sein sollen. Ich kann ihr nicht sagen, dass es irgendwann nicht mehr wehtut, weil auch das höchstwahrscheinlich nicht passieren wird.

Ihr Schmerz wird nicht verschwinden. Er wird nicht kleiner werden. Ihre Welt wird lediglich drum herumwachsen, vielleicht, hoffentlich.

Wenn sie mich lässt – wenn sie es will –, bin ich da. Weil ich die ganze Zeit da war. Und ich habe nicht vor, irgendwohin zu gehen.

Behutsam ziehe ich an ihrem Arm, ziehe sie an mich, und sie lässt es zu, lässt sich gegen meine Brust fallen. Ein raues Schluchzen bricht aus ihr heraus, sie fällt, und ich hoffe inständig, dass ich der Richtige bin, um sie aufzufangen.

12. KAPITEL
Rayne

Wildflower Wildfire – Lana Del Rey

Ich wusste nicht, dass man vergessen kann, wie sich Umarmungen anfühlen. Aber nach sechs Monaten ohne eine einzige scheint das tatsächlich doch zu gehen. Vielleicht fühlt sich diese Umarmung aber auch einfach so fremd an, weil es Easton ist, der mich festhält.

Easton, der mich gebeten hat, zu bleiben, nicht wieder wegzulaufen, obwohl ich ein Wrack bin. Irreparabel zerstört.

Schwer lasse ich mich gegen ihn sinken, ich kann nichts dagegen tun, mein Körper wird ganz weich in seinen Armen. Ein verzweifelter Laut kommt mir über die Lippen. Ich will das nicht, ich will nicht weinen. Nicht so. Ungehemmt, ungebremst.

Ich falle in den Abgrund, gegen den ich mich so lange gewehrt habe. Ich stand in den letzten Monaten oft an der Kante und habe runtergeschaut. Aber ich bin nie gefallen. Habe all das Chaos und die Trauer, die in mir brodeln, nicht rausgelassen. Ich habe geweint. Öfter, als ich zählen kann. Aber nicht so. Nicht auf diese Das-Atmen-tut-weh-und-ich-breche-auseinander-Weise.

Ich schluchze erneut auf, wieder und wieder, ich kann nicht atmen. Meine Brust tut weh, und alles ist eng, viel zu eng. Ich zerreiße mich selbst, und ich hasse es, dass er das sieht. Gleichzeitig bin ich seltsam froh darüber. Weil er jetzt wirklich alles von mir weiß. Jede Seite gesehen hat. Vor allem die, die ganz traurig ist. Die sich verloren fühlt und nicht weiß, wohin mit sich.

Ich habe meine Eltern verloren, mein Zuhause und mich selbst.

Das ist es, was Easton jetzt sieht. Alles, was von mir noch übrig ist.

Aber er lässt mich nicht allein, stößt mich nicht weg. Er bleibt bei mir und hält mich fest. Hält mich, während ich heiße Tränen in seinen weichen Hoodie weine, bis er völlig durchnässt ist.

Er hält mich fest, während ich meine Fingernägel in seine Arme grabe, so fest, dass es bestimmt wehtut, aber ich habe keine Kontrolle mehr über mich und meinen Körper. Ich will ihm nicht wehtun, aber in mir ist nur Schmerz, und er muss, muss, muss einfach raus, weil ich ihn nicht mehr ertrage.

Ich kann ihn nicht mehr runterschlucken. Ich kann mich nicht mehr vor ihm verstecken, so wie ich es die letzten Monate getan habe. Ich kann nicht mehr so tun, als würde ich nicht existieren.

Ich existiere.

Ich bin hier.

Ich bestehe nur noch aus Schmerz, aber ich bin hier.

Und er ist hier.

Easton.

Der einzige Mensch auf der Welt, der mich noch kennt, *wirklich* kennt. Der Einzige, der mich nicht allein gelassen hat in diesen Monaten, in denen ich in mir selbst verschwinden wollte.

Wenn ich ehrlich bin, will ich das immer noch.

Möglich, dass er es spürt, genau das, genau jetzt, denn er zieht mich unwillkürlich enger an sich. So eng, dass ich sein Herz unter meiner Wange schlagen spüren kann, schnell und hart, aber gleichmäßig.

Seine Hände auf meinem Rücken sind groß und warm, als er mit kreisenden Bewegungen über meine verspannten Muskeln streicht, und langsam, ganz langsam, kann ich wieder atmen. Zumindest ein bisschen. Zumindest so weit, dass es sich nicht mehr anfühlt, als würde ich jeden Augenblick ersticken.

Easton hält mich fest und wartet. Bis ich mich leer geweint habe und allmählich beruhige. Mir ist schlecht, und hinter meiner Stirn hat es schmerzhaft zu pochen begonnen. Plötzlich bin ich müde. So unendlich müde.

Behutsam löst Easton sich von mir, gerade so weit, dass er zu mir runtersehen kann. Aber er lässt mich nicht los, und ich bin froh darüber. Meine Beine fühlen sich entsetzlich weich an, ich bin mir nicht sicher, ob sie mich tragen würden, wenn er mich nicht mehr stützt.

Er legt eine Hand unter mein Kinn, hebt es an und zwingt mich dazu, zu ihm hochzusehen. Kummer liegt in seinen Augen und eine tiefe Sorge, die dafür sorgt, dass es in meinem Bauch ganz warm wird. Und plötzlich fühle ich mich nicht mehr ganz so allein.

Sanft wischt er mir die Tränen von den Wangen, und ich versuche, nicht darüber nachzudenken, dass das nicht nur Tränen sind, denn meine Nase läuft und sitzt gleichzeitig so zu, dass ich durch den Mund atmen muss, um Luft zu bekommen. Ihn scheint das jedoch kein bisschen zu kümmern, oder er lässt es sich einfach nicht anmerken.

»Was brauchst du?«, fragt er schließlich leise, seine Stimme ist ein sanftes Raunen, das mir einen Schauer über den Rücken jagt.

»Taschentücher«, bringe ich hervor.

Eastons Mundwinkel zucken, und ich muss beinahe lachen. Ich muss wirklich beinahe lachen. Das ist total verrückt.

»Kriegst du. Moment.« Jetzt lässt er mich doch los, und es ist auch ziemlich verrückt, wie kalt sich mein Körper anfühlt, ohne seine Hände auf meinem Rücken.

Ich schwanke kaum merklich, ohne den Halt, den er mir gegeben hat, schaffe es aber, mich wieder zu fangen, während er sein Zimmer verlässt. Ich kann seine Schritte auf der Treppe hören. Offensichtlich hat er hier oben keine Taschentücher.

Erschöpft falle ich auf sein Bett, obwohl das nicht richtig ist, weil es nun mal sein verdammtes Bett ist und es mehr als genug Möglichkeiten gibt, sich irgendwo anders hinzusetzen. Nur bin ich so erschöpft, dass es mir egal ist. Es ist mir egal, wie ich aussehe, es ist mir sogar egal, dass ich bei meinem Zusammenbruch nicht alleine war. An jedem anderen Tag, in jedem anderen Moment hätte ich mich geschämt, dafür dass jemand gesehen hat, wie schwach ich bin. Wie verletzt. Aber heute ist kein anderer Tag, und Easton ist nicht irgendjemand.

Er ist einfach … Easton.

Ich lasse mich auf den Rücken sinken, seine Matratze ist weich. Schniefend ziehe ich die Nase hoch, es nützt nichts, ich muss immer noch durch den Mund atmen, und hinter meiner Stirn pocht es auch nach wie vor.

Flatternd schließen sich meine Lider, mein Körper wird ganz, ganz schwer, mein Herzschlag beruhigt sich.

Ein bisschen.

Etwas mehr.

Bis es in seinen normalen Rhythmus zurückgefunden hat.

Ich schrecke auf, als ein leises Quietschen ertönt, aber es ist nur Easton, der die Tür öffnet und in sein Zimmer zurückkehrt.

Er hat eine Packung Taschentücher in der einen und eine Packung Eiscreme in der anderen Hand.

»Ich hab gehört, das soll helfen«, sagt er und hebt das Eis ein Stück höher.

Mir entfährt ein erstickter Laut. »Ja, hab ich auch gehört.«

Er reicht mir die Taschentücher. Ich setze mich auf und wende mich ab, um mir die Nase zu putzen. Easton stellt währenddessen das Eis auf seine Matratze und geht zu einer Kommode, die mir vorhin gar nicht richtig aufgefallen ist. Jetzt sehe ich den Plattenspieler, der darauf steht, und die kleine Box, die er jetzt anmacht. Es piept laut, als sein Handy sich über Bluetooth verbindet. Einen Moment später schwebt Lana Del Reys melancholische Stimme durch den Raum, und ich muss an die Nachrichten denken, die ich Easton letztes Jahr geschrieben habe.

Dazu, dass Taylors Musik immer alles besser macht und Lana für die Tage da ist, an denen alles unerträglich ist und nichts besser werden kann.

Heute ist einer dieser Tage, und er hat den richtigen Soundtrack dafür gefunden.

Dann kommt er zurück zu mir, lässt sich neben mich aufs Bett fallen, und wir legen uns gleichzeitig wieder auf den Rücken, den Eisbecher irgendwo zwischen uns. Schweigend starren wir an die Decke.

Ich blinzle.

»Da hängen Sterne«, sage ich unvermittelt und strecke einen Arm zu den Dachschrägen aus. Da hängen tatsächlich diese kleinen Plastiksterne, die nachts leuchten, wenn sie am Tag genug Licht abbekommen haben. Ich hatte früher auch so welche.

»Ich mag Sterne«, erwidert Easton, obwohl ich auch das längst weiß. Es gibt einen Grund dafür, warum ich ein Armband mit einem Stern an meinem Handgelenk trage.

»Danke«, sage ich zu den Sternen, ich schaffe es nicht, ihn anzusehen.

Er dreht den Kopf in meine Richtung, ich kann es hören, der Stoff unter ihm raschelt leise. »Wofür?«

»Dass du mich gebeten hast, nicht wegzulaufen. Und fürs Festhalten.«

»Jederzeit wieder.«

»Und dafür, dass es sich nicht seltsam anfühlt, hier zu liegen, obwohl wir uns gerade das erste Mal richtig unterhalten.«

»Wir haben uns drei Monate lang richtig unterhalten. Die Nachrichten zählen.«

Jetzt kann ich doch nicht anders, ich muss ihn ansehen. Er erwidert meinen Blick unverwandt, ein feines Lächeln umspielt seine Lippen. Dunkle Haarsträhnen fallen ihm in die Stirn, und ich will sie berühren und zurückstreichen, so wie er mir gerade die Tränen weggewischt hat.

»Tun sie wirklich, oder?«, will ich stattdessen wissen, obwohl ich die Antwort doch eigentlich kenne.

Seine Finger streifen meine, es ist nur eine hauchzarte Berührung, doch die lässt ein glühendes Prickeln durch meinen Körper schießen. »Natürlich.«

Unsere Hände liegen jetzt so nah nebeneinander, dass es nur einer winzig kleinen Bewegung bedarf, um sie miteinander zu verschränken. Aber keiner von uns rührt sich.

Ich drehe den Kopf wieder nach vorne und zähle die Sterne an der Decke – es sind neunundzwanzig. Das Eis schmilzt, aber ich will jetzt nichts essen, und Easton macht ebenfalls keine Anstalten, nach den Löffeln zu greifen, die auch irgendwo zwischen uns liegen.

Lana singt weiter und füllt die Stille zwischen uns, die sich seltsam leicht und unkompliziert anfühlt.

»Ich hab bei meiner Grandma gewohnt, die letzten sechs

Monate«, unterbreche ich das Schweigen schließlich. Ich bin mir nicht sicher, warum. Ich glaube, nachdem ich so lange geschwiegen habe, habe ich jetzt doch das Bedürfnis, zu reden.

»Ich konnte nicht in L.A. bleiben, in diesem Haus. Jeden Tag stand die Presse vor der Tür, und alles hat sich falsch angefühlt. Mom und Dad …« Ich würge die Worte hervor, vorbei an dem dicken Kloß in meinem Hals, und jetzt greift Easton doch nach meiner Hand, und unsere Finger verschränken sich, als wäre es das Selbstverständlichste auf der ganzen Welt. Als hätten wir das schon tausendmal gemacht. »Ohne sie war es kein Zuhause mehr. Verstehst du, was ich meine?«

Er nickt, und ich glaube ihm. Er versteht das wirklich, und er sieht mich an, und da ist irgendwas in seinem Blick, das mich dazu bringt, weiterzureden, alles rauszulassen.

»Ich wusste nicht, wo ich hinsollte. Ich hatte niemanden mehr.«

»Was ist mit Hailey?«, fragt er, und bei der Erinnerung an meine beste Freundin verziehe ich das Gesicht.

»Ihr Leben ist weitergegangen. Sie hat nicht auf mich gewartet«, erwidere ich knapp. »Ich kann ihr das nicht übelnehmen. Es war ihr letzter Sommer vor dem College.«

»Und das heißt?« Ein harter Unterton schwingt in Eastons Stimme mit, und das ist Balsam für meine Seele, weil ich es nicht zugeben will, aber ich nehme Hailey ihr Verhalten eben doch übel.

»Sie wollte ihn genießen. Und ich … na ja, war da nicht die beste Gesellschaft.«

»Das ist grausam.«

»Sie ist einfach nicht damit klargekommen. Mit mir. Ich kann das verstehen.«

Kann ich nicht, aber wenn ich anfange, richtig darüber nachzudenken, dass meine beste Freundin, das Mädchen, das fast jedes Wochenende bei mir übernachtet und mit meinen Eltern Filmabende veranstaltet hat, bis wir vierzehn waren, schon zwei Wochen nach ihrem Unfall so getan hat, als wäre nichts passiert, als hätten sie ihr nichts bedeutet, dann würde ich vermutlich durchdrehen. Dabei dachte ich eigentlich, dass ich längst damit abgeschlossen hätte. Offenbar habe ich mich geirrt. Eigentlich hätte ich es auch wissen müssen. Ich habe noch mit gar nichts abgeschlossen. Schließlich habe ich mich auch noch mit nichts auseinandergesetzt.

Nicht mit Haileys Rückzug und ihrem Schweigen.

Nicht mit dem Unfall.

Nicht mit allem, was danach kam.

»Hat sie es versucht?«, will er wissen, und ich brauche ein paar Sekunden, bis ich mich daran erinnere, was ich als Letztes gesagt habe.

»Nein«, gebe ich widerstrebend zu.

Easton nickt mit zusammengepressten Lippen. Ihm ist anzusehen, dass er sich nur mit Mühe davon abhält, auszusprechen, was ihm durch den Kopf geht.

»Sag es ruhig«, fordere ich ihn auf.

»Hailey ist 'ne blöde Kuh.«

Ein heiseres Lachen bricht aus mir heraus, aber ja, irgendwie hat er da leider ziemlich recht.

»Du bist also zu deiner Großmutter gezogen?«, kommt Easton wieder auf das ursprüngliche Thema zurück.

Ich nicke. »Ja. Rückblickend betrachtet war das vermutlich eine ziemlich dumme Idee. Aber ich wollte nicht allein sein. Und sie ist alles, was mir jetzt noch an Familie bleibt.« Schon wieder schwimmen meine Augen in Tränen, ich blinzle hektisch, um sie zu vertreiben, ohne Erfolg.

»Warum war das dann eine dumme Idee?«

»Weil ich genauso gut alleine hätte wohnen können. Es hätte keinen Unterschied gemacht. Sie war nie da, und ich bin den ganzen Tag in meinem Zimmer geblieben.«

»Die ganze Zeit?«

Im Liegen mit den Schultern zu zucken ist gar nicht so einfach, aber es geht. »Es gab keinen Grund, rauszugehen.«

Dabei habe ich einen gesucht. Letztendlich war nur keiner gut genug. Nicht mal das Wissen, dass Easton nur einige Fahrminuten von mir entfernt wohnt und arbeitet.

»Wo war deine Grandma die ganze Zeit?«

»Keine Ahnung.« Ich seufze. »Unterwegs. Sie war drei Wochen bei mir in L.A., bevor ich mit ihr hergekommen bin, da scheint sie hier viel verpasst zu haben. Oder auch nicht. Echt, keine Ahnung. Sie ist viel unterwegs, organisiert Charity-Veranstaltungen und so. Sie sitzt außerdem im Vorstand der Ballettschule.«

»Gehst du deshalb hin?«

»Nein«, antworte ich, meine Stimme ist leiser geworden. »Grandma hat dafür gesorgt, dass ich den Platz bekomme, aber nein.«

»Wegen deiner Mom?« Er drückt meine Hand, und diese Geste bringt mich dazu, ihm die Wahrheit zu sagen.

»Ja.« Jetzt ist meine Stimme nur noch ein kaum hörbares Flüstern. »Ich hatte einen schlimmen Tag und habe mir ein Video von ihr angeschaut. Eins von damals, bevor sie Dad kannte. Als sie selbst noch an der Ballettakademie war. Und irgendwie …« Ich breche ab, muss mich zwingen, tief einzuatmen, weil meine Brust schon wieder viel zu eng ist.

»Sie fehlt dir. Deswegen gehst du hin.«

»Ja.« Mein Atem entweicht mir als lautloses Seufzen.

Mom fehlt mir. Dad fehlt mir. Mein Zuhause. Mein altes Leben. Mein altes Ich.

»Es fühlt sich an, als hätte ich mich selbst verloren. Und ich weiß nicht, wie ich mich wiederfinden soll«, flüstere ich.

»Das ist okay. Du findest dich wieder. Und ich bin bei dir. In Ordnung?« Easton drückt meine Hand, und auf einmal ist meine Brust etwas weniger eng, und mein Herz tut ein bisschen weniger weh. Weil er da ist und ich nicht mehr allein bin.

»Du bist ein guter Freund, weißt du das?«

Ich höre ihn lächeln, als er antwortet. Mit Sicherheit denkt er an das Gleiche wie ich. »Ich gebe mein Bestes.«

Davor

07. Mai um 5:27 PM

mockingbird:
Rate mal, wer wieder abgesagt hat …

eastcoleman:
Hailey.

mockingbird:
Das war zu leicht zu erraten. Ich fürchte, ich hab zu wenig Freunde.

eastcoleman:
Ich teile meine mit dir, wenn du möchtest.

mockingbird:
Aaaw, das ist süß von dir.

eastcoleman:
So bin ich.
Warum hat sie abgesagt?

mockingbird:
Es ist Hailey, was denkst du?

eastcoleman:
Ein Typ?

mockingbird:
Ding ding ding! 100 Punkte!

eastcoleman:
Nicht dein Ernst. Hat sie irgendwann auch schon mal aus einem anderen Grund abgesagt?

mockingbird:
Nicht in letzter Zeit. Und ich verstehe das ja auch, echt. Ich habe vollstes Verständnis dafür, dass sie Zeit mit Tony verbringen will.

eastcoleman:
Du verteidigst sie schon wieder. Ich sage das nicht, um dir das unter die Nase zu reiben, sondern weil du wolltest, dass ich dich darauf aufmerksam mache, wenn du es wieder tust.

mockingbird:
Ja, danke. Ich weiß, dass ich das lassen sollte. Sie kann mir nicht immer in letzter Minute absagen. Auch nicht für Tony.

eastcoleman:
Nein. Echt nicht.

mockingbird:
Vielleicht brauche ich doch deine Freunde.

eastcoleman:
Mit dir teile ich gerne.

mockingbird:
Du bist ein guter Freund, weißt du das?

eastcoleman:
Ich gebe mein Bestes.

4. TEIL

Chorus

13. KAPITEL
Easton

Birds – Imagine Dragons

Es ist spät, als ich Rayne zurück zur Schule fahre, in dem alten klapprigen Van, den Dad mir zum siebzehnten Geburtstag geschenkt hat. Das war kurz bevor die Jungs und ich unseren ersten Auftritt hatten, weil wir unsere Instrumente, genauer gesagt Jax' Schlagzeug, sonst nicht hätten transportieren können. Der Van war damals schon nicht im besten Zustand, und inzwischen fällt er fast auseinander, aber irgendwie fährt er immer noch.

Rayne und ich haben nicht mehr viel geredet, nur nebeneinander auf meinem Bett gelegen, Musik gehört und irgendwann doch das Eis gegessen, das ich mit nach oben gebracht habe. Es war schon halb geschmolzen, aber das hat weder sie noch mich gestört. Die Stille zwischen uns war nicht unangenehm, sondern seltsam vertraut. Sie musste nicht mit Worten gefüllt werden, das war nicht nötig.

»Wir sehen uns dann morgen früh?« Fragend sieht Rayne mich an, eine Hand schon an der Tür, bereit, auszusteigen, als ich den Wagen auf dem Parkplatz vor dem Campus stoppe.

»Wenn du zum Unterricht kommst, sehen wir uns morgen.«

Ihre Mundwinkel heben sich kaum merklich, und ich kann nicht anders, als zu hoffen, dass ich bald ein echtes Lächeln auf ihrem Gesicht sehe.

»Dann sehen wir uns morgen.« Sie öffnet die Tür und kalte Luft fegt ins Wageninnere. Rayne zuckt zusammen und verzieht das Gesicht. »Es ist zu kalt in Boston.«

Ich kann ihr nicht widersprechen. Im Moment ist es wirklich viel zu kalt. Aber sie empfindet es vermutlich noch mal ganz anders. Die Winter in Kalifornien sind schließlich deutlich wärmer als die in Massachusetts.

»Dafür ist der Frühling hier schön.«

»Das tröstet mich gerade überhaupt nicht.« Schaudernd zieht sie die Schultern hoch. »Das dauert ja noch ewig.«

»Ungefähr zweieinhalb Monate.«

»Dann ist März. Wie warm ist es hier im März?«

»Hm. Durchschnittlich ungefähr acht Grad?«

Entsetzen malt sich auf ihrem Gesicht ab. »Das ist immer noch viel zu kalt.«

Ich muss lachen. »Die richtigen Klamotten helfen. Du gewöhnst dich schon dran.«

»Also irgendwie wage ich das zu bezweifeln. In L.A. ist es jetzt schön warm.« Ein sehnsüchtiges Seufzen kommt ihr über die Lippen, und ihr Blick ist auf einmal so traurig. Es ist glasklar, dass sie nicht nur die wärmeren Temperaturen vermisst.

»Dafür schneit es in L.A. nicht.«

Sie wirft einen vielsagenden Blick aus der Windschutzscheibe. »Hier auch nicht.«

»Ja, aber das wird es bald.«

»Du klingst ziemlich überzeugt, dafür, dass es die letzten Tage nur geregnet hat. Der Regen hier ist übrigens auch furchtbar.«

»Da will ich dir auch gar nicht widersprechen. Aber es wird schneien. Versprochen.«

»Wenn du das sagst, glaube ich dir mal.« Sie will gerade aussteigen, überlegt es sich dann aber doch noch mal anders. Bevor ich reagieren kann, beugt sie sich über die Mittelkonsole zu mir rüber, und ihre Lippen berühren meine Wange. Ganz kurz nur. So kurz, dass ich fast glaube, mir den Kuss nur eingebildet zu haben, als sie sich eilig wieder zurückzieht. Aber die Berührung reicht, um kleine, sehr unerwartete Stromschläge durch meinen Körper zu jagen. »Danke fürs Zuhören. Gute Nacht, Easton.«

Ich muss mich räuspern, trotzdem ist meine Stimme belegt, als ich antworte. »Schlaf gut, Birdy.«

Dieses Mal steigt sie tatsächlich aus, schließt die Tür hinter sich, leise und vorsichtig, nicht so wie Beck und Colin, die die Beifahrertür beide immer dermaßen zuknallen, dass es sich jedes Mal so anfühlt, als würden sie den Van in seine Einzelteile zerlegen wollen.

Raynes Schatten verschmilzt mit der Dunkelheit, ich warte, bis sie durch das Tor getreten ist, bevor ich den ersten Gang einlege und den Wagen vom Parkplatz lenke.

Als ich nach Hause komme, sind Beck und Colin im Wohnzimmer. Sie hocken auf dem Sofa, über den Fernseher flimmert irgendeine Netflix-Serie, die ich nicht kenne.

»Wo warst du?« Beck sieht bei der Frage nicht einmal in meine Richtung. Er weiß trotzdem, dass ich es bin. Vermutlich hat er den Van gehört.

»Ich hab Rayne nach Hause gebracht«, sage ich, und mein bester Freund dreht sich so abrupt zu mir um, dass ich seinen Rücken knacken höre.

»*Was?* Sie war *hier*?«

»Wer ist Rayne?« Colin hebt nur kurz den Blick von seinem Handy, bevor seine Finger wieder über das Display fliegen.

Er wirkt so abwesend, dass er eigentlich nur Emma schreiben kann. Die beiden sind seit der Highschool ein Paar, aber seit Emma in Stanford studiert, sehen sie sich nur noch alle paar Wochen und kommunizieren fast ausschließlich über Nachrichten, weil Colin Telefonieren hasst. Er war der Einzige von meinen Freunden, der sich letztes Jahr nicht über mich lustig gemacht hat, als ich praktisch jede freie Minute am Handy hing, um Birdy zu schreiben.

»Das Nachrichten-Mädchen«, erklärt Beck bereitwillig, und Colin legt tatsächlich das Handy zur Seite.

»Das Nachrichten-Mädchen?« Seine gepiercte Augenbraue wandert ungläubig nach oben. »Das Mädchen, das dich die letzten sechs Monate ignoriert hat?«

»Sie hat mich nicht ignoriert.« Seufzend lasse ich mich neben Beck aufs Sofa fallen.

»Äh, doch?«

Ich schüttle den Kopf. »Nein, hat sie nicht. Sie hatte … mit einigem zu kämpfen«, erwidere ich. Ich habe weder Colin noch Jax erzählt, wer Birdy wirklich ist. Die Gelegenheit hat sich in den letzten Tagen nie ergeben, und es hat sich auch nicht richtig angefühlt, es ihnen zu sagen. Ich bin mir nicht sicher, warum.

Beck weiß es auch nur, weil er derjenige war, der sie im Plattenladen erkannt hat.

»Das Nachrichten-Mädchen ist Rayne Bellamy«, mischt mein bester Freund sich prompt ein, als hätte er meine Gedanken gelesen.

Ich werfe ihm einen bösen Blick zu, aber er zuckt nur grinsend mit den Schultern.

Was denn? Früher oder später hätten sie es sowieso erfahren, scheinen seine Augen zu sagen, und ja, vermutlich hat er recht, aber ich hätte das dann doch ganz gerne selbst entschieden.

»Rayne Bellamy? Und was soll mir das …« Colin bricht ab,

er blinzelt hektisch. »Moment. Rayne Bellamy? Wie Liam Bellamys Tochter?«

»Ganz genau.« Beck klingt viel zu aufgeregt.

»Was zum Teufel hat Liam Bellamys Tochter hier gemacht? Und wieso weiß ich nicht, dass sie das Nachrichten-Mädchen ist?«

Ich stöhne auf. »Weil ich es selbst erst seit drei Tagen weiß.«

»Und woher weißt du das auf einmal? Junge, lass dir doch nicht alles aus der Nase ziehen.«

»Ich wusste gar nicht, dass du so neugierig bist, Colin«, erwidere ich trocken.

»Bin ich auch nicht. Normalerweise. Aber du hast mit Liam Bellamys Tochter geschrieben! Ich finde, da ist Neugierde gerechtfertigt.«

»Sie heißt Rayne«, sage ich, weil es mich stört, dass er nur von Liam redet. Sie ist mehr als seine Tochter.

»Ja, ich weiß. Hübscher Name.« Colin winkt ab, und ich verdrehe die Augen. »Warum war sie hier? Wie habt ihr euch getroffen?«

»Wo ist Jax?«, will ich wissen, anstatt seine Frage zu beantworten.

»Vögelt durch die Gegend. Keine Ahnung. Ist doch jetzt auch echt egal.«

Ist es nicht. Seit die Sache mit Skye vorbei ist, ist Jax kaum noch zu Hause. Dabei waren die beiden nicht mal richtig zusammen. Es ging nur um Sex, das hat Jax immer wieder betont. Jetzt bin ich mir da allerdings nicht mehr so sicher.

»Erzähl einfach die verdammte Geschichte, East.«

»Ich will nicht alles doppelt und dreifach erzählen müssen.« Ich versuche, mich rauszureden, aber eigentlich hätte ich wissen müssen, dass das nicht funktioniert. Colin kann verdammt hartnäckig sein, wenn er will.

»Keine Sorge, ich erzähl's ihm«, bietet Beck an. Hilfsbereit wie immer.

Ich gebe nach. Es hat ohnehin keinen Zweck. Mein Gefühl sagt mir, dass Rayne heute nicht zum letzten Mal hier gewesen ist, und es wäre nett, wenn meine Freunde sich benehmen würden, wenn sie ihr begegnen.

Also erzähle ich Colin von Raynes Besuch im Plattenladen – wenn ich es nicht täte, würde Beck sich bestimmt berufen fühlen, ihn auch darüber aufzuklären –, und dann, wie wir uns an der New England School of Ballet wiedergetroffen haben. Ich erzähle ihnen die Kurzfassung, ohne Raynes Zusammenbruch zu erwähnen oder sonst irgendwas, was sie mir erzählt hat. Das geht die beiden nichts an.

Trotzdem ist Colins Blick ernst, als ich schließlich verstumme. Er hatte schon immer ein Gespür dafür, zwischen den Zeilen zu lesen, und nachdem sein Dad gestorben ist, als er dreizehn war, ist er vermutlich der Einzige von uns, der Raynes Schmerz nachempfinden kann.

»Wie geht's ihr?«

Ich hebe die Schultern und seufze. »Nicht gut«, antworte ich ehrlich, denn nur, weil ich ihnen nicht die ganze Wahrheit sage, heißt das noch lange nicht, dass ich sie anlüge.

Ein paar Minuten sagt keiner von uns etwas, nur die Stimmen aus dem Fernseher sind zu hören.

»Dann ist sie jetzt nicht mehr das Nachrichten-Mädchen?«, fragt Beck schließlich.

»Nein, ist sie nicht.«

»Und ihr seid jetzt … was? Freunde?« Colin fährt sich mit einer Hand durch die rotbraunen Haare und mustert mich prüfend.

Ich weiß nicht, warum ich bei dieser Frage rot werde. Möglich, dass es daran liegt, dass ich daran denken muss, wie ihre

Lippen meine Wange gestreift haben, und dass das etwas in mir ausgelöst hat, womit ich definitiv nicht gerechnet habe. Und was vermutlich auch nicht richtig ist.

»Klar. Was sollen wir sonst sein?« Ich bemühe mich um einen unbeteiligten Gesichtsausdruck, aber als Beck neben mir leise zu lachen beginnt, ist klar, dass ich das nicht so richtig hinbekommen habe.

»Junge«, meint er nur, und obwohl er damit im Grunde gar nichts sagt, sagt er gleichzeitig viel zu viel.

14. KAPITEL
Rayne

Lost Along The Way – All Time Low

Ich schlafe wie ein Stein, trotzdem bin ich unendlich müde, als mein Wecker am nächsten Morgen klingelt und Mae und Zoe mich schließlich zum Frühstück abholen. Die Heulerei am Vorabend bei Easton hat mich ziemlich fertiggemacht.

Zoe und Mae plappern auf dem Weg nach unten in die Cafeteria ohne Punkt und Komma. Entweder fällt ihnen nicht auf, wie still ich bin, oder sie respektieren mein Schweigen, weil sie merken, dass es mir nicht besonders gut geht. Vermutlich ist das auch nicht zu übersehen, denn obwohl ich tief und fest geschlafen habe, war die Nacht zu kurz und der gestrige Tag viel zu anstrengend.

Mir tut alles weh, und als schließlich der erste Kurs beginnt, möchte ich gerne auf der Stelle aufgeben, weil mein Muskelkater wirklich mörderisch ist. Natürlich tue ich das nicht. Ich beiße die Zähne zusammen und mache weiter.

Es wird besser, Schätzchen. Du kannst das. Jeder Tag wird ein bisschen einfacher als der davor.

Moms Worte haben sich in mein Gedächtnis eingebrannt. Ich war damals zehn, als wir in ihrem Studio unter dem Dach geübt haben und ich in Tränen ausgebrochen bin, weil ich mein Spielbein bei der Arabesque nicht so hoch heben konnte wie alle anderen Mädchen aus meiner Klasse. Sie hatte recht. Es ist wirklich jeden Tag ein bisschen besser geworden. *Ich* bin besser geworden. Bis ich irgendwann meine Grenzen erreicht hatte. Es hat seine Gründe, warum ich in den letzten Jahren nur noch halbherzig zum Training gegangen bin.

An diesem zweiten Tag an der New England School of Ballet wird es nicht besser. Meine Muskeln sind die ständige Spannung nicht mehr gewohnt, die Belastung. Es frustriert mich, obwohl es das nicht sollte, schließlich wusste ich, dass es schwierig werden würde. Trotzdem möchte ich weinen.

Dass Easton da ist und mir im Spiegel immer wieder verstohlene Blicke zuwirft, macht es nicht leichter. Es stört nur meine Konzentration.

Wir haben an diesem Tag keine Zeit, uns zu unterhalten, nach unserem ersten gemeinsamen Kurs müssen wir beide weiter, er hat es eilig, schenkt mir nur ein schiefes Lächeln, bevor er verschwindet. Aber dieses Lächeln reicht. Es sorgt dafür, dass ich mich letztendlich doch besser fühle. Wenn auch nur ein kleines bisschen.

Die Stunde im Spitzentanz läuft auch ohne Spitzenschuhe genauso katastrophal wie gestern, und als wir uns schließlich mit den Schülerinnen und Schülern des zweiten Jahres in einem Studio zum Pas de deux zusammenfinden, möchte ich mich nur noch in meinem Bett verkriechen.

Francesca, unsere Lehrerin, teilt mir Chester als Partner zu, einen sehr schlanken, dunkelhaarigen Jungen mit einem freundlichen Lächeln und warmen braunen Augen. Er ist nett, lässt sich nicht anmerken, wie ätzend es für ihn sein muss, ausgerechnet mich als Partnerin zu bekommen. Trotzdem bin ich unendlich erleichtert, als der Tag endlich vorbei ist.

Ich verbringe den Abend alleine in meinem Zimmer, mit einem Buch und Kopfhörern auf den Ohren. Ich bin es nicht gewohnt, die ganze Zeit von so vielen Menschen umgeben zu sein. Ich brauche eine Pause. Von ihren Blicken, den Gesprächen, den unausgesprochenen Fragen, die so viele stellen wollen und sich dann, zu meinem Glück, doch nicht trauen.

Irgendwann schlafe ich ein, werde mitten in der Nacht wach, weil ich immer noch die Kopfhörer aufhabe, aus denen Musik tönt. Ich mache mir nicht die Mühe, aufzustehen und mich bettfertig zu machen, nehme nur die Kopfhörer ab und schlafe auf der Stelle wieder ein.

Als ich am Mittwoch wach werde, fühle ich mich besser. Der Muskelkater ist immer noch schlimm, aber zumindest schaffe ich es, mich wieder zu bewegen, ohne vor Schmerzen das Gesicht zu verziehen und mir auf die Unterlippe zu beißen, um das gequälte Wimmern zu unterdrücken, das mir auf der Zunge liegt.

»Das ist doch schon ganz gut gelaufen heute«, verkündet Mae fröhlich, nachdem Miss Chelsea die Stunde im Spitzentanz beendet hat.

»Mmh«, mache ich bloß, und Mae stupst mich aufmunternd an.

»Wirklich. Du siehst es vielleicht nicht, aber wir schon.«

»Mae, ich trage nicht mal Spitzenschuhe.« Ich ziehe die Schläppchen aus und werfe sie achtlos auf meine Tasche.

»Da kommst du noch hin. Gib dir einfach Zeit. Miss Chelsea würde keine von uns nach sechs Monaten Pause in der ersten Woche auf Spitze tanzen lassen.«

Ich schweige. Ich weiß, dass es nicht nur daran liegt. Ich darf auch deshalb nicht auf Spitze tanzen, weil meine Technik schlicht und ergreifend nicht gut genug ist, und es spielt keine Rolle, dass ich schon drei Jahre auf Spitze getanzt habe, bevor meine Welt zerbrochen ist. Jetzt gerade bin ich einfach nicht gut genug dafür.

»Würde sie wirklich nicht«, bestätigt Zoe, aber in ihrer Stimme schwingt ein mitfühlender Unterton mit, als wüsste sie genau, was in mir vorgeht.

Ich wünschte, ich würde mich dadurch besser fühlen. Tue ich aber nicht. Stattdessen ertrinke ich förmlich in Selbstmitleid. Es ist zum Kotzen.

»Wisst ihr, ich bin ein bisschen neidisch, dass ihr gleich den Kurs bei Melanie habt«, wechselt Mae das Thema, als ich nicht antworte. Ich bin ihr dankbar dafür, ich kann mich damit jetzt nicht weiter auseinandersetzen. »Man bekommt schließlich nicht jedes Semester die Chance, mit einer Choreografin zu arbeiten, die schon mit One Direction zusammengearbeitet hat. Und Lady Gaga.«

»Wieso bist du eigentlich nicht dabei?« Fragend sehe ich zu ihr und zwinge mich, jeden Gedanken an mein Versagen und dieses elendige Selbstmitleid abzuschütteln.

Ich bin erst seit drei Tagen hier. Ich muss mir wirklich mehr Zeit lassen.

»Weil Mr Conrad uns unseren Kursen zuteilt und er offensichtlich entschieden hat, dass ich es nicht wert bin, mit der großartigen Melanie Duncan zu arbeiten.«

»Du wirst schon wieder theatralisch, Mae«, wirft Zoe trocken ein.

»Ich finde, gerade ist Theatralik sehr angebracht.« Mae zieht eine Schnute und steht auf. »Aber ja, Lyrical Jazz ist auch cool, bla, bla, bla. Ich muss dann jetzt auch los, wir sehen uns später, ihr Süßen«, trällert sie, dann wirft sie uns eine Kusshand zu und schwebt aus dem Saal.

Langsam füllt sich das Studio wieder. Zoe und ich wechseln unsere Strumpfhosen gegen schwarze Leggings und ziehen weite Shirts über unsere engen Trikots, als sie einen leisen Fluch ausstößt. Ich folge ihrem Blick zu zwei Mädchen, die gerade den Saal betreten. Eine klein und dunkelhaarig mit einem weichen, rundlichen Gesicht und einer kleinen Stupsnase, die andere etwas größer, zierlich und blond. Sie ist mehr als hübsch.

»Das ist nicht gut«, murmelt Zoe neben mir leise, ich verstehe kein Wort.

»Was denn?«

»Das ist Lia. Jase' Schwester.«

»Und?«

»Und … Jase ist ebenfalls in diesem Kurs, und die beiden verstehen sich nicht besonders gut.« Zoes Stirn hat sich in besorgte Falten gelegt.

Ich will gerade fragen, warum das ein Problem ist – abgesehen vom Offensichtlichen –, als Jase reinkommt, zusammen mit Skye. Sein Lachen bricht abrupt ab, sobald er seine Schwester entdeckt. Sie sieht ihn im gleichen Augenblick und wird kreidebleich.

Jetzt, wo ich die beiden in einem Raum sehe, ist die Ähnlichkeit zwischen ihnen unverkennbar. Die gleichen blonden Haare, die gleichen grünen Augen, die gleichen unverschämt attraktiven Gesichtszüge. Ihre sind weicher als seine, aber jetzt, als Lia ihren Bruder sieht, wird der Ausdruck auf ihrem Gesicht hart. Ihr Lächeln ist genauso verschwunden wie seins.

Ein Ruck geht durch Jase' Körper, dann kommt er zu uns rüber, während seine Schwester sich hastig ihrer Freundin zuwendet.

»Hey«, begrüßt Zoe ihn leise. Er sagt nichts, drückt ihr aber einen sanften Kuss auf die Schläfe und sieht sie dann auf eine Weise an, die mich dazu bringt, wegzuschauen. Ich kann hören, wie sie ihm eine leise Frage stellt, verstehe aber nicht, was sie sagt. Mein Blick fällt auf Skye, die nur mit den Schultern zuckt und eine Sekunde später mit einem kaum hörbaren Seufzen den Kopf schüttelt.

»Hallo zusammen.« Die helle, fröhliche Stimme lässt uns aufschauen. Eine Frau mit kurzen, platinblonden Haaren und hellen Augen rauscht in den Saal. Sie ist jünger als erwartet, vielleicht Anfang dreißig. »Schön, dass ihr alle hier seid, ich bin Melanie Duncan, aber bitte nennt mich einfach nur Melanie.« Ein leises Murmeln erhebt sich im Raum, aber sie spricht gleich weiter. »Ich freue mich sehr, dass ich euch dieses Semester unterrichten darf. Hat jemand von euch schon Erfahrung in Contemporary?«

Die meisten schütteln den Kopf, nur ein Junge mit aschblondem Haar hebt kurz die Hand.

»Wie sieht es mit Modern Dance aus?«

Lia und ihre Freundin heben den Arm, außerdem noch ein anderes Mädchen sowie ein Junge. Fünf von fünfunddreißig Schülerinnen und Schülern.

»Wunderbar, dann sind die meisten von euch auf dem gleichen Level. Das ist gut. Ich würde vorschlagen, ich erzähle euch erst mal, was ich mit euch vorhabe, und dann legen wir los. Klingt das gut?«

Wir nicken, und sie bedeutet uns mit einer Handbewegung, uns auf den Boden zu setzen. Sie folgt unserer Bewegung, sinkt geschmeidig nach unten und überkreuzt ihre Beine.

»Wahrscheinlich muss ich euch nicht erzählen, dass Contemporary anders ist als das Ballett – das wisst ihr. Ich tue es trotzdem, weil ich mir sicher bin, dass einige von euch hier sind, obwohl sie nicht hier sein wollen.« Ihre hellen Augen wandern über unsere Gesichter, ihr Blick ist offen und freundlich, nicht verurteilend, obwohl ihre Worte etwas anderes vermuten lassen. »Beim Ballett strebt ihr nach Perfektion. Sauber ausgeführte Figuren sind das Wichtigste. Eure Bewegungen sind klar, ihr folgt den Regeln. Contemporary vereint Bestandteile des Balletts mit denen von Modern und Jazz Dance. Aber wir haben keine Regeln. Ihr macht die Regeln. Es geht um eure Interpretationen. Wo das Ballett nach Höhe strebt, lassen wir uns auf die Schwerkraft ein. Wir konzentrieren uns auf Anspannung und Entspannung. Auf eure *Gefühle.*«

Ihre Worte jagen mir einen Schauer über den Rücken, und in mir sperrt sich alles. Ich will mich nicht auf meine Gefühle konzentrieren. Nicht hier. Nicht mit so vielen Menschen.

»Klingt das gut?« Sie strahlt uns an, aber die Antwort ist nur ein verhaltenes Murmeln, das Melanie leise lachen lässt. »Ich sehe schon, ich muss euch noch überzeugen, dass wir Spaß miteinander haben werden. Das werden wir, versprochen. Aber natürlich geht es nicht nur um Spaß. Ihr seid hier, um zu lernen und über euch hinauszuwachsen, und weil ich euch nur ein Semester lang begleiten werde, stelle ich lieber sofort klar, welche Ansprüche ich an euch habe. Ich möchte, dass ihr offen an diesen Kurs herangeht. Contemporary ist kein Ballett, und ich weiß, die meisten von euch träumen von den großen Bühnen dieser Welt, und das ist gut. Sehr gut sogar. Aber ihr solltet nicht aus den Augen verlieren, dass es noch etwas neben Ballett gibt und dass euch das möglicherweise sogar helfen könnte. Deswegen werdet ihr euch alle bald einen Song aussuchen, zu dem ihr selbst eine Choreografie entwickelt.«

»Aber wir haben doch bereits Kurse in Choreografie«, wirft Lias dunkelhaarige Freundin ein.

»Ich weiß«, erwidert Melanie. »Mir geht es auch nicht darum, dass ihr am Ende des Semesters eine perfekte Choreografie entwerfen könnt. Ich möchte, dass ihr euch einen Song aussucht und eure Gefühle sprechen lasst, und dass ihr genau das dann mit eurem Tanz ausdrückt. Wenn ihr wollt und euch das leichter fällt, könnt ihr auch in kleinen Gruppen arbeiten, aber ich denke, darüber sprechen wir noch mal, wenn es so weit ist. In den ersten Wochen möchte ich, dass ihr ein bisschen lockerer werdet und euch auf dieses neue Gebiet einlasst.« Sie steht auf. »Also, was ist? Legen wir los?«

Langsam erheben wir uns, manche mit mehr, die meisten allerdings mit weniger Begeisterung. Contemporary Dance wird vor allem ohne Schuhe oder Schläppchen ausgeführt, und es fühlt sich beinahe seltsam an, nur in dünnen Strümpfen auf dem harten Boden zu stehen.

Die erste Stunde vergeht schnell, wir tanzen kaum, Melanie zeigt uns hauptsächlich Lockerungsübungen. Wir sollen uns mit der Schwerkraft vertraut machen, unsere Rücken runden, die Schultern hängen lassen. Den meisten fällt es schwer, die Spannung, die ihnen ihr ganzes Tanzleben lang eingebläut wurde, loszulassen.

Ich konzentriere mich auf meine Atmung, auf das Gefühl des Bodens unter meinen Füßen. Mein Körper wird weich, meine Muskeln arbeiten, aber es ist anders als heute Morgen. Die Anspannung verlässt mich, wenn ich ausatme, meine Bewegungen sind flüssiger, nicht so verkrampft.

»Sehr gut, Rayne«, lobt Melanie mich und schenkt mir ein anerkennendes Lächeln, das ich automatisch erwidere, wenn auch nicht ganz so enthusiastisch wie sie.

Es fühlt sich seltsam an, dass es auf einmal so leicht ist. Zweieinhalb Tage lang habe ich mich gequält und jetzt … Wie kann es auf einmal so leicht sein? So sollte das nicht sein. Ich bin doch für das Ballett hergekommen, nicht für … *das hier*.

»Zoe, entspann dich. Versuch, dich fallen zu lassen. Lass die Schwerkraft für dich arbeiten.«

Melanie geht mit langsamen Schritten durch den Raum, korrigiert die anderen, während sanfte Klaviermusik aus den Boxen hallt, mit denen sie ihr Handy verbunden hat.

»Achtet auf eure Atmung. Tief in den Bauch atmen. Und beim Ausatmen lasst ihr alles los.«

Die Stunde vergeht schnell. Schneller als alle anderen, und als Melanie den Trainingstag schließlich beendet und uns in die Mittagspause entlässt, fühle ich mich tatsächlich seltsam geerdet.

»Rayne? Hast du noch eine Minute?«, hält Melanie mich auf, als ich gerade mit Zoe, Jase und Skye den Saal verlassen will.

Mein Magen verkrampft sich, und die Ruhe, die mich gerade eben noch erfüllt hat, verschwindet. Ich zögere kurz, dann nicke ich. »Natürlich.«

»Sollen wir warten?«, fragt Zoe, doch ich schüttle den Kopf.

»Geht ruhig schon mal, ich komme nach.«

»Okay, bis gleich.« Sie winkt mir kurz zu, dann verschwinden die drei. Außer mir ist niemand mehr da. Abgesehen von Melanie.

Ein paar Schritte von ihr entfernt bleibe ich stehen. Meine Finger suchen die Ringe an meiner anderen Hand, aber sie liegen in meinem Zimmer auf der Kommode.

Etwas in Melanies Gesicht verändert sich, wird dunkler, traurig. Ich spanne mich an. *Nein, bitte nicht.*

»Ich habe deinen Vater sehr bewundert«, beginnt sie, meine Hände ballen sich bei ihren Worten ganz von selbst zu Fäusten. Warum? Warum muss sie jetzt auf meinen Dad zu sprechen kommen?

»Ich auch«, höre ich mich sagen. Was zum Teufel rede ich da?

»Dein Verlust tut mir leid.«

»Danke.« Ich blinzle, weiche ihrem Blick aus.

»Direktor Pearson hat mir erzählt, dass du gerade erst hier angefangen hast.«

»Ja.« Unruhig trete ich von einem Fuß auf den anderen. Worauf soll dieses Gespräch hinauslaufen?

»Ich möchte nur, dass du weißt, dass es in Ordnung ist, wenn du anfangs Schwierigkeiten hast.«

»Wer sagt, dass ich Schwierigkeiten habe?« Meine Stimme klingt selbst in meinen eigenen Ohren hart und ausdruckslos, mein Herz hämmert viel zu heftig gegen meine Rippen. Bin ich so schlecht, dass meine Lehrer sich schon darüber unterhalten? Versage ich dermaßen?

»Niemand. Aber ich habe dich gerade eine gute Stunde lang beobachten können. Du bist weniger kontrolliert als die anderen.«

»Weniger perfekt, meinst du.«

»Das liegt wohl im Auge des Betrachters.« Sie lächelt, und ich begreife, dass sie mir gar nichts Böses will. Möglich, dass sie mir einfach nur helfen möchte. »Von meinem Standpunkt aus ist weniger Perfektion gut. Du wirkst noch etwas gehemmt, aber nicht so widerwillig wie die anderen. Wenn du dich auf Contemporary einlässt, kannst du richtig gut werden. Du hast Potenzial.«

»Echt?« Fassungslos starre ich sie an, nicht sicher, was ich davon halten soll. Ich sollte mich freuen. Stattdessen ist da auf einmal ein mulmiges Gefühl im Bauch. Ich bin neu an dieser Schule, ich versuche, irgendwie reinzupassen in diese Welt, versuche, mich anzupassen an all die anderen Mädchen, aber ich bin keine von ihnen. Ich bin nicht hier, weil ich einen Traum habe. Nicht so wie sie.

Ich träume nicht von der großen Bühne, ich bin wegen Mom hier. Ich bin hier, um wie sie zu werden, und obwohl Melanie mich lobt, fühlt es sich gleichzeitig ein bisschen nach Versagen an. Weil ich offenbar Potenzial darin habe, nicht perfekt zu sein.

»Echt. Und jetzt los. Du hast Pause, oder?«

Ich nicke.

»Dann sehen wir uns Freitag, Rayne.«

Damit bin ich wohl auch entlassen. Ich zögere kurz, dann nicke ich erneut, bevor ich den Saal verlasse, um rüber zum Wohnheim zu gehen und mit den anderen zu Mittag zu essen.

Ich bin schon im Treppenhaus, als ich aus dem dritten Stock die sanften Klänge eines Klaviers höre.

Meine Füße tragen mich ganz von selbst nach oben, dabei muss es nicht mal Easton sein, der da am Klavier sitzt und spielt. Er ist schließlich nicht der einzige Pianist, der die Unterrichtsstunden begleitet. Trotzdem bin ich mir sicher, dass er es ist.

Die Musik kommt aus dem mittleren Studio auf der rechten Seite. Und tatsächlich sitzt Easton an dem schwarzen Flügel. Er hat die Augen geschlossen, ist voll und ganz auf die Musik fokussiert, während seine Finger über die schwarzen und weißen Tasten tanzen.

So leise wie möglich stelle ich meine Tasche auf dem Boden ab und bleibe in der Tür stehen. Ich beobachte ihn, und ja, das ist unhöflich, aber ich kann weder weggehen noch mich bemerkbar machen. Ich höre einfach nur zu. Sehe ihn an.

Seine Hände … Er hat so verdammt schöne Hände. Und ein schönes Lächeln. Mit Grübchen. Himmel, er hat Grübchen. Wieso ist mir das noch nie aufgefallen? Ich schätze, weil ich ihn noch nie so habe lächeln sehen. Dunkle Haarsträhnen fallen ihm ins Gesicht, sie sind länger als auf den Fotos, die er bei Instagram hochgeladen hat, aber das letzte ist auch schon ein paar Monate alt. Ich stelle fest, dass ich diese Länge an ihm mag, dabei kann ich nicht einmal genau sagen, warum.

Ich weiß nicht, was es ist, ob ich ein Geräusch gemacht habe oder ob er irgendwie spürt, dass ich da bin, aber plötzlich hört er auf zu spielen und dreht sich zu mir um.

Mir stockt der Atem, als sein Lächeln breiter wird. »Birdy«, sagt er nur, und die Art, wie er diesen Spitznamen ausspricht, lässt mein dummes Herz verräterisch stolpern.

»Hey.«

»Was machst du hier? Hast du nicht längst Pause?«

»Ich hab dich spielen gehört.« Wieder tasten meine Finger nach den Ringen, und wieder greifen sie ins Leere. Ich trage nicht einmal meine Armbänder.

»Du hast mich spielen gehört?« Er rutscht ein Stück zur Seite, macht mir Platz auf dem Klavierhocker, damit ich mich neben ihn setzen kann.

»Ja. Und da dachte ich, ich sage mal Hallo.« Ich schlucke und bewege mich auf ihn zu. In meinem Bauch flattert es, nachdem ich mich neben ihn gesetzt habe, und ich verstehe nicht, warum. Als ich neben ihm auf seinem Bett gelegen habe, hat das doch auch nichts mit mir gemacht. Jedenfalls nicht so was. Glaube ich. Aber da war ich auch erschöpft von meiner Heulerei, und es war dunkler, ich habe Eastons Gesicht nicht so gesehen wie jetzt.

Ich fürchte, ich bin verwirrt.

»Hallo«, sagt er und lacht leise. Der Laut lässt meine Haut kribbeln. Ich kann damit nicht umgehen. Auch nicht damit, wie er mich anschaut, so intensiv.

Ich lege die rechte Hand auf die Tasten und beginne eine einfache Melodie zu spielen. Eine der ersten, die Dad mir als Kind beigebracht hat.

»Wieso überrascht es mich eigentlich, dass du spielen kannst?«, fragt Easton, er klingt tatsächlich ein bisschen überrascht.

»Ich weiß nicht.«

Sein Arm berührt meine Schulter, als er jetzt seine rechte Hand hebt und sie neben meine legt, ein Stück weiter links.

Er spielt die gleiche Melodie wie ich, nur zwei Oktaven tiefer.

»Spielst du noch andere Instrumente, von denen ich nicht weiß?«

»Ein bisschen Gitarre. Mehr nicht.«

»Warum hast du nie erzählt, dass du spielst?«

»Du hast nicht gefragt.«

Ich muss nicht hinsehen, um zu wissen, dass er die Augen verdreht, und mein Mund formt sich zu einem winzig kleinen Lächeln.

»Als hätte dich das je aufgehalten.«

»Ich spiele nicht so gut, dass es erwähnenswert wäre«, erwidere ich, meine Finger huschen über die Tasten, etwas schneller jetzt. Ich habe lange nicht mehr gespielt, und erst jetzt, wo ich es wieder tue, merke ich, wie sehr es mir gefehlt hat.

»Irgendwie glaube ich dir das nicht.«

»Dann lass es.« Ich werfe ihm einen kurzen Seitenblick zu, er verdreht wirklich die Augen, aber er grinst. »Was machst du eigentlich hier?«, frage ich schnell, bevor wir weiter über mich reden können. Und weil ich ihn das tatsächlich noch nicht gefragt habe.

»Jetzt gerade oder so grundsätzlich?«

»Beides.« Wieso klingt das wie eine Frage?

»Jetzt gerade bin ich noch hier, weil ich mich in diesen Flügel verliebt habe. Ehrlich, das Gefühl ist total anders, als auf dem E-Piano zu Hause zu spielen.«

Ich nicke. Das kann ich mir vorstellen. Ich habe nie auf einem E-Piano gespielt, wir hatten ziemlich genau den gleichen Flügel zu Hause im Wohnzimmer stehen.

»Ganz abgesehen davon muss ich gleich ohnehin rüber in den Plattenladen.« Er schaut auf seine Armbanduhr. »Also so in einer Stunde. Es lohnt nicht wirklich, in der Zwischenzeit nach Hause zu fahren und mich dann in einer halben Stunde wieder auf den Weg zu machen. Da bleibe ich lieber noch hier und spiele ein bisschen.«

Meine Finger halten mitten in der Bewegung inne, kurz sind nur noch die Töne zu hören, die Easton anschlägt, dann hört auch er auf. »Entschuldige, ich hab dich gestört, oder? Ich kann auch gehen und dich allein lassen.« Ich mache Anstalten, mich zu erheben, aber Easton greift nach meinem Handgelenk und drückt mich sanft zurück auf den Hocker, bevor er mich wieder loslässt, was irgendwie schon ein bisschen schade ist.

»Du störst mich nicht, und ich will nicht, dass du mich allein lässt«, sagt er und sieht mir fest in die Augen. So fest, dass mir eine verräterische Hitze in die Wangen steigt.

»Okay«, murmle ich.

»Außerdem muss ich dir doch noch von dem Grundsätzlichen erzählen.«

Ich muss lächeln, und sein Blick heftet sich auf meinen Mund, der sich auf einmal entsetzlich trocken anfühlt.

»Du hast ein schönes Lächeln«, sagt er, einfach so, und es klingt so ehrlich, dass mein Gesicht noch ein bisschen heißer wird. Seine Stimme klingt auf einmal ganz rau. Hilfe, was passiert hier?

»Das Grundsätzliche«, erinnere ich ihn und auch ein bisschen mich selbst.

Er räuspert sich und – ist er auch rot geworden? »Richtig. Also grundsätzlich bin ich hier, weil Deborah ausgefallen ist und Jase mich als Ersatz vorgeschlagen hat.«

»Woher kennt ihr euch eigentlich?«

»Er hat den Sommer über bei mir gewohnt. Nicht letztes Jahr, sondern das davor. Es gab Stress mit seinen Eltern. Er brauchte einen Ort zum Schlafen, und bei uns war Platz.«

»Das war nett von dir.«

»So bin ich.« Er stößt mit seiner Schulter gegen meine, und jetzt verdrehe ich die Augen, kann aber nicht verhindern, dass sich wieder ein kleines Lächeln auf mein Gesicht schleicht. Wie macht er das? Wie kann es ihm so leichtfallen, mich zum Lächeln zu bringen?

»Ich weiß.« Ich sehe ihn an, und ja, jetzt ist er definitiv derjenige, der rot wird. Ich sollte das nicht niedlich finden, tue ich aber.

»Jedenfalls«, spricht Easton schnell weiter. »Hat Jase mir den Job besorgt, und deswegen bin ich hier.«

»Wird das alles nicht etwas viel? Der Job im Plattenladen, hier und im Lighthouse. Du arbeitest doch noch im Lighthouse, oder?«

»Ja, schon, aber Geld verdienen schadet nicht. Wir brauchen dringend mal einen neuen Van.«

»Aber hast du dann noch genug Zeit für die Band?« Ich höre selbst, wie besorgt ich auf einmal klinge.

»Ja. Das ist alles halb so wild. Vormittags bin ich hier, nachmittags im Plattenladen, und im Lighthouse lege ich eh nur am Wochenende auf.«

»Wie läuft es denn mit der Band?«, frage ich und bekomme sofort ein schlechtes Gewissen, weil ich absolut keine Ahnung habe, wie es läuft. Ich bin eine furchtbare Freundin.

»Ganz gut. Wir warten immer noch auf den großen Durchbruch.« Er lacht, aber es klingt hohl.

»Dann läuft die Suche nach einem Label also …«

»Schleppend? Ja, so könnte man es ausdrücken.«

»Das tut mir leid.«

»Muss es nicht. Du kannst ja nichts dafür.«

»Kann ich euch irgendwie helfen?« Die Frage rutscht mir heraus, bevor ich mich aufhalten kann.

Überrascht dreht Easton sich zu mir. »Nein. Das kann ich echt nicht von dir verlangen.«

»Tust du ja auch nicht. Ich hab's angeboten.«

»Trotzdem. Das geht nicht.«

Mit schiefgelegtem Kopf mustere ich ihn. »Warum nicht?«

»Weil ...« Er stockt, seine Brust hebt sich, er schüttelt den Kopf. »Es fühlt sich einfach nicht richtig an.«

Mein Herz macht einen Satz, weil jeder andere in Eastons Situation vermutlich sofort Ja gesagt hätte. Aber Easton ist nun mal Easton, er macht so etwas nicht.

»Falls sich das ändert ...«

»Sage ich dir Bescheid«, beendet er meinen Satz.

»Gut. Das wollte ich hören.«

»Ich will auch was hören.« Er greift nach meiner Hand und legt sie auf die Tasten. »Zeig mir, wie gut du spielen kannst, Rayne.«

15. KAPITEL
Easton

I Can Wait Forever – Simple Plan

Rayne hat kleine Hände mit langen, zierlichen Fingern. Zu kleine Hände, um Pianistin zu werden, sie kann nicht weit genug greifen. Gut ist sie trotzdem. Verdammt gut sogar. Sie spielt mit einer Leichtigkeit, die ich bei ihr noch nie erlebt habe. Zugegeben, wir haben uns natürlich auch noch nicht oft in der »echten Welt« erlebt. Ich frage mich unwillkürlich, warum sie nie erzählt hat, dass sie Klavier spielt. Und Gitarre. Es würde mich nicht wundern, wenn sie sogar singen könnte.

Ich fürchte, ich muss sie bald danach fragen. Und danach, warum sie wirklich an dieser Schule ist. Sie vermisst ihre Mom, das verstehe ich. Aber ich beobachte Rayne seit drei Tagen jeden Morgen, weil ich nicht anders kann, wenn wir uns im gleichen Raum befinden, und sie hat beim Tanzen kein einziges Mal so gelöst gewirkt wie jetzt, während ihre Finger schnell und sicher über die Tasten gleiten.

Ihre Miene ist weicher geworden, der Blick nach innen gerichtet, aber der traurige Zug um ihren Mund ist verschwunden.

Sie spielt und spielt, und ich versuche, nicht daran zu denken, dass ich sie gerade angelogen habe. Nicht angelogen-angelogen. Aber die Wahrheit habe ich ihr auch nicht gesagt.

Ich konnte ihr Angebot, uns zu helfen, nicht annehmen. Nicht, weil es sich falsch anfühlt, obwohl das schon auch mit reinspielt. Aber nein, das ist es nicht. Ich konnte ihr Angebot nicht annehmen, weil sie genug eigene Probleme hat, genug, womit sie zu kämpfen hat. Sie soll sich nicht um unsere kümmern müssen.

Ein kleiner, egoistischer Teil von mir hätte gerne Ja gesagt, weil es alles so viel einfacher gemacht hätte. Rayne hat die richtigen Connections, sie kennt die richtigen Leute, sie weiß, wie das Business läuft. Mit ihrer Hilfe würden wir vielleicht endlich ein Label finden, anstatt eine Absage nach der anderen zu kassieren.

Aber nein. Das hätte ich ihr nicht antun können. Und mir selbst auch nicht. Mein schlechtes Gewissen hätte mich sonst vermutlich umgebracht, völlig egal, wie viele Demos wir schon rausgeschickt haben und dass das mit ihrer Hilfe möglicherweise vorbei wäre.

Andererseits … Wer weiß das schon. Vielleicht sind wir auch einfach nicht gut genug. Irgendeinen Grund muss es schließlich dafür geben, dass uns niemand will.

Liam wollte euch, erinnert mich eine Stimme in meinem Kopf. Sie klingt verdammt nach Hoffnung. Nur dass davon nicht mehr viel übrig ist.

Fuck, ja, Liam wollte uns. Aber Liam ist tot, und ich kann nicht verhindern, dass die andere Stimme, die, die mir immer und immer wieder einredet, dass wir nicht gut genug sind, dass *ich* nicht gut genug bin, lauter wird.

Was, wenn er uns so gut gar nicht fand?

Was, wenn er uns nur als Vorband für seine Tour wollte, weil seine Tochter unsere Songs mochte?

Aber nein, das kann nicht sein. Man will keine Band, von der man nicht vollkommen überzeugt ist, mit auf Tour nehmen, nur weil die eigene Tochter sie mag.

Nein, echt nicht.

Kann nicht sein.

Oder doch?

Scheiße, ich hasse meinen Kopf.

»Easton?« Raynes Stimme reißt mich aus meinen Gedanken, und jetzt bekomme ich wirklich ein schlechtes Gewissen, weil ich sie gebeten habe, zu spielen, nur um dann nicht richtig zuzuhören.

Klasse, Easton. Das hast du wieder super hinbekommen.

»Alles okay?«

»Ja. Alles gut. Sorry, ich war kurz in Gedanken.«

Ihre Mundwinkel heben sich zu einem halben Lächeln. »Hab ich gemerkt.«

»Du bist gut«, sage ich, weil ich zumindest genug mitbekommen habe, um das ganz klar sagen zu können.

Ihre Augen verengen sich zu schmalen Schlitzen. »Sagst du das nur, weil du mich gernhast?«

Beinahe muss ich lachen. »Nein. Ganz sicher nicht. Du *bist* gut.«

Jetzt zuckt sie mit den Schultern, und etwas an dieser Geste sorgt dafür, dass es in meinem Bauch unangenehm zu ziehen beginnt. Da ist etwas in ihren Augen. Etwas, das mir sehr vertraut ist. Zweifel.

Ich greife nach ihrer Hand, bevor ich mich aufhalten kann. »Du bist wirklich gut.« Eindringlich sehe ich sie an, ihre Augen weiten sich. Sie öffnet den Mund, und mein Blick heftet sich ganz von selbst auf ihre Lippen. Sie hat so verdammt schöne Lippen.

Oh fuck.

Ganz falsche Richtung, Easton.

Ich werde rot, und ich hasse es, aber ich kann nichts dagegen tun. Zu allem Überfluss wird Rayne auch rot, das alles hier läuft gerade völlig aus dem Ruder.

»Wie läuft das Tanzen eigentlich?«, wechsle ich wenig geschickt das Thema, aber wir müssen reden. Es geht nicht anders. Schweigen wäre jetzt mein Tod. Weil ihre Lippen wirklich schön sind und weil ich immer noch ihre Hand halte, die klein und weich in meiner liegt.

Hastig lasse ich sie los, doch es ist längst zu spät. Hitze sammelt sich in meinem Bauch, und das ist ganz und gar nicht gut.

Rayne versteift sich neben mir, ich kann es spüren. »Okay.« Ihre Stimme klingt anders als gerade eben noch, distanzierter, und die Hitze in meinem Bauch erlischt schlagartig, wird durch eine beunruhigende Kälte ersetzt.

»Das klingt nicht sonderlich überzeugt«, erwidere ich langsam. Meine Gedanken rasen, und da ist wieder diese Stimme in meinem Kopf, die mir dieses Mal ziemlich nachdrücklich sagt, dass ich besser die Klappe gehalten hätte.

»Ja, na ja … liegt vielleicht daran, dass ich es nicht bin.« Sie zieht eine Grimasse, tastet wieder nach den Ringen, die normalerweise an ihren Fingern stecken, aber sie sind immer noch nicht da, und Scheiße, ja, ich hätte wirklich die Klappe halten sollen. Ich kenne Rayne, ich weiß, dass Ballett für sie kein einfaches Thema ist.

Also warum, *warum* konnte ich nicht einfach über irgendwas anderes sprechen? Die Antwort ist leider denkbar einfach. Weil ich nicht richtig nachgedacht habe. Ich habe das ausgesprochen, was mir als Erstes durch den Kopf geschossen ist.

»Warum reden wir jetzt eigentlich über mich?« Abwehrend verschränkt Rayne die Arme vor der Brust. »Es ging doch vorhin noch um dich und die Band.«

»Ich weiß. Aber Rayne …«

»Lass das. Sag nicht, dass es jetzt um mich geht«, unterbricht sie mich scharf, und ich verstehe es nicht. Ich verstehe nicht, wie das alles auf einmal in so eine falsche Richtung abdriften konnte. »Gott, warum musstest du das ansprechen?« Rayne springt auf, ihre Hände ballen sich zu Fäusten, sie zittert am ganzen Körper, und ich will zurücknehmen, was ich gerade gesagt habe. Jedes einzelne, verfluchte Wort. »Ich bin nicht überzeugt, weil ich nicht gut bin, okay? Wirklich nicht, und es ist überhaupt nicht hilfreich, dass mir ständig alle sagen, ich soll mir Zeit lassen und mich nicht unter Druck setzen, weil es in Ordnung ist, dass ich nicht mitkomme. Es ist *nicht* in Ordnung.«

Ihre Worte fühlen sich an wie spitze, kleine Nadelstiche, und ich habe das beschissene Gefühl, dass ich irgendwas verpasst habe, dass ich irgendwas nicht weiß. Mir muss etwas fehlen, ein dämliches Puzzleteil, weil sie nicht so reagieren würde, wenn … Ja, wenn was? Ich habe keine verdammte Ahnung.

Ich stehe auf, strecke eine Hand nach ihr aus, weil ich sie berühren will, berühren muss, aber sie weicht mir aus, und ich hasse das alles.

»Rayne.« Ich sage ihren Namen, nur ihren verdammten Namen, weil ich überfordert bin und nicht weiß, was ich sonst sagen soll. Ich weiß nicht, was das alles wieder besser machen würde.

»Musst du nicht auch langsam mal los?«, fragt sie, und der harte Unterton in ihrer Stimme macht ziemlich deutlich, dass sich das Gespräch für sie erledigt hat.

Ich sehe auf die Uhr, und sie hat recht. Ich muss echt los. Aber ich will nicht gehen. Nicht so.

»Ja, aber …«

»Geh ruhig. Ich muss auch los.«

»Rayne …«

Sie schüttelt den Kopf, ihre Schultern sacken nach unten, und sie wirkt genauso verloren und verletzt wie vorgestern in meinem Zimmer, und mein Herz zieht sich schmerzhaft zusammen, weil ich dafür verantwortlich bin. Das alles ist doch total zum Kotzen.

»Tut mir leid. Ich hätte einfach die Klappe halten sollen.« Hilflos raufe ich mir die Haare, wir sind wieder an dem Punkt angekommen, an dem wir vor ein paar Tagen schon mal waren. Sie will weglaufen, und ich weiß nicht, wie ich sie aufhalten soll. Ob ich das überhaupt sollte.

Nein, so wie es aussieht, nicht, denn Rayne greift nach ihrer Tasche, die neben der Tür auf dem Boden liegt. »Schon gut. Ehrlich. Mir tut es leid. Ich bin … Wir sehen uns morgen, okay?«

Sie wartet meine Antwort gar nicht ab, sondern huscht aus dem Raum, bevor ich auch nur einen Ton von mir geben kann.

Das ist ja großartig gelaufen.

* * *

Mein Kopf will nicht arbeiten, als ich am Abend zusammen mit den Jungs im Wohnzimmer sitze und versuche, einen neuen Song zu schreiben. Er ist vollkommen leer. Da sind keine sinnvollen Gedanken, keine Worte, die in Verse gesetzt werden wollen. Nur Leere.

Und Rayne.

Immer wieder Rayne.

Frustriert lasse ich den Stift auf den Tisch fallen, und Jax, der an seinem Keyboard sitzt und eine Melodie zu meinem nicht vorhandenen Text ausprobiert, schaut auf.

»Läuft's nicht?«

»Nope.«

»Alles okay?« Beck legt sein Notizbuch zur Seite und nimmt die Kopfhörer ab. Während ich beim Schreiben Stille brauche, braucht er Musik. Meistens hört er irgendwas Klassisches, ich verstehe bis heute nicht, wie das bei ihm funktioniert. Im Endeffekt ist es auch nicht wichtig, solange es für ihn das Richtige ist.

»Heute ist nicht mein Tag.« Ich winke ab und schnappe mir mein Handy.

»Stress mit dem Nachrichten-Mädchen?«, mischt Colin sich ein, und ich werfe ihm einen vernichtenden Blick zu.

»Du könntest echt aufhören, sie so zu nennen.«

Feixend zuckt er mit den Schultern. »Vielleicht, wenn du sie uns irgendwann mal vorstellst. Also, was ist? Habt ihr Stress?«

»Wie kommst du darauf?«, frage ich zurück, weil ich ihm ums Verrecken nicht sagen will, dass er recht hat.

»Weil du genauso guckst, wie ich immer gucke, wenn ich Stress mit Emma habe.«

Ich will gerade zu einer Antwort ansetzen, als das Display meines Handys aufleuchtet und eine neue Benachrichtigung von Instagram anzeigt. Rayne hat geschrieben. Mein Herz macht einen Satz, ich atme erleichtert auf. Dann höre ich Colin lachen.

»Und jetzt hat sie geschrieben. Gott, bist du verknallt.«

»Bin ich nicht«, widerspreche ich augenrollend, kann aber nicht verhindern, dass ich rot werde.

»Doch, ich glaube schon. Was meint ihr?« Ich kann es nicht sehen, weil meine Augen mein Handy fixieren, aber ich weiß ganz genau, dass Colin jetzt Beck und Jax zuwinkert, und die beiden grinsen wie die Idioten, die sie nun mal sind.

»Ziemlich«, stimmt Beck zu.

»Würde ich auch sagen«, meint Jax.

»Ihr seid ätzend.« Ich stehe auf und werfe meinen Freunden einen vernichtenden Blick zu.

»Nein, wir sind toll.« Jax grinst breit. »Und du bist echt verknallt, Alter.«

Mein Gesicht brennt vor Verlegenheit, Scheiße, ich hasse das. »Wie wäre es, wenn ihr einfach diesen verdammten Song schreibt?«, schlage ich vor, weil mir gerade echt keine schlagfertige Erwiderung einfällt.

»Na klar, machen wir«, gibt Beck zurück, aber auch er grinst dermaßen, dass ich mich frage, womit ich solche Freunde eigentlich verdient habe. »Könntest du allerdings auch. Vielleicht wird Rayne ja deine neue Muse.«

»Ihr seid unerträglich kindisch.«

»Als deine Freunde müssen wir das sein. Und jetzt los, antworte dem Nachrichten-Mädchen.« Colin macht eine auffordernde Handbewegung.

»Ich hasse euch.« Ich schenke meinen Freunden ein liebenswürdiges Lächeln.

»Nein, du liebst uns«, entgegnet Beck, und leider, leider hat er damit recht.

»Gerade ein bisschen weniger.«

»Dann ist mehr Liebe für Rayne da.«

»Gott, ihr seid ätzend.« Ich wende mich ab, weil ich Rayne endlich antworten will. Aber ich mache das garantiert nicht, wenn meine Freunde danebensitzen und mit unqualifizierten Kommentaren um sich werfen.

Ich ignoriere ihr johlendes Gelächter, das mir folgt, als ich nach oben in mein Zimmer gehe, mich aufs Bett werfe und endlich Instagram öffne.

mockingbird:
Wir haben uns noch nie gestritten.

eastcoleman:
Ich weiß. Ich fand's ätzend.

Ihre Antwort kommt so schnell, dass ich mir sicher bin, sie war die ganze Zeit online und hat gewartet, bis ich ihre Nachricht lese. Ich hätte an ihrer Stelle vermutlich das Gleiche getan.

mockingbird:
Lass uns das einfach nicht noch mal machen, okay?

eastcoleman:
Ja, bitte.

mockingbird:
Bist du sauer?

eastcoleman:
Auf dich?

mockingbird:
Jaaa …

eastcoleman:
Warum sollte ich sauer auf dich sein?

mockingbird:
Weil ich schuld bin, dass wir uns gestritten haben. Ich habe komplett überreagiert.

eastcoleman:
Hast du nicht.

mockingbird:
Doch, hab ich.

eastcoleman:
Vielleicht ein bisschen. Aber ich verstehe das, ehrlich.

mockingbird:
Wirklich? Ich hoffe nämlich eigentlich, dass du dich nicht absolut unfähig fühlst.

eastcoleman:
Also erstens: Du bist nicht unfähig.
Und zweitens: Doch, das Gefühl kenne ich.

Ich zucke zusammen, als das Handy in meiner Hand plötzlich zu klingeln beginnt und einen eingehenden Anruf aus unserem Chat bei Instagram ankündigt.

»Warum fühlst du dich unfähig?«, fragt Rayne, ohne Begrüßung, sobald ich den Anruf entgegengenommen habe. Ihre Stimme ist leise und sanft, und irgendwas in mir wird dabei viel zu warm. Scheiße.

»Weil es einen Grund dafür geben muss, warum wir immer noch kein Label gefunden haben.«

»Ja, gibt es. Die sind alle doof und haben offensichtlich keine Ahnung«, erwidert sie so ernst, dass ich lachen muss.

»Also, das bezweifle ich.«

»Ich will nicht, dass du an dir zweifelst. Ihr seid gut.«

»Ich will auch nicht, dass du an dir zweifelst.«

»Easton …«

»Ja, schon gut.« Ich seufze schwer, und dann spreche ich sie einfach aus, die beschissene Wahrheit, die Gedanken, die ich bisher nicht mal mit Beck geteilt habe. »Es ist einfach frustrierend, weißt du? Wir reißen uns den Arsch auf, schon seit Jahren, und trotzdem scheint nie was richtig zu sein. Ich will neue Songs schreiben, weil unsere alten offensichtlich nicht gut genug sind, aber mein Kopf ist vollkommen leer, und manchmal frage ich mich, ob es das alles wert ist.«

»Ist es«, sagt sie, ohne eine Sekunde zu zögern. »Weil ihr gut seid und eure Songs toll sind. Dad hat an euch geglaubt.« Ihre Stimme bricht, als sie ihren Dad erwähnt, und mir bricht es ein bisschen das Herz. »Sonst hätte er euch nicht mitnehmen wollen.«

»Sicher?«

Sie räuspert sich, und ich will sie sehen, jetzt, weil ich wissen muss, ob es ihr gut geht. Sie klingt nämlich nicht so. »Ja. Ganz sicher. Er hätte das nie im Leben nur gemacht, weil ich euch toll finde.«

»Wäre auch okay gewesen«, werfe ich leise ein. Es ist bescheuert, und es ergibt gar keinen Sinn, aber es ist leider ziemlich wahr.

»Das ist süß, aber leider auch großer Quatsch. Das wäre nicht okay gewesen. Aber ihr seid wirklich gut, ich sage das nicht einfach so. Hab ein bisschen Vertrauen. Ihr werdet es schaffen, das weiß ich.«

»Dann hast du Vertrauen in uns?«

»Natürlich. Sonst hätte ich nicht angeboten zu helfen.«

»Auch wieder wahr.« Ich starre an die Decke, so wie vorgestern, und wünsche mir plötzlich, dass sie neben mir liegt und nicht ein paar Meilen entfernt in ihrem Bett im Wohnheim.

»Ich hab das Gefühl, uns fehlt einfach nur der eine richtige Song. Der, der alles ändert. Wie klischeehaft ist das bitte?«

»Ein bisschen.« Ich kann sie lächeln hören. »Aber ja, vielleicht fehlt wirklich nur der eine Song.«

»Setzt mich beim Schreiben gar nicht unter Druck.«

»Du musst den doch nicht alleine schreiben.«

»Ich weiß. Beck schreibt ja auch.«

»Aber du willst ihn schreiben, richtig?«

Ich atme hörbar aus, sie hat mich durchschaut, und eigentlich sollte mich das nicht überraschen. »Ja. Will ich.«

»Dann machst du das auch«, entscheidet sie. Einfach so.

»Hilfst du mir?«

»Vielleicht. Ich kann das nicht besonders gut.«

Mir gefällt nicht, wie sie das sagt. Wie sie ständig sagt, dass sie etwas nicht kann. Dass sie nicht gut genug ist. Tanzen, Klavier spielen, Songs schreiben. Ich bin mir ziemlich sicher, dass sie das alles ziemlich gut könnte, wenn sie ein bisschen mehr Vertrauen in sich selbst hätte.

»Sagt wer?«

»Ich.«

»Das ist Bullshit.«

»Ist es nicht. Ich kann das nicht.«

»Wetten, doch?«

»Die Wette würde ich gewinnen.«

»Da bin ich mir nicht so sicher«, widerspreche ich.

»Ich schon.«

»Warum kannst du nicht an dich selbst glauben, Birdy?« Meine Hand zuckt, aber sie ist zu weit weg, ich kann sie nicht berühren, ihre Finger nicht mit meinen verschränken, obwohl das alles ist, was ich gerade will.

»Ich weiß nicht«, erwidert sie und klingt dabei viel zu verloren.

»Glaub an dich. Ich tu's.«

Sie schweigt, und ich schweige, aber irgendwie fühlt sich die Stille nach mehr an. Nach Worten, die ausgesprochen werden sollten, die wir uns beide aber nicht zu sagen trauen.

»Weißt du, dass deine Umarmung vorgestern … Dass das die erste seit der Beerdigung war?«, durchbricht Rayne irgendwann leise die Stille.

Ich erstarre. Ich weiß nicht, womit ich gerechnet habe, was sie wohl als Nächstes sagt. Damit jedenfalls nicht. »Die erste?«, frage ich, kann den entsetzten Unterton in meiner Stimme nicht unterdrücken.

»Traurig, oder?«

»Deine Großmutter …«

»Ist nicht so der Typ für Umarmungen.« Sie stößt ein ersticktes Lachen aus. »Gott, jetzt heule ich schon wieder. Tut mir leid. Ich will gar nicht immer heulen, es ist nur …«

»Hör auf, dich zu entschuldigen. Du musst dich nicht entschuldigen. Vor allem nicht dafür, dass du weinst.«

»Doch. Sonst vergraule ich dich irgendwann mit meiner Heulerei.«

Ihre Worte schneiden mir ins Herz. »Niemals«, verspreche ich und hoffe, sie glaubt mir.

16. KAPITEL
Rayne

Shapeshifting – Taylor Acorn

Ich liege im Bett und starre an die Decke. Es ist noch zu früh, um zu schlafen, aber ich bin trotzdem unendlich müde. Easton hat vor zwanzig Minuten aufgelegt, seitdem ist es in meinem Zimmer vollkommen still. Zu still. Ich kann meine Gedanken hören.

Warum kannst du nicht an dich selbst glauben, Birdy?

Ja, warum kann ich das nicht? Es sollte doch eigentlich viel einfacher sein, an sich selbst zu glauben als an irgendjemanden sonst. Schließlich kennt man niemanden besser als sich selbst.

Aber ich schätze, das ist genau das Problem. Man kennt sich zu gut, die Ansprüche sind schlicht und ergreifend höher. Man will perfekt sein, immer das Beste geben, und manchmal ist das Beste einfach nicht gut genug. Ich kann alles ein bisschen, aber nichts richtig gut, und deswegen kann ich nicht an mich glauben.

Weil ich nie so perfekt werde tanzen können wie Mom. Meine Stimme ist nicht so wie Dads, einzigartig und so, dass man sie immer und überall wiedererkennt. Ich kann keine Songs schreiben wie er. Ich konnte zwar meine Wände mit Texten vollkritzeln, aber sobald ich vor einem Notizbuch saß und versucht habe, aus ein paar Zeilen einen Song zu machen, hat irgendwas in mir blockiert. Ich hab's versucht, und mein Kopf war jedes Mal viel zu leer. Da war nichts. Keine Worte. Ich hatte nichts zu sagen, obwohl ich doch so viel zu sagen habe.

Früher war das anders. Ich kann mich noch daran erinnern, an die Zeit, als ich mit Dad in seinem Studio saß, ihn dabei beobachtet habe, wie er seine Songs geschrieben hat, und dann etwas Eigenes verfasst habe. Aber damals ging es auch um nichts. Ich war ein Kind, ich habe einfach nur geschrieben, was mir durch den Kopf ging, und es war egal, ob es schön klang oder Potenzial hatte.

Es waren nur Gedanken, aber ich will sie zurück, diese Leichtigkeit. Warum war sie auf einmal weg?

Vermutlich, weil ich erwachsen geworden bin. Erwachsen werden musste.

Tränen schießen mir in die Augen, nicht unerwartet, ich weine zu viel, aber definitiv unerwünscht, weil ich nicht mehr weinen will. Ich bin es leid. Ich bin das alles so leid. Aber ich kann auch nichts dagegen tun, auf einmal habe ich Dads Stimme im Ohr. Seine Stimme, die meinen Song singt, und ich kann mich nicht dagegen wehren, nicht so, wie ich es die letzten Monate getan habe. Ich habe *Mockingbird* nicht mehr gehört, seit … seit dem Tag. Ich konnte es nicht, habe es nicht ertragen.

Aber seine Stimme ist immer noch in meinem Ohr und seine Worte in meinem Kopf.

You were always chasing heights
Beautiful and brave
Dancing fearless through the nights
Knowing you are safe

Vielleicht ist das der Kern des Problems. Ich fühle mich nicht mehr sicher. Ich bin nicht mehr mutig und tapfer. Ich habe Angst, und ich bin so scheiße allein, dass mir alles wehtut.

Ich werde aus meinen Gedanken gerissen, als es an der Tür klopft. Zoe oder Mae, ich bin mir sicher, eine von beiden oder beide sind da draußen auf dem Flur und wollen mich überreden, doch rüber in den Aufenthaltsraum zu kommen. Irgendjemand hat eine Leinwand für einen Filmabend organisiert, und ich sollte mitmachen, wirklich. Mich ablenken, Zeit mit meinen neuen Freundinnen verbringen. Das, was Teenager nun mal so machen.

Seufzend krabble ich aus dem Bett. Ablenkung ist vielleicht echt nicht das Schlechteste.

Aber als ich die Tür öffne, stehen da nicht meine Freundinnen vor mir, sondern Easton. Plötzlich bin ich mir viel zu bewusst, dass ich eine ausgeleierte Jogginghose und den Schulhoodie trage, dass meine Haare zu einem unordentlichen Knoten hochgebunden sind und ich wahrscheinlich schon wieder total verheult aussehe.

»Hey, Birdy«, sagt er, seine Stimme ist so weich, dass ich mich augenblicklich besser fühle.

»Was machst du denn hier?« Ich blinzle zu ihm hoch, kann nicht fassen, dass er tatsächlich da ist. Ich muss nicht fragen, wer ihn reingelassen und ihm gesagt hat, in welchem Zimmer ich wohne. Jase war es, ziemlich sicher, und die Tatsache, dass Easton seinen Freund nach mir gefragt hat, lässt Wärme in mir aufsteigen.

»Eine Umarmung in sechs Monaten ist entschieden zu wenig«, sagt er mit diesem schiefen Lächeln, das seine Grübchen hervorzaubert.

Ich stoße einen Laut aus, der halb Lachen, halb Schluchzen ist, als Easton mich an sich zieht. Seine Lippen streifen meine

Stirn, ganz kurz nur, bevor ich das Gesicht an seiner Brust vergrabe.

Er hält mich fest, und er darf mich bitte nie wieder loslassen.

Davor

28. Mai um 3:58 PM

mockingbird:
Wusstest du schon immer, dass du Musik machen willst?

eastcoleman:
Nein. Als Kind wollte ich Feuerwehrmann werden.

mockingbird:
Süß.
Und woher wusstest du dann, dass die Musik das Richtige für dich ist?

eastcoleman:
Keine Ahnung. Ich wusste es irgendwann einfach. Ich glaube, das war einer von diesen Tagen, an denen ich nicht spielen konnte, weil wir als Familie irgendwo waren. Frag mich nicht, wo, wahrscheinlich irgendein Geburtstag von Verwandten. Ich war an einem Punkt, an dem sich jeder Tag, an dem ich nicht gespielt oder Songs geschrieben habe, falsch angefühlt hat. Unvollständig irgendwie. So als würde mir etwas Wichtiges fehlen.

mockingbird:
Klingt, als wäre es wirklich das Richtige für dich.

eastcoleman:
Ich kann es mir anders nicht vorstellen.

mockingbird:
Und deine Eltern? Was haben die dazu gesagt, dass du Rockstar werden willst?

eastcoleman:
Mom ist besser damit klargekommen als Dad. Sie hätte es zwar lieber gesehen, wenn ich Musik studiert und dann unterrichtet hätte, anstatt selbst welche zu machen, aber sie hat es verstanden. Dad wäre es auch lieber gewesen, wenn ich unterrichte, einfach, damit ich wenigstens einen einigermaßen sicheren Job habe, aber na ja … ich muss mich glücklich machen, nicht die beiden.

mockingbird:
Dann kam Unterrichten für dich nie infrage?

eastcoleman:
Nein. Nie. Ich wollte anderen nicht dabei zusehen, wie sie es vielleicht schaffen, meinen Traum zu leben, nur weil ich nicht mutig genug war, das Risiko einzugehen, dass es nicht funktioniert.

mockingbird:
Verstehe ich. Das ist ziemlich bewundernswert.

eastcoleman:
Was ist mit dir, Birdy?
Was willst du?

mockingbird:
Wenn ich das wüsste. Ich habe wirklich absolut gar keine Ahnung. Meine Freunde wissen alle, was sie wollen, und alle freuen sich aufs College. Und ich sitze immer daneben und weiß nicht, was ich mit meinem Leben anfangen soll.

eastcoleman:
Du findest das noch raus.

mockingbird:
Das sagen alle. Ständig. Und was, wenn nicht? Was, wenn ich nie weiß, was ich will?

eastcoleman:
Das wird nicht passieren.

mockingbird:
Wie kannst du dir da so sicher sein?

eastcoleman:
Weil ich dich kenne, Birdy.

mockingbird:
Das ist irgendwie nicht hilfreich.

eastcoleman:
Dann sage ich jetzt noch was nicht Hilfreiches: Hör auf dein Herz. Ich glaube, du weißt, was du willst, du traust dich nur nicht, es zuzugeben.

mockingbird:
Ich hasse dich.

eastcoleman:
Lügnerin.
Warum traust du dich nicht, es auszusprechen?

mockingbird:
Weil ich nie gut genug sein werde.

eastcoleman:
Wer sagt das?

mockingbird:
Ich.

eastcoleman:
Hör auf, dir selbst im Weg zu stehen.
Was willst du? Verrat's mir. Ich erzähl's auch niemandem.

mockingbird:
Musik. Ich wollte immer Musik machen.

eastcoleman:
Dann trau dich.

mockingbird:
Ich werde trotzdem nie gut genug sein.

eastcoleman:
Doch, wirst du. Ich glaube an dich.

17. KAPITEL

Rayne

Older – Shallou, Daya

»Was läuft da eigentlich zwischen dir und Easton?«, fragt Mae neugierig, während wir unsere Sachen zusammenpacken. Der anstrengende Teil des Tages liegt glücklicherweise bereits hinter uns. Es ist Zeit für die Mittagspause.

»Wie lange willst du Rayne die Frage schon stellen?« Zoe wirft ihrer besten Freundin einen amüsierten Blick zu, ich dagegen werde rot, schließlich sind wir nicht allein. Jase und Skye sind auch noch hier, und Jase ist mit Easton befreundet. Ich kann nicht fassen, dass Mae mir diese Frage ausgerechnet dann stellt, wenn er direkt neben uns steht.

Jase zieht gerade seinen Schulhoodie über, und als sein strubbeliger Haarschopf aus dem Kragen auftaucht, sieht er mich direkt an. Grüne Augen, eindringlicher Blick. Dann nickt er mir zu, eine stumme Versicherung, dass Easton nichts von dem erfahren wird, worüber wir gerade sprechen. Ich will ihm dankbar dafür sein, aber noch lieber wäre es mir gewesen, Mae hätte die Frage einfach nicht gestellt. Oder sie würde das Thema jetzt fallen lassen. Was sie nicht tut. Weil sie Mae ist, der neugierigste Mensch, dem ich je begegnet bin.

»Äh, seit ihrem ersten Tag? Also ziemlich genau seit drei Wochen, würde ich sagen.«

Drei Wochen.

Es ist verrückt, wie schnell die Zeit vergangen ist. Gleichzeitig aber auch gar nicht. Diese drei Wochen an der New England School of Ballet haben mich mehr gefordert als zwei Jahre Training an meiner alten Ballettschule zusammengenommen.

Vormittags Tanzunterricht, nachmittags Theorieunterricht, manchmal kommen noch Cross- oder Kardiotraining dazu. Die meisten Tage machen mich dermaßen fertig, dass ich oft noch vor zehn Uhr abends im Bett liege und einschlafe, weil mein Körper von dem, was meine Lehrerinnen und Lehrer von mir fordern, immer noch heillos überfordert ist.

Der Muskelkater ist inzwischen nicht mehr ganz so schlimm, immerhin da hat sich einiges getan, aber ich komme trotzdem nicht mal ansatzweise an die anderen heran. Und es ist wirklich absolut gar nicht hilfreich, mir mindestens zweimal die Woche anhören zu müssen, dass ich mir Zeit lassen und mir nicht so viel Druck machen soll. Mr Conrad, Melanie, sogar Francesca ist heute auf den Zug aufgesprungen, weil die Hebefiguren mit Ches auch in dieser Stunde nicht funktioniert haben.

Sie verstehen alle nicht, dass mich das nur noch mehr unter Druck setzt. Weil sie offenbar nicht glauben, dass ich alldem hier gewachsen bin. Sonst würden sie das nicht sagen, damit nicht versuchen, mich auszubremsen.

Denn genau so fühlt es sich an.

Als würden sie mich stoppen wollen.

Aber ich gebe nicht auf. Will ich nicht. Kann ich nicht. Darf ich nicht.

»Rayne? Wir warten«, flötet Mae, und ich brauche einen Moment, bis ich mich daran erinnere, was sie mich gefragt hat.

»Da läuft nichts. Wir sind Freunde«, erwidere ich und greife nach meiner Tasche.

»Mhm. Klar. Ich sehe meine Freunde auch immer so an, wie Easton und du euch jeden Tag anseht.«

»Wir sehen uns überhaupt nicht an«, protestiere ich und spüre, wie mir verräterische Hitze in die Wangen steigt.

»Lügnerin.« Mae knufft mich in die Seite, und leider hat sie recht. Wir sehen uns an. Nur nicht so, wie sie glaubt.

»Nein. Wir sind echt nur Freunde«, sage ich fest, muss dummerweise aber wieder an diesen Abend vor zweieinhalb Wochen denken, an dem Easton vor meiner Tür stand.

Eine Umarmung in sechs Monaten ist entschieden zu wenig.

Ich werde rot, richtig rot, weil ich mich auch wieder daran erinnere, dass ich jetzt weiß, wie er riecht. Nach Duschgel und ein bisschen nach Zimt. Und das weiß ich nur, weil er mich umarmt hat. Weil ich das Gesicht an seiner Brust vergraben habe und meine Nase dieses Mal nicht vom Heulen zusaß, konnte ich sogar richtig atmen. Konnte *ihn* einatmen. Dann muss ich daran denken, wie seine Lippen meine Stirn gestreift haben, und die Hitze in meinen Wangen wandert tiefer, durch meinen ganzen Körper, sammelt sich in meinem Bauch. Ich traue mich nicht, Mae und Zoe anzugucken. Wenn ich es tue, verrate ich mich.

»Du wirst rot«, stellt Mae fest, natürlich hat sie es trotzdem gemerkt.

»Mae, lass sie in Ruhe. Wenn sie sagt, sie sind nur Freunde, sind sie nur Freunde«, mischt Zoe sich ein, aber sie klingt echt gar nicht überzeugt, und ich finde es unfair, dass sie sich bei der Sache so einig sind, während ich mich weigere, darüber nachzudenken, was das zwischen mir und Easton ist. Oder sein könnte.

Wir sind Freunde. Wir müssen Freunde sein.

Alles andere … Nein, damit kann ich nicht umgehen. Nicht jetzt. Ich brauche Freunde. Ich brauche Stabilität. Ich brauche Sicherheit. Und bei Easton fühle ich mich sicher.

»Ja, Mae, lass sie«, stimmt Skye Zoe zu. »Du bist viel zu neugierig, und irgendwann wirst du damit so richtig auf die Schnauze fallen.«

»Ja, vielleicht.« Unbekümmert zuckt Mae mit den Schultern. »Aber nicht heute.« Sie stemmt sich vom Boden hoch und schlüpft in ihre Jacke. In den letzten Tagen ist es noch kälter geworden, der Himmel ist von dicken dunkelgrauen Wolken bedeckt, und die ganze Stadt wartet nur darauf, dass es anfängt zu schneien.

Ich auch. Damit Easton sein Versprechen halten kann.

»Zeit fürs Mittagessen«, beschließt Mae, und damit hat sich das Thema wohl wirklich erledigt. Gott sei Dank.

Wir verlassen das Trainingsgebäude als Letzte, weil wir nach der Pas-de-deux-Stunde so getrödelt haben. Alle anderen sind vermutlich längst in der Cafeteria. Wir haben das Wohnheim fast erreicht, als ich eine sehr zierliche, sehr vertraute Gestalt entdecke, die nur ein paar Meter von uns entfernt mit schnellen Schritten auf dem Weg zum Parkplatz ist.

»Grandma?«, frage ich verwirrt, werde unwillkürlich langsamer. Meine Freunde laufen ein Stück ohne mich weiter, bevor sie merken, dass ich fehle.

Grandma beachtet mich gar nicht. Sie sieht nicht mal in meine Richtung, und das versetzt mir einen dummen Stich.

»Rayne?« Zoes Stimme klingt besorgt, aber ich kann mich jetzt nicht auf sie konzentrieren.

»Geht ruhig schon vor. Ich komme gleich nach«, sage ich, dann wende ich mich hastig ab und folge meiner Großmutter.

Ich hole sie erst ein, als sie ihren Wagen beinahe erreicht hat.

»Grandma«, rufe ich, und jetzt endlich reagiert sie doch. Langsam dreht sie sich zu mir um.

Erkennen blitzt in ihren Augen auf, doch der Ausdruck auf ihrem Gesicht bleibt genauso distanziert wie sonst auch. Sie lächelt nicht. Nicht mal ein kleines bisschen.

»Rayne«, sagt sie. Nur mein Name, das war's.

»Was machst du hier?« Ich stelle die Frage und bin mir auf einmal nicht mehr sicher, ob ich die Antwort überhaupt hören will. Sie ist hier an meiner Schule gewesen, und sie wollte wieder gehen, ohne mich zu sehen. Ohne mit mir zu reden.

»Ich hatte einen Termin mit Travis«, antwortet sie kühl, und nein, das war nicht das, was ich hören wollte.

»Und jetzt?«

»Ich muss gleich weiter.« Sie wirft einen demonstrativen Blick auf ihre schmale Armbanduhr, und mein Magen sackt nach unten.

»Das heißt, du wolltest nicht mal Hallo sagen?« Ich klinge so verletzt, wie ich mich fühle. Ich verstehe das nicht. Warum ich mich so fühle. Wir haben sechs Monate zusammengewohnt und kaum miteinander gesprochen. Warum sollte sie auf einmal zu mir kommen und mich fragen, wie es mir geht? Und warum ist es mir auf einmal wichtig, dass es sie interessiert? Als wir unter einem Dach waren, wollte ich nicht mit ihr reden. Und die letzten drei Wochen ... Ich habe mich geweigert, darüber nachzudenken, dass sie sich nicht meldet. Und dass ich es auch nicht tue.

Aber sie jetzt hier zu sehen und zu wissen, dass sie einfach wieder gehen wollte, ohne wenigstens zu fragen, wie es an der Schule läuft – der Schule, die Mom besucht hat, der Schule, in dessen Vorstand sie sitzt –, schmerzt mehr, als ich je gedacht hätte. Vielleicht hat ein Teil von mir ja gehofft, sie würde es irgendwann tun. Auf mich zukommen. Mit mir reden. Schließlich war sie diejenige, die Mom und Dad und mich jahrelang gemieden hat.

»Rayne, ich habe im Moment viel zu tun.« Grandma streicht unsichtbare Fussel von ihrem schwarzen Mantel, sieht mich aber nicht an.

»Dann war's das? Ich bin ausgezogen, und jetzt reden wir gar nicht mehr miteinander?«

»Wir haben auch vorher nicht miteinander geredet«, erwidert sie, und damit hat sie natürlich recht. Ich weiß, dass ich mir keine Mühe gegeben habe. Nicht die letzten Wochen und auch nicht die letzten Monate. Dabei bin ich erwachsen, ich könnte auch auf sie zugehen, aber da ist ein kleiner, kindlicher Teil in mir, der sich dagegen sträubt.

»Warum nicht?«, platzt es aus mir heraus. »Warum haben wir nicht miteinander geredet?«

Genervt tritt Grandma von einem Fuß auf den anderen. Sie will nicht hier sein, das ist ihr viel zu deutlich anzusehen. »Du hast dich monatelang in deinem Zimmer verkrochen.«

»Und du bist kein einziges Mal hochgekommen, um mich da rauszuholen.« Ich hasse es zu hören, wie meine Stimme bricht. Grandma scheint das jedoch gar nicht aufzufallen.

Warum bist du nicht zu mir gekommen?

Ich will sie aussprechen, diese Frage, die gerade irgendwie zu viel bedeutet, aber ich bringe sie nicht über die Lippen.

»Rayne, ich habe jetzt wirklich keine Zeit dafür. Lass uns bitte ein andermal darüber sprechen.« Grandma legt eine Hand an die hintere Autotür.

»Wann? Wann willst du denn darüber sprechen?«, fahre ich sie an, keine Ahnung, wo diese Wut auf einmal herkommt. Sie ergibt keinen Sinn. Aber sie ist da, und sie sorgt dafür, dass mein Herz viel zu schnell schlägt. Himmel, was tue ich hier? Ich weiß doch nicht mal, ob ich überhaupt mit ihr sprechen will. Ich habe nicht den blassesten Schimmer. Aber ich weiß, dass es mich ankotzt, dass sie es nicht will. Sollte sie es nicht wollen? Sie ist meine Großmutter. Meine Eltern sind tot. Wir sind alles, was von dieser Familie noch übrig ist. Warum will sie nicht mit mir reden?

»Ich melde mich bei dir«, sagt Grandma knapp, und ich weiß sofort, sie wird es nicht tun. Es ist ihr anzusehen.

Ich sage nichts mehr, mir sind sämtliche Worte abhandengekommen. Stattdessen beobachte ich sie dabei, wie sie in den Wagen steigt, ohne mich noch eines einzigen Blickes zu würdigen.

Der Motor springt mit einem Schnurren an, und dann braust sie davon. Sie ist weg. Einfach so.

* * *

Ich schwänze den Nachmittagsunterricht, weil ich mich sowieso nicht konzentrieren könnte, selbst wenn ich wollte. Genauso ignoriere ich Maes und Zoes Nachrichten, in denen sie mich fragen, ob alles okay ist und wo ich bin. Ich antworte nicht, weil ich nicht weiß, was ich ihnen sagen soll, verlasse stattdessen den Campus und laufe durch die Stadt, ohne auch nur den Hauch einer Ahnung zu haben, wohin ich gehe.

Als es dunkel wird, finde ich mich in einer vertrauten Straße vor einem vertrauten Haus wieder. Ich war in den letzten Wochen oft bei Easton, vor allem an den Wochenenden, wenn Mae mit Tristan und Zoe mit Jase oder alle vier zusammen unterwegs waren. Manchmal waren auch Zoes Bruder Caleb und sein Freund Parker dabei. Sie haben mich zwar immer gefragt, ob ich mitkommen möchte, aber ich wollte nicht das fünfte Rad am Wagen sein, weil Skye auch jedes Mal abgelehnt hat.

Stattdessen bin ich zu Easton gefahren, und wir haben in seinem Zimmer Musik gehört. Ich habe ihn dabei beobachtet, wie er an seinem E-Piano gesessen und gespielt hat, wie er nach dem einen Song gesucht und ihn doch nicht gefunden hat.

Und jetzt stehe ich wieder vor seiner Tür, unangekündigt und ohne so richtig zu wissen, wie ich hierhergekommen bin. Im Wohnzimmer brennt Licht, ich höre Musik, laut und ungeschliffen. Die Jungs proben, und somit ist das ein denkbar schlechter Zeitpunkt, um unangekündigt hier aufzutauchen. Ich könnte ihm schreiben, aber ich will ihn nicht stören, und ehrlich gesagt glaube ich auch nicht, dass er meine Nachricht jetzt lesen würde.

Dummerweise ist er der Einzige, mit dem ich gerade reden will. Der Einzige, der wenigstens etwas mehr als nur Bruchstücke meines Lebens kennt. Der Einzige, der weiß, dass meine Eltern und meine Großmutter seit meiner Geburt kaum mehr als drei Worte miteinander gewechselt haben. Er weiß es, weil ich es ihm erzählt habe. Weil ich ihm beinahe alles erzählt habe. Von der nicht ganz unwichtigen Tatsache, wer ich bin, mal abgesehen. Aber auch darüber weiß er inzwischen Bescheid, also zählt es nicht mehr.

»Hey. Brauchst du Hilfe?« Die freundliche Stimme lässt mich erschrocken herumwirbeln.

Hinter mir auf dem Bürgersteig steht eine junge Frau mit dunklen Haaren und dunklen Augen. Sie ist älter als ich, ich kann nicht genau abschätzen, wie viel älter, bestimmt ein paar Jahre. Auf jeden Fall wirkt sie erwachsener als ich in dem tailliert geschnittenen beigen Mantel. Sie ist hübsch, und etwas an ihr kommt mir seltsam bekannt vor.

»Nein, ich … ich wollte nur einen Freund besuchen«, stammle ich. »Aber ich glaube, das ist nicht der richtige Zeitpunkt, also … gehe ich wohl besser wieder.«

Ein nicht zu deutender Ausdruck huscht über ihr Gesicht, und dann, unverkennbar, Neugierde. »Zu wem willst du?«

»Easton«, erwidere ich, ich weiß nicht, warum ich ihr das sage, schließlich habe ich keine Ahnung, wer sie ist.

Doch dann lächelt sie, und sie hat das gleiche Lächeln wie er. Sogar die Grübchen sind die gleichen. Nur dass ich die ihres Bruders deutlich anziehender finde.

Oh Himmel, Schluss jetzt, Rayne. Hast du nicht vor ein paar Stunden noch behauptet, ihr wärt nur Freunde?

»Ich bin Willow«, stellt sie sich vor, natürlich kenne ich ihren Namen, und jetzt weiß ich auch ziemlich genau, dass sie sieben Jahre älter ist als ich, drei Jahre älter als Easton. Und dass sie als Tänzerin am Boston City Ballet arbeitet. »Komm einfach mit rein. Es gibt keinen schlechten Zeitpunkt, hier aufzukreuzen.«

Sie geht an mir vorbei, und ich bin zu überrumpelt, um ihr sofort zu folgen. Am Treppenabsatz vor der Haustür dreht sie sich noch mal zu mir um und schaut mich fragend an.

»Kommst du?«

Ich nicke nur und setze mich hastig in Bewegung. »Ich bin übrigens Rayne«, sage ich mit einiger Verspätung, und ein wissendes Funkeln tritt in ihre Augen.

»Ah, das Nachrichten-Mädchen.«

Hitze steigt mir ins Gesicht. »Was? Ich verstehe nicht …«

»Die Jungs nennen dich so. Na ja, Colin. Er hat's nicht so mit Namen.« Sie lacht unbeschwert, während ich kurz überlege, einfach kehrtzumachen und die Flucht zu ergreifen.

Aber Willow öffnet schon die Tür und verschwindet im Haus. Und ja okay, ich habe schon eine andere Wahl, als hineinzugehen, aber irgendwie auch nicht. Weil heute ausnahmsweise alle Jungs von *We Are No Saints* mal da sind und ich wirklich zu gerne den Typen kennenlernen würde, der mir diesen wenig schmeichelhaften Spitznamen verpasst hat.

Ich weiß nicht, ob es nur dem Zufall geschuldet ist oder ob Easton seine Finger im Spiel hatte, aber bisher bin ich seinen Freunden noch kein einziges Mal begegnet, obwohl ich in den letzten Wochen wirklich oft hier war. Colin war die letzten zwei Wochen bei seiner Freundin Emma. Sie studiert an der Stanford University, ist über die Feiertage aber wohl nicht nach Hause gekommen, sodass die beiden sich eine ganze Weile nicht gesehen haben. Dass er nicht da war, hatte also einen plausiblen Grund. Bei Jax und Beck bin ich mir nicht so sicher. Beck war oft beim Sport, und Jax … Easton hat nur kurz davon gesprochen, dass er über etwas hinwegzukommen versucht. Ich habe nicht nachgefragt, worüber oder über wen. Auf jeden Fall war keiner von ihnen hier, wenn ich es war.

Ich gehe hinter Willow ins Haus, und wie immer, wenn ich den Flur betrete, in dem Jacken über dem Treppengeländer hängen und zu viele Schuhe wild durcheinander unter der Garderobe stehen, an der noch mehr Jacken hängen, steigt ein wohlig warmes Gefühl in mir auf, und das schwarze Loch in meiner Brust wird ein wenig kleiner. Wenn auch nur ein winziges Stück.

Eastons Stimme füllt das Haus und jede Faser meines Körpers. Wie Seide auf Schmirgelpapier. Genauso klingt sie. Immer noch. So hat sie geklungen, als ich ihn das erste Mal habe singen hören, und so klingt sie auch heute noch, neun Monate später.

Ich kenne den Song. *Meet Me At 3 AM*. Es ist einer meiner liebsten, eine Geschichte über Freundschaft. Darüber, dass man immer da ist, wenn man gebraucht wird. Auch nachts um drei Uhr.

Willow schlüpft erst aus ihrem Mantel, dann aus ihren Schuhen, so wahnsinnig anmutig, dass die Tänzerin ihr direkt anzusehen ist, und ich frage mich unwillkürlich, ob es bei mir auch so ist. Vermutlich nicht.

Ich ziehe trotzdem meine Jacke aus, während die Jungs weiterspielen, sie haben entweder nicht gemerkt, dass jemand reingekommen ist, oder sie ignorieren es.

Jax gibt das Tempo vor, lässt seine Sticks auf die Drums niedersausen, und die anderen Jungs folgen ihm.

Meet Me At 3 AM ist ein fröhlicher Pop-Rock-Song mit ernsten Lyrics, und ich liebe jede einzelne Sekunde davon. Mein Puls beschleunigt sich im Takt der Musik, und als Willow mir auffordernd zunickt, mache ich einen Schritt in Richtung Wohnzimmer, obwohl ich mir wie ein Eindringling vorkomme, weil weder Easton noch die anderen wissen, dass ich hier bin.

Und dass ich sie beobachte. Was ich definitiv tue. Weil es anders wirklich nicht geht.

Ich habe die Jungs noch nie live spielen sehen, nicht im echten Leben, nur in ihren Videos, und Himmel, die können mit der Realität so was von nicht mithalten. Selbst hier, in diesem kleinen Wohnzimmer mit den abblätternden Tapeten, ist die Energie, die von ihnen ausgeht, irgendwie … unwirklich. Beinahe magisch.

Ich bekomme eine Gänsehaut, gleichzeitig verziehen meine Lippen sich zu einem breiten Lächeln, ohne dass ich mich bewusst dafür entscheide. Es passiert einfach, weil es bei diesem Song immer passiert.

Eastons Stimme geht mir unter die Haut, es ist genau wie beim ersten Mal. Als ich das Cover von *Mockingbird* gefunden habe. Vor Monaten. In einem anderen Leben.

Seine Stimme geht mir unter die Haut, und ich würde sagen, sie schleicht sich in mein Herz, aber das ist schon vor einer Ewigkeit geschehen. Inzwischen ist mir seine Stimme fast vertrauter als meine eigene.

In meinem Bauch flattert es, nur weil ich ihn singen höre

und weil es ziemlich perfekt ist, als seine Stimme sich mit Becks zu einer Harmonie verbindet.

Sie bemerken mich nicht, sind vollkommen in ihrer eigenen Welt, konzentrieren sich nur auf sich und die Instrumente in ihren Händen. Bis der Song verklingt.

Easton lächelt, als er verstummt, und da sind wieder diese Grübchen, die mich dazu bringen, ebenfalls zu lächeln.

Stille breitet sich im Wohnzimmer aus, Jax lacht auf, ein begeistertes und seltsam erleichtertes Lachen, und auf Colins Gesicht breitet sich ein stolzes Grinsen aus.

»Das war genial! Ich glaube, wir waren ewig nicht so gut!«, sagt Beck. Wenn ich könnte, würde ich ihm recht geben, und es ist egal, dass ich sie noch nie live habe spielen hören. Ich bringe allerdings keinen Ton heraus.

»Waren wir echt nicht.« Easton scheint so erleichtert, dass sich irgendwas in mir zusammenzieht.

»Ihr wart fantastisch!«, stimmt Willow ihrem Bruder zu, legt mir eine Hand auf die Schulter und schiebt mich sanft, aber bestimmt ein Stück weiter rein ins Wohnzimmer. »Übrigens … East, du hast Besuch.«

Vier Augenpaare richten sich gleichzeitig auf mich.

»Hi«, krächze ich und hebe in einer sehr unbeholfenen, sehr peinlichen Geste die Hand.

Eastons Augen weiten sich, dann lächelt er wieder. Er lächelt mich an, und verdammt, mein Herz gerät schon wieder aus dem Takt.

»Rayne«, sagt er und klingt überraschend erfreut. »Was machst du denn hier?«

18. KAPITEL
Easton

Not Another Rockstar – Maisie Peters

»Ich wollte … Also eigentlich … Störe ich euch? Ich kann auch wieder gehen.« Raynes Blick huscht nervös von einem zum anderen, bevor er fragend an mir hängen bleibt. In ihren grauen Augen liegt etwas, das mir nicht gefällt. Sie wäre nicht einfach hier aufgetaucht, ohne Bescheid zu sagen, wenn nichts wäre.

Ich schüttle den Kopf und lege meine Gitarre zur Seite. »Quatsch, du störst nicht.«

»Wir sind ohnehin fertig für heute«, beschließt Beck und sieht mich vielsagend an. Ich weigere mich, etwas in den Ausdruck in seinen Augen hineinzuinterpretieren.

»Stimmt. Außerdem freuen wir uns, wenn wir das Nachrichten-Mädchen auch endlich mal kennenlernen.« Das Grinsen auf Colins Gesicht ist etwas zu spöttisch.

Ich werfe ihm einen bösen Blick zu. Kann er nicht ein einziges Mal die Klappe halten? Nein, kann er nicht, und ich weiß, dass er nur so ist, weil er sich irgendwie verpflichtet fühlt, auf uns alle aufzupassen, aber auf mich muss niemand aufpassen. Erst recht nicht, wenn es um Rayne geht.

»Wie war dein Name noch gleich?« Zwischen ihren Augenbrauen bildet sich eine steile Falte, und ich tarne das Lachen, das aus mir herausbrechen will, nicht besonders unauffällig als Husten. Rayne kennt Colins Namen. Sie kennt uns alle.

»Colin.«

»Ach richtig, ich erinnere mich.« Sie tippt sich ans Kinn, ihre Mundwinkel zucken verräterisch, aber sie verkneift sich das Lächeln. Beck und Jax machen sich die Mühe nicht. Sie beginnen zu lachen, und ja, Colin hat das absolut verdient.

»Ich mag sie«, raunt Beck mir zu. Ich bin mir nicht sicher, warum sich mein dämliches Herz bei seinen Worten zusammenzieht.

»Du magst jeden, der sich gegen Colin wehrt«, wirft Jax trocken ein. Er steht dicht bei uns, und ich hoffe inständig, dass Rayne nicht mitbekommt, was meine Freunde gerade von sich geben.

Doch als sie mich anschaut, mit diesem vielsagenden Funkeln in den Augen, ist eigentlich klar, dass sie alles mitbekommen hat. Willow steht mit verschränkten Armen einen Schritt hinter Rayne und beobachtet die ganze Szene. Sie wirkt etwas zu amüsiert für meinen Geschmack.

»Also, was machst du hier, Sunshine?«, wiederholt Beck meine Frage von gerade eben und fügt den nächsten, albernen Spitznamen für Rayne hinzu.

Ihre Augenbrauen wandern nach oben. »Ihr seid beide wahnsinnig kreativ, was Spitznamen angeht.«

Unbekümmert zuckt Beck mit den Schultern. »Und doch sind sie beide so passend.« Er zwinkert ihr zu, und das ist der Moment, in dem ich entscheide, dass es eine gute Idee wäre, von hier zu verschwinden.

»Ich mag meinen Namen eigentlich ganz gerne«, erwidert Rayne und reckt das Kinn ein Stück weit nach vorne.

Ich schiebe mich an meinen Freunden vorbei, bleibe vor ihr stehen. »Alles okay, Birdy?«, frage ich leise.

Sie hebt den Kopf, und da ist etwas in ihren Augen, eine Mischung aus Wut und Traurigkeit, die ziemlich deutlich macht, dass nichts okay ist.

»Er darf sie Birdy nennen, ohne dass sie widerspricht, aber wir …« Beck verstummt abrupt, als ich ihn über die Schulter hinweg warnend ansehe.

»Na ja, die beiden sind auch Freunde. Wir sind nur seine Freunde, und mal ehrlich, Nachrichten-Mädchen und Sunshine sind wirklich miese Spitznamen«, sagt Jax. Ausnahmsweise muss ich ihm recht geben.

»Danke.« Raynes Mund verzieht sich zu einem Lächeln.

»Ich gehe mich kurz umziehen, dann können wir los, in Ordnung?« Ich zupfe an meinem Shirt, das von der Probe schweißfeucht an meiner Haut klebt.

»Wohin denn?«, fragt Rayne überrascht, und ich kann ihr das nicht mal verdenken, schließlich haben wir während der letzten Wochen viel Zeit in meinem Zimmer verbracht. Aber da waren die Jungs auch nicht zu Hause. Ich kann nicht sagen, warum, aber es widerstrebt mir, mit ihr hier zu sein, wenn sie da sind.

»Lass dich überraschen«, erwidere ich, dabei habe ich selbst keine Ahnung, wohin ich mit ihr gehen will. Völlig egal, aber wir bleiben nicht hier. Nicht mit diesen neugierigen Idioten. »Ich bin gleich wieder da.« Meine Finger streifen ihre, und hinter mir höre ich einen der besagten Idioten lachen, als ich an ihr vorbei in den Flur trete, um nach oben zu gehen.

Sobald ich in meinem Zimmer bin, ziehe ich mir hastig das Shirt über den Kopf, werfe es achtlos neben mein Bett und gehe rüber zu der niedrigen Kommode, die meinen Kleiderschrank ersetzt, seit ich hier oben wohne. Neues T-Shirt, dicker Hoodie, Mütze, es ist kalt draußen.

Keine fünf Minuten später bin ich wieder unten. Willow und Rayne sitzen inzwischen auf dem Sofa, meine Schwester mit angezogenen Beinen, Rayne hockt auf der Sofalehne, eins ihrer Beine baumelt in der Luft. Sie spielt wieder mit den Ringen an ihren Fingern, wirkt sonst aber recht entspannt, dafür dass meine Freunde garantiert wieder dummes Zeug reden.

»Wollen wir?«, frage ich, und Rayne blickt auf. Ein Lächeln huscht über ihr Gesicht, und sie steht auf.

»Ich würde ja sagen, es hat mich wahnsinnig gefreut, euch kennenzulernen, aber vielleicht wäre das ein bisschen übertrieben«, sagt sie zu meinen Freunden, aber sie lächelt immer noch, und ich schätze, sie wissen alle, dass sie es nicht ernst meint. »Wir sehen uns, Jax, Beck. Gitarren-Junge.« Sie blinzelt Colin aus großen grauen Augen an.

Er lacht. »Touché, Nachrichten-Mädchen.«

»Okay, das reicht«, meint Beck. »Wir müssen sie definitiv behalten.«

»Ich bin ein Mensch und kein Haustier.« Empört rümpft Rayne die Nase, das belustigte Funkeln in ihrem Blick ist trotzdem nicht zu übersehen.

»Gott, Jungs. Könnt ihr euch bitte ein einziges Mal benehmen?« Willow verdreht die Augen. Meine Freunde sind für sie, genauso wie ich, kleine Brüder. Manchmal glaube ich, sie würde uns alle gerne noch ein bisschen erziehen, aber ich fürchte, dafür ist es schon lange zu spät.

»Ich habe das Gefühl, das mit euch wird lustig.« Rayne steht auf und kommt zu mir. Ich lege ihr eine Hand auf den Rücken, ein Reflex, ich weiß nicht, wo er herkommt, aber ich habe gerade das dringende Bedürfnis, sie zu berühren. Ihr Blick zuckt zu mir, sie schluckt, beißt sich auf die Unterlippe, ganz kurz nur, bevor sie hastig wieder wegsieht. Doch es ist zu spät. Mein Puls schießt in schwindelerregende Höhen, und mir wird warm. Viel, viel, viel zu warm.

Ich höre Beck und Jax lachen, und ehrlich, in diesem Moment hasse ich meine Freunde, weil ich mich verdammt noch mal nicht konzentrieren kann, wenn sie sich über mich lustig machen. Und wenn Rayne mich so anguckt. Oder sie sich auf die Lippe beißt. Rosafarbene, volle Lippen, und fuck, fuck, fuck. Ich glaube, ich habe ein riesengroßes Problem.

Ich muss mich zwingen, den Blick von ihr loszureißen, ziehe meine Schuhe an, während Rayne in ihre Jacke schlüpft.

»Hast du eine Mütze dabei?«

Sie hält mitten in der Bewegung inne. »Nein, hab ich vergessen. Wieso? Was hast du vor?«

»Sag ich dir nicht.« Ich ziehe mir meine Mütze vom Kopf und setze sie ihr auf. Sie ist ihr ein bisschen zu groß, steht ihr allerdings trotzdem viel zu gut. Sie blinzelt zu mir hoch, als ich den weichen Stoff ein kleines Stück zu weit in ihre Stirn ziehe, meine Hände liegen an ihrem Gesicht, und das ist gar nicht gut. Abrupt lasse ich sie los, ich sehe trotzdem, dass sich etwas in ihren Augen verändert. Dunkler wird.

»Dann wird das eine Überraschung?«, fragt sie, ihre Stimme ist ein bisschen tiefer, ein bisschen belegter als gerade eben noch, aber vielleicht bilde ich mir das auch nur ein.

»Jep«, erwidere ich und greife kurzerhand nach Becks Mütze, die auf der zweiten Treppenstufe liegt und die er heute sicher nicht mehr brauchen wird.

Rayne wirkt einen Moment, als würde sie widersprechen wollen, dann entscheidet sie sich dagegen. Wir verlassen das Haus und gehen zum Van. Es ist eiskalt draußen, die dunklen Wolken hängen so tief, dass es garantiert bald zu schneien anfängt. Es wird Zeit. Die letzten Wochen war es nur kalt, der Schnee lässt auf sich warten. Dabei muss es langsam mal schneien, sonst kann ich mein Versprechen nicht halten. Möglich, dass es sowieso keine ganz so clevere Idee war, Rayne etwas zu versprechen, worauf ich absolut keinen Einfluss habe, aber jetzt ist es zu spät. Ich öffne die Beifahrertür, und Rayne klettert auf den Sitz, bevor ich einmal um den Wagen herumgehe und mich hinters Steuer setze.

»Verrätst du mir jetzt, warum du hier bist?«, frage ich, als der Motor mit einem lauten Stottern zum Leben erwacht.

Rayne seufzt schwer, aus dem Augenwinkel kann ich sehen, wie sie erneut an den Ringen zu drehen beginnt. »Vielleicht wollte ich dich einfach sehen.«

Mein Herz macht einen Satz, es ist wirklich nicht gut, wie sehr ich will, dass das die Wahrheit ist. Ist es nur leider nicht. »Das klingt wie eine Frage.«

»Ist aber keine.«

In meiner Brust stolpert es, nein, nicht drüber nachdenken, warum und was das bedeutet, ob das was bedeutet. Ich atme tief ein, schenke ihr ein kurzes Lächeln und zwinge mich dazu, mich auf das Wesentliche zu konzentrieren.

»Rayne. Ich kenne dich. Ich sehe dir an, dass was los ist.«

Schweigen. Langes, bedeutungsschweres Schweigen.

»Wenn du nicht darüber reden willst, ist das okay«, sage ich sanft und drehe den Kopf in ihre Richtung, als ich an einer Ampel anhalten muss.

»Das ist es nicht. Ich weiß nur nicht, *wie* ich darüber reden soll.« Sie klingt frustriert.

»Lass es raus, wenn du so weit bist. Und wenn nicht, ist das auch okay.« Ich will nach ihrer Hand greifen, es ist verrückt, wie sehr. Doch im nächsten Moment springt die Ampel auf Grün, und ich zögere schon viel zu lange, hinter mir hupt jemand, also bleibt meine Hand, wo sie ist, und der Van setzt sich in Bewegung.

»Warum bist du eigentlich so verständnisvoll?«

»Willow hat mich gut erzogen«, gebe ich zurück und muss automatisch lächeln, als Rayne lacht.

Sie lachen zu hören fühlt sich an wie ein Sieg. Ich weiß nicht, über wen oder was. Aber es fühlt sich trotzdem so an.

Meine Kehle wird seltsam eng, ich muss mich räuspern, bevor ich auf das Kabel deute, das an das Radio angeschlossen ist, und weitersprechen kann. »Kümmerst du dich um die Musik?«

»Du vertraust mir die Musik an?« Rayne klingt beinahe überrascht, ist aber trotzdem schon dabei, ihr Handy aus der Jackentasche zu ziehen und anzuschließen.

»Wem könnte ich da mehr vertrauen als dir?«

»Weiß nicht. Deinen Freunden vielleicht? Ich mag sie übrigens, auch wenn ihre Spitznamen echt mies sind.«

»Sind sie wirklich. Aber, Rayne, du bist auch meine Freundin.«

Nur eine Freundin, Easton. Vergiss das nicht.

»Das ist was anderes.«

»Ist es nicht. Außerdem kenne ich deinen Musikgeschmack.«

»Das ist wahr.« Ihre Finger tippen kaum hörbar auf dem Display herum.

Ich erkenne das Lied, das sie ausgesucht hat, sofort.

»Echt jetzt?«

»Was denn?« Sie klingt viel zu fröhlich. Falsch fröhlich. »Der Song passt doch zu dir.«

»*Not Another Rockstar* passt zu mir?«

»Ja. Schon. Wenigstens ein bisschen.« Sie seufzt, aus dem Augenwinkel sehe ich, wie ihre Schultern nach unten sacken. »Ich hab heute meine Grandma gesehen«, platzt es dann aus ihr heraus.

Meine Finger schließen sich instinktiv etwas fester um das Lenkrad. »Und das war nicht gut?«

»Nein. Sie ist zur Schule gekommen. Nur nicht meinetwegen, sondern weil sie irgendeine Besprechung mit Direktor Pearson hatte. Ich habe sie zufällig gesehen, als sie zum Parkplatz gelaufen ist. Ich war gerade auf dem Weg zum Wohnheim. Für die Mittagspause.«

»Shit. Das klingt wirklich nicht gut. Habt ihr geredet?«

»Nur kurz«, sagt sie, und dann erzählt sie mir von dem Gespräch mit ihrer Großmutter.

Ich hasse es, mich auf die Straße konzentrieren zu müssen, ich will sie ansehen, während sie redet. Dabei glaube ich fast, dass sie mir das alles nur erzählt, eben weil ich sie nicht anschauen kann.

»Weißt du ... irgendwie verstehe ich sie sogar. Ich meine, ich hab mich auch nicht gemeldet. Ich hab mir keine Mühe gegeben, als ich noch bei ihr gewohnt habe, und auch nicht, nachdem ich ausgezogen bin. Es war leicht, nicht mit ihr zu reden. Wir kennen uns schließlich so gut wie gar nicht. Vielleicht ist es unfair, und vielleicht habe ich kein Recht, deswegen wütend zu sein und ihr Vorwürfe zu machen, aber wäre es nicht ihre Aufgabe, sich um mich zu kümmern? Und ja, ich weiß, ich bin erwachsen, offiziell auf jeden Fall. Aber ich fühle mich nicht erwachsen. Echt nicht«, sprudelt es aus ihr heraus, und der verzweifelte Unterton in ihrer Stimme versetzt mir einen schmerzhaften Stich direkt ins Herz. »Ich weiß nicht, was es ist, warum mich das auf einmal so stört, schließlich war es mir monatelang total egal. Ob sie da war oder nicht. Ob wir reden oder nicht. Ich wollte überhaupt nicht mit ihr reden, und das will ich jetzt eigentlich auch nicht. Aber ich will, dass *sie* es will, verstehst du, was ich meine?«

»Ja. Ich glaube, ich verstehe dich«, erwidere ich, und das tue ich wirklich, es gefällt mir allerdings nicht. Gar nichts an der ganzen Sache. Rayne ist erwachsen, ja, aber sie hat ihre Eltern verloren. Ihr Zuhause. Ihre Freunde. Und ihrer Großmutter ist sie total egal. Möglich, dass ich voreingenommen bin und dass sie in Teilen auch recht damit hat, dass sie genauso gut auf ihre Großmutter zugehen könnte. Trotzdem bin ich auf ihrer Seite.

»Ich bin ein furchtbarer Mensch, oder?«

»Nein, bist du nicht. Ganz sicher nicht. Ich glaube, es ist ziemlich normal, wenn du dir wünschst, dass sie sich um dich kümmert.«

»Meinst du?«

»Ja. Ich würde dir jetzt auch gerne einen klugen Ratschlag geben, aber ich hab keinen.«

»Das ist okay. Du kannst auch nicht für jede Situation einen klugen Ratschlag parat haben.« Ihre Stimme zittert, ich werfe ihr einen kurzen Blick zu, und jetzt kann ich wirklich nichts mehr dagegen machen. Ich lege meine Hand auf ihre, unsere Finger verschränken sich. Ich drücke sie, und ihre Mundwinkel heben sich zu einem schwachen Lächeln, das jedoch schnell wieder erlischt.

»Es hat wehgetan, dass sie zur Schule gekommen ist, ohne mich sehen zu wollen. Ich glaube, wenn sie nicht hergekommen wäre und ich sie nicht gesehen hätte, würde mich das gar nicht beschäftigen. Wahrscheinlich würde ich nicht mal an sie denken.«

»Das wäre auch okay.«

»Wär's das? Ist das nicht ein bisschen sehr heuchlerisch?«

»Vielleicht. Ich verstehe dich trotzdem.«

Sie drückt meine Hand, dann lässt sie mich los. Ich wünschte, sie würde es nicht tun. Meine Hand fühlt sich auf einmal seltsam leer an, ohne ihre Finger zwischen meinen.

»Deswegen bin ich zu dir gekommen. Weil ich wusste, mit dir zu reden wird helfen.«

»Ich helfe immer, wo ich kann.«

»Ich weiß. Okay, genug gejammert«, sagt sie und dreht sich ein Stück weiter zu mir. »Wohin fahren wir?«

Davor

02. Juni um 3:11 AM

eastcoleman:
Wenn du überall wohnen könntest, für welchen Ort würdest du dich entscheiden?

mockingbird:
Es ist drei Uhr morgens, und du fragst mich so was?

eastcoleman:
Drei Uhr nachts bei mir, sechs Uhr morgens bei dir … Wieso bist du schon wach? Oder noch?

mockingbird:
Da kam eine Nachricht, und ich habe vergessen, den Ton auszustellen, und joa …

eastcoleman:
Ich würde ja sagen, dass es mir leidtut, dich geweckt zu haben, aber das wäre gelogen.

mockingbird:
Bist du betrunken, Easton?

eastcoleman:
Vielleicht ein bisschen.
Beantworte meine Frage, Birdy. Welchen Ort würdest du dir aussuchen?

mockingbird:
Ein kleines Haus am Meer. Mir egal, wo. Hauptsache, das Meer ist in Reichweite. Vielleicht wäre L.A. schon ganz schön, immerhin ist es hier immer warm. Ich will eine riesige Fensterfront und freie Wände, um sie vollkritzeln zu können. Einen Balkon am Schlafzimmer, damit ich mir alle Sonnenauf- und -untergänge anschauen kann.

eastcoleman:
Was ist das mit dir und dem Meer?

mockingbird:
Ich bin am Meer aufgewachsen.

eastcoleman:
Komm schon, Birdy, das ist doch nicht die ganze Wahrheit, oder?

mockingbird:
Nein, natürlich nicht. Aber wenn du das noch merkst, bist du zumindest nicht sooo betrunken.

eastcoleman:
Dann war das ein Test?

mockingbird:
Nur ein kleiner.

eastcoleman:
Du weichst meiner Frage schon wieder aus, ist dir das klar?

mockingbird:
Vielleicht.

eastcoleman:
Na los, komm schon. Verrate mir dein kleines Meer-Geheimnis.

mockingbird:
Es ist nicht so spektakulär, wie es klingt. Wahrscheinlich geht es vielen Leuten mit dem Meer so …

eastcoleman:
Mir egal. Erzähl mir trotzdem, wie es dir mit dem Meer geht.

mockingbird:
Die Welt wird stiller. Alles wird stiller. Wenn ich am Meer bin, habe ich das Gefühl, dass ich richtig atmen kann. Und dass alles gut wird. Weil der Ozean endlos ist und ich im Vergleich dazu ganz klein. Dann fühlen sich meine Probleme auch ein bisschen kleiner an. Und ein bisschen weniger schlimm.
Ist ziemlich klischeehaft, hm?

eastcoleman:
Nein, eigentlich nicht. Nur ehrlich.

mockingbird:
Soll ich noch ein bisschen ehrlicher sein?

eastcoleman:
Immer.

mockingbird:
Ich will die Sterne sehen. Am Meer ist es immer dunkel genug, um die Sterne zu sehen, egal, wo man ist. Solange es nicht bewölkt ist jedenfalls. Meine Eltern haben mir zum sechzehnten Geburtstag einen geschenkt, und immer wenn ich am Meer bin, kann ich ihn sehen. Okay, ich gebe zu, wahrscheinlich ist das Einbildung, aber ich tue gerne so, als würde ich den Stern von überall aus sehen. Dann fühlt es sich immer ein bisschen so an, als wäre Dad bei mir, wenn er wieder unterwegs ist.

eastcoleman:
Du besitzt einen eigenen Stern?

mockingbird:
Verrückt, oder?

eastcoleman:
Nur ein bisschen. Irgendwann musst du mir deinen Stern zeigen.

mockingbird:
Ja, vielleicht mache ich das irgendwann sogar tatsächlich.

19. KAPITEL
Rayne

Overflow – Marianne Beaulieu

Easton fährt mit mir ans Meer. Ich weiß es, spätestens, seit wir die Stadt verlassen haben. Seit uns die Dunkelheit verschluckt hat, nur durchbrochen von den Scheinwerfern uns entgegenkommender Autos. Die Lichter von Boston haben wir hinter uns gelassen. Es ist dunkel und still.

Und es wird noch dunkler und stiller, als Easton den Van irgendwann auf einen leeren Parkplatz lenkt und den Motor ausschaltet. Wir sind mitten im Nirgendwo, außer uns ist keine Menschenseele weit und breit.

Easton lächelt. Er steigt aus, sagt aber immer noch nichts, kein Wort. Auch ich bleibe stumm, weil ich schon wieder einen dicken Kloß im Hals habe und Tränen, die in meinen Augen brennen und die ich hektisch versuche wegzublinzeln.

Easton hat mich ans Meer gebracht. Er hat sich daran erinnert, was ich ihm geschrieben habe, damals, an diesem einen Morgen im Juni, als er mir viel zu früh eine Nachricht geschickt und mich nach meinem liebsten Ort gefragt hat. Die drei Stunden Zeitunterschied von Boston und L.A. haben uns nie davon abgehalten zu schreiben.

»Kommst du?«

Ich hebe den Kopf, merke jetzt erst, dass ich immer noch auf dem Beifahrersitz hocke und aus der Windschutzscheibe hinaus in die Dunkelheit starre, während Easton längst draußen auf mich wartet.

Ich nicke, öffne die Tür und klettere aus dem Wagen. Kalter Wind schlägt mir entgegen, und ich ziehe fröstelnd die Schultern hoch, froh darüber, dass Easton mir seine Mütze gegeben hat.

Schweigend machen wir uns auf den Weg, verlassen den Parkplatz und nähern uns diesem leisen, gleichmäßigen Rauschen, das mir so vertraut ist, obwohl wir in Massachusetts sind, nicht in Kalifornien. Es ist trotzdem das Gleiche, da vor uns, irgendwo, nicht weit entfernt.

Meine Schritte beschleunigen sich ganz von selbst, das Rauschen wird lauter, und dann ist da das Meer, dunkel und weit, direkt vor mir. Easton bleibt dicht hinter mir, ich höre seine schweren Schritte.

»Du hast mich ans Meer gebracht«, spreche ich das Offensichtliche aus, meine Stimme klingt erstickt und nicht nach mir. Ich fange gleich doch noch an zu weinen, ich weiß es. Weil er sich erinnert hat und weil er mich hergebracht hat. Weil er weiß, dass es mir hilft. Der endlose Ozean vor uns und der unendliche, aber sehr wolkenbedeckte Himmel über uns. Er weiß, dass es mir hilft, damit alles ein bisschen weniger schlimm erscheint.

»Ja. Ich hatte eigentlich gehofft, du könntest mir deinen Stern zeigen, aber ich glaube, das wird heute nichts.« Er deutet nach oben, und stimmt, das wird heute wohl tatsächlich nichts. Und selbst wenn der Himmel klar wäre, ist nicht gesagt, dass ich Easton meinen Stern hätte zeigen können.

Ich habe ihn nicht mehr gesucht, seit ich L.A. verlassen habe.

»Aber deswegen sind wir eigentlich gar nicht hier«, merkt er an, bevor ich an etwas denken kann, an das ich nicht denken will. Seine Hand streift meine, genauso wie vorhin in seinem Haus, bevor er nach oben gegangen ist, und was haben diese flüchtigen Berührungen an sich, dass sie sich anfühlen wie eine stumme Frage und wie eine Antwort zugleich? Wie Ich-bin-hier und Du-bist-nicht-allein, und das ist nicht fair, weil das etwas mit mir macht, was es nicht machen sollte.

Es sticht in meiner Brust, und es tut weh, aber nicht schlimm-weh, nicht weglaufen-weh. Es ist anders dieses Mal. Weil Easton mich hergebracht hat. Weil er da ist und mich nicht allein lässt. Genauso wie er es versprochen hat.

Ich weiß nicht, womit ich ihn verdient habe. Ob ich ihn überhaupt verdient habe. Dass er für mich da ist. Denn während er mir dabei hilft, alles, was noch von mir übrig ist, irgendwie zusammenzuhalten, tue ich nichts für ihn. Es gibt nichts, was ich ihm geben kann. Aber vielleicht muss ich das auch nicht.

Echte Freundschaft funktioniert so nicht. Es geht nicht um Schulden, darum, die Hilfe des anderen irgendwie aufzuwiegen. Es geht doch vor allem darum, füreinander da zu sein, wenn man gebraucht wird, oder?

»Woran denkst du?«, flüstert Easton, als könnte er in meinen Kopf und all diese komplizierten Fragen sehen, die sich zu einem wirren Chaos verbinden. Und jetzt streifen seine Finger nicht mehr nur meine, sie verschränken sich miteinander, und ich kann nicht atmen. Wirklich nicht. Es geht nicht. Ich kann nicht atmen, und dann auf einmal doch wieder, während er behutsam meine Hand hält.

Es fühlt sich viel zu richtig an, und das macht mir eine Scheißangst. Ein Teil von mir will ihn loslassen, weil ich nicht weiß, auf welcher Ebene wir uns bewegen, nur ist das leider keine Option. War es von Anfang an nicht.

Ich hole tief Luft, und dann sage ich ihm einfach die Wahrheit. Ich will, dass er weiß, was er mit mir anstellt.

»Ich weiß nicht, womit ich dich verdient habe.«

Er bleibt so abrupt stehen, dass ich beinahe über meine eigenen Füße stolpere. »Was?«

»Du weißt, was ich meine.« Ich traue mich nicht, ihn anzusehen, aber sein Griff um meine Hand wird unwillkürlich fester, und ich glaube beinahe, er fürchtet, ich könnte mich ihm entziehen, und dass das für ihn genauso wenig eine Option ist wie für mich.

Was passiert hier? Was passiert hier? Was passiert hier?

»Nein. Ehrlich gesagt, habe ich keine Ahnung. Du musst mich nicht verdienen.«

»Aber du tust so viel für mich, und ich –«

»Du glaubst an mich«, unterbricht er mich, seine Stimme ist schärfer geworden.

Jetzt muss ich ihn doch ansehen, denn das Letzte, was ich will, ist, dass er böse auf mich ist, und wir haben uns versprochen, nicht mehr zu streiten. Wenn ich das jetzt wieder versaut habe, dann … Die Stimme in meinem Kopf verstummt, als ich ihm in die Augen sehe. Das Blau ist nicht mehr zu erkennen, dafür ist es zu dunkel, aber ich weiß, wie intensiv es jetzt leuchten würde, wenn es heller wäre.

»Du glaubst an mich, Rayne Bellamy«, wiederholt er, etwas sanfter diesmal, aber nicht weniger nachdrücklich. »Du glaubst an mich und die Band, an unsere Musik und die Songs, die ich schreibe. Du tust mehr als genug für mich, und ich weiß genau, wenn ich ein Problem hätte, wärst du da. Wärst du doch, oder?«

»Immer«, erwidere ich, ohne zu zögern.

»Also sag nicht, dass du mich nicht verdienst. Das musst du nicht. So funktioniert Freundschaft nicht. Und wir sind Freunde, richtig?«

»Ja«, sage ich, doch plötzlich ist da wieder diese leise Stimme in meinem Kopf, und sie will Nein rufen. Aber das geht nicht, aus zu vielen, viel zu komplizierten Gründen, über die ich nicht nachdenken kann, weil dann alles noch komplizierter wird.

»Dann hör auf, dir darüber Gedanken zu machen. Es ist nicht nötig. Wirklich, gar nicht.« Er lächelt mich an, und in meinem Bauch breitet sich Wärme aus.

»Okay.«

»Gut, dass wir darüber gesprochen haben.« Sanft zieht er an meiner Hand, und wir setzen uns im Gleichschritt wieder in Bewegung, Richtung Meer. Der Sand gibt unter unseren Schuhen nach.

»Findest du? Mir kommt es gerade eher so vor, als würde ich aus nichts ein Drama machen.«

»Ich will immer wissen, was du denkst, Rayne.«

»Warum?«

»Damit ich dir die falschen Gedanken ausreden und dich bei den richtigen bestärken kann.«

»Und woher weißt du, welche Gedanken falsch und welche richtig sind?«

»Mh, meistens ist dir das anzusehen.«

»Ist das so?« Ich werfe ihm einen fragenden Blick zu, die Augenbrauen skeptisch hochgezogen.

»Schon. Du hast so einen ganz bestimmten Ausdruck in den Augen, wenn du über etwas nachdenkst, was dir eigentlich nicht passt. Wie das gerade eben.« Sein Mund verzieht sich zu einem schelmischen Grinsen.

»Und welchen?«

Ich bin wirklich neugierig, doch er schüttelt nur den Kopf. »Kann ich dir nicht sagen. Das ist schwer zu erklären. Du müsstest es selbst sehen, um es zu verstehen.«

Ich seufze. »Dann wird das wohl nichts. Ich werde das nicht vor dem Spiegel ausprobieren.«

Er lacht, und ich bin verloren, weil ich sein Lachen liebe. Sein Daumen streicht über meine Haut, wir haben beide kalte Hände, aber ich friere nicht. Wieso friere ich nicht?

»Easton, wie kann es sein, dass du mich so gut kennst?«

»Wie könnte es anders sein?«

Ich schweige. Seine Gegenfrage ist berechtigt. Schließlich kenne ich ihn genauso gut.

»Soll ich dir was verraten?«, fragt er nach einer Weile, in der wir ohne ein Wort nebeneinanderher weiter Richtung Wasser gegangen sind. Es ist Ebbe, deswegen sind die Wellen, die sich am Strand brechen, winzig klein. Die Luft ist klar, und obwohl es kalt ist, viel kälter als in Los Angeles, riecht es nach Zuhause. Easton hält immer noch meine Hand und macht nicht den Eindruck, als würde er damit in absehbarer Zeit wieder aufhören, und das macht mir leider wirklich gar nichts aus.

»Bitte«, bringe ich hervor, meine Stimme spielt schon wieder nicht mit, aber vielleicht kann er tatsächlich in meinen Kopf gucken, und vielleicht antwortet er ja auf die Fragen, an die ich nicht denken will, weil ich Angst vor den Antworten habe.

»Ich glaube nicht an Schicksal oder so«, beginnt er. In meinem Bauch beginnt es zu flattern, und ich bin mir nicht sicher, ob das gut ist, es ist seltsamerweise jedoch kein ängstliches Flattern. Nur ein neugieriges. »Aber ich glaube, dass es mehr als nur Zufall war, dass wir ausgerechnet von dem Song ein Video online gestellt haben, der du bist. Und dass du das Video gefunden und mich danach angeschrieben hast. Ich glaube, dass es irgendwie so sein sollte. Weißt du? Sonst hättest du auch Beck oder Jax oder Colin anschreiben können.«

»Nein. Hätte ich nicht«, widerspreche ich, weil das wirklich keine einzige Sekunde auch nur im Bereich des Möglichen lag.

»Nicht?« Er klingt so überrascht, dass ich nicht anders kann, als zu lächeln.

»Nein. Echt nicht.«

»Warum?«

»Weil …« Ich zögere, aber eigentlich ist es jetzt auch schon egal. Wir sind allein an einem menschenleeren Strand, die Welt um uns herum ist dunkel und still. Abgesehen von dem leisen Rauschen der Wellen. Und dem deutlich weniger leisen, sondern eher ziemlich lauten Pochen meines Herzens in meinen Ohren. »Weil ich wegen deiner Stimme ungefähr siebenundneunzig Mal hintereinander dieses Video angeklickt habe.«

Einen Moment lang sagt Easton gar nichts. So lange, dass meine Haut unangenehm zu kribbeln beginnt. Ich habe eine Grenze überschritten, und das ist nicht gut. Ganz und gar nicht gut.

Irgendwie sind heute allerdings alle Grenzen dieser Welt ziemlich durchlässig. Ich habe keine Ahnung, woran das liegt, weil eigentlich doch alles wie immer ist.

»Siebenundneunzig Mal?«, fragt er dann, und da ist etwas in seiner Stimme, das ich nicht so richtig zu fassen bekomme.

»Mehr oder weniger.« Mir kommt ein unbeholfenes Lachen über die Lippen. *Eher mehr.*

»Das ist …«

»Ein bisschen verrückt?«, beende ich seinen Satz.

»Ein bisschen.« Er grinst mich an, und ich knuffe ihn in die Seite.

»Du darfst mir nicht zustimmen.«

»Klar darf ich, schließlich …« Er bricht ab, hebt den Kopf, dem dunklen, von dichten Wolken bedeckten Himmel entgegen.

Ich bemerke es einen Moment später auch. Es schneit.

20. KAPITEL
Rayne

Snow On The Beach – Taylor Swift, Lana Del Rey

Ich war noch nie am Strand, während es schneit. Wenig überraschend, in Los Angeles ist es meistens zu warm für Schnee.

Es ist unwirklich und ziemlich verrückt. Und ein bisschen sehr kitschig. Aber es ist die gute Art von Kitsch. Die Art, die dein Herz höherschlagen lässt und dir ein Lächeln aufs Gesicht zaubert.

Der Himmel ist immer noch dunkel, daran hat sich nichts geändert, trotzdem ist die Nacht auf einmal viel heller, weil dicke weiße Schneeflocken auf uns herabrieseln. Zuerst langsam und nur vereinzelt, dann werden es mehr, sie fallen schneller. Der Schnee vermischt sich mit den Sandkörnern, zwei Unendlichkeiten, weil man weder das eine noch das andere zählen kann, und ich will für immer hierbleiben. Genau in diesem Moment.

»Dann konnte ich mein Versprechen ja doch noch halten«, murmelt Easton neben mir so leise, dass ich mir nicht sicher bin, ob seine Worte überhaupt für mich bestimmt sind oder ob er mit sich selbst spricht.

»Du hast alle Versprechen gehalten«, erwidere ich.

»Ich gebe mir Mühe.«

»Ich weiß.« Zwei Worte, ein beinahe lautloses Flüstern, weil meine Kehle schon wieder eng ist, obwohl gerade alles schön und richtig ist.

Auf einmal muss ich nur daran denken, dass ich Mom morgen früh nichts davon erzählen kann. Dass ich mit einem Jungen, der mich zu gut kennt, am Strand bin und Schneeflocken beobachte. Ich kann nicht mit ihr darüber reden, dass es sich viel zu gut anfühlt, wenn er meine Hand hält. Mich ansieht. Da ist.

Ich kann sie nicht fragen, was das zu bedeuten hat, ob das was zu bedeuten hat, oder ob ich mir gerade nur mal wieder den Kopf über Dinge zerbreche, die im Grunde nicht real sind. Weil ich das immer mache. Zu viel und zu unnötig nachdenken.

Sie ist nicht da, und ich kann nicht mit ihr darüber sprechen. Und Dad kann ich nicht bitten, mich abzulenken, wie er es immer getan hat, wenn meine Gedanken zu laut geworden sind.

Ich hebe den Kopf und starre in den Himmel, mit weit geöffneten Augen, weigere mich zu blinzeln, um nicht zu weinen. Easton soll nichts merken, nicht jetzt.

Natürlich merkt er es trotzdem.

»Hey.« Er zieht an meiner Hand, und dann lässt er mich doch los, allerdings nur, um mich in den Arm zu nehmen.

Ich kann nicht mehr in den Himmel gucken und Schneeflocken zählen, nur deshalb fange ich jetzt doch wieder an zu weinen.

»Es ist okay«, wispert er, sein Atem streift warm meine Haut, aber es ist wirklich nicht okay.

»Ich hasse das. Ich will nicht immer heulen.«

»Das kann ich verstehen. Es ist trotzdem okay.«

Schniefend vergrabe ich das Gesicht an seiner Schulter, und wieder hält er mich einfach nur fest, bis ich mich langsam beruhige.

»Was kann ich tun?«, fragt er, als ich mich von ihm löse und mir die Tränen von den Wangen wische. Meine Haut spannt, kommt nicht klar mit den heißen, salzigen Tränen und der kalten, salzigen Meeresluft, und meine Brust ist eng, zu eng für das Chaos in mir.

Ich will sagen, dass es nichts gibt, was er tun kann, aber möglicherweise ist da doch etwas. Weil es früher auch immer etwas gab. Nur dass ich die letzten Monate davor weggelaufen bin, weil es zu sehr wehtat, damit weiterzumachen. Allerdings hat das ja sehr offensichtlich auch nichts genützt. Das Weglaufen.

Und wer weiß, vielleicht ist es auch falsch, genau das zu tun. Vielleicht muss ich ihnen eher entgegenlaufen. Dem Schmerz. Den Erinnerungen. Vielleicht tun sie ein bisschen weniger weh, wenn ich sie umarme, anstatt sie wegzustoßen.

Wörter in meinem Kopf und eine Melodie in meiner Seele. Auf einmal ist beides da, und das waren sie noch nie. Nie, nie, nie. Aber Eastons Frage zu beantworten ist jetzt sehr einfach.

»Gar nichts. Ich muss … schreiben.« Das Wort kommt mir als schweres Seufzen über die Lippen.

»Okay«, sagt er, und das Ziehen in meiner Brust lässt ein klein wenig nach. Er fragt nicht nach, warum ich das will, obwohl ich doch gesagt habe, ich könnte keine Songs schreiben. Das war die Wahrheit. Ich kann es wirklich nicht. Aber nur, weil man etwas nicht kann, bedeutet das nicht, dass man es nicht trotzdem tun sollte.

Mein altes Zimmer war voll von Texten. Ich habe jeden Zentimeter aller Wände vollgekritzelt. Mit meinen Gedanken, die ich in Gedichte und Lyrics gepresst habe. Sie waren nie gut genug, nicht so gut wie Dads, aber es waren meine. Das Schreiben hat mir schon immer geholfen, und wenn ich ehrlich bin, dann weiß ich, warum ich nach Moms und Dads Tod damit aufgehört habe. Ich wollte mir selbst nicht helfen.

Vielleicht ist es Zeit, dass ich endlich damit anfange.

»Schreiben wir zusammen?«, frage ich, weil ich mir sicher bin, dass ich das alleine noch nicht hinbekomme. Ein Schritt nach dem anderen.

Easton lächelt, seine Grübchen tauchen wieder auf, und er greift erneut nach meiner Hand. »Wenn du das willst.«

»Ja«, seufze ich erneut. Dieses Mal ist es ein anderes Seufzen. Erleichterter.

»Dann machen wir das.«

Wir gehen zurück zum Van, aber anstatt wieder in die Stadt zu fahren, bleiben wir einfach hier. Wir sprechen uns nicht ab, aber ich glaube, uns ist beiden klar, dass es nicht helfen würde, zurückzufahren.

Sein Zimmer, mein Zimmer, völlig egal, sie wären beide jetzt nicht richtig. Wir wären allein, aber nicht allein-allein. Da wären zu viele Menschen um uns herum, in den Nachbarzimmern, über und unter uns.

Hier am Strand sind wir vollkommen unter uns, nur mit den Schneeflocken, die immer schneller und schneller fallen und die Windschutzscheibe jetzt schon komplett bedecken, sodass man nicht mehr raussehen kann.

Easton holt ein paar Decken hinten aus dem Kofferraum und reicht mir zwei, während er sich in die dritte einwickelt.

»Wenn dir zu kalt ist …«

Ich schüttle den Kopf, noch bevor er den Satz beendet hat. Ich will wirklich nicht zurück in die Stadt.

»Okay, dann … darf ich mal?« Er deutet auf das Handschuhfach, beugt sich ein Stück über mich, als ich nicke, und plötzlich ist er mir viel zu nah. So viel zu nah, dass mein Herz nicht weiß, wie es mit der Nähe umgehen soll, was albern ist, weil er mich gerade erst umarmt hat, aber irgendwie ist das hier gerade trotzdem anders. Anders, weil ich den perfekten Blick auf sein Profil habe, Augen, Nase, Mund, klare Gesichtszüge und eine kleine, kaum sichtbare Narbe direkt neben dem Ohr, die ich noch nicht kenne. Meine Finger zucken, ich muss mich davon abhalten, sie zu berühren, nachzufahren, weil das kein bisschen in Ordnung wäre.

Dann richtet Easton sich auf, nur ein Stück, bevor er aus einem mir nicht ersichtlichen Grund innehält. Sein Gesicht ist jetzt auf gleicher Höhe wie meins. Er dreht den Kopf zu mir, und das ist auch nicht in Ordnung. Ich vergesse alles um uns herum, als sein Blick sich auf meine Lippen heftet. Mir stockt der Atem, er schluckt, und ich beiße mir unwillkürlich auf die Unterlippe.

Er will mich küssen, ich weiß es, es ist ihm anzusehen. Da ist dieses Leuchten in seinen Augen, das ich zwar noch nie gesehen habe, aber sofort erkenne. Er will mich küssen, und ich will es auch. Ich weiß nicht, warum, weiß nicht, warum ausgerechnet jetzt, aber es ist dieser Moment, in dem ich seine Lippen auf meinen spüren will.

Er sieht mich an, sein Blick brennt sich in meinen, und mein Herz schlägt viel zu schnell und so heftig, dass ich es in jeder Faser meines Körpers spüren kann.

Ich will es, und er will es.

Easton lehnt sich ein Stück nach vorne, nur ein winzig kleines, und ich will, will, will ihm entgegenkommen, aber ich kann mich nicht bewegen, kann ihn nicht mehr ansehen. Stattdessen senke ich den Blick, lehne mich zurück, weg von ihm, in die andere, die falsche Richtung.

Ich kann nicht. Kann einfach nicht. Obwohl ich will. Gott, ich will ihn so sehr küssen, dass es wehtut.

Aber was, wenn wir das tun? Was ist dann? Wir sind Freunde, echte Freunde. Er ist nicht mehr der einzige Freund, den ich habe, aber derjenige, den ich um keinen Preis der Welt verlieren will. Ihn zu verlieren … Ich glaube, das würde ich nicht überstehen. Das Risiko ist zu groß. Zu groß für einen flüchtigen Moment, für einen Kuss. Und ich würde ihn verlieren, das steht außer Frage. Früher oder später würde das passieren, weil es das ist, was immer passiert.

Ich kann spüren, wie Easton sich zurückzieht, er räuspert sich, und dieser Laut tut schrecklich weh.

»Worüber willst du schreiben?«, fragt er mit rauer Stimme.

Ich brauche ein paar Sekunden, um einen klaren Gedanken zu fassen, um mich daran zu erinnern, warum wir überhaupt in dem Van sitzen. Warum er mir Notizbuch und Stift in den Schoß legt. Aber dann fällt es mir wieder ein, und ich sage es ihm, und wir beginnen zu arbeiten. Wir ignorieren, was beinahe passiert ist, ich spreche es nicht an und er auch nicht, und nach einer Weile frage ich mich, ob ich mir diesen Moment nur eingebildet habe. Möglich wär's. Vermutlich ist es das Beste. Ja, ich habe mir das alles ganz sicher nur eingebildet.

Ich wünschte, ich würde mir selbst glauben.

Die ersten Minuten – Stunden? Wer weiß das schon – ist es seltsam, ein bisschen befangen und einfach komisch. Ich kann mich nicht konzentrieren, kann meinen Verstand nicht ausschalten, obwohl das doch genau das ist, was ich wollte. Nur deswegen sitzen wir hier.

Aber dann beginnt Easton zu reden, ordnet das Chaos in meinem Kopf, und alles wird ganz leicht.

Ich denke an Mom und Dad, an Easton, und die Worte fließen aus mir raus, ungebremst und ohne Sinn und Verstand. Aber Easton ist da, und wenn ich nicht weiterweiß, wenn mir das richtige Wort fehlt, dann findet er es, als hätte er es von Anfang an gekannt.

Und als wir fertig sind, Stunden später, wissen wir beide, dass wir gerade den Song geschrieben haben, den Easton die ganze Zeit gesucht hat.

DANCE WITH YOU 'TIL MIDNIGHT

Performed by: We Are No Saints
Written by: Rayne Bellamy, Easton Coleman

Blinking little lights
Seems like a night sky right to my feet
I've been here a while
Wondering if once again we could meet

But when the bell was ringing
The door wide open shut
Hell, everything was changing
And pulled me in the dark

But I won't turn back
I won't give up
I'll make it fcking right
Get lost in music
Lost in you
And dance with you 'til midnight

Forgot to breathe
Forgot to see
Forgot my fcking name
Was standing there
And heard the words
And couldn't run away

There's something in me
Something dark
That will not fade away
That burns me up
That pulls me down
But I know that I'll stay
I'll keep my head
I'll wash my tears
Set one foot, then the other
Fight for the beat
Run for the song
And fight like it's forever

I won't turn back
I won't give up
I'll make it fcking right
Get lost in music
Lost in you
And dance with you 'til midnight

5. TEIL
Zweite Strophe

21. KAPITEL
Easton

Meet Me in the Hallway – Harry Styles

Ich bin nicht richtig bei der Sache. Es ist Freitag, mein einziger kurzer Tag an der New England School of Ballet. Ich begleite Raynes ersten Kurs und dann noch einen zweiten für den dritten Jahrgang. Danach habe ich Schluss.

Eigentlich ist es der entspannteste Tag der Woche. Nur nicht nach einer Nacht, in der man weniger als drei Stunden geschlafen hat, weil man mit dem Mädchen, das man unbedingt küssen möchte, obwohl man doch eigentlich *nur* miteinander befreundet ist, stundenlang in einem unbeheizten Van am Strand gehockt und einen Song geschrieben hat.

Den einen richtigen Song.

Rayne und ich.

Ich und Rayne.

Wir haben nicht darüber gesprochen, was wir mit dem Song machen werden. Ob wir überhaupt etwas daraus machen. Dabei will ich genau das. Fuck, ich will es so sehr, dass es mir eine Scheißangst macht. Der Song ist gut, richtig gut. Besser als alles, was die Jungs und ich in letzter Zeit zustande gebracht haben.

Aber ich habe ihn nicht allein geschrieben, und ich frage mich ernsthaft, was das über meine Fähigkeiten aussagt, dass ich es nicht hinbekommen habe, so einen Song allein zu Papier zu bringen. Dass ich sie dafür brauchte.

Vermutlich eine ganze Menge und zu viel, über das ich nicht nachdenken will, aber ich komme auch nicht dagegen an. Ich kann nichts dagegen tun, und ich hasse es, weil es unfair und beschissen ist, wie unfähig ich mich fühle. So verdammt unfähig.

Meine Finger wandern über die Tasten des Flügels, an dem ich immer noch sitze, obwohl Francesca den letzten Kurs schon vor einer halben Stunde beendet hat. Ich habe es noch nicht über mich gebracht, aufzustehen und nach Hause zu fahren.

Ein Teil von mir hofft wohl insgeheim darauf, dass Rayne später in der Pause wieder zu mir kommt, so wie an diesem Tag vor fast vier Wochen, damit sie mich daran erinnern kann, dass es ihr geholfen hat, diesen Song zu schreiben. Dass sie sich dadurch besser gefühlt hat, und dass das alles ist, was zählt.

Der andere Teil weiß nicht, ob er sie sehen und mit ihr reden will, weil es letzte Nacht diesen Moment gab.

Diesen einen Moment, der alles und gleichzeitig gar nichts geändert hat. Als ihr Mund nur Zentimeter von meinem entfernt war. Als es nur einer kleinen Bewegung bedurft hätte, um sie zu küssen.

Ein Moment. Zögern. Zurückweichen. So tun, als wäre nichts gewesen. Aber es war etwas, und jetzt ist doch alles anders und tausendmal komplizierter, weil ich nicht aufhören kann, daran zu denken, wie sie mich angesehen hat. Graue Augen, dunkler Blick. Volle Lippen und schweres Schlucken.

Nur Freunde, East. Ihr seid nur Freunde. Das ist alles, was sie will. Offensichtlich.

Meine Hände werden schneller, in meinem Bauch zieht es.

Ich kann mir noch so oft sagen, dass wir nur Freunde sind, es fühlt sich nicht so an. Weil ich sie letzte Nacht küssen wollte. Weil ich das seit Tagen und Wochen tun will. Wenn ich ganz ehrlich bin, schon seit Monaten. Als sie noch das Mädchen war, mit dem ich jeden Tag unzählige Textnachrichten geschrieben habe. Bevor sie vor mir stand.

Ich wollte sie schon küssen, als sie noch *Mockingbird* war und nicht Rayne Bellamy, aber jetzt will ich es so sehr, dass es wehtut. So richtig wehtut.

Weil das, was ich will, sehr offensichtlich nicht mit dem übereinstimmt, was sie will. Ich weiß nicht mehr, auf welcher Ebene wir uns befinden. Wir sind nur Freunde, aber irgendwie auch nicht.

Und dann ist da noch die Sache mit dem Song. Wir haben zusammen den besten Song geschrieben, den man sich vorstellen kann. Trotzdem fühle ich mich unfähig, so wie sie sich viel zu oft unfähig fühlt, und ich hasse es, dass ich das Gleiche über mich denke, was sie über sich denkt. Wie heuchlerisch ist es bitte, dass ich sie erst vor ein paar Wochen gefragt habe, ob sie mir hilft, einen Song zu schreiben, und jetzt komme ich nicht damit klar, dass sie es getan hat.

Ich stoße einen frustrierten Laut aus. Ich muss dieses Gedankenkarussell zum Stillstand bringen. Aber vor allem muss ich mein Gefühlschaos wegen dieses Kusses in den Griff kriegen, der keiner war. Es führt ohnehin zu nichts. Denn völlig egal, wie sehr ich mir wünsche, ihre Lippen auf meinen zu spüren, wir sind Freunde. Echte Freunde, und ich kann nicht so egoistisch sein, ihr das wegzunehmen, nur weil ich ein Idiot bin und vergessen habe, dass man mit Mädchen auch einfach nur befreundet sein kann.

Dummerweise ist Rayne nicht irgendein Mädchen. Sie ist *das* Mädchen.

Und ich habe verdammt noch mal ein Problem.

Heftiger als nötig schließe ich die Klappe des Flügels und stehe auf. Ich verlasse den Ballettsaal und will gerade zu der Umkleide gehen, in der ich während des Unterrichts immer meine Jacke lasse, als ich eine Flut violetter Haare in einem der anderen Säle entdecke.

Rayne. Sie hat jetzt ihren Contemporary-Kurs, ich erinnere mich.

Meine Schritte werden langsamer, ich halte inne. Sie ist nicht allein, natürlich nicht. Ich schätze, es sind um die dreißig Tänzerinnen und Tänzer in dem Saal. Ich entdecke Skye, Zoe und Jase, der sich genau in dem Moment umdreht und mich durch die Glaswand kurz angrinst, bevor er sich wieder Melanie zuwendet, der Gastdozentin aus New York. So viel weiß ich. Rayne hat von ihr erzählt.

Melanie steht vor der Spiegelwand und scheint ihnen mit raumgreifenden Handbewegungen etwas zu erklären, ehe sie in die Hände klatscht und alle auf ihre Positionen schickt. Das ist mein Zeichen, zu verschwinden, ich habe hier nichts mehr verloren. Vor allem sollte ich nicht hier auf dem Gang stehen und Rayne beobachten, die jetzt die Schultern lockert und sich die langen Haare über die Schulter wirft.

Die meisten anderen Mädchen haben ihre Haare immer noch zu dem strengen Knoten zurückgebunden, der für die Ballettkurse vorgesehen ist, aber alle haben die engen Trikots gegen weitere Shirts getauscht.

Rayne trägt ein übergroßes lilafarbenes Shirt. Es fällt weit über ihre schwarze Leggins, die sich eng an ihre langen, schlanken Beine schmiegt. Ich betrachte sie, und auf einmal ist mir unfassbar warm.

Sieh weg. Sieh weg. Sieh weg.

Ich sollte wirklich wegsehen, sie nicht so anstarren und von hier verschwinden, aber ich bin wie gelähmt. Die Musik setzt ein, so laut, dass ich selbst hier erkenne, welcher Song es ist – *Dancing On My Own*. Es ist einer der Songs, die Rayne mir letztes Jahr geschickt hat.

Ich kann mich nicht rühren, weil Rayne sich gleichzeitig mit den anderen in Bewegung setzt, und weil es mir das erste Mal so vorkommt, als wäre sie sie selbst, wenn sie tanzt. In den letzten Wochen habe ich sie jeden Morgen erlebt, wie sie Tag für Tag versucht hat, sich den Regeln des Balletts zu beugen, und sie hat nie den Eindruck gemacht, als würde ihr das, was sie da tut, Spaß machen.

Jetzt ist es anders.

Ihre Bewegungen sind flüssiger, wirken leichter, weniger kontrolliert, weniger perfekt. Wie Rayne halt.

Das Mädchen, das eigentlich gar nicht hier sein wollte. Das Mädchen, das mir drei Monate lang jeden Tag einen neuen Song geschickt hat, weil ihr Leben von Musik beherrscht wird. Sie ist wieder das Mädchen, das nicht weiß, was es will, das seinen eigenen Weg sucht.

Ich beobachte Rayne, und ich glaube, es ist möglich, dass sie sich damals geirrt hat. Dass es nicht grundsätzlich um das Tanzen selbst ging, wenn sie davon gesprochen hat, dass das nicht das ist, was sie will. Sondern dass es um das Ballett an sich ging. Um die Regeln und die Kontrolle, die Perfektion. Das alles passt nicht zu Rayne. Sie ist nicht kontrolliert oder perfekt.

Sie ist kreativ und frei.

Sie ist schön.

Sie ist lebendig.

Ich fürchte nur, dass sie das nicht weiß.

22. KAPITEL
Rayne

Dancing On My Own – Calum Scott

Die Welt um mich herum verschwimmt, während ich tanze. Ich nehme nichts anderes mehr wahr außer der Musik und mich selbst.

Mein Herz arbeitet, mein ganzer Körper, und zum ersten Mal fühlt sich das alles nicht falsch an. Hier zu sein. Zu tanzen. Ich habe die Schritte im Kopf, weiß, wie ich meine Füße setzen, wie ich meine Arme bewegen muss. Ich gehe in eine Drehung, und es fühlt sich unendlich leicht an.

Ich kann atmen, richtig atmen. Meine Muskeln ziehen und brennen, es ist anstrengend, aber auf die beste Weise, weil ich weiß, dass ich gut bin. Dass das hier funktioniert. Ich fühle den Boden unter meinen Füßen. Ich fühle die Musik, diesen Song, und ich fühle *mich*. Es ist verrückt, wie einfach es ist, wenn ich nicht krampfhaft versuche, perfekt zu sein. Weil es hier nicht um Perfektion geht. Nur um Gefühle. Und ich fühle so, so viel.

Get lost in music
Lost in you
And dance with you 'til midnight

Die Worte tauchen so plötzlich in meinem Kopf auf, dass ich für einen Moment aus dem Takt gerate und falsch in die Drehung gehe. Aber sie sind da, und mein Herz schlägt und schlägt und schlägt auf einmal in einem neuen Rhythmus, einem anderen, der fremd und vertraut zugleich ist. Irgendwas passiert hier mit mir und diesen Worten in meinem Kopf, doch ich kann nicht recht greifen, was es ist, und dann ist *Dancing On My Own* zu Ende, im Studio wird es leise, und ich komme wieder in der Realität an.

In der Realität, in der ich nicht alleine bin.

»Das war schon richtig gut, Leute.« Melanie strahlt uns an. »Versucht, euch noch ein bisschen mehr fallen zu lassen. Gebt die Kontrolle ab. Konzentriert euch nicht so sehr darauf, jede Bewegung perfekt auszuführen. Rayne hat das gerade zum Beispiel sehr gut gemacht.«

Hitze steigt mir in die Wangen, als Melanie meinen Namen ausspricht. Ihr Lob überrumpelt mich dermaßen, dass ich nicht weiß, wohin mit mir, meinen Händen. Wen ich angucken soll. Also schaue ich verlegen zu Boden, während sich sämtliche Blicke auf mich richten. Mein Puls schießt in die Höhe, ich mag das nicht, dieses Angestarrtwerden. Es ist unangenehm, weil ich doch gar nicht weiß, was ich so anders gemacht habe als die anderen.

Außerdem … ist es wirklich so lobenswert, dass ich gerade in diesem Kurs gut bin? Dem einzigen, in dem alle anderen Probleme haben, während ich in all den Kursen nicht klarkomme, in denen sie glänzen?

Die Rechnung geht irgendwie nicht auf.

»Du warst wirklich super. Sei stolz darauf«, flüstert Zoe mir zu, als könnte sie mal wieder direkt in meinen Kopf gucken. Sie greift kurz nach meiner Hand, und ihre Berührung sorgt dafür, dass ich mich sofort ein kleines bisschen besser fühle. Stolz sein kann ich trotzdem nicht. Weil es sich eher so anfühlt, als würde ich selbst im Gutsein versagen.

»Bevor wir Schluss machen, möchte ich noch einmal auf die Aufgabe zurückkommen, von der ich vor ein paar Wochen gesprochen habe«, fährt Melanie fort und lenkt die Aufmerksamkeit der anderen von mir zurück auf sich. »Ich möchte, dass jeder von euch sich einen Song aussucht und eine Choreografie entwickelt, mit all den Elementen, die wir bisher durchgenommen haben. Ein bis zwei Minuten reichen, es muss kein vollständiger Song sein. Ihr könnt auch zusammenarbeiten, aber bitte nicht mehr als drei von euch pro Gruppe. Ihr habt Zeit bis zum Ende des Semesters. In den letzten beiden Wochen werden wir eure Choreografien durchgehen. Sie werden außerdem bei euren Beurteilungen für dieses Semester eine Rolle spielen. Selbstverständlich könnt ihr auch alles, was wir in den nächsten Wochen machen, einfließen lassen, unser Unterricht geht schließlich weiter. Außerdem bin ich immer da, um euch zu helfen, wenn ihr Probleme habt. Es geht hier schließlich nicht um Perfektion. Ich möchte nur, dass ihr lernt, auf eure Gefühle und die Musik zu hören und eure Bewegungen danach auszurichten.« Ihr Mund verzieht sich zu einem Lächeln, irgendjemand stellt eine Frage, aber ich verstehe sie nicht.

In meinen Ohren rauscht es, und wieder sind da diese Worte.

I won't turn back
I won't give up
I'll make it fcking right
Get lost in music
Lost in you
And dance with you 'til midnight

Meine Hände kribbeln vor Aufregung, als sich in meinem Kopf eine verrücke Idee formt. Wirklich verrückt. Vollkommen absurd. Aber auch sehr, sehr richtig.

»Rayne?« Zoes Stimme reißt mich aus meinen Gedanken.

»Hm?«, mache ich, und auf ihrem Gesicht breitet sich ein belustigtes Lächeln aus.

»Kommst du?«

Blinzelnd sehe ich mich um. Die anderen packen ihre Sachen zusammen, ich habe nicht mal mitbekommen, dass Melanie uns bereits entlassen hat.

»Ja, klar. Sorry. Ich hab irgendwie nicht aufgepasst.«

»Was du nicht sagst.« Jase legt grinsend einen Arm um Zoes Schulter und nickt dann Richtung Tür. »Übrigens … ich glaube, da wartet jemand auf dich.«

»Wer sollte denn …« Ich verstumme, als ich mich umdrehe und Easton entdecke.

Er steht auf dem Flur und schaut mich an. Mein Herz macht einen Satz. Es ist total unfair, dass es das immer tut, wenn er in der Nähe ist und mich so ansieht. Mir wird warm, und ich bete, dass ich nicht schon wieder rot werde, und wenn doch, dann soll er das bitte nicht bemerken.

Er glaubt nicht an Schicksal, das hat er gesagt, und eigentlich tue ich das auch nicht. Aber ich glaube, ich muss das überdenken, denn es kann kein Zufall sein, dass er ausgerechnet jetzt vor diesem Studio steht, in dem ich gerade eben diese verrückte Idee hatte, die sich in meinem Kopf festgesetzt hat.

Ich will zu ihm gehen und ihm davon erzählen, aber meine Beine setzen sich einfach nicht in Bewegung.

Wir haben uns heute Morgen zwar gesehen, aber nicht miteinander geredet. Ich war froh darüber, und gleichzeitig hat es sich furchtbar angefühlt, weil ich sofort wieder an diesen Moment denken musste. Den Beinahe-Kuss und die Tatsache, dass ich diejenige war, die ihm ausgewichen ist.

Letzte Nacht konnten wir das ignorieren, aber da war es dunkel und still, und wir haben einen Song geschrieben. *Den*

Song. Es war einfach, alles andere auszublenden. Doch jetzt geht das nicht so leicht, hier, zurück im Alltag, wo alles so ist wie immer, aber eben auch nicht. Schließlich hätten wir uns beinahe geküsst. Ich sollte besser aufhören, darüber nachzudenken.

Ja, das wäre vernünftig.

Ich packe meine Sachen zusammen, dann folge ich Zoe, Jase und Skye nach draußen. Easton steht immer noch da, die Hände in den Hosentaschen vergraben. Seine dunklen Haare fallen ihm zerzaust in die Stirn.

»Hey«, begrüßt er mich, als ich ihn erreiche.

»Hey«, sage ich und bin mir viel zu bewusst, dass meine Freunde auch da sind und uns neugierig beobachten. Sie sollen bitte verschwinden, ihre Blicke machen mich nervös.

»Rayne, wir gehen schon mal rüber ins Wohnheim, okay?« Zoe hat schon wieder meine Gedanken gelesen, und ich nicke ihr dankbar zu. »Wir sehen uns dann später.« Vielsagend sieht sie mich an, eine stumme Aufforderung, den Nachmittagsunterricht nicht schon wieder zu schwänzen.

»Ja, bis nachher«, verspreche ich und bin unendlich froh, dass Mae nicht hier ist, weil sie sich, im Gegensatz zu Jase und Skye, nicht so bereitwillig von Zoe wegziehen lassen würde.

»Was machst du denn noch hier? Hast du nicht längst Schluss?«, frage ich Easton, sobald sie verschwunden sind.

Er zuckt mit den Schultern. »Ja, schon. Ich hab noch gespielt, und dann wollte ich eigentlich los, aber dann habe ich euren Kurs gesehen, und na ja … Ich bin immer noch hier.«

»Dann hast du uns beobachtet?«, frage ich, bemühe mich um einen belustigten Tonfall, obwohl sich alles an dieser Situation merkwürdig anfühlt. Unnatürlich. Nicht wie wir.

»Nur ein bisschen.« Seine Mundwinkel heben sich zu einem schiefen Lächeln. »Du warst gut.«

»Findest du?« Ich hasse es, wie unsicher ich mich anhöre, noch mehr hasse ich allerdings, dass ich mich so fühle. Es soll verdammt noch mal aufhören. Warum kann ich mich nicht einfach gut fühlen? Warum kann ich das Lob nicht einfach annehmen, ohne mir gleichzeitig wie eine totale Versagerin vorzukommen?

»Sonst würde ich das nicht sagen«, erwidert er sanft, und allein der Klang seiner Stimme sorgt dafür, dass sich etwas in mir sehnsüchtig zusammenzieht.

»Danke«, murmle ich und spreche hastig weiter, bevor er wieder etwas sagt, mit dem ich nicht umgehen kann. »Melanie hat uns eine Aufgabe gestellt. Wir sollen uns einen Song aussuchen und eine Choreografie entwickeln.«

Seine Augenbrauen wandern nach oben. »Klingt kompliziert.«

»Ja, wird es vermutlich auch. Ich hab das noch nie gemacht.«

»Weißt du schon, welchen Song du nehmen willst?«

»Ja.« Ich atme tief ein, atme aus, muss lächeln. »Ich will unseren Song nehmen.«

Ich weiß nicht, womit ich gerechnet habe. Obwohl, nein, das ist gelogen. Ich weiß es.

Ich habe mit Freude gerechnet, mit diesem aufgeregten Funkeln in seinen Augen, das letzte Nacht die ganze Zeit da war, während wir nach den richtigen Worten gesucht haben. Das da war, während er mir dabei zugesehen hat, wie ich die falschen Worte in seinem Notizbuch durchgestrichen und durch die richtigen ersetzt habe, als ich ihm leise die Melodie vorgesungen habe, die ich im Ohr hatte. Langsamer und etwas melancholischer als das, was die Jungs sonst machen. Ein bisschen sanfter, weniger rockig.

Ich habe mit diesem Lächeln gerechnet, das seine Grübchen zeigt und das mir mehr als deutlich macht, dass unsere Freundschaft sich innerhalb kürzester Zeit viel zu sehr verändert hat. Weil dieses Flattern in meinem Bauch und in meiner Brust, das Stolpern meines Herzens, wenn ich ihn sehe, und dieser unausweichliche Zwang, lächeln zu müssen, wenn ich nur an ihn denke, ziemlich deutliche Zeichen dafür sind, dass wir nicht einfach nur Freunde sind, obwohl es das ist, was wir sein müssen. Was ich gerade brauche.

Doch Easton lächelt nicht. Stattdessen huscht ein Schatten über sein Gesicht, den ich noch nie bei ihm gesehen habe und der dafür sorgt, dass mein Magen sich schmerzhaft verkrampft.

»Was ist?«, frage ich verunsichert und unterdrücke den Drang, die Arme vor der Brust zu verschränken. »Findest du die Idee doof?«

»Nein. Gar nicht. Die Idee ist gut. Es ist nur …« Kopfschüttelnd bricht er ab.

»Was?«

»Gar nichts. Nur … Wie willst du das machen? Wir haben den Song noch nicht mal aufgenommen.«

»Und? Dann macht ihr das jetzt halt. Wir könnten zusammen ins Studio gehen und –«

»Nein«, unterbricht er mich scharf. Ein schuldbewusster Ausdruck erscheint auf seinem Gesicht, als ich getroffen zusammenzucke.

»Warum nicht? Der Song ist gut, richtig gut und –«

»Und es ist dein Song!«, fährt er mich an und reibt sich mit einer Hand über die Stirn.

Verwirrt blinzle ich ihn an. »Nein. Quatsch. Wir haben ihn zusammen geschrieben.«

»Es ist trotzdem dein Song. Du hattest die Idee. Du wusstest, worüber du schreiben willst, und das hast du getan.«

»Ja. Mit dir zusammen«, widerspreche ich bestimmt. Ich begreife nicht, was hier passiert.

»Ich habe dir geholfen, ja. Aber es ist dein Song.«

»Nein. Ist es nicht. Wir haben ihn *zusammen* geschrieben.« Ich wiederhole mich, aber es geht nicht anders. Er muss das verstehen. Er muss das doch wissen. »Wenn überhaupt, dann ist es *unser* Song. Und ich will, dass ihr ihn spielt.«

»Aber das, was du willst … Fuck, Rayne! Das ist nicht so einfach, wie du dir das vorstellst!« In seiner Stimme schwingt unüberhörbare Verzweiflung mit und Wut. Wut auf … wen? Mich? Oder sich selbst? Ich weiß es nicht, will es nicht wissen.

»Dann erklär es mir«, bitte ich ihn und gehe einen Schritt auf ihn zu. Alles in mir drängt danach, eine Hand nach ihm auszustrecken und ihn zu berühren, aber er weicht zurück, als würde er ahnen, was ich vorhabe. Ein Stich, direkt in mein Herz. Es ist unfair, schon klar. Ich bin gestern auch zurückgewichen, und das jetzt ist etwas anderes. Trotzdem tut es weh.

»Wir können es uns nicht leisten, mal eben ins Studio zu gehen und einen Song aufzunehmen.«

Ich denke nicht nach, ich antworte einfach. Und sage prompt genau das Falsche. »Ich schon.«

Er lacht auf, es klingt bitter. »Ja, ich weiß.«

In meinen Ohren rauscht es, das alles hier läuft schrecklich schief, und ich übersehe etwas. »Easton, ich verstehe nicht …«

»Schon klar. Wie solltest du auch. Du kommst aus einer völlig anderen Welt als ich und … Ach, fuck, vergiss es. Das ist … dumm, und ich muss jetzt auch los.« Er lügt, das wissen wir beide. Freitags arbeitet er nicht im Plattenladen, weil er später ins Lighthouse muss und zwei Jobs an einem Tag mehr als genug sind.

Fassungslos starre ich ihm hinterher, als er sich abwendet und zur Treppe hastet. Ich will ihm hinterherrufen, dass wir uns doch versprochen haben, nicht noch mal zu streiten, aber ich bringe keinen Ton heraus.

23. KAPITEL
Easton

FUCK ABOUT IT – Waterparks, blackbear

Ich bin ein Arschloch.

Ziemlich einfache Geschichte.

Ich habe die ganze Sache dermaßen versaut, dass ich nicht mal ansatzweise weiß, wie ich das wieder in Ordnung bringen soll. Wobei eine Entschuldigung vermutlich ein guter Anfang wäre. Eine Erklärung auch.

Ich weiß nur nicht, was ich ihr sagen soll. Wie ich ihr mein Verhalten erklären kann. Es war so dumm. Jeder andere hätte sich gefreut. Darüber, dass wir diesen Song geschrieben haben, dass sie ihn mit uns aufnehmen und eine verdammte Choreografie dafür entwickeln möchte. Das alles – allein, in ein richtiges Studio zu gehen und den Song aufzunehmen – wäre ein Schritt nach vorne. In die richtige Richtung.

Trotzdem fühlt es sich an wie eine Abkürzung, und so, als würde ich sie ausnutzen. Aber das ist es nicht. Nicht nur. Wenn ich ehrlich bin, so richtig ehrlich, ist es was anderes.

In den letzten Wochen war es einfach, zu vergessen, wer Rayne ist und dass wir aus völlig verschiedenen Welten kommen.

Sie war eine Tanzstudentin an der New England School of Ballet so wie alle anderen auch. Sie ist zum Unterricht gegangen, und wenn sie nicht getanzt oder gelernt hat, haben wir Zeit miteinander verbracht und Musik gehört.

Es war einfach, zu vergessen, dass sie ein Millionenvermögen von ihren Eltern geerbt hat.

Bis heute. Bis sie gesagt hat, dass sie die Aufnahme im Studio bezahlen kann. Wahrscheinlich würde ihr das Geld nicht mal fehlen. Nein, nicht wahrscheinlich, sondern ganz sicher nicht. Während wir monatelang sparen müssten, um uns das leisten zu können.

Es ist nicht fair, das an ihr auszulassen, schon klar. Sie kann nichts dafür. Absolut gar nichts. Sie hat nichts falsch gemacht. Es ist nur mein verfickter Stolz, der mir im Weg steht, und meine Frustration darüber, dass ich alleine nicht in der Lage bin, einen guten Song zu schreiben.

Wie gesagt, ich bin ein Arschloch.

»Was ist los?« Becks Stimme lässt mich den Kopf heben.

»Hm?«

Er deutet auf das Messer in meiner Hand und das kleingeschnittene Gemüse auf dem Holzbrett vor mir. »Du bist seit fünf Minuten fertig und starrst seitdem auf die Paprikastücke. Was ist los?«

»Gar nichts.« Ich lege das Messer zur Seite und bemühe mich um einen unbeteiligten Gesichtsausdruck.

»Junge. Verarschen kann ich mich alleine.« Er kommt zu mir rüber, nimmt das Brett und lässt das Gemüse schwungvoll in die Pfanne fallen. Er ist der Einzige von uns, der richtig kochen kann, weil seine Mutter Köchin ist und er einen Großteil seiner Kindheit und Jugend neben ihr am Herd verbracht hat. Wenn er nicht gerade dabei war, Musik zu machen. »Gibt's Ärger im Paradies?«

Ich verdrehe die Augen und presse die Lippen aufeinander.

»Also ja. Wenn du darüber redest, könnte ich versuchen, dir zu helfen«, schlägt er vor.

Ich will den Kopf schütteln, ertappe mich dann aber selbst dabei, wie ich seufzend nachgebe.

»Ich hab mich mit Rayne gestritten.«

»Was du nicht sagst.« Er stößt ein trockenes Lachen aus, und ich werfe ihm einen bösen Blick zu, was er jedoch nur mit einem spöttischen Schulterzucken quittiert. »Ist doch wahr. Ihr wart gestern unterwegs, ziemlich lange sogar. Ich hab gehört, wann du nach Hause gekommen bist, East. Eigentlich dachte ich, es wäre gut gelaufen, aber seit du von der Akademie zurück bist, hast du wirklich verdammt schlechte Laune.«

»Könnte grundsätzlich auch andere Gründe haben.« Ich weiche aus, ohne richtig zu begreifen, warum. Mit Beck zu reden hilft eigentlich immer. Aber normalerweise weiß ich auch, was in meinem Kopf vor sich geht. Heute nicht.

»Klar. Grundsätzlich schon. Aber nein. Warum habt ihr euch gestritten?«

Ich lasse mich auf einen der Stühle fallen, die um den runden Küchentisch herumstehen, und seufze auf, genervt von mir selbst. »Es ist dämlich.«

»Ja, das überrascht mich gar nicht. Fang endlich an zu reden, East.«

»Wir haben zusammen einen Song geschrieben.«

Beck hält mitten im Rühren inne und dreht sich verblüfft zu mir um. »Ihr habt einen Song geschrieben?«

»Einen ziemlich guten sogar.«

»Und warum streitet ihr euch dann?«

»Weil ich ein Arschloch bin.«

»Mhm, ich widerspreche dir nur ungerne, aber nein. Ehrlich, East, du bist alles, aber kein Arschloch.«

»In dem Fall doch.« Ich stöhne auf, und dann erzähle ich meinem besten Freund alles. Na ja, fast alles. Die Sache mit dem Beinahe-Kuss behalte ich für mich. Beck hört schweigend zu, brät währenddessen weiter das Gemüse an. Als ich schließlich verstumme, dreht er sich zu mir um, lehnt sich gegen den Herd und verschränkt die Arme vor der Brust.

Schweigend mustert er mich. So lange und so intensiv, dass ich irgendwann unruhig auf dem Stuhl herumrutsche.

»Das war ziemlich unnötig«, stellt er schließlich fest.

»Ach was. Sag bloß.« Die Ironie in meiner Stimme ist unüberhörbar.

»Gott, ich hasse deinen Stolz. Wir hätten mit Rayne ins Studio gehen können.«

»Jetzt tu mal nicht so, als wärst du besser als ich. Du hättest ganz genauso reagiert«, gebe ich zurück. Beck scheint gerade zu vergessen, dass wir uns im Allgemeinen ziemlich ähnlich sind. Vor allem, was unseren elendigen Stolz betrifft und unsere absolute Unfähigkeit, Hilfe anzunehmen.

»Ich weiß.« Er grinst. »Hab ich aber nicht. Und deswegen kann ich dir kluge Ratschläge geben, die ich selbst nicht einhalten würde.«

»Ich hasse dich.«

»Jajaja, ich dich auch, Mann.«

»Ich habe die ganze Zeit das Gefühl, zu versagen.« Die Worte schmecken bitter auf meiner Zunge. »Ich versuche seit Monaten, wieder richtig gute Songs zu schreiben, und es hat die ganze Zeit nicht funktioniert. Warum ging es mit ihr auf einmal?«

»Ich würde ja sagen, das liegt daran, dass du Gefühle für sie hast, aber ich denke, das willst du nicht hören. Also sage ich dir was anderes: Vielleicht liegt es daran, dass ihr ähnlich tickt, und das brauchst du jetzt gar nicht abzustreiten, ich kenne dich.

Und Rayne … Sie kenne ich zwar nicht, ich weiß allerdings, welche Songs sie dir geschickt hat.«

Die Frage nach dem *Woher* liegt mir auf den Lippen, aber er kommt mir zuvor.

»Dein Spotify-Account verrät dich. Junge, du hast eine Playlist angelegt, in der du alle Songs, die du von ihr bekommen hast, abgespeichert hast.«

Glühende Hitze steigt mir in die Wangen, und ich kann nicht mal widersprechen, weil es die Wahrheit ist. Ich hätte nur nicht gedacht, dass Beck das mitbekommen hat. Ist ja nicht so, als hätte ich die Playlist nach ihr benannt. Wahrscheinlich verraten mich einfach die Songs.

»Aber darum geht's jetzt nicht«, fährt Beck unbeirrt fort. »Sie macht was mit dir. Hat sie die ganze Zeit schon, während ihr geschrieben habt. Überrascht es dich wirklich, dass ihr zusammen einen guten Song schreiben konntet?«

Ich will Ja sagen, einfach aus Prinzip, aber das wäre gelogen. Nein, es überrascht mich nicht. Kein bisschen. Und wahrscheinlich ist das ein Teil des verdammten Problems.

»Hab ich schon erwähnt, dass ich dich hasse?«

»Ja. Gerade eben erst, aber danke, dass du das noch mal wiederholst. Du magst sie, oder?«

Überrascht sehe ich ihn an. »Was hat das eine jetzt mit dem anderen zu tun?«

»Ich meine, du magst sie so richtig«, präzisiert er.

»Das ist nicht –«

»Also ja. Warum fällt es dir so schwer, ihre Hilfe anzunehmen?«

»Weil … Keine Ahnung. Ich will sie nicht ausnutzen.«

»Tust du ja nicht. Nicht, wenn sie ihre Hilfe anbietet.«

»Es ist ihr Song.«

»Es ist euer Song. Hat sie selbst gesagt. Deine dummen

Ausreden ziehen nicht mehr, East. Was ist dein verfluchtes Problem?«

Wenn ich das wüsste.

»Ernsthaft, sag's mir. Denn du musst ein Problem haben, wenn du aus völlig falschem Stolz eine Chance sausen lässt, die nicht nur dich betrifft, sondern auch uns. Wir hängen da nämlich auch mit drin, schon vergessen? Klar, du schreibst die meisten unserer Songs, aber wir sind eine Band. Wir sind Brüder. Und wenn du mit Rayne einen Song geschrieben hast und sie will, dass wir ihn aufnehmen, dann geht es nicht nur um dich.«

Mein schlechtes Gewissen trifft mich wie ein Schlag. »Siehst du, ich bin wirklich ein Arschloch. Ein ziemlich egoistisches Arschloch, so wie's aussieht.«

»Du bist nicht egoistisch. Ich glaube, du hast Angst. Du musst mir nur sagen, wovor. Dann kann ich …« Beck verstummt, als die Haustür zufällt und leise Stimmen aus dem Flur zu uns dringen.

»Easton? Wo steckst du? Hier ist jemand, der dich sehen will«, brüllt Jax so laut, dass ihn vermutlich auch unsere Nachbarn auf der anderen Straßenseite hören können. Vermutlich denkt er, ich bin oben in meinem Zimmer.

»Küche!«, ruft Beck zurück. »Und brüll nicht so. Wir verstehen dich klar und deutlich.«

»Was weiß ich denn, wo ihr steckt«, brummt Jax aus dem Wohnzimmer und kommt rüber in die Küche.

Ich erstarre, als ich hinter ihm Rayne entdecke. Mir fällt auf, dass sie wieder meine Mütze trägt. Sie hat sie mir letzte Nacht nicht zurückgegeben, nachdem ich sie zur Schule gefahren habe.

»Hey, Sunshine«, begrüßt Beck sie grinsend und wirft mir einen vielsagenden Blick zu.

Sie schenkt ihm ein halbes Lächeln, das nicht so richtig bei ihren Augen ankommt, dann richtet sich ihr Blick auf mich.

»Wir müssen reden«, sagt sie, viel zu ernst.

Ich schlucke schwer, mein Mund ist auf einmal ganz trocken. In meiner Brust zieht es, und meine Handflächen werden feucht. Ich nicke.

Wir müssen reden.

Davor

07. Juni um 6:37 Uhr

mockingbird:
Hailey hat mich schon wieder versetzt. Ich könnte echt kotzen.

eastcoleman:
Ist nicht wahr … Hast du ihr mal gesagt, dass ihr Verhalten echt scheiße ist?

mockingbird:
Nein. Sie würde mein Problem nicht verstehen, und dann wäre ich sauer, weil sie ignorant ist. Und dann würden wir streiten, und mit Hailey kann man nicht streiten.

eastcoleman:
Inwiefern?

mockingbird:
Zum einen würde ein Streit mit Hailey zu nichts führen. Auf jeden Fall zu keiner Lösung. Zum anderen … gibt es Menschen, mit denen man sich streiten kann, und welche, mit denen es eben nicht geht? Weißt du, was ich meine?

eastcoleman:
Ich bin eigentlich eher dafür, dass man sich überhaupt nicht streitet, also …

mockingbird:
Klar, es wäre schön, wenn es kein Konfliktpotenzial gäbe und alles immer super wäre. Ist aber doch eher unrealistisch. Was ich meine … Ich kann mich mit meinen Eltern streiten, weil ich weiß, dass sich danach nichts an unserer Beziehung ändert. Gut, sie sind meine Eltern, das ist vielleicht noch mal was anderes. Aber ich glaube trotzdem, dass es so funktioniert. Mit manchen Menschen streitet man sich lieber nicht, selbst wenn man von ihnen verletzt wurde, weil es eh nichts bringt und sie am Ende nur sauer auf einen sind. Bei Hailey ist das so, und ich wäre nur frustriert, weil ich ihr einfach nicht sagen kann, dass ihr Verhalten mir wehtut.

eastcoleman:
Soll sie halt sauer sein. Sie kann dich nicht immer versetzen und glauben, dass du das einfach mit dir machen lässt, weil du so eine verständnisvolle Freundin bist. Was du auf jeden Fall bist, nur um das mal klarzustellen. Aber Hailey kann trotzdem nicht machen, was sie will.

mockingbird:
Ja, ich weiß … Es ist wirklich eine ziemlich frustrierende Angelegenheit.

eastcoleman:
Versteh ich.
Erklärst du mir noch mal, was du damit meinst, wenn du sagst, dass es Menschen gibt, mit denen man sich streiten kann? Ich will nämlich nicht, dass du mir vielleicht mal nicht sagst, was du wirklich denkst, weil du Angst davor hast, dich mit mir zu streiten.

mockingbird:
Nein, bei dir ist das anders. Ein bisschen so wie mit meinen Eltern. Ich weiß nicht, ob ich es vernünftig erklären kann, vielleicht ergibt das für dich auch überhaupt keinen Sinn, was ich hier rede.

eastcoleman:
Spuck's aus, Birdy.

mockingbird:
Es geht um Vertrauen. Ich glaube, je mehr man einer Person vertraut, desto eher kann man streiten. Weil man weiß, dass sie nach einem Streit immer noch da ist. Dass sich nichts ändert, selbst wenn man unterschiedlicher Meinung ist. Ich glaube, es hat viel mit Sicherheit und Respekt zu tun, wenn man sich streiten kann.

eastcoleman:
Ich finde, das ergibt sehr viel Sinn. Aber das bedeutet, du vertraust Hailey nicht.

mockingbird:
Nein. Nicht so.

eastcoleman:
Vertraust du mir?

mockingbird:
Ja.

eastcoleman:
Das beruhigt mich, auch wenn ich hoffe, dass wir uns nie streiten werden, einfach, weil es keinen Grund dafür gibt.

mockingbird:
Ich auch. Aber ich glaube, selbst wenn, ist das nicht schlimm.

eastcoleman:
Das hoffe ich doch.

24. KAPITEL
Rayne

Kiss Me Kiss Me – 5 Seconds of Summer

Ich habe den halben Tag damit verbracht, darüber nachzudenken, was für ein Problem Easton hat. Ich bin zu keinem Ergebnis gekommen.

Deswegen stehe ich jetzt vor ihm in der Küche, Beck und Jax sind auch da, und alles ist einfach nur unangenehm. Schon wieder. Das muss aufhören, sonst … Keine Ahnung, was sonst wäre, aber ich bin auch nicht besonders scharf darauf, das herauszufinden. Ich will nur, dass alles wieder unkompliziert ist.

Aber war es das je? Eigentlich nicht.

Easton räuspert sich und fährt sich mit einer Hand durchs Haar. »Lass uns nach oben gehen.«

Ich nicke, und Easton steht auf, während Jax Beck einen fragenden Blick zuwirft, als wüsste er längst, was vorgefallen ist. Als Beck mit den Schultern zuckt, bin ich mir sicher, Jax liegt damit sogar richtig.

»Seid lieb zueinander«, ruft Beck uns hinterher, als wir die Küche verlassen. Ja, er weiß definitiv Bescheid.

Easton versteift sich neben mir, ich kann es spüren, aber ich sage nichts, während wir nach oben in sein Zimmer gehen.

Der Raum ist dunkel, bis Easton die Nachttischlampen anschaltet. Er mag kein helles Licht, deswegen gibt es keine Deckenlampe. Sein Zimmer ist unordentlicher als gewöhnlich. Vor den Sitzsäcken liegen Dutzende Notizbücher auf dem Boden, lose Zettel, die mit seiner Handschrift vollgekritzelt wurden.

Es sind seine Songs, das erkenne ich, ohne mir eine Seite genauer ansehen zu müssen. Es sieht aus, als hätte er nach etwas gesucht.

Schweigend bleibe ich mitten im Raum stehen, weiß nicht so richtig, wohin mit mir und wo ich anfangen soll. Ihm scheint es nicht anders zu gehen, denn er sagt kein Wort. Er sieht mich nur an, und etwas in seinen Augen weckt den Drang in mir, ihn in den Arm zu nehmen. Festzuhalten, so wie er es schon so oft mit mir gemacht hat. Um die Schatten aus seinem Blick zu vertreiben und das, was auch immer das heute Mittag war, aus der Welt zu schaffen.

Aber so einfach ist es wohl nicht.

»Ich glaube, ich habe einen Fehler gemacht, als ich dich darum gebeten habe, dass wir uns nie wieder streiten«, sage ich schließlich.

Easton wirkt überrascht. »Warum?«, fragt er, und der abwehrende Unterton in seiner Stimme versetzt mir einen Stich.

»Erinnerst du dich noch daran, wie ich dir erzählt habe, dass ich mich mit Hailey nicht streiten kann, weil ich ihr nicht vertraue?«

Er nickt.

»Und daran, dass du mich gefragt hast, ob ich dir vertraue?«

Wieder ein Nicken.

»Ich hab Ja gesagt. Und dass es nicht schlimm ist, wenn wir uns streiten. Weil ich weiß, dass du trotzdem immer da sein wirst. Als wir uns vor ein paar Wochen das erste Mal gestritten haben, habe ich nicht mehr daran gedacht. Kann sein, dass ich es einfach verdrängt habe, weil ich überfordert war. Wie auch immer. Es war ein Fehler, dich zu bitten, nicht noch mal mit mir zu streiten. Ich will, dass wir uns streiten, wenn das bedeutet, dass wir uns die Wahrheit sagen können. Weil wir Freunde sind.«

Ich weiß nicht, warum ich das sage, diesen letzten Satz. Um mich selbst zu überzeugen, dass es das ist, worum es hier geht?

Easton verzieht das Gesicht, und vielleicht habe ich nicht nur vor ein paar Wochen einen Fehler gemacht, sondern gestern auch. Aber den von gestern kann ich nicht rückgängig machen, nicht einfach so. Den anderen schon.

»Also, bitte, sag mir die Wahrheit«, fordere ich ihn auf und straffe die Schultern. In meinen Ohren rauscht es. »Sag mir, warum du so wütend geworden bist. Was hab ich falsch gemacht?«

»Du hast nichts falsch gemacht.« Aufgewühlt geht Easton im Zimmer auf und ab und knetet sich die Hände. »Du hast gar nichts damit zu tun.«

»Hat sich aber so angefühlt.« Ich kann den verletzten Unterton in meiner Stimme nicht unterdrücken.

»Nein, wirklich. Das ist allein … Fuck, Rayne, du hast wirklich nichts damit zu tun.«

»Was war es denn dann?« Ich mache instinktiv einen Schritt auf ihn zu. »Kannst du mir das bitte einfach sagen? Ich möchte es verstehen. Ich hab den ganzen Tag darüber nachgedacht, und ehrlich, alles, was mir durch den Kopf gegangen ist, war …« Ich verstumme, als Easton innehält und stöhnend den Kopf in den Nacken fallen lässt.

»Tu das nicht. Mach dir keine Gedanken deswegen. Ich hab total überreagiert. Es war … dumm. Richtig dämlich. Ehrlich.«

»Irgendwie glaube ich dir das nicht.« Flehend strecke ich

beide Hände nach ihm aus. »Sag's mir einfach. Sag mir, was du denkst, Easton.«

»Ich … Ach, fuck. Es geht um mich, okay?« Er sieht mich an, und in meinem Bauch bildet sich ein fester Knoten. »Es geht um mich und meine absolute Unfähigkeit, irgendwas Sinnvolles zustande zu bringen!«

»Was?« Ich verstehe kein Wort, habe keine Ahnung, wovon er redet, denn wenn Easton irgendwas nicht ist, dann unfähig.

»Wir treten seit Monaten auf der Stelle, wir finden kein Label, gefühlt interessiert es niemanden, dass es uns gibt! Ich versuche seit einer Ewigkeit, endlich wieder einen Song zu schreiben, den ich wirklich gut finde. An den ich glauben kann! Aber ich krieg's nicht hin, und dann tauchst du hier auf, und wir sitzen in meinem Van und schreiben einen Song, der beschissen perfekt ist! Aber es ist dein Song, nicht meiner! Weil ich es einfach nicht hinbekomme! Und deswegen werden wir für immer in diesem Haus in dieser Stadt festsitzen, und wir werden es nie schaffen, unseren verdammten Traum zu leben!«

Fassungslos starre ich ihn an. Er hat das schon mal gesagt. Dass er sich unfähig fühlt, und ich habe geglaubt, ich würde es verstehen, weil ich mich viel zu oft genauso fühle. Ich schätze, ich habe mich geirrt. Ich hatte keine Ahnung, und ich bin wohl eine ziemlich beschissene Freundin, weil ich mich die ganze Zeit nur auf meine Probleme konzentriert habe, anstatt seine zu sehen. *Richtig* zu sehen.

»Easton, es tut mir leid, ich –«

»Tu das nicht«, unterbricht er mich. »Ehrlich, du musst dich nicht entschuldigen. Du kannst nichts dafür, dass ich mir wie ein absoluter Versager vorkomme, weil ich dich brauche, um einen Song zu schreiben, der nicht mal meine Idee war.«

Seine Worte schneiden tief in mein Herz, und ich hasse es, dass er sich so fühlt. Weil es nicht wahr ist.

»Du bist kein Versager. Und du brauchst mich nicht.« Meine Stimme ist leiser geworden, klingt entsetzlich erstickt, und Easton verzieht gequält das Gesicht.

»Doch. Tue ich. Ich brauche dich, aber ich hasse es. Ich will dich nicht brauchen. Ich will …« Er verstummt, als ich zusammenzucke. »Scheiße, so meinte ich das nicht. Ich meinte …«

»Schon gut.« Ich winke ab, obwohl es in meiner Brust zieht und sticht. Das alles hier läuft völlig aus dem Ruder, und ich bekomme Angst, dass ich mich geirrt habe. Dass wir nicht streiten können, weil danach doch nichts mehr ist, wie es war und wie es sein sollte.

»Nein, es ist nicht gut. Ich will diesen Song aufnehmen, Rayne. Ich will mit dir und den Jungs ins Studio und diesen verdammten Song aufnehmen, weil er großartig ist. Aber wir können uns das nicht leisten, und du …«

»Schon«, beende ich seinen Satz. Allmählich begreife ich, was sein Problem ist, und obwohl ich es nicht hundertprozentig nachvollziehen kann, weil ich einfach nicht in seiner Situation bin, noch nie war, kann ich es trotzdem irgendwie verstehen.

»Du hast das vorgeschlagen, als wäre es gar nichts. Eine Kleinigkeit, und für dich ist es das auch, und das ist auch echt in Ordnung. Aber für mich fühlt es sich gerade so an, als würden wir das ohne dich nicht schaffen. Und das ist verdammt unfair. Dir gegenüber und den Jungs gegenüber, weil es egoistisch ist. Ich bin egoistisch und zu stolz, über meinen verfickten Schatten zu springen und einfach Ja zu sagen. Und deshalb: Nein, ich will dich nicht brauchen. Nicht so. Ich will, dass wir …« Er stockt, seine Brust hebt und senkt sich heftig, er atmet zu schnell. Was wollte er gerade sagen?

Ich öffne den Mund, bin drauf und dran, ihn zu fragen, was er meint. Was er will. Von mir, von uns. Aber ich bringe die

Worte nicht über die Lippen, weil es darum nicht geht. Nicht jetzt und nicht so und überhaupt, warum ist es schon wieder so verdammt kompliziert?

»Wir sind Freunde«, sagt Easton, seine Stimme bricht, und mein Herz auch, ein bisschen zu sehr. »Und wenn wir in dieses Studio gehen und du uns hilfst, den Song aufzunehmen, dann … Was ist, wenn es etwas ändert? Wir stehen nicht auf der gleichen Stufe, Rayne. Du bist, wer du bist, und ich –«

»Du auch!«, falle ich ihm ins Wort. Tränen brennen in meinen Augen, er darf jetzt nicht weiterreden, sonst sagt er noch etwas, das er eigentlich nicht sagen will.

»Du weißt, was ich meine!«

»Nein, weiß ich nicht! Ich kann nichts dafür, wer meine Eltern waren. Ich kann nichts dafür, dass mein Dad ein Vermögen verdient hat, das jetzt mir gehört, weil er gestorben ist! Ich bin, wer ich bin, das stimmt. Aber das bist du auch! Gott, Easton, weißt du, was ich dafür geben würde, einen Traum zu haben, so wie du? Oder Talent? Eine Familie? Ich würde jeden verfluchten Penny, den ich besitze, geben, um meine Eltern zurückzubekommen. Ich würde *alles* geben, aber das geht nicht!« Meine Stimme überschlägt sich, ich verliere die Kontrolle, und ich muss mich beruhigen, aber ich kann nicht.

Easton ist blass geworden, und ich hasse, hasse, hasse das alles.

»Ich bin ganz allein auf dieser beschissenen Welt, und ich kann absolut gar nichts. Aber gestern, als wir gemeinsam diesen Song geschrieben haben, hatte ich zum ersten Mal das Gefühl, dass ich vielleicht doch etwas kann. Selbst wenn es nur mit dir zusammen funktioniert hat. Ich hätte das ohne dich nicht gekonnt. Alles, was du gerade gesagt hast… Ich verstehe das. Ich verstehe dich wirklich, aber es tut trotzdem weh! Und es ist unfair, schon klar. Nur weil es mir dadurch besser geht, muss es dir nicht auch besser gehen. Aber weißt du, was am meisten wehtut? Dass du nicht siehst, wie gut du bist!« Verzweifelt suche ich nach den richtigen Worten.

»Rayne – «

»Nein, ich bin noch nicht fertig!«, fahre ich ihn an, es ist furchtbar, aber ich kann jetzt nicht mehr aufhören. Er muss es verstehen. »Du bist so verdammt gut! Ich habe eure Songs gehört, jeden Tag in den letzten Monaten. Weil ich deine Stimme einfach hören musste. Weil deine Stimme etwas mit mir macht. Jedes verdammte Mal, wenn ich sie höre. Du bist was Besonderes, und du hast Talent. Himmel, du hast so unfassbar viel Talent, und das ändert sich auch nicht, nur weil das Schreiben in den letzten Monaten nicht funktioniert hat. Mein Dad hat auch nicht all seine Songs selbst geschrieben, oder alleine. Ich glaube, niemand kann das. Und selbst wenn. Ist doch scheißegal. Es ist nicht nötig. Dieser Song gestern … es ist nicht *mein* Song. Es ist *unser* Song, und wenn du noch einmal sagst, dass du unfähig bist oder das alles nicht kannst, dann muss ich dich hauen, weil es einfach nicht stimmt!« Schwer atmend verstumme ich, mein Herz hämmert so heftig gegen meine Rippen, dass es schmerzt.

Ich merke erst, dass ich mich auf ihn zubewegt habe, als ich meine Hände in sein Shirt kralle und an dem weichen Stoff ziehe. Seine Finger schließen sich um meine Handgelenke, ich denke erst, er will, dass ich ihn loslasse, doch stattdessen hält er mich einfach fest.

»Ich bin wirklich ein noch größeres Arschloch, als ich dachte«, sagt er leise, und mir entfährt ein ersticktes Lachen. Trotz allem, was wir einander gerade an den Kopf geworfen haben.

»Bist du nicht.«

»Doch, schon.«

»Nein. Aber Easton … Ich will nicht, dass du denkst, wir stehen auf unterschiedlichen Stufen oder du spielst in einer anderen Liga als ich. Das ist nicht wahr«, bringe ich gepresst hervor.

»Ich weiß.« Er lässt mich los und zieht mich an sich. Ich seufze lautlos auf, als er beide Arme um mich legt, und werde augenblicklich ruhiger.

»Wirklich?«, murmle ich in sein Shirt. Es riecht nach ihm, natürlich, und obwohl wir uns gerade gestritten haben, obwohl wir noch über eine Menge Dinge reden müssen, reagiert mein Körper auf seinen Geruch, seinen Herzschlag an meinem Ohr, seine Arme an meiner Taille. Wärme breitet sich in mir aus, und es ist falsch, falsch, falsch.

Er muss mich loslassen, ich muss ihn loslassen, wir müssen einander loslassen, weil ich mich gerade entsetzlich schwach fühle und zu sehr von ihm gehalten werden will. Viel zu sehr.

»Ja.« Er seufzt in mein Haar, und mir jagt ein wohliger Schauer über den Rücken. Ich kann ihn nicht loslassen, ich bin dazu einfach nicht in der Lage. Es geht nicht. »Ich bin nur … frustriert. Und unsicher. Und genervt. Das an dir auszulassen war scheiße.«

»War es. Aber ich verstehe dich.«

»Echt? Ich versteh mich nämlich nicht.« Er lacht leise, und ich muss lächeln. Keiner von uns beiden bewegt sich. Keiner lässt den anderen los.

»Doch, ich schon. Und Easton … Wenn du den Song nicht aufnehmen willst, ist das okay. Es war falsch von mir, davon auszugehen, dass du das willst.« Ich hebe den Kopf und sehe zu ihm hoch. Seine Haare fallen ihm wirr in die Stirn, und ich würde sie zu gern nach hinten streichen und herausfinden, ob sie so weich sind, wie ich annehme.

»Es ging nie darum, dass ich das nicht will«, sagt er, und mein Blick gleitet ganz von selbst über sein Gesicht. Die dichten Augenbrauen und Wimpern, die blausten Augen der Welt.

Diese Lippen, die mich gestern küssen wollten und die ich auch küssen wollte. Wenn ich nicht so viel Angst hätte. Er ist so schön, und ich will meine Finger über seine Gesichtszüge wandern lassen, über seine Lippen streichen … Und das ist echt ein Problem.

Seine Brust hebt sich, als er tief einatmet, drückt gegen meine. Wir sind uns entschieden zu nah, aber immer noch weicht keiner von uns zurück.

»Es ging nur um mich und meine beschissenen Selbstzweifel. Ich will, dass wir den Song aufnehmen.«

Die Art, wie er *wir* sagt, lässt mein verräterisches Herz schneller schlagen.

»Okay«, sage ich und will mich von ihm lösen, weil ich etwas sehr, sehr Dummes tue, wenn er mich noch länger festhält.

»Okay«, sagt er und schluckt. Etwas Dunkles, Hungriges flackert in seinen Augen auf. Er muss mich loslassen, jetzt sofort, sonst geht alles, was wir sind, in Flammen auf.

Aber er lässt mich nicht los. Stattdessen legen sich seine Hände an mein Gesicht, seine Finger sind warm und ein wenig schwielig.

»Rayne«, flüstert er, und ich glaube, ich habe meinen Namen noch nie so sehr gemocht wie in diesem Moment. Noch nie hat ihn jemand so ausgesprochen wie er. Weich und tief, so als wäre er alles.

Er lehnt seine Stirn gegen meine, sein Atem streift meine Haut, und ich kann nicht mehr klar denken. Mein Verstand setzt einfach aus. Er zögert, weil ich gestern zurückgewichen bin, und ich sollte es wieder tun. Sollte ich wirklich. Aber ich kann nicht, kann nicht, kann nicht. Ich vergesse, warum ich das gestern getan habe, warum ich es wieder tun sollte. Stattdessen hebe ich den Kopf, strecke mich ihm entgegen, nur ein Stück, aber das reicht.

Seine Lippen treffen auf meine, heiß und hungrig. Nicht sanft, nicht vorsichtig. Mein Körper geht in Flammen auf, *wir* gehen in Flammen auf.

Easton stöhnt auf, ein leiser, kehliger Laut, der mir unter die Haut geht, sich in mir einnistet, und den ich wieder und wieder und wieder hören will. Ich öffne die Lippen, unsere Zungen berühren sich. Mir werden die Knie weich. Ich bin noch nie so geküsst worden. So wild, dass es beinahe an Verzweiflung grenzt. Es zieht ein wenig, irgendwo da, wo mein Herz ist, weil ich genau davor Angst hatte, immer noch habe. Aber mein Verstand funktioniert nicht mehr, und obwohl ich Angst habe, ist das, dieser Kuss und er, genau das, was ich in diesem Moment will.

Alles verschwimmt, da sind nur Easton und ich, und eine Hand an meinem Gesicht, die andere wandert in meinen Nacken, biegt meinen Kopf nach hinten, sanft, aber bestimmt. Mein Körper wird weich an seinem, meine Finger vergraben sich in seinen Haaren, sein Becken drängt gegen meins, Hitze und Verlangen, Sehnsucht und Hunger. Keuchen aus seinem Mund oder aus meinem Mund. Keine Ahnung. Vielleicht, sehr wahrscheinlich, sind wir es beide.

Ich vergesse meinen Namen, vergesse, wer wir sind und wovor ich Angst hatte. Ich vergesse alles außer uns.

Für diesen einen kurzen Moment.

25. KAPITEL
Easton

Fuck Up The Friendship – Leah Kate

Rayne fühlt sich in meinen Armen sehr klein und sehr schmal an. Und sehr perfekt. Sie seufzt in meinen Mund, und ich werde hart. Mein Blut kocht, ich kann ihr Herz an meiner Brust schlagen spüren.

Ihre Lippen auf meinen, ihre Zunge in meinem Mund. Alles ist heiß und empfindlich. Ihre Finger streichen über die weiche Haut in meinem Nacken, und ich will, dass sie mich überall berührt. Jeden Zentimeter meines Körpers mit ihren Händen nachfährt. Und ich will das Gleiche bei ihr machen. Ich muss sie spüren, es geht nicht anders.

Meine Hände wandern unter ihren Pulli, sie bekommt eine Gänsehaut, als ich über ihre Wirbelsäule streiche, drückt den Rücken durch, näher zu mir, immer näher. Sie stellt sich auf die Zehenspitzen, ihre Hüften drängen gegen meine, und ich bin geliefert, ich bin so was von geliefert.

»Easton.« Sie flüstert meinen Namen, und ich liebe es, dass sie die Einzige ist, die jemals meinen vollen Namen benutzt, und wie ihre Stimme dabei klingt. Weich und warm. »Warte.«

Ein Wort, und mir wird eiskalt. Weil darin etwas mitschwingt, das ich nicht hören will. Etwas Unsicheres. Ängstliches.

»Warte, warte, warte.« Atemlos löst sie sich von mir, nur so weit, dass unsere Münder sich nicht mehr berühren. Aber ihre Hände liegen immer noch in meinem Nacken, ihre Brust drückt immer noch gegen meine, ihre Hüften auch.

»Was?« Meine Stimme ist so heiser, ich muss mich räuspern, damit ich mich selbst verstehe.

»Wir … Was tun wir hier?«, fragt sie, und mir ist klar, es geht nicht um den Kuss. Nicht wirklich. Nicht nur.

Ich weiß nicht, was ich sagen soll, weil ja, ich habe keine verdammte Ahnung, was wir tun. Ich weiß nur, dass sich schon lange nichts so richtig angefühlt hat, wie sie zu küssen. Festzuhalten. Sie einzuatmen und zu schmecken.

»Easton.« Wieder mein Name, aber dieses Mal klingt er anders. Weniger weich, weniger warm.

Dann lässt Rayne sich auf die Fersen sinken und weicht zurück. Mein Magen zieht sich zusammen, meine Arme fallen kraftlos herab. Ihre Schultern sind verkrampft, ich kann ihre Anspannung spüren, und was immer sich von einem Moment auf den anderen geändert hat, was sie dazu gebracht hat, mich loszulassen, es ist nicht richtig. Kann überhaupt nicht richtig sein.

»Rayne …«, beginne ich und weiß dann nicht mehr weiter.

Was tun wir hier?

Keine verdammte Ahnung. Ich weiß nur, dass ich es wieder tun will. Immer wieder. Und dass ich nie wieder damit aufhören will.

»Du bist mein bester Freund, weißt du das?« Ihre Stimme zittert, ihre Augen glitzern verdächtig.

»Ja, ich weiß, aber …«

Aber wir können so viel mehr sein, will ich sagen, doch ich bringe die Worte nicht heraus, als sie mit dem Kopf schüttelt. Sie trägt immer noch meine Mütze.

»Ich kann dich nicht verlieren«, flüstert sie, scharfe Stiche mitten in mein Herz. »Es geht nicht. Ich kann nicht …« Sie ringt nach Atem, es tut weh, sie so zu sehen.

»Wirst du nicht.« Ein mutiges, verlogenes Versprechen, weil ich keinen Einfluss darauf habe, ob ich es halten kann. Aber ich will, dass es wahr ist.

»Das kannst du nicht wissen.«

»Doch, kann ich«, widerspreche ich. Ich kann nicht nachgeben, es geht nicht.

»Nein, kannst du nicht. Weil das …« Sie fasst sich an die Lippen, die rosa und ein bisschen geschwollen sind von unseren Küssen. »Wenn wir das machen … Wenn wir zulassen, dass wir mehr als Freunde sind … Es kann so leicht schiefgehen, Easton, und ich kann nicht … Ich ertrage den Gedanken nicht, dass es schiefgeht und dass wir dann gar nichts mehr sind. Du bist alles, was ich noch habe … Ich kann dich nicht auch noch verlieren. Nicht nach allem … Nach allem, was ich schon verloren habe.« Sie redet so schnell, dass sie einzelne Silben verschluckt, Tränen strömen ihr über die Wangen, und es tut weh, weil ich sie verstehe. Ich verstehe sie, obwohl ich das nicht will. Ich will nicht, dass etwas von dem, was sie sagt, Sinn ergibt. Aber das tut es. Gleichzeitig aber auch wieder gar nicht. Weil es um uns geht. Und bei uns von Anfang an alles anders war.

»Hey. Komm her.« Ich strecke eine Hand nach ihr aus, obwohl sich alles in mir dagegen sträubt, zu sagen, was ich sagen muss. Weil sie auch meine beste Freundin ist und ich sie genauso wenig verlieren kann wie sie mich.

Sie zögert, und dieses Zögern tut scheiße weh. Aber dann

legt sie ihre Hand doch in meine. Ich ziehe sie an mich, und sie sinkt gegen meine Brust, als würde sie genau dort hingehören.

»Es ist okay. Wir sind Freunde. Das ist alles, was zählt«, lüge ich und wünschte, es wäre die Wahrheit.

»Es tut mir leid. Ich will es nicht kompliziert machen.« Schniefend vergräbt sie ihr Gesicht an meinem Shirt, ich dagegen vergrabe meine Hände in ihren Haaren, diese weichen Strähnen, die nach Veilchen und Mandarine riechen.

»Machst du nicht.«

»Lügner.« Sie stößt ein ersticktes Lachen aus, und ich kann mich nicht aufhalten, drücke meine Lippen gegen ihre Schläfe, nur ganz kurz, bevor ich mich daran erinnere, dass ich das nicht machen sollte.

Schweigen breitet sich zwischen uns aus, ich höre ihr leises Atmen, und meins. Spüre ihren Herzschlag an meiner Brust.

Ich habe zu viele Fragen und kann ihr keine einzige stellen. Nicht jetzt.

Also halte ich sie einfach fest und versuche mir einzureden, dass es total okay ist, nur ihr Freund zu sein.

26. KAPITEL
Rayne

ceilings – Lizzy McAlpine

»Du darfst keinen Schwung aus dem Spielbein nehmen, Rayne. Das muss alles aus dem Standbein kommen«, sagt Zoe, geht neben mir in Position und vollführt eine perfekte Pirouette.

Bei ihr sieht das so einfach aus. So anmutig. So verdammt perfekt. Jeder Muskel ihres Körpers ist angespannt, arbeitet.

»Siehst du.«

»Ja.« Ich stöhne auf und stütze mich schweratmend auf meinen Oberschenkeln ab. Mein Herz klopft so heftig, es fühlt sich an, als würde es jeden Augenblick aus meiner Brust springen. »Ich sehe, was du tust. Aber ich krieg's nicht hin.«

»Niemand kriegt das so hin wie Zoe«, mischt Mae sich ein und erntet dafür einen vorwurfsvollen Blick ihrer besten Freundin.

»Nicht hilfreich, Mae. Außerdem kriegst du es mindestens genauso gut hin, und du …«, sie sieht mich an, einen entschlossenen Zug um den Mund, »du kannst das auch!«

Ich ziehe eine Grimasse, antworte aber nicht, weil es nicht stimmt. Als Zoe hinter mich tritt und beide Hände hebt, richte ich mich auf.

»Darf ich?«, fragt sie.

»Klar.«

Sie legt beide Hände an meinen Oberkörper. »Versuch, dich ein bisschen mehr aufzurichten. Rippen einziehen, Spannung halten und dann in die Drehung gehen. Dein Standbein muss arbeiten, nicht dein Spielbein«, wiederholt sie.

Frustriert presse ich die Lippen zusammen. Ich weiß das. Alles, was sie und Mae mir in den letzten zwei Stunden erklärt haben. Das Problem ist die Umsetzung.

»Willst du es noch mal versuchen?« Im Spiegel findet Zoes fragender Blick meinen. Ich will Nein sagen, wirklich, aber es nützt alles nichts. Wenn ich aufgebe, werde ich nicht besser.

Also nicke ich, und Zoe lässt mich los. Ich versuche es erneut, verliere erst den Schwung und dann das Gleichgewicht. Wieder und wieder und wieder. Es ist so frustrierend, dass ich heulen könnte. Ich trage immer noch nur die Schläppchen, und ich bekomme es trotzdem nicht so hin, wie es sein soll. Wie es sein *muss*. Ich tanze lange genug, um eine simple Pirouette hinbekommen zu müssen.

Nach der fünften miserablen Drehung lasse ich mich stöhnend auf den Boden fallen. Mir ist schwindelig, weil ich den Kopf nicht richtig bewegt, mich nicht lange genug auf einen Punkt fokussiert habe, bevor ich ihn mitgenommen habe.

»Ich kann nicht mehr.«

»So grundsätzlich, oder ist Schluss mit den Drehungen?«, fragt Mae. »Wir könnten noch ein wenig an deinen Sprüngen arbeiten.«

»Bitte nicht«, flehe ich. Wenn ich jetzt noch springen muss, werde ich mich ziemlich sicher übergeben. Die Woche war anstrengend, und das zusätzliche Training heute gibt mir gerade den Rest.

Ich habe die halbe Nacht nicht geschlafen, weil ich dauernd

an Easton denken musste. An ihn und diesen Kuss. Den Ausdruck in seinen blauen Augen, als ich zurückgewichen bin. Bei der Erinnerung zieht sich mein Herz zusammen.

Nicht darüber nachdenken. Nicht jetzt.

Aber ich kann nicht aufhören. Kann ich schon seit gestern Abend nicht, nachdem ich zur Schule zurückgekommen bin. Es war das erste Mal, dass Easton mich nicht gefahren hat. Ich versuche, mir einzureden, dass er es nur deshalb nicht getan hat, weil er ins Lighthouse musste, aber eigentlich weiß ich es besser.

Der Kuss hat alles verändert, das lässt sich nicht leugnen. Und er lässt sich auch nicht rückgängig machen. Will ich das überhaupt? Ihn rückgängig machen?

Ja.

Nein.

Ich weiß es nicht.

Gott, ich weiß es einfach nicht.

»Okay, dann machen wir Schluss für heute«, beschließt Zoe und holt mich ins Hier und Jetzt zurück. Entschieden schiebe ich jeden Gedanken an Easton beiseite. Wenn ich weiter über ihn nachdenke, verliere ich den Verstand, und ich habe mehr als genug Probleme.

»Gott, ich hasse es.« Seufzend vergrabe ich mein Gesicht in den Händen, weiß nicht mal, was genau ich meine. Meine miserablen Leistungen, das Gefühlschaos wegen Easton oder beides. Vermutlich Letzteres.

»Nein, lass das.« Zoe setzt sich neben mich, während Mae stehen bleibt, ein Bein auf die Stange legt und in eine tiefe Dehnung geht, die bitteren Neid in mir aufsteigen lässt.

»Ich kann nicht. Und es tut mir leid, ehrlich. Ich weiß, dass ich zu viel jammere und nerve, aber ich kann nicht anders. Das ist alles so unfassbar ätzend.«

»Du nervst nicht«, sagt Mae und lächelt mich an.

»Wirklich nicht. Und dass du jammerst, ist verständlich. Uns würde es genauso gehen. *Mir* ging es vor Kurzem selbst so. Du bist doch erst seit ein paar Wochen hier, und ich bin mir sicher, dass du das alles hinbekommst, wenn es das ist, was du willst.« Zoe stößt mit ihrem Fuß gegen meinen. »Kann ich dich was fragen?«

Ich nicke nur.

»Macht dir der Unterricht hier Spaß?«

Die Frage erwischt mich eiskalt.

Ich öffne den Mund, um Ja zu sagen, weil es das ist, was ich sagen *muss*, aber ich bringe keinen Ton heraus.

»Rayne?« Prüfend zieht Zoe die Augenbrauen hoch, ihr Blick durchbohrt mich. Es fühlt sich an, als würde sie direkt in mich hineinschauen und alles sehen, was niemand sehen soll.

»Ich bin gerne hier«, antworte ich, und das ist nicht mal gelogen. Allerdings ist es auch nur die halbe Wahrheit. Ich bin wirklich gerne hier an der Schule, ich finde es schön, mit allen anderen im Wohnheim zu wohnen und dass Zoes und Maes Zimmer direkt gegenüber von meinem liegen. Ich habe Freundinnen gefunden, womit ich, ehrlich gesagt, nicht gerechnet hätte.

»Das beantwortet meine Frage nicht. Macht dir das Ballett Spaß?«

»Geht es denn um Spaß?« Ich weiche immer noch aus, sie merkt das ganz bestimmt, aber ich kann nicht zugeben, dass es bei mir nicht so ist.

»Wenigstens ein bisschen Spaß sollte es schon machen. Ich meine, klar, es geht viel um Druck. Wir vergleichen uns ständig, und ich wette, alle hatten schon mal einen Nervenzusammenbruch, weil es sich so angefühlt hat, als wäre man unfähig und die anderen besser als man selbst. Aber ich glaube, die meisten von uns wissen, wofür sie all diesen Druck auf sich nehmen. Du auch?«, erkundigt Mae sich sanft, stößt sich von der Stange ab und kommt zu uns rüber.

Ich will nicht antworten, alles in mir sträubt sich dagegen. Doch vielleicht wird es endlich Zeit für die bittere Wahrheit. Vor allem dafür, dass ich sie mir selbst eingestehe. Zischend atme ich aus. »Nein.«

»So sollte das nicht sein«, sagt Zoe leise. »Warum bist du hier?«

Meine Augen brennen, ich blinzle hektisch. »Meine Mom war hier, und ich hatte gehofft, ich könnte … Ich könnte einen Teil von ihr hier wiederfinden, wenn ich das Gleiche mache wie sie. Aber ich krieg's nicht hin. Ich bin nicht wie meine Mom. Sie war so gut, und ich versage nur und … und ich weiß nicht, wo ich sonst hinsoll«, bringe ich erstickt hervor, und ich schätze, das ist sie, die wahre Wahrheit.

Zoe und Mae schweigen, vermutlich wissen sie nicht, was sie dazu sagen sollen. Ich verstehe das. Wüsste ich auch nicht. Das kann man nicht einfach abtun und schönreden. Ich weiß wirklich nicht, wo ich hinsoll.

»Ich kann nicht wieder zu meiner Grandma ziehen. Sie interessiert sich nicht für mich, und ich bin nicht … Ich weiß nicht, wie ich mit ihr umgehen soll«, sprudelt es aus mir heraus, fast so, als hätte Zoe mit ihrer Frage einen Stöpsel in meinem Inneren gezogen, und jetzt bricht alles unaufhaltsam aus mir raus. »Für mich gehört sie nicht zur Familie. Sie hat uns nie besucht, sie war nie da. Sie hat nicht mal zu den Geburtstagen und Feiertagen angerufen. Ich hab niemanden mehr. Mein Leben in L.A. ist vorbei, da gibt es niemanden, mit dem ich reden kann, mit dem ich reden *will*. Und das hier fühlt sich wie das einzige Zuhause an, das mir noch bleibt. Abgesehen von Eastons Haus, aber ich hab's versaut, und jetzt verliere ich ihn, obwohl das das Letzte ist, was ich will. Und …« Ich breche ab, weil ich auf einmal keine Luft mehr bekomme.

Meine Brust fühlt sich fürchterlich eng an, mein Herz schlägt zu schnell, anders als gerade eben beim Training. Nicht angestrengt, sondern panisch. Erst als Zoe nach meiner Hand greift, merke ich, dass ich zittere.

Ich zittere, und ich kann nicht damit aufhören. Meine Augen brennen, meine Haut spannt, mein Magen rebelliert.

Ich kann nirgendwo hin.

Ich verliere den einzigen Menschen, der mir wirklich wichtig ist, weil ich Angst habe und nicht weiß, was ich will.

Ich weiß nicht, was ich will.

Wer ich bin.

Und noch weniger, wer ich sein will.

»Rayne, tief durchatmen. Beruhige dich.« Zoes Stimme kommt verzerrt und wie aus weiter Ferne bei mir an. Ihre Hand schließt sich fester um meine, sie ist warm. »Tief einatmen, okay? Atme mit mir zusammen. Sieh mich an. Komm schon, sieh mich an, und dann atme mit mir zusammen.«

Sie klingt so ruhig. Wieso klingt sie so ruhig? Und wieso schlägt mein Herz so schnell? Wieso kann ich nicht atmen? Ich muss atmen.

»Hey.« Eine Hand unter meinem Kinn zwingt mich, den Kopf zu heben. Bernsteinfarbene, vertraute Augen. Ihr Blick ist genauso ruhig wie ihre Stimme. Sie atmet ein, und irgendwie gelingt es mir, das Gleiche zu tun.

Einatmen.

Ausatmen.

Einatmen.

Ausatmen.

»Es ist alles in Ordnung. Auch wenn es sich nicht so anfühlt. Dir geht's gut. Alles ist gut.« Sie spricht weiter, ich verstehe nicht alles, aber ihre Stimme ist das, woran ich mich festhalten kann, weil Stimmen mir immer helfen, und allmählich beruhige ich mich wieder.

Mein Puls wird langsamer, meine Lungen weiten sich, und ich kann wieder atmen.

»Tut mir leid, ich …«

»Nicht«, unterbricht Zoe mich. Ihr Lächeln ist warm. »Es gibt nichts, wofür du dich entschuldigen müsstest.«

Ich will widersprechen und lasse es dann doch sein.

»Sollen wir rüber ins Wohnheim gehen? Wir könnten uns im Bett verkriechen und Eis essen«, schlägt Mae vor. »Und dann reden wir über alles. Wenn du willst.«

Ich ertappe mich selbst dabei, wie ich nicke.

»Dann los.« Mae greift nach meiner freien Hand, dann ziehen sie und Zoe mich auf die Füße. Schweigend packen wir unsere Sachen zusammen und gehen dann rüber ins Wohnheim.

Wir machen einen kurzen Abstecher in unsere eigenen Zimmer, um uns umzuziehen, und treffen uns dann bei Mae. Sie ist die Einzige von uns, die einen Minikühlschrank samt Eisfach in ihrem Zimmer hat.

»Ein Hoch auf Mom und ihre ständige Sorge um meine Füße«, sagt Mae mit einem Grinsen und beugt sich zu dem Eisfach runter, in dem neben einer Packung *Ben & Jerry's* diverse Kühlpacks liegen, die wohl ihren malträtierten Füßen helfen sollen.

»Wir lieben deine Mom«, bestätigt Zoe und schiebt mich auf Maes Bett zu, während sie zu der niedrigen Kommode rübergeht und ihr Handy mit der Bluetooth-Box verbindet.

Dann klettern die beiden zu mir ins Bett, eine rechts, eine links. Mae öffnet die Eispackung und reicht uns je einen Löffel.

»Also …«, beginnt Mae schließlich gedehnt. »Willst du reden? Über deine Mom?«

»Nein«, stoße ich hervor, mein Puls schießt viel zu schnell wieder in die Höhe, alles in mir sperrt sich dagegen, über Mom zu sprechen. Wenn ich jetzt damit anfange, breche ich zusammen.

»Okay. Du musst nicht über sie reden, wenn du nicht möchtest«, sagt Zoe sanft. »Was ist mit Easton? Möchtest du über ihn reden?«

Ich lasse den Kopf zurücksinken und seufze leise, während mein Herz wieder in seinen normalen Rhythmus zurückfindet. »Ja. Nein. Ich weiß nicht … Ich komme mir einfach so dumm vor.«

»Bist du aber ganz bestimmt nicht«, widerspricht Zoe sofort und schiebt sich einen Löffel Eiscreme in den Mund. »Warum glaubst du, dass du Easton verlierst?«

»Weil ich es wirklich, wirklich versaut habe.«

»Rayne, wenn du uns alles von Anfang an erzählst, können wir dir vielleicht helfen.« Mae stupst mir behutsam ihren Ellbogen in die Seite und schenkt mir ein aufmunterndes Lächeln. Ich ziehe eine Grimasse und gebe seufzend nach.

»Wir waren vorgestern am Strand und haben einen Song geschrieben. Und dann haben wir uns fast geküsst.«

»Ihr habt einen Song geschrieben?«, fragt Zoe.

»Ihr habt euch fast geküsst?«, fragt Mae.

Beide sehen mich ziemlich fassungslos an.

»Ja.«

»Was soll das heißen, ihr habt euch *fast* geküsst?« Maes Augen weiten sich.

»Na ja … Fast halt. Es gab einen Moment, in dem wir uns etwas zu nah waren, und wir hätten … Haben wir aber nicht.« Ich weiß nicht, warum ich nicht direkt erzähle, dass wir uns dann gestern tatsächlich geküsst haben. Warum ich so weit aushole.

»Warum?« Zoe lehnt sich Richtung Fußende und greift nach der Wolldecke, die dort liegt, um sie über unseren Beinen auszubreiten.

»Weil ich es nicht konnte.« Ich seufze leise.

»Aber du wolltest«, stellt Mae fest, und mein Herz macht einen Satz, als wollte es zustimmen. Oder protestieren.

»Nein«, sage ich. »Aber doch, irgendwie schon und irgendwie nicht und … ich weiß es einfach nicht. Aber es ist auch egal, was vorgestern war, weil gestern … gestern ist wirklich alles schiefgelaufen.«

»Und das bedeutet??« In Maes Stimme schwingt ein alarmierter Unterton mit.

»Wir haben uns gestern gestritten. Nach dem Contemporary-Kurs.«

»Ich hab mich schon gefragt, was passiert ist. Du warst den ganzen Nachmittag so still«, bemerkt Zoe mitfühlend.

»Ich habe die ganze Zeit nur darüber nachgedacht, warum er auf einmal so wütend war, aber ich hab's nicht verstanden. Es war so merkwürdig, und es hat überhaupt keinen Sinn ergeben. Also bin ich zu ihm gefahren.« Ich atme tief durch.

»Und dann habt ihr euch wieder gestritten?« Maes Finger schließen sich um mein Handgelenk.

»Nicht direkt. Also schon. Aber es war kein schlimmer Streit, es war nur …« Ich verstumme. Ich kann ihnen nichts von Eastons Selbstzweifeln erzählen. Das steht mir nicht zu. »Egal. Es war auf jeden Fall nicht schlimm. Obwohl es schon schlimm war, aber nur, weil es sich schlimm angefühlt hat. Wisst ihr, was ich meine?«

Die beiden nicken, und ich glaube, sie verstehen mich tatsächlich.

»Und dann … dann haben wir uns doch geküsst.«

Mae stößt ein begeistertes Quietschen aus. »Ich wusste es! Ihr seid zu süß zusammen, als dass das nicht hätte passieren können.«

»Ich bin noch nicht fertig.« Umständlich kratze ich das immer noch etwas zu harte Eis aus dem Becher.

»Das klingt nicht gut.« Zoes braune Augen weiten sich.

»War es auch nicht«, seufze ich.

»Moment. Kurze Frage: War der Kuss nicht gut oder das, was danach kam?«

»Echt jetzt?« Vorwurfsvoll sieht Zoe Mae an, doch sie zuckt nur mit den Schultern.

»Das ist schon wichtig.«

»Das, was danach kam«, murmle ich kleinlaut, und auf einmal sprudelt alles aus mir heraus. Ich hätte mich selbst dann nicht stoppen können, wenn ich gewollt hätte. »Und jetzt glaube ich, dass ich es total verkackt hab. Wir können doch nicht einfach so tun, als wäre nichts gewesen, oder?«, frage ich schließlich, nachdem ich ihnen alles erzählt habe.

»Kommt drauf an«, meint Zoe gedehnt.

»Worauf?« Es ist lächerlich, wie hoffnungsvoll ich klinge.

»Ob ihr euch einfach aus dem Moment heraus geküsst habt oder weil ihr Gefühle füreinander habt.«

»Easton ist mein bester Freund.« Meine Antwort kommt zu schnell, ich glaube mir selbst kaum.

»Natürlich ist er das.« Maes Mund verzieht sich zu einem weichen Lächeln. »Aber es geht hier nicht um freundschaftliche Gefühle.«

Ich schlucke schwer und senke den Kopf. Als wäre mir das nicht klar.

»Wovor hast du Angst?«, fragt Zoe vorsichtig, und ich schätze, das ist der Knackpunkt an der ganzen Sache.

»Was ist, wenn es schiefgeht? Wenn ich ihn verliere, weil wir uns zu etwas hinreißen lassen, das vielleicht keine Chance hat.«

»Lasst ihr euch denn zu etwas hinreißen? Mir schien Easton bisher eigentlich eher ein Typ zu sein, der alles zerdenkt. Und du auch.«

»Sehe ich auch so«, stimmt Mae Zoe zu. »Vielleicht ist das ja das Problem.«

Ich stochere weiter in der Eiscreme herum. »Nein, das ist es nicht. Also schon. Ich zerdenke wirklich alles. Aber es ist mehr als das. Ich meine, was ist, wenn das vielleicht nur ein Moment ist, reine Anziehung, aber nicht mehr.«

Es ist sinnlos, zu leugnen, dass ich mich zu Easton hingezogen fühle. Ich muss nur daran denken, wie seine Lippen auf meinen lagen, wie heiser seine Stimme klang, als er meinen Namen geraunt hat, und mir wird viel zu warm.

»Fühlt es sich denn so an, als wäre es reine Anziehung?« Zoe zieht die Beine an und stützt ihr Kinn auf den Knien ab.

»Keine Ahnung. Er ist mein bester Freund. Und alles andere … Ich bin mir nicht sicher, ob da mehr ist. Ich bin komplett überfordert mit dem Ganzen. Ich weiß nicht, wie es sich anfühlt, verliebt zu sein.«

»Moment – du warst noch nie verliebt?« Mae klingt so entsetzt, dass ich beinahe lachen muss.

»Nein. Es hat sich nie … ergeben.«

»So was *ergibt* sich doch nicht!«

»Es ist ja nicht so, als wäre ich noch nie verknallt gewesen. Ich war nur noch nie so richtig … verliebt.«

»Und was fühlst du, wenn du mit Easton zusammen bist? Oder wenn du an ihn denkst?« Zoe nimmt mir den Becher ab und versenkt ihren Löffel in der Eiscreme.

»Wenn ich das wüsste, wäre alles viel leichter. Ich weiß nur, dass ich ihn nicht verlieren kann. Und deswegen müssen wir einfach nur Freunde bleiben«, sage ich und atme tief durch. »Es war immer unkompliziert zwischen uns. Wir konnten über alles reden. Und das ist es, was ich gerade brauche. Ich brauche Sicherheit, und Easton ist mein Anker.« In einer hilflosen Geste hebe ich die Schultern. »Das kann ich nicht aufs Spiel setzen.«

»Und was ist, wenn er was für dich empfindet?«, fragt Mae leise, und ich hasse es, dass sie mir ausgerechnet die Frage stellt, die ich seit gestern zu verdrängen versuche.

Mir wird kalt. Ich antworte nicht. Dabei sind die Worte da.

Dann weiß ich nicht, was ich tun soll.

27. KAPITEL
Easton

Hold On – Chord Overstreet

Gedankenverloren zupfe ich an den Saiten meiner Gitarre. Ich habe schon das ganze Wochenende die Melodie zu *Dance With You 'til Midnight* im Ohr, und ich weiß, dass ich mich mit den Jungs zusammensetzen sollte, damit wir daran arbeiten können.

Aber ich habe es noch nicht fertiggebracht, ihnen den Text zu zeigen, obwohl sie mir seit zwei Stunden ständig fragende Blicke zuwerfen, weil wir gemeinsam im Wohnzimmer hocken und versuchen, produktiv zu sein. Beck sitzt an einem anderen Song, während Jax und Colin sich um unsere Social-Media-Accounts kümmern, weil Jax auf die grandiose Idee gekommen ist, dass sich unsere Suche nach einem Label von selbst erledigen wird, wenn wir bei TikTok viral gehen.

Sie wissen, dass ich mit Rayne einen Song geschrieben habe. Sie wissen, dass Rayne mit uns ins Studio gehen und ihn aufnehmen wollte.

Dumm nur, dass *ich* nicht mehr weiß, ob das immer noch gilt, nachdem ein einziger Kuss uns ins Chaos gestürzt hat. Eigentlich glaube ich nicht, dass sie ihre Meinung geändert hat, aber ich hätte auch nicht geglaubt, dass passiert, was nun mal passiert ist, und jetzt ist es total seltsam zwischen uns.

Und mit seltsam meine ich, dass es zu still ist.

Wir haben seit Freitag weder miteinander gesprochen noch geschrieben. Es ist Wochen her, seit wir so wenig voneinander gehört haben, und ich mache mir nichts vor, es liegt an diesem verdammten Kuss. Weil wir beide nicht wissen, wie wir damit umgehen sollen.

Nur Freunde, nur Freunde, nur Freunde. Nur fucking Freunde.

Ich kann mir das so oft sagen, wie ich will, es nützt nichts. Ich schaffe es trotzdem nicht, aufzuhören, an sie zu denken, an ihren Geschmack in meinem Mund. Ich schaffe es nicht, die Bilder auszublenden, die in meinem Kopf aufsteigen.

Rayne beim Ballett in engen Trikots und Strumpfhosen. Rayne beim Contemporary mit dem weiten Shirt, von dem ich mir wünsche, es wäre eins von meinen. Meine Mütze auf ihrem Kopf, ein bisschen zu groß für sie. Wie sie auf meinem Bett liegt, die langen Haare wie ein Fächer um sie ausgebreitet. Sie starrt an die Decke, hoch zu den leuchtenden Plastiksternen, und wippt im Takt der Musik mit den Beinen. Ihre Lippen bewegen sich immer, sie kennt jeden Song in- und auswendig, und keine Ahnung, warum ich das so scharf finde, aber so ist es.

Ich schaffe es nicht, nicht an all das zu denken. Und wenn ich es tue, reagiert mein Körper darauf, als wäre ich wieder fünfzehn und nicht zweiundzwanzig. Mir wird viel zu heiß und … Scheiße, ich muss aufhören, an sie zu denken. So an sie zu denken, sonst können wir das mit unserer Freundschaft vergessen. Und obwohl ich das in gewisser Weise gerne tun würde, ist der Gedanke, sie zu verlieren, schwerer zu ertragen als der, sie nicht noch einmal zu küssen, nicht herauszufinden, wie ihre nackte Haut sich unter meinen Händen anfühlt, nicht neben ihr einzuschlafen und am nächsten Morgen wieder aufzuwachen.

Fuck, ich muss mich echt zusammenreißen.

Wir. Sind. Nur. Freunde.

Das Vibrieren meines Handys reißt mich aus meinen Gedanken. Ich ziehe es so schnell aus der Hosentasche, dass ich beinahe meine Gitarre fallen lasse und Beck neben mir einen erschrockenen Laut ausstößt.

»Junge, was ist los?« Vorwurfsvoll sieht er mich an, aber in seinen Augen ist ein amüsiertes Funkeln, als wüsste er ganz genau, was los ist.

»Gar nichts«, murmle ich und lege die Gitarre aufs Sofa, bevor sie wirklich noch runterfällt, während es in meiner Brust aufgeregt flattert, weil ich die völlig naive Hoffnung habe, dass Rayne sich gemeldet hat.

Ich bin so was von geliefert.

»Und? Hat sie dir geschrieben?«, erkundigt Colin sich, ohne von seinem eigenen Handy aufzublicken. »Dann könnten wir nämlich endlich anfangen, wieder richtig zu arbeiten, wenn du mal über was anderes nachdenken würdest als das Nachrichten-Mädchen.«

»Alter, sie hat einen Namen.« Jax boxt Colin gegen die Schulter, der jedoch nur lachend den Kopf schüttelt.

Augenrollend tippe ich auf das Display und atme erleichtert auf, als ich die Benachrichtigung von Instagram sehe.

Es ist seltsam, dass wir immer noch dort schreiben, obwohl wir längst unsere Handynummern getauscht haben und die Nachrichtenfunktion bei Instagram eine absolute Katastrophe ist, aber weder sie noch ich haben je den Messenger gewechselt. Vielleicht halten wir damit ein Stück von unserem Anfang fest.

Ich öffne erst die App, dann unseren Chat, auch wenn ein Teil von mir gar nicht lesen will, was sie geschrieben hat, weil es genauso gut auch das Ende sein könnte.

Ist es nicht.

mockingbird:
Wie läuft's mit dem Song? Probt ihr schon?

Blinzelnd starre ich auf die Nachricht und weiß einen Moment lang nicht, was ich antworten soll, weil ich nicht mit so einer Nachricht gerechnet habe. So normal. Wie immer.

Womit hast du denn gerechnet? Dass sie noch mal über den Kuss reden will?

Unwahrscheinlich. Sie hat ihren Standpunkt ziemlich deutlich gemacht.

Trotzdem steigt Enttäuschung in mir auf, denn ja, irgendwie habe ich mit was anderem gerechnet.

»East? Alles okay?«

Ich kann Becks prüfenden Blick auf mir spüren, während ich immer noch reglos auf mein Handy starre und versuche, zu begreifen, wie es sein kann, dass ihre Nachricht so verdammt normal ist.

»Ja. Alles gut.« Ich räuspere mich, dann zwinge ich mich zu einer Antwort.

eastcoleman:
Noch nicht so richtig.

Ich ziehe meine Unterlippe zwischen die Zähne, warte darauf, ob sie online ist. Es dauert nur ein paar Sekunden, bis die Nachricht als gelesen angezeigt wird.

mockingbird:
Warum? Willst du doch nicht ins Studio?
Was total okay wäre, ich wollte nur noch mal nachfragen.

eastcoleman:
Doch. Natürlich will ich. Ich war mir nur nicht sicher, ob du noch willst.

mockingbird:
Auf jeden Fall! Das war doch mein Vorschlag.

eastcoleman:
Schon klar. Ich war mir nur nicht sicher. Wir haben das ganze Wochenende nicht geredet.

mockingbird:
Ich weiß. Tut mir leid. Ich wollte mich melden, aber Zoe und Mae haben mir Extratrainingsstunden verordnet, und dann waren wir noch unterwegs, und als ich wieder zurück im Wohnheim war, war ich so erledigt, dass ich sofort eingeschlafen bin.

Meine Schultern spannen sich an, während ich ihre letzte Nachricht lese. Ich kenne Rayne gut genug, um zu wissen, dass sie lügt. Sie hat mir nicht nicht geschrieben, weil sie so beschäftigt war. Sie wusste nur nicht, was sie mir sagen sollte. Und weil ich das verstehen kann, lüge ich auch.

So ist das jetzt wohl.

Zum Kotzen.

eastcoleman:
Ist doch nicht schlimm. Ich war auch viel unterwegs.

mockingbird:
Okay, gut. Dann ist es nicht komisch zwischen uns?

»Alles okay?«, fragt Beck, als ich ein Stöhnen unterdrücke.

»Mmh«, mache ich nur.

»Klasse Antwort. Das kann ungefähr alles und nichts bedeuten.« Ich kann sein Augenrollen praktisch hören, auch wenn ich es nicht sehe, weil mein Blick immer noch an meinem Handy klebt.

Ich tippe eine Antwort und lüge weiter.

eastcoleman:
Nein, alles gut! Versprochen.

mockingbird:
Okay. Also, pass auf. Es gibt da ein kleines Studio im Westend. Ich habe da schon angerufen. Wir könnten nächstes Wochenende hingehen und den Song aufnehmen, wenn ihr bis dahin so weit sein solltet. Oder ihr geht alleine, wie ihr wollt. Ich muss nicht mitkommen, wenn euch das lieber ist. Dann kläre ich alles ab, und ihr fahrt alleine rüber.

Ich denke nicht nach, bevor ich ihr zurückschreibe. Es gibt ohnehin nur eine akzeptable Antwort.

eastcoleman:
Vergiss es. Du kommst mit. Es ist unser Song, schon vergessen?

mockingbird:
Nein. Aber vielleicht stört es ja den kreativen Prozess, wenn ich dabei bin.

eastcoleman:
Du spinnst ja.

mockingbird:
Okay, entschuldige. Ich bin schon still. Dann komme ich mit.

eastcoleman:
Danke!

mockingbird:
Dann kriegt ihr das bis zum nächsten Wochenende hin?

eastcoleman:
Wir geben unser Bestes, Birdy.

mockingbird:
Das wollte ich hören. Und wenn ihr schon mal dabei seid, zu proben, vielleicht habt ihr ja noch ein, zwei Songs mehr, die wir aufnehmen können. Wenn wir schon mal da sind, können wir die Zeit auch nutzen.

»Ist das jetzt ein gutes Zeichen, dass er so blöd grinst?« Jax' Stimme lässt mich den Kopf heben, und ich begegne den fragenden Blicken meiner Freunde.

»Ihr seid zu neugierig«, stelle ich fest.

»Wenn wir dir zu neugierig sind, solltest du versuchen, dein verkorkstes Liebesleben nicht direkt vor uns in Ordnung zu bringen.« Colin schenkt mir ein gespielt freundliches Lächeln.

»Colin, du bist manchmal ein richtiger Pisser«, wirft Jax ein, aber Colin macht nur eine wegwerfende Handbewegung.

»Ist ja nicht so, als hättet ihr mir nicht dieselben Sprüche reingedrückt, als Emma und ich in ihrem ersten Collegejahr Probleme hatten.«

»Der Unterschied ist allerdings, dass du und Emma ein Paar

seid. Rayne und Easton sind nur Freunde«, meint Beck und lacht. »Oder zumindest tun sie so als ob.«

»Ihr seid ätzend«, sage ich, kann aber nicht verhindern, dass mir ein Stich mitten durch die Brust fährt. »Und ihr habt es überhaupt nicht verdient, dass Rayne nächstes Wochenende mit uns ins Studio gehen will.«

Fassungsloses Schweigen schlägt mir entgegen. Beck ist der Erste, der seine Stimme wiederfindet.

»Dein Ernst?«

»Ja.«

»Dann zeigst du uns endlich diesen Song, den wir nicht hören durften?«

»Ja«, wiederhole ich, mein Mund verzieht sich zu einem breiten Lächeln.

»Fuck, Leute, wir gehen ins Studio!« Jax springt auf und reibt sich mit beiden Händen über die Wangen. »Vielleicht ist das ja die Chance, auf die wir gewartet haben.«

»Nur weil wir ins Studio gehen und einen Song aufnehmen, heißt das noch lange nicht, dass ein Wunder geschieht«, widerspricht Colin, aber Jax ist gerade nicht bereit, sich auf den Boden der Tatsachen zurückholen zu lassen. Stattdessen greift er nach einem Kissen und wirft es Colin mit Schwung an den Kopf.

»Sei nicht so negativ! Wir gehen ins Studio! Wir können einen Song aufnehmen! Freu dich einfach!«

Colin verdreht die Augen, aber seine Mundwinkel heben sich zu einem schiefen Grinsen. »Okay, entspann dich, Junge. Ich freu mich ja.«

»Freu dich ein bisschen mehr.« Lachend zerzaust Jax Colin die Haare.

»Nimm deine Hände weg, Jax.« Colin steht auf. »Wollen wir dann loslegen? Wir haben schließlich nicht mehr viel Zeit.«

»Stimmt. Dann mal los.« Jax erhebt sich ebenfalls, während Beck neben mir sitzen bleibt und mich prüfend mustert.

»Freust du dich auch?«, fragt er, leise genug, dass die beiden anderen ihn nicht hören können.

»Klar. Warum sollte ich nicht?«

»Dann ist mit dir und Rayne alles okay?« Seine Augen verengen sich zu schmalen Schlitzen. Ich bemühe mich um eine unbeteiligte Miene.

»Natürlich.«

»Du bist ein miserabler Lügner, East.«

Ich spare mir die Antwort.

Ich weiß.

»Warum sagst du ihr nicht einfach, dass du dich in sie verknallt hast?«

»Weil es so einfach nicht ist«, gestehe ich. Es hat ohnehin keinen Zweck, es abzustreiten. Beck kennt mich zu gut, und ich sollte wenigstens ihm gegenüber ehrlich sein, wenn ich es schon bei ihr nicht kann.

»Warum nicht?«

Schweigend presse ich die Lippen aufeinander.

Weil ich mich nicht einfach verknallt habe. Das mit Rayne ist mehr. Es geht tiefer. Viel tiefer. So war es von Anfang an. Und ich hab nicht die leiseste Ahnung, wie es weitergehen soll, wenn wir unterschiedliche Dinge wollen.

Ich habe das ganze Wochenende versucht, mich selbst zu belügen, mir einzureden, dass ich das kann. Dass es okay ist. Aber die Wahrheit ist: Es ist nicht okay. Ich will nicht nur ihr Freund sein.

Ich will alles mit ihr.

6. TEIL

Pre-Chorus

Davor

11. Juni um 4:49 PM

mockingbird:
Klischeehafteste Frage überhaupt, aber was ist dein größter Traum, was die Musik betrifft?

eastcoleman:
Wenn du so eine klischeehafte Frage stellst, muss ich leider auch klischeehaft antworten, das ist dir klar, oder?

mockingbird:
Natürlich, deswegen frag ich dich das ja.

eastcoleman:
Dann kennst du die Antwort ja schon.

mockingbird:
Nee. Kommt drauf an. Es gibt jetzt zwei Möglichkeiten: die klischeehafte ehrliche Antwort und die klischeehafte bescheidene, dass es dir nur darum geht, Musik zu machen und die Leute zu berühren und bla, bla, bla. Das Übliche eben. Ich bin mir noch nicht ganz sicher, welche Antwort zu dir passt.

eastcoleman:
Hältst du mich etwa nicht für bescheiden?

mockingbird:
Doch, aber ich halte das auch für ziemlich unnötig, deswegen hoffe ich, du gibst mir die andere Antwort.

eastcoleman:
Wärst du enttäuscht, wenn nicht?

mockingbird:
Schon. Aber ich würde mich bemühen, es dich nicht spüren zu lassen.

eastcoleman:
Das ist sehr großzügig von dir.

mockingbird:
So bin ich. Und jetzt beantworte die Frage. Ist dir mal aufgefallen, dass wir beide wahnsinnig schlecht darin sind, Fragen direkt zu beantworten, ohne tausend Jahre um den heißen Brei herumzureden?

eastcoleman:
Ist mir aufgefallen. Das macht unseren Charme aus.

mockingbird:
Süß, dass du uns beide charmant findest.
Und jetzt los! Kein Herumgelaber mehr! Ich will eine Antwort!

eastcoleman:
Zu Befehl, Ma'am.
Herrje, ich wusste gar nicht, dass du so herrisch sein kannst, Birdy.

mockingbird:
Ich bin auch ungeduldig.

eastcoleman:
Ist mir noch gar nicht aufgefallen.
Aber gut. Ich beantworte endlich deine Frage. Ich wünsche mir, dass wir gehört werden. Überall. Ich wünsche mir, dass die Leute unsere Songs auswendig kennen. Ich wünsche mir, dass unsere Songs gefühlt werden – das ist dann der bescheidene Teil der klischeehaften Antwort. Aber ich wünsche mir auch, dass unsere Musik es uns ermöglicht, die Welt zu sehen. Dass wir genug Geld damit verdienen, damit wir keine drei Nebenjobs brauchen, sondern uns voll und ganz auf die Musik konzentrieren können. Ich wünsche mir, dass wir uns irgendwo ein großes Haus kaufen können, mit unserem eigenen Studio, damit wir immer und ständig unsere Songs aufnehmen können. Willst du auch noch den kitschigen Teil?

mockingbird:
Ich bin ein bisschen beleidigt, dass du die Frage überhaupt stellst.

eastcoleman:
Ich wünsche mir, dass sich zwischen den Jungs und mir nichts ändert. Dass wir immer noch mehr Brüder als Freunde sind, selbst wenn wir, wie durch ein Wunder, Erfolg haben sollten und alles anders wird. Ich will, dass wir im Herzen immer noch die vierzehnjährigen Jungs bleiben, die eine Band gegründet haben, weil sie Musik machen wollten, und dass wir uns auch in etlichen Jahren noch blind verstehen.

mockingbird:
Das ist echt kitschig. Aber schön. Wirklich schön. Wünsche ich

mir für euch auch. Das alles. Den ehrlichen, den bescheidenen und den kitschigen Teil. Irgendwann werden all diese Träume wahr, ich weiß es.

28. KAPITEL

Rayne

Black Hole (Acoustic Version) – Griff

Unruhig laufe ich in Zoes Zimmer auf und ab, das Handy die ganze Zeit in der Hand, damit ich bloß nicht verpasse, wenn Easton mir schreibt. Es ist kurz vor halb zehn, unser Termin im Studio beginnt in siebenunddreißig Minuten. In spätestens sieben Minuten müssen die Jungs hier sein, um mich abzuholen, sonst kommen wir garantiert zu spät.

»Rayne, entspann dich.« Mae zieht an dem Strohhalm in ihrem Becher. Sie liegt vollkommen entspannt auf Zoes Bett, während ich das totale Nervenbündel bin. Allerdings ist für sie heute auch ein Tag wie jeder andere. Für mich nicht. Absolut nicht.

»Warum bist du so nervös?« Aus dem Spiegel heraus wirft Zoe mir einen fragenden Blick zu, während ihre Hände um ihren Kopf herumwandern und ihre Haare in eine sehr kompliziert aussehende, bezaubernde Flechtfrisur verwandeln.

»Weil wir uns die ganze Woche nicht richtig gesehen haben und ich mir ziemlich sicher bin, dass es heute komisch wird«, erwidere ich und kaue auf meinem Daumennagel herum.

»Ihr habt euch jeden Tag gesehen.« Mae zieht die Augenbrauen nach oben und mustert mich mit schiefgelegtem Kopf.

»Ja, im Unterricht. Aber das ist was anderes, da reden wir ja nicht wirklich miteinander. Wir haben uns sonst ständig bei ihm getroffen. Nur diese Woche nicht.«

Und das gefällt mir nicht. Ich weiß nicht, wie wir uns jetzt verhalten werden. Ob es nicht nur seltsam, sondern auch befangen wird. Können wir uns noch umarmen, ohne dass es komisch ist? *Gott, bitte nicht.* Ich brauche seine Umarmungen und seine Nähe. Ich brauche *uns*. So wie wir vor dem Kuss waren.

»Vielleicht hättet ihr das machen sollen, dann wäre es heute weniger komisch.«

»Klar, aber es hätte auch superkomisch werden können, und dann wäre es heute noch schlimmer als sowieso schon.«

»Es wird nicht komisch. Alles wird gut«, versucht Zoe mich zu beruhigen. »Ihr seid ja nicht allein. Das hilft bestimmt.«

»Hoffentlich.« Ich seufze. Easton hätte einfach sagen sollen, dass ich nicht mitzukommen brauche, dann wäre jetzt alles etwas einfacher. Allerdings wäre das vermutlich auch der Anfang vom Ende, und das … Nein, das geht nicht.

»Sollen wir mitkommen?«, bietet Mae an. »Zoe kann ihr Date mit Jase bestimmt verschieben, und wenn du moralische Unterstützung brauchst, helfen wir gerne, oder, Zoe?«

»Grundsätzlich immer, aber heute kann ich wirklich nicht. Mein Dad hat Geburtstag, und das heißt, die ganze Familie muss antanzen.« Sie wirft mir einen entschuldigenden Blick zu und greift nach ihrem Lippenstift.

Ich winke ab, zwinge mich den Stich zu ignorieren, der mir mitten durchs Herz fährt, als mir klar wird, dass ich nie wieder mit Mom und Dad Geburtstage feiern werde.

Nicht darüber nachdenken. Fang jetzt bloß nicht an, darüber nachzudenken.

»Überhaupt kein Ding«, bringe ich hervor, meine Stimme klingt erstickt. Nicht sehr, aber doch deutlich hörbar. »Ich schaff das schon. Ist ja nicht so, als hätten wir noch nie Zeit miteinander verbracht.« Ich ringe mir ein Lächeln ab, das Mae wohl nicht überzeugt.

Kritisch mustert sie mich. »Sicher? Ich kann auch alleine mitkommen, wenn Zoe keine Zeit hat.«

»Das ist lieb. Aber nein. Außerdem bist du doch auch mit Tristan verabredet, oder?«

»Ja, aber erst heute Abend. Bis dahin hätte ich Zeit.«

Ich schüttle den Kopf. »Ich komme echt klar, danke.« Ich *muss* alleine klarkommen.

»Okay.« Sie sieht mich noch einen Augenblick länger an, dann zuckt sie mit den Schultern und schenkt mir ein Lächeln, das jedoch nicht ganz bei ihren Augen ankommt. Sie hat mich durchschaut. »Falls du es dir anders überlegst, schreib mir einfach. Dann komme ich und rette dich.«

»Mach ich. Aber ich …« Ich breche ab, als mein Handy vibriert. Mein Herz macht einen Satz. Easton hat mir geschrieben.

eastcoleman:
Wir sind da. Kommst du runter?

mockingbird:
Gib mir zwei Minuten.

»Und? Kann's losgehen?«, fragt Zoe. Sie greift nach der cremefarbenen Strickjacke, die am Fußende ihres Bettes liegt, und schlüpft hinein.

Ich atme tief durch und verziehe den Mund zu einem Lächeln, obwohl es in meinem Bauch und meiner Brust nervös zu flattern beginnt. »Ja. Sieht ganz so aus.«

Mae wirft mir vom Bett aus Eastons Mütze zu. Ich habe sie ihm immer noch nicht zurückgegeben. Stattdessen trage ich sie jetzt jeden Tag und ignoriere konsequent, dass ich das nicht tun sollte.

»Dann los. Schreib uns zwischendurch, wie es läuft, okay? Ach, weißt du was, ich mache einen Gruppenchat«, fährt sie schon fort, bevor ich auch nur mit einem Nicken auf ihre Frage reagieren kann. »Ich nenne ihn Ballet Girls. Ultraklischeehaft, aber egal. Das können wir später immer noch ändern. Und jetzt los.« Irgendwie gelingt es ihr, eine scheuchende Handbewegung zu machen, obwohl sie in der einen Hand noch immer ihren Becher hält und in der anderen ihr Handy.

Eine Sekunde später vibriert mein eigenes. Ich wurde einem Gruppenchat hinzugefügt.

»Ich schreibe euch dann später«, verspreche ich, setze mir die Mütze auf und ziehe meine Winterjacke über.

»Easts Mütze steht dir übrigens ziemlich gut«, meint Zoe betont beiläufig. »Soll ich dir von Jase ausrichten.«

Ich werde rot. »Danke«, murmle ich und bin froh, dass ich verschwinden kann, als Mae auflacht. »Wir sehen uns später.«

»Viel Spaß«, rufen die beiden mir nach, während ich mit glühenden Wangen auf den Flur hinaustrete und die Tür hinter mir zuziehe.

Aus dem Aufenthaltsraum dringt fröhliches Gelächter zu mir herüber. In den letzten zwei Wochen hat sich ein Großteil der Schülerinnen und Schüler aus dem vierten Jahr am Samstag dort getroffen, um für die schriftlichen Abschlussprüfungen zu büffeln. Unwillkürlich frage ich mich, ob ich in drei Jahren auch da sitzen und lernen werde.

Mein Magen verknotet sich. Ich zwinge mich, den Gedanken beiseitezuschieben, weil es heute nicht darum geht, nicht um mich, und haste die Treppe hinunter. Draußen ist es eiskalt, aber der Himmel ist klar. Zum ersten Mal seit Wochen scheint die Sonne, und ich muss lächeln, als ich die warmen Strahlen auf der Haut spüre.

Easton und die Jungs warten im Van auf dem Parkplatz, die Beifahrertür steht bereits offen. Colin, Jax und Beck haben es sich auf der Rückbank bequem gemacht, Easton sitzt hinterm Steuer. Ich zögere kurz, bevor ich auf den Beifahrersitz klettere. Die Blicke der Jungs liegen auf mir, neugierig, aufgeregt, ein bisschen zu vielsagend. Als wüssten sie mehr als ich.

»Guten Morgen.« Ich bemühe mich um einen unbeschwerten Tonfall und ein fröhliches Lächeln.

»Guten Morgen, Sunshine.« Beck ist anzuhören, dass er grinst, und ich würde ihn gerne anschauen, weil das höflich wäre und man das nun mal macht, aber mein Blick klebt dummerweise an Easton.

An Easton und dem leicht unsicheren Ausdruck in den blauen Augen, der mir viel zu vertraut ist, weil es die gleiche Unsicherheit ist, die ich auch empfinde, da bin ich mir sicher. Er weiß genauso wenig, wo wir gerade stehen, wie ich, da nützt es auch nichts, dass wir in den letzten Tagen wieder regelmäßig geschrieben haben. Sich zu schreiben und nebeneinanderzusitzen sind zwei völlig verschiedene Dinge.

Seine Mundwinkel heben sich zu einem schiefen Lächeln, und mein dummes Herz verliert seinen gewohnten Rhythmus. »Hey, Birdy.«

Es ist unfair, wie mein Körper auf den Klang seiner tiefen Stimme reagiert. Mit einem warmen Kribbeln und dem dämlichen Drang, sein Lächeln zu erwidern.

Ich räuspere mich. »Ich hoffe, ihr seid alle fit und ausgeschlafen?«

»Klar. Wir sind gestern extra früh ins Bett gegangen, und Willow hat uns heiße Milch mit Honig gemacht«, erwidert

Colin so trocken, dass ich mich ganz kurz frage, ob das ernst gemeint ist.

»Echt jetzt?«

»Ja, hat sie wirklich.« Jax klopft auf Eastons Kopfstütze. »Und jetzt los. Sonst kommen wir noch zu spät.«

Easton wirft mir einen knappen Blick zu, seine Lippen öffnen sich … und ich will ihn küssen. Hier und jetzt und einfach so, und das ist nicht in Ordnung. Ich verstehe es nicht. Das ist nicht das, was ich will. Kann es nicht sein. Nur, dass ich es … halt doch will? Gott, ich bin so verwirrt.

Hastig wende ich mich ab und starre aus dem Fenster. »Lasst uns fahren.«

Easton sagt nichts, dabei wünsche ich mir, dass er etwas sagt. Irgendwas. Aber er schweigt. Der Motor des Vans erwacht zum Leben, und wir verlassen den Campusparkplatz.

* * *

Das *twenty seven hours studio* liegt im Westend. Es ist ein kleines Studio, das für die nächsten Monate eigentlich ausgebucht ist. Aber ich bin, wer ich bin, und ich wollte, dass *We Are No Saints* unseren Song in diesem Studio aufnehmen.

Es ist das Studio, in dem Dad seine ersten Songs aufgenommen hat, vor zwanzig Jahren, bevor Mom und er nach L.A. gezogen sind.

Ich habe nicht richtig darüber nachgedacht, ob es wohl eine gute Idee ist, ausgerechnet dieses Studio auszuwählen. Ich habe es einfach getan. Ein Teil von mir findet diese Entscheidung auch nach wie vor gut. Der andere wünscht sich jetzt gerade allerdings nichts mehr, als dass ich zumindest einen kurzen Gedanken daran verschwendet hätte. Wenigstens eine Sekunde lang.

Aber ich habe nun mal nicht richtig darüber nachgedacht, und deswegen stehe ich nun hier, und da ist dieses Loch in meiner Brust, das sich viel zu groß anfühlt. Viel zu leer. Zu dunkel.

Ich habe vergessen, wie das ist. In einem Studio zu sein. Ich habe vergessen, wie vertraut mir das alles ist, obwohl ich noch nie hier war. Aber so wie sich alle Ballettschulen ähneln, ähneln sich auch viele Aufnahmestudios.

Und das hier ist ein bisschen wie Dads kleines Studio in unserer Villa in Los Angeles. Ein gemütlicher Raum mit moosgrünen Wänden, durchgesessenen Sofas und Sesseln, der eher aussieht wie ein Wohnzimmer als ein Raum, in dem gearbeitet wird.

Die beiden Tontechniker, die uns heute begleiten, erklären den Jungs irgendwas, aber ich kann nicht zuhören. Da sind zu viele Bilder in meinem Kopf. Dad in seinem Studio, eine Gitarre in der Hand, große Kopfhörer auf den Ohren. Er am Klavier, seine Finger, die schnell und sicher über die Tasten tanzen. Seine Stimme in meinen Ohren, im Raum, in meinem Herz.

Hearts can break from time to time
Fragile little souls
Getting smaller, seem to hide
The things you used to know

Ich erinnere mich nicht mehr, ob seine Stimme wirklich so klang, wie ich sie gerade im Ohr habe, weil Monate vergangen sind, seit ich sie das letzte Mal live gehört habe. Allein der Gedanke, dass es nicht so sein könnte, sorgt dafür, dass sich alles in mir schmerzhaft zusammenzieht. Meine Sicht verschwimmt, ich ziehe mein Handy aus der Hosentasche und senke den Kopf, damit niemand es merkt. Damit Easton nicht merkt, dass ich schon wieder weine, weil ich einfach nicht anders kann, weil alles wehtut.

Es ist unfair, und herzukommen war ein Fehler. Ein wirklich dummer Fehler.

Ich sehe mich selbst in Dads Studio zu Hause, wie ich mit angezogenen Beinen in einem der Sessel sitze und lese, während er seine Songs aufnimmt. Ich mit meinem Notizbuch und einem Stift in der Hand, Wörter in meinem Kopf, die rausmüssen. Gedanken, Songtexte, kurze Gedichte.

Dad, der zu mir kommt und meine Texte liest, mich zu überreden versucht, eine Melodie zu den Texten zu finden, und ich, die immer wieder Nein sagt. Nein zu den Melodien, nein zum Singen, nein zu meinen Texten.

Nein, nein, nein, immer nur nein.

Jetzt wünschte ich, ich hätte ein einziges Mal Ja gesagt.

»Hey, Birdy.« Eastons Stimme ist ganz nah. Er klingt besorgt. »Geht's dir gut?«

Ich schüttle den Kopf. Lügen nützt nichts. Er kennt mich so gut, dass ich es gar nicht erst versuchen muss. Und ich will es auch nicht, ihn anlügen. Es fühlt sich falsch an. »Nein.«

»Du denkst an deinen Dad.« Eine Feststellung, keine Frage.

Ich nicke. »Er hat seine ersten Songs hier aufgenommen«, erkläre ich, meine Stimme klingt furchtbar belegt.

»Ich weiß«, erwidert er schlicht. Natürlich weiß er es. Warum überrascht mich das überhaupt?

»Er sollte hier sein, mit euch. Er hätte das gerne miterlebt.«

Easton schweigt, er weiß, dass das nicht alles ist. Dass ich meinen Dad hier gebraucht hätte. Heute. Immer.

Seine Finger streifen meine Hand, eine zögerliche, fragende Berührung. Ich sollte meine Finger nicht mit seinen verschränken, es ist nicht fair, weil ich nicht weiß, was ich will. Aber ich brauche das. Diese Nähe. Seine Finger zwischen meinen, diesen kurzen, aufmunternden Druck, die Gewissheit, dass er da ist.

»Ihr solltet jetzt loslegen«, sage ich schließlich, lasse ihn los und wische mir hastig die Tränen vom Gesicht. »Hab Spaß.«

Für uns beide.

Easton zögert, dann nickt er. Doch bevor er zu seinen Freunden geht, dreht er sich noch einmal um und lächelt mich an. »Ich bin froh, dass *du* hier bist, Rayne.«

Meine Augen werden schon wieder feucht, mein Herz tut weh. Ich erwidere sein Lächeln trotzdem. »Ich auch.«

29. KAPITEL
Easton

Why Won't You Love Me – 5 Seconds of Summer

Meine Stimme klingt fremd in meinen eigenen Ohren, während wir wieder und wieder und wieder *Dance With You 'til Midnight* aufnehmen. Es reicht nicht, gut zu sein. Wir müssen besser sein. Wir müssen perfekt sein.

Das hier, die Aufnahme in diesem Studio, ist anders. Alles hier ist anders. Meine Stimme. Ich. Wir. Unsere Songs. Unsere Energie.

Wir spielen, als würde unser Leben davon abhängen, und irgendwie tut es das auch. Unsere verdammte Zukunft hängt davon ab. Wir spielen, als wären wir nicht in einem kleinen Studio im Westend von Boston. Wir spielen, als würde unser Publikum nicht nur aus den beiden Tontechnikern und Rayne bestehen.

Mein Herz hämmert im Rhythmus von Jax' Drums, ich schwitze, meine Finger sind beinahe taub, aber ich merke es kaum. Ich bin gefangen, in einem Rausch aus unserer Musik und Raynes und meinen Worten.

I won't turn back
I won't give up

I'll make it fcking right
Get lost in music
Lost in you
And dance with you 'til midnight

Das ist nicht einfach nur ein Song. Es sind nicht einfach nur Worte, die einen Vers, eine Strophe, einen Chorus ergeben.

Wir sind es. Sie und ich.

Wir sind dieser Song. Und wir könnten mehr sein. Wir könnten alles sein, wenn sie uns nur eine Chance geben würde.

Mein Blick wandert zu ihr, ganz von selbst. So läuft es schon den ganzen Tag. Ich kann nicht damit aufhören. Also sehe ich sie an, und sie sieht mich an. Mit diesem Ausdruck in den Augen, der traurig und glücklich und stolz ist, und alles dazwischen. Ihre Lippen bewegen sich lautlos, zusammen mit meinen, während ich ein letztes Mal den Chorus singe. Ihr Blick brennt sich in meinen, sie hat schon wieder Tränen in den Augen, aber sie lächelt, und ich bin ein beschissener Freund, weil schon wieder alles in mir danach drängt, zu ihr zu gehen und sie an mich zu ziehen. Meinen Mund auf ihren zu pressen. Sie zu schmecken, zu fühlen, mich in ihr zu verlieren.

Die Instrumente verklingen, da ist nur noch meine Stimme für die letzte Zeile, und dann – Stille. Laute Stille, die in meinen Ohren dröhnt.

Ich nehme die Kopfhörer ab, als Phil, einer der Tontechniker, uns ein Zeichen gibt.

»Das war gut«, sagt er, und Miller, sein Kollege, streckt seinen Daumen in die Höhe, um ihm zuzustimmen. »Ich würde sagen, es ist Zeit für eine Pause.«

»Gott sei Dank.« Jax stößt ein erleichtertes Stöhnen aus. »Ich glaube, ich kann meine Arme morgen nicht mehr bewegen.«

»Dann hast du ein Problem, falls wir jemals auf Tour gehen sollten«, meint Colin.

»Ach Quatsch. Bis es so weit ist, hab ich noch ganz viel Zeit, an meiner Armmuskulatur zu arbeiten.«

»Die musst du dann aber auch nutzen«, sagt Beck und legt seine Gitarre zur Seite.

Ich tue es ihm nach, genau wie Colin, als Rayne zu uns kommt, den Arm voller Wasserflaschen, die sie an uns verteilt. Sie reicht mir die letzte, dabei streifen meine Finger ihre, und ein elektrisierendes Kribbeln schießt von meiner Hand meinen Arm hinauf direkt in meine Brust.

Ich weiß, dass sie es auch spürt, als sie sich auf die Unterlippe beißt und sich ihre Pupillen weiten.

Es wäre so einfach, sie jetzt zu küssen. So verflucht einfach. Aber es ist nicht das, was sie will. Nicht das, was sie braucht, und ich muss das verdammt noch mal akzeptieren.

»Ihr wart richtig gut«, sagt sie, ihre Stimme ist heiser, als hätte sie und nicht ich die letzten Stunden damit verbracht, immer wieder denselben Song zu singen.

»Ja?«, frage ich und höre selbst, wie unsicher ich auf einmal klinge, obwohl ich vor zwei Minuten selbst noch davon überzeugt war, dass wir gut waren. Richtig gut. Aber diese beschissenen Selbstzweifel kündigen sich nicht an, sie tauchen einfach auf.

»Versprochen.« Sie greift nach meiner Hand, weil sie weiß, was ich denke, drückt sie, ganz kurz nur, dann lässt sie mich wieder los. Ich kämpfe gegen den Drang an, nach ihr zu greifen, ihre Finger mit meinen zu verschränken, weil es sich so verdammt falsch anfühlt, es nicht zu tun. »Es war noch besser, als ich es mir vorgestellt habe«, fährt sie fort. »Ihr wart einfach unglaublich und …« Sie bricht ab, schüttelt den Kopf. »Macht weiter so, okay?«

Ich nicke, weil ich plötzlich nicht mehr weiß, was ich sagen soll. Ich hasse es, dass es auf einmal so schwierig ist, mit ihr zu reden. Und ich habe keine fucking Ahnung, wie wir wieder dahin kommen sollen, dass es einfach wird. Dabei will ich ihr so viele Dinge sagen.

Ich vermisse dich.

Ich will dich mehr, als ich je irgendjemanden gewollt habe.

Ich will bei dir sein, die ganze verdammte Zeit.

Du verlierst mich nicht.

Vertrau mir.

Ich öffne den Mund. Rayne sieht zu mir hoch, mit flackerndem Blick. Ich schlucke, sie hält den Atem an, und ich muss es sagen, jetzt, es geht nicht anders.

Wir sind keine Freunde. Wir sind mehr.

Sie weiß das.

Und sie muss keine Angst davor haben.

»Rayne …«, setze ich an, obwohl es der falsche Ort und der falsche Zeitpunkt ist, weil wir nicht allein sind, aber das spielt jetzt keine Rolle. Nichts spielt eine Rolle.

Außer ihr. Und mir.

»Ich glaube …« Ich verstumme abrupt, als eine große Hand auf meiner Schulter landet.

»Machen wir weiter?«, fragt Jax gut gelaunt, und der falsche Moment, der der richtige hätte sein können, ist vorbei. Jax hat echt ein beschissenes Timing.

Rayne findet als Erste ihre Stimme wieder. »Ja, macht weiter. Ich muss mal kurz telefonieren. Bin gleich wieder da.« Sie stürzt aus dem Raum, nimmt weder die Mütze noch ihre Jacke mit, obwohl das Kleid, das sie trägt, viel zu dünn ist für Februar. Ich will ihr folgen, aber ich kann mich nicht bewegen.

Fuck, fuck, fuck.

»Alles okay bei euch?« Ich drehe den Kopf und sehe Jax an.

Zwischen seinen Augenbrauen hat sich eine tiefe Falte gebildet. »Hab ich euch irgendwie gestört oder so?«

Ich seufze. »Lass uns weitermachen.«

30. KAPITEL
Rayne

i can't breathe – Bea Miller

Ich gehe nicht raus, um zu telefonieren. Ich gehe raus, weil ich nicht atmen kann. Weil ich nicht weiß, was ich tun soll und was ich will. Weil ich meine Mom brauche. Sie muss mir sagen, was ich jetzt machen soll. Mit Easton. Mit meinem verfluchten Leben.

Aber vor allem mit Easton.

Wenn er mich ansieht, kann ich nicht mehr denken. Mein Verstand setzt einfach aus. Ich sehe nur seine blauen Augen und seinen Mund – und will, dass er mich an sich zieht und küsst.

Gott, was stimmt nicht mit mir? Wieso bin ich so? Wieso kann ich nicht aufhören, daran zu denken, ihn zu küssen? Das ist nicht richtig. Er ist mein bester Freund. Ich habe ihm gesagt, dass ich das nicht will, und trotzdem denke ich daran. Ständig. Viel zu oft. Ich muss damit aufhören, aber ich *kann* nicht. Warum kann ich das nicht?

Meine Hände zittern, als ich über das Handydisplay wische und in die Kontakte gehe. Ich halte inne, nur Millimeter von Moms Namen entfernt.

Ich habe ihre Nummer nie gelöscht. Genauso wenig wie Dads. Ich will sie anrufen, so sehr, dass es wehtut. Alles tut weh. Der Schmerz ist da, immer, die ganze verdammte Zeit, jedes Mal, wenn mein Herz schlägt und schlägt und weiterschlägt, aber jetzt ... jetzt, in diesem Moment, fühlt es sich an, als würde er mich auffressen. Von innen nach außen zerreißen. Das schwarze Loch in meiner Brust will mich verschlingen, und ich bin so kurz davor, es einfach zuzulassen.

Ich bebe am ganzen Körper, beiße mir auf die Unterlippe, bis ich Blut schmecke, um das Schluchzen zu unterdrücken, das in mir aufsteigt.

Ich denke nicht nach, als ich auf ihren Namen tippe, ich tue es einfach. Es springt sofort die Mailbox an. Ich erstarre, als ich Moms Stimme höre. Fröhlich. Unbeschwert. Lebendig.

»Hi, hier ist Laura. Ich bin gerade leider nicht erreichbar. Hinterlasst mir eine Nachricht, dann melde ich mich später.«

Mein Herz bleibt stehen. Eine Sekunde, zwei, drei. Dann schlägt es viel zu schnell weiter. In meinen Ohren rauscht es, aber es ist ihre Stimme, sie ist immer noch da. Sie war die ganze Zeit da, ich habe nur nie angerufen. Ich hätte sie hören können und habe es doch nicht getan.

Es piept, und ich sollte auflegen.

Muss ich.

Aber ich kann nicht.

»Mom.« Meine Stimme bricht. Es ist falsch. So falsch. *Leg auf. Leg auf. Leg auf, verdammt.* »Mom, ich weiß nicht, was ich tun soll. Du musst mir sagen, was ich tun soll. Du hast mir immer gesagt, was ich tun soll, wenn ich nicht weiterwusste. Du musst mir helfen. Du musst mir sagen, wie es sich anfühlt, wenn man verliebt ist, weil ich keine verdammte Ahnung habe, okay? Ich weiß nicht, wie das geht und wie man sich fühlt und ob es normal ist, dass ich meinen besten Freund küssen will. Wie zur Hölle geht das alles? Was mache ich hier, Mom? Mache ich einen Fehler? Und wenn ja, wann? Wenn ich ihn mehr sein lasse als nur meinen besten Freund, oder wenn ich es nicht tue? Du musst mir das sagen! Du weißt so was! Du und Dad ... ihr wart perfekt! Du musst mir sagen, was ich tun soll!«

Ich schnappe nach Luft. Meine Kehle ist wie zugeschnürt. Gott, ich muss damit aufhören. Stattdessen setze ich mich in Bewegung, gehe weiter in die schmale Gasse hinter dem Studio hinein. Außer mir ist kein Mensch hier, aber selbst wenn, wäre es mir egal.

Ich habe angefangen zu reden, und jetzt kann ich mich nicht mehr bremsen.

»Du solltest hier sein, Mom! Du und Dad! Ihr solltet hier sein und mir helfen! Aber ihr seid tot, und ich muss alleine klarkommen, und ich bin so ... Scheiße, Mom, ich bin so wütend!« Mir entfährt ein ungläubiges Lachen, als mir plötzlich klar wird, dass es stimmt.

Ich bin traurig. Ich bin verloren. Aber ich bin auch wütend. So unfassbar wütend.

»Warum musstet ihr zu dieser beschissenen Party gehen? Warum seid ihr nicht früher nach Hause gekommen? Oder später. Warum habt ihr euch ausgerechnet für diese Uhrzeit entschieden? Warum seid ihr nicht den normalen Weg nach Hause gefahren? Warum dieser verdammte Umweg? Warum, Mom? Warum konntet ihr nicht einfach zurück zu mir nach Hause kommen? Warum musstet –« Ich verstumme, als es in der Leitung piept.

Der Anruf wurde beendet.

Einfach so.

Nein, nein, nein.

Nein.

Ich war noch nicht fertig. Ich habe noch so viel zu sagen. So viel, was ich loswerden muss, obwohl sie es nie hören und nie, nie, nie antworten wird.

Ein heiserer Schrei entringt sich meiner Kehle, verzweifelt, traurig und am Boden zerstört. Meine Finger krallen sich so fest um mein Handy, dass die Kanten tief in meine Handflächen schneiden. Ich spüre es kaum. Spüre nur dieses Ziehen in meinem Inneren, diesen unerträglichen Schmerz, der mich auffrisst. Jeden Tag. Jede Minute. Jede Sekunde.

Und darunter diesen glühenden Zorn, den ich verdrängt und nicht zugelassen habe.

»Rayne?«

Beim Klang von Eastons rauer Stimme hinter mir schließe ich die Augen. Mein Herz hämmert gegen meine Rippen, so heftig, es tut scheiße weh.

Die Wut nimmt mir die Luft zum Atmen.

Schon wieder.

Ich kann schon wieder nicht atmen.

Warum hört es nicht auf? Warum kann es nie aufhören?

»Was ist los?«

31. KAPITEL

Easton

Until I Found You (Piano Version) – Stephen Sanchez

Ich weiß nicht, was mich dazu gebracht hat, ihr doch nachzugehen. Den Jungs zu sagen, dass ich noch einen Moment brauche, bevor wir weitermachen, und Rayne nach draußen zu folgen.

Vielleicht war es der Ausdruck in ihren Augen. Oder das Zittern in ihrer Stimme. Oder mein verdammtes Herz, das mich dazu zwingen will, ihr endlich zu sagen, was ich ihr sagen muss, weil alles andere längst keine Option mehr ist.

»Was ist los, Rayne?«, frage ich ein zweites Mal, als sie nicht antwortet. Sie hat mir den Rücken zugewandt, ihre Schultern sind verkrampft. Sie hat ihr Handy in der Hand. Ich habe nicht verstanden, was sie gesagt und mit wem sie telefoniert hat, dafür war sie eben noch zu weit entfernt, aber ich habe die rohe Wut in ihrer Stimme gehört.

»Nicht … Geh einfach«, bringt sie hervor, und ein Teil von mir will tun, was sie von mir verlangt. Ich will ihr den Raum geben, aber ich kann nicht, weil ich ihren Schmerz spüre, und er ist unerträglich.

Stattdessen greife ich nach ihrer Hand, instinktiv, ohne darüber nachzudenken. Ihre Haut ist eiskalt, kein Wunder, hier draußen friert man sich den Arsch ab. Sie wehrt sich nicht gegen meinen Griff, schüttelt mich nicht ab, und ich atme erleichtert auf.

»Rayne, rede mit mir«, bitte ich sie, ziehe vorsichtig an ihrer Hand, bis sie sich zu mir umdreht. Ihr Blick huscht ruhelos über mein Gesicht, ihre grauen Augen sind noch heller als sonst.

»Es ist nichts«, lügt sie, obwohl so offensichtlich ist, dass etwas ist.

»Mit wem hast du telefoniert? Warum bist du so wütend?«, frage ich, *muss* ich fragen.

Ihr Mund öffnet und schließt sich wieder. Ihre Augen schimmern, in ihren langen Wimpern hängen Tränen, und es bringt mich beinahe um, weil ich mir auf einmal sehr sicher bin, zu wissen, wen sie angerufen hat. Mit wem sie gesprochen hat, ohne eine Antwort zu bekommen. Es bringt mich wirklich um, sie so zu sehen. Ich will ihr so gerne helfen, aber ich weiß nicht, wie.

»Rayne …«, setze ich an, aber sie schneidet mir das Wort ab.

»Weil ich nicht hier sein sollte, okay? Nicht in dieser verdammten Stadt, nicht an dieser Ballettschule, ich sollte *überhaupt* nicht hier sein!« Sie reißt sich von mir los.

Ich will ihr sagen, dass das nicht stimmt. Dass sie genau da ist, wo sie hingehört. Aber das wäre nicht die Wahrheit. Nicht wirklich.

»Ich bin wütend, weil ich keine andere Wahl habe, als hier zu sein. Weil ich nämlich sonst nirgendwo hinkann!«, schreit sie. Ihr Handy prallt mit einem unschönen Geräusch gegen die Wand des Studios und landet dann auf dem Boden. Rayne zuckt nicht mal mit der Wimper, schaut nicht nach, ob das Display gesprungen ist. Es interessiert sie nicht. »Ich bin wütend, weil meine Eltern tot sind. Weil es unfair ist! Sie sollten nicht tot sein. Sie haben es nicht verdient! Sie haben nichts falsch gemacht. Sie waren gute Menschen! Sie waren nur zur falschen Zeit am falschen Ort! Es ist *nicht* fair!«

Ihre Worte brechen mir das Herz, weil sie recht hat. Es ist nicht fair. Das ganze beschissene Leben ist nicht fair. Ich will ihr ihren Schmerz nehmen, ich wünschte, es gäbe einen Weg, genau das zu tun. Aber es gibt keinen. Ich kann nichts tun. Absolut fucking gar nichts.

»Ich weiß, Rayne, es –«

»Nein«, fährt sie mich an. »Du hast keine Ahnung! Ich brauche sie! Ich brauche meine Mom. Sie muss mir sagen, wie das alles geht!« Ihre Stimme bricht, und irgendwas an dem, was sie sagt, lässt ein nagendes Gefühl der Angst in mir hochsteigen, das mich dazu bringt, ein weiteres Mal die Hand nach ihr auszustrecken. Sie weicht mir aus.

»Was meinst du? Sie muss dir sagen, wie *was* geht?«

Sie schüttelt den Kopf, presst die Lippen aufeinander und schweigt.

»Rede mit mir, Rayne«, bringe ich angestrengt hervor, mein Puls geht zu schnell, in meinem Bauch hat sich ein Knoten aus Hilflosigkeit und Panik gebildet.

»Ich rede mit dir. Die ganze Zeit, ich kann nur nicht …« Sie schüttelt den Kopf und macht einen Schritt rückwärts. Weg von mir.

»Was kannst du nicht?«

»Warum kann ich nicht aufhören, an diesen Kuss zu denken?«, platzt es aus ihr heraus. Ihre Hände haben sich zu Fäusten geballt, sie zittert am ganzen Körper, ob vor Wut oder vor Kälte, ist mir nicht klar. »Warum kann ich nicht aufhören, an *dich* zu denken? Das macht mich wahnsinnig, weißt du das? Du machst das mit mir, und ich will das nicht. Ich weiß nicht wohin mit all diesen verfluchten Gefühlen, Easton!«

Ihre Worte versetzen mir einen schmerzhaften Stich.

Ich will das nicht. Ich will das nicht. Ich will das nicht.

»Glaubst du, mir macht das Spaß?« Auf einmal bin ich genauso wütend wie sie. Es ist hilfloser Zorn, nichts, was Sinn ergibt, aber er ist da, und wir verlieren beide die Kontrolle. Zu schnell, zu plötzlich. »Glaubst du, ich bin weniger verwirrt als du?«

Wieder schweigt sie, reckt nur trotzig das Kinn nach vorne und funkelt mich wütend an. Was tun wir hier? Wir sollten nicht streiten. Ich muss aufhören, stärker sein als die Wut, stärker als die Frustration, stärker als diese beschissene Sehnsucht, die mich zu ihr drängt, wieder und wieder und wieder. Aber ich bin nicht stark, und ich rede weiter. Ich kann mich nicht aufhalten.

»Ich hab das nicht geplant, Rayne! Nichts von alldem, was passiert ist, und am allerwenigsten den Kuss. Ich wusste doch auch nicht, dass es so werden würde, wenn wir uns irgendwann begegnen. Ich wünschte, ich könnte der sein, den du brauchst. Ich wünschte, ich könnte einfach nur dein Freund sein!«

»Dann sei verdammt noch mal einfach mein Freund!«, schreit sie. Sie bewegt sich auf mich zu, zu schnell, ich kann nicht reagieren, ihr nicht ausweichen, dabei hätte ich das sowieso nicht getan. Sie stößt mir beide Hände gegen die Brust, so fest, dass ich einen Schritt nach hinten stolpere.

»Ich kann nicht!«, schreie ich zurück.

»Warum nicht?« In ihrer Stimme schwingt die gleiche Verzweiflung mit, die ich auch in meiner hören kann.

»Weil ich in dich verliebt bin, Rayne!«, stoße ich hervor, rau, heiser, verzweifelt, und sie zuckt zurück. Sie zuckt zurück, und ich muss mich stoppen, aber es ist zu spät. Ich kann nicht mehr aufhören, kann nicht mehr zurück. »Ich bin in dich verliebt, und ich hab das nicht geplant. Ich wollte das nicht. Ich wollte dein Freund sein, weil du mich brauchst, aber es geht nicht, weil ich auch nicht aufhören kann, an den Kuss zu denken, und weil ich mehr will, okay? Ich will alles mit dir, Rayne.«

»Du willst … *was*?« Aus großen grauen Augen starrt sie mich fassungslos an.

Ich gehe auf sie zu, ich muss es jetzt zu Ende bringen, ihr alles sagen, weil sie es verdient hat, und ich auch.

Ich habe es verdient, ihr die Wahrheit zu sagen.

Ich lege beide Hände an ihre Wangen, muss sie spüren. Ihre Haut fühlt sich weich an. Mein Blick zuckt über ihr Gesicht. Ihr viel zu vertrautes Muttermal auf ihrer Wange. Ihre Lippen. Immer wieder ihre Lippen.

»Ich will dich. Wollte ich von Anfang an. Ich hab mich nur nicht getraut, auch nur einen Gedanken daran zuzulassen, weil … Verdammt, du bist meine beste Freundin, aber ich wollte dich schon, als wir uns noch nie begegnet waren. Als du noch das Mädchen warst, mit dem ich unzählige Nachrichten geschrieben habe. Ich will dich, weil du mich verstehst und weil ich dich verstehe. Weil du mir dabei hilfst, das Beste aus mir herauszuholen, weil du an mich glaubst und weil ich nicht aufhören kann, an dich zu denken. An den Kuss und daran, dass ich … Verdammt, ich will *dich*, Rayne! Weil ich in dich verliebt bin.« Meine Daumen streichen über ihre Wange, mein Herz rast, ich habe unsere Freundschaft zerstört, endgültig. Es gibt keinen Weg zurück mehr, nur noch nach vorn. »Was willst du?«

7. TEIL

Chorus

32. KAPITEL
Rayne

i'm yours – Isabel LaRosa

»Ich will *dich*, Rayne! Weil ich in dich verliebt bin.« Seine Stimme ist ein heiseres Raunen, das mein Herz schneller schlagen und meinen ganzen Körper prickeln lässt.

Meine Haut glüht, obwohl es viel zu kalt ist, aber ich spüre die Kälte kaum. Nur ihn. Nur seine Hände an meinem Gesicht, seine Daumen, die sanft über meine Wange streichen.

»Was willst du?« Er sieht mich an, seine Augen sind unendlich blau.

Wir stehen an einer Klippe, und ich kann nicht mehr weglaufen. Ich kann keine Angst mehr haben, jetzt nicht mehr. Sie führt doch auch zu nichts. Ich kann Easton immer verlieren, jeden Tag, völlig egal, ob wir Freunde sind oder … mehr. Ich könnte ihn *immer* verlieren, es gibt tausend Gründe, warum das passieren könnte. Ich kann nicht vor dem Was-wäre-wenn weglaufen. Weil Easton derjenige ist, der vor mir steht. Weil er es ist, der mich festhält, der mich ansieht, der mein Herz zum Stolpern bringt. Er ist mein bester Freund. Er ist derjenige, bei dem ich mich sicher fühle. Zu Hause. Er ist es, den ich jeden Tag sehen und mit dem ich immer und über alles reden will.

Und auf einmal ist alles ganz einfach.

Also springe ich.

»Dich«, sage ich, und dann treffen meine Lippen auf seine.

Seine Lippen auf meinem Mund, seine Hände an meinem Gesicht, seine warme Haut an meiner.

Easton zu küssen ist wie Atmen. Wenn man einmal damit anfängt, kann man nicht mehr damit aufhören.

Es ist besser als alles auf der Welt. Besser als der beste Song. Er *ist* der beste Song.

Sein Herz schlägt unter meinen Händen, ich kann es spüren. Meine Finger vergraben sich noch etwas fester in dem weichen Stoff seines Hoodies, und mein Herzschlag passt sich dem Takt von seinem an.

Er biegt meinen Kopf nach hinten, selbstbewusst, aber unendlich sanft. Meine Lippen öffnen sich ganz von selbst, seine Zunge berührt meine, und ich sterbe ein bisschen. Ein Teil von mir stirbt in diesem Moment einen schmerzhaft schönen Tod.

Vielleicht ist es der letzte Rest meiner Angst.

Mir entfährt ein ersticktes Keuchen, als seine Zähne an meiner Unterlippe ziehen, behutsam und fest zugleich. Ich kann spüren, wie seine Muskeln sich unter meinen Händen anspannen. Wie er auf diesen Laut reagiert, der aus meinem Mund gekommen ist. Und ich liebe es.

Alles daran. Ihn zu küssen, einzuatmen, zu schmecken.

Ich habe mich noch nie so gefühlt. So begehrt. Schön. Auf eine verdrehte Art vollständig, die ich nicht begreife, aber auch nicht hinterfragen werde. Dafür fühlt es sich zu gut an. Viel zu gut.

Ich stelle mich auf die Zehenspitzen, schlinge ihm die Arme um den Hals und vergrabe meine Finger in seinen Haaren, die weicher sind, als sie aussehen. Mir ist schwindelig, ich kann nicht atmen, schon wieder nicht, aber dieses Mal aus dem besten Grund. Weil ich ihn küsse. Wir dürfen nie wieder damit aufhören, weil es alles ist und noch mehr.

Leises Keuchen und schwere Atemzüge, sonst ist nichts zu hören, und das alles klingt trotzdem so sehr nach *uns*. Ich lasse ihn los, nur kurz, um meine Hände unter seinen Pulli wandern zu lassen, weil ich seine Haut unter meinen Fingern spüren muss. Sie ist warm, so warm, und ihm entfährt ein Zischen, weil meine viel kälter ist. Aber er weicht nicht zurück, kommt mir stattdessen noch näher, seine Hände wieder in meinen Haaren. Erneut biegt er meinen Kopf zurück, seine Zunge in meinem Mund, heiß und hungrig, und mein Körper pocht und pocht und pocht. Ich glaube, ich wollte noch nie etwas so sehr wie das hier. Ihn. *Mehr, mehr, mehr*. Ich brauche mehr. Das ist so alles nicht genug.

Doch dann löst er sich plötzlich von mir, und es fühlt sich wirklich so an, als würde er mir die Luft zum Atmen rauben.

Die Welt gerät aus den Fugen, einen kurzen Augenblick lang sehe ich nur verschwommen. Ich fühle mich leicht und schwer zugleich.

So wie es aussieht, geht es ihm ähnlich, denn er atmet schwer, als er seine Stirn gegen meine lehnt. Ich blinzle zu ihm hoch. Seine Augen sind geschlossen, aber um seine Lippen spielt ein Lächeln, und ich erwidere es ganz von selbst.

»Rayne«, flüstert er, in seiner Stimme schwingt das mit, was er fühlt, und ich höre es. Alles.

»Easton«, flüstere ich zurück und bete, dass er versteht. Mich versteht. Das, was ich gehört habe, und dass ich es erwidere. Sein Lächeln wird breiter.

»Weißt du eigentlich, dass niemand außer dir meinen vollen Namen benutzt?«

»Ich mag deinen Namen.«

Seine Lippen streifen meine, kein Kuss, nur eine federleichte Berührung. Ein stummes Versprechen.

Und dann wird aus der Berührung doch wieder ein Kuss, langsamer dieses Mal, dafür tiefer, nicht mehr so hungrig, aber immer noch voller Sehnsucht. Seine Hände gleiten meinen Rücken hinab, legen sich um meinen Hintern, und dann hebt er mich hoch.

Instinktiv schlinge ich die Beine um seine Hüften, seine Jeans sind kalt, ich kann es durch meine Strumpfhose hindurch spüren und wünschte trotzdem, dass der dünne Stoff sich einfach in Luft auflöst, weil das so alles einfach nicht reicht. Ich will ihn spüren, richtig und überall. Seine Finger, seine Zunge, alles von ihm.

Er macht einen Schritt, zwei, drei, bis ich mit dem Rücken auf die kalte Wand des Studios hinter mir treffe.

Eine leise Stimme in meinem Kopf versucht, mich daran zu erinnern, dass wir das nicht tun sollten, nicht hier, nicht so.

Es ist zu kalt, uns könnte jeden Moment jemand erwischen, aber die Stimme ist zu leise und mein Puls in meinen Ohren zu laut, das Pochen in meinem Körper zu drängend.

Ich bewege das Becken, nicht bewusst, es passiert einfach, aber es ist die richtige Bewegung. Easton stöhnt auf, sein Becken drückt gegen meine Mitte. Hitze und pochendes Verlangen. Mein Herz schlägt so schnell, ich glaube, es springt mir jeden Moment aus der Brust.

Ein vernehmliches Räuspern lässt uns beide erstarren.

»Ich unterbreche euch wirklich nur ungerne, aber Phil hat mich gebeten, euch mitzuteilen, dass es ziemlich genau an der Stelle, an der ihr steht, Überwachungskameras gibt, weil ihr euch da in direkter Nähe zur Hintertür des Studios befindet.«

Beim Klang von Becks amüsierter Stimme stößt Easton ein frustriertes Stöhnen aus und lehnt seine Stirn gegen meine.

»Geh weg«, sagt er, ohne auch nur den Kopf in die Richtung seines besten Freundes zu drehen, während ich noch versuche, den Nebel in meinem Kopf zu vertreiben und mein Herz dazu zu bringen, wenigstens ein kleines bisschen langsamer zu schlagen.

»Also ich weiß ja nicht, ob es so klug wäre, euch jetzt allein zu lassen. Wer weiß, ob ihr euch beherrschen könnt.«

»Beck, verzieh dich«, knurrt Easton, macht aber immer noch keine Anstalten, mich loszulassen oder sich zu bewegen.

»Nur, wenn ihr mir versprecht, gleich wieder reinzukommen, damit wir weitermachen können.«

»Ja, versprochen«, erwidere ich an Eastons Stelle.

»Danke, das reicht mir.« In Becks Stimme schwingt das belustigte Grinsen mit, das zweifellos auf seinen Lippen liegt, auch wenn ich es nicht sehen kann, weil ich mich genauso wenig bewegt habe wie Easton. Meine Beine sind noch immer um seine Hüfte geschlungen, seine Hände liegen immer noch an meinem Hintern.

Schritte sind zu hören, dann das Geräusch einer zufallenden Tür, und Beck ist wieder verschwunden.

Ich blicke zu Easton auf, seine Lider sind halb geschlossen, seine langen Wimpern malen Schatten auf seine Wangen. Ich muss lächeln, in meiner Brust wird es warm. Anders warm als gerade eben noch, als Easton mich geküsst hat. Das hier ist sanfter, vertrauter ... glücklicher.

Mir kommt ein leises Lachen über die Lippen, ein glucksender Laut, den ich noch nie bei mir gehört habe und der Easton die Augen aufschlagen lässt. Sein Blick findet meinen, und als sein Mund sich ebenfalls zu einem Lächeln verzieht, muss ich wirklich lachen. Eastons Augen leuchten auf, seine Nase streift meine, eine zärtliche, viel zu selbstverständliche Berührung, die ein sehnsüchtiges Ziehen in mir auslöst.

»Ich will nicht reingehen«, flüstere ich an seinen Lippen, obwohl wir keine andere Wahl haben. Die Songs nehmen sich schließlich nicht von alleine auf. Erst recht nicht ohne den Leadsänger.

»Ich auch nicht.«

»Aber wir sollten.«

»Ja.« Er seufzt. »Sollten wir.«

Langsam löse ich meine Beine von seinen Hüften, und Easton lässt mich vorsichtig runter, bis meine Füße den Boden berühren.

Er greift nach meiner Hand, unsere Finger verschränken sich, dann wirft er mir einen fragenden Blick zu, ein stummes *Bereit?*, und ich nicke.

»Lass uns reingehen.« Ich zupfe an seiner Hand. »Schließlich musst du noch einen Song aufnehmen. Oder zwei.«

»Muss ich wohl.« Er lächelt wieder, und es ist das schönste Lächeln, das ich je gesehen habe.

* * *

Es ist spät, als wir schließlich zurück zum Haus der Jungs fahren. Easton hat mich nicht mal gefragt, ob er mich zurück zur Schule bringen soll oder ob ich noch mit zu ihnen kommen will. Er hat mich nur angesehen und kannte die Antwort.

Wir haben den ganzen Tag im Studio verbracht, viel länger als geplant, aber die Jungs waren zu gut, um nach dem zweiten Song einfach aufzuhören. Am Ende haben sie vier Songs aufgenommen. Vier absolut geniale Songs, die ihnen hoffentlich dabei helfen werden, nach den Sternen zu greifen.

»Weißt du, wie lange es dauert, bis wir die fertigen Songs bekommen?«, fragt Jax und lehnt sich von der Rückbank so weit nach vorne, dass sein Kopf nur ein Stück von meinem entfernt ist. »Eigentlich wollte ich Phil vorhin schon fragen, aber ich hab's vergessen.«

»Ein paar Tage«, erwidere ich und verschweige, dass ich Phil und Miller versprochen habe, noch etwas draufzuzahlen, wenn sie sich ein bisschen beeilen.

»Reicht das denn für deine Choreo?« Easton wirft mir einen fragenden Blick zu, bevor er sich wieder auf die Straße konzentriert und den Wagen in die Auffahrt lenkt.

Meine Schultern spannen sich an. Ich habe den ganzen Tag kein einziges Mal daran gedacht, dass ich *Dance With You 'til Midnight* für den Contemporary-Kurs nutzen wollte. Heute ging es nur um den Song. Und das hat sich sehr gut angefühlt.

»Was für eine Choreo?«, will Beck wissen.

Ich winke ab und versuche, das mulmige Gefühl zu ignorieren, das sich in meinem Magen ausbreitet, weil ich jetzt nicht darüber nachdenken will. Nicht über den Contemporary-Kurs. Nicht über das Ballett. Nicht über die Schule und das Studium. All das scheint gerade ein ganzes Leben weit entfernt. Dabei sind erst ein paar Stunden vergangen, seit ich den Campus verlassen habe. Aber seit wir in diesem Studio waren, ist irgendwas anders. Nicht nur das mit Easton und mir. Ich kann bloß nicht greifen, was. Oder wie.

»Ach, nichts Wichtiges.«

Der Motor erstirbt mit einem leisen Stottern. Ich öffne die Tür und steige hastig aus, aber Beck lässt sich so leicht nicht abwimmeln.

»Klingt aber wichtig.«

»Ist es aber nicht. Ich hab nur einen Kurs, in dem wir uns einen Song aussuchen und dazu eine Choreografie entwickeln sollen, und ich wollte *Dance With You 'til Midnight* nehmen. Das ist alles.«

»Du willst eine Choreografie zu einem unserer Songs entwickeln?« Jax schließt zu uns auf und sieht mich neugierig an.

»Es ist auch ihr Song«, erinnert Easton seinen Freund, schiebt sich zwischen Jax und mich und greift nach meiner Hand. Ich muss lächeln, trotz des flauen Gefühls in meinem Bauch, weil er das einfach so sagt, weil er einfach so seine Finger mit meinen verschränkt. Als wäre es das Normalste auf der Welt.

»Ja, ich weiß. Aber darum geht's jetzt nicht.«

»Doch, irgendwie schon«, gibt Easton zurück.

Jax stöhnt genervt auf. »Nein. Es geht um die Choreografie. Hast du schon einen Plan?«, fragt er an mich gewandt, ich schüttle den Kopf.

»Nein, noch nicht so richtig.«

Ich habe weder einen Plan noch eine Idee. Ich weiß nur, dass es dieser Song sein muss. Das war's. Mehr habe ich nicht.

»Können wir was zu essen bestellen? Ich sterbe vor Hunger.« Colin steigt bereits die Stufen zur Haustür hoch.

»Ich auch.« Jax' Schritte beschleunigen sich, aber er dreht sich noch im Gehen zu mir um, läuft rückwärts weiter und deutet mit dem ausgestreckten Zeigefinger auf mich. »Du musst mir gleich von deinem Plan erzählen.«

»Aber ich hab doch gar keinen«, versuche ich zu widersprechen, allerdings hat er sich schon wieder umgedreht und verschwindet hinter Colin im Haus.

»Da musst du jetzt durch«, meint Beck und grinst mich an. »Du gehörst jetzt zu uns.«

Ein kurzer Satz, bevor er ebenfalls das Haus betritt, aber diese vier Worte reichen, damit sich mir die Kehle zuschnürt. Beck klang so ehrlich. So als würde er es wirklich so meinen. Als würde ich auf einmal tatsächlich dazugehören.

»Hey.« Eastons leise Stimme lässt mich den Kopf heben.

Sein Blick ist fragend und eine Spur besorgt. »Alles in Ordnung?«

»Ja, ich …« Ich schlucke schwer. »Ich hab einfach nicht damit gerechnet, dass …« Wieder breche ich ab, ich weiß nicht, wie ich in Worte fassen soll, was ich fühle. Aber ich schätze, Easton versteht auch so, was in mir vorgeht, denn seine Mundwinkel heben sich zu einem kleinen Lächeln, bevor er stehen bleibt, eine Hand auf meinen unteren Rücken legt und mich zu einem zärtlichen Kuss an sich zieht. Es ist ein anderer Kuss als vorhin in dieser kleinen Gasse. Anders als unser erster Kuss in seinem Zimmer. Viel kürzer, weniger hungrig, weniger verzweifelt, aber nicht weniger intensiv.

»Beck hat recht«, sagt er, als er sich wieder von mir löst. »Ausnahmsweise. Du gehörst dazu.«

Du gehörst zu mir.

Er spricht es nicht aus, aber ich kann ihm ansehen, was er denkt.

»Ja«, murmle ich und denke das Gleiche.

Und du gehörst zu mir.

Mir schnürt sich die Kehle zu, und ich muss es aussprechen, aber ich bringe keinen Ton heraus. Keine Ahnung, warum.

»Leute, jetzt kommt doch bitte endlich rein, damit Colin was zu essen kriegt.« Jax erscheint im Türrahmen, trommelt ungeduldig mit den Fingern gegen das Holz, und der Moment ist vorbei. »Ihr habt noch die ganze Nacht Zeit für euch.«

»Ihr seid heute alle so unfassbar nervig«, erwidert Easton augenrollend, aber ich glaube, Jax weiß genauso wie ich, dass er es nicht ernst meint. Nicht wirklich jedenfalls. Nur ein bisschen. Weil Jax sich echt einen ungünstigen Moment ausgesucht hat, um aufzutauchen.

»Nur weil wir hungrig sind. Los jetzt.«

»Na komm.« Schmunzelnd ziehe ich Easton die Treppe

hoch und ins Haus. Colin und Beck sitzen längst auf dem Sofa über ein Handy gebeugt und scrollen sich durch die App irgendeines Lieferdienstes.

Easton lässt sich in einen der großen Sessel fallen, schlingt einen Arm um meine Taille und zieht mich auf seinen Schoß. Es ist seltsam, wie richtig es sich anfühlt, dass er das tut.

Nur ein paar Stunden, und alles hat sich geändert.

»Also, was ist das jetzt für eine Choreografie?«, kommt Jax erneut auf das Thema zu sprechen, das ich eigentlich gerne ruhen lassen würde.

»Es ist noch gar keine Choreografie. Ich muss eine entwickeln. Zu eurem Song.«

»Unserem Song«, verbessert Easton jetzt mich, und wieder muss ich lächeln.

»Ja.«

»So wie in einem Musikvideo?« Ein aufgeregtes Leuchten tritt in Jax' Augen, und Beck stößt ein ungläubiges Lachen aus.

»Nicht dein Ernst, Junge.«

»Was denn?«, will ich wissen. Ich schätze, ich habe irgendwas verpasst.

»Jax hat dumme Ideen«, bemerkt Colin. Er tippt immer noch oder schon wieder auf seinem Handy herum. Vermutlich schreibt er seiner Freundin. Easton hat mir von Emma erzählt, von der Fernbeziehung, davon, wie schwierig es für die beiden manchmal ist.

»Ich habe geniale Ideen.«

»Hast du nicht.« Easton seufzt hinter mir, sein Atem streift dabei warm meinen Hals. Ich bekomme eine Gänsehaut und schmiege mich unwillkürlich näher an seine Brust. Ich kann sein Herz an meinem Rücken schlagen spüren.

»Könnt ihr mich kurz aufklären?« Fragend sehe ich von einem zum anderen.

»Ich dachte nur … Wenn wir den Song schon aufgenommen haben und du eine Choreografie entwickelst … Dann könnte man doch was daraus machen.«

Ich blinzle, und dann verstehe ich, worauf er hinauswill. »Du schlägst also vor, ein Musikvideo zu drehen?«

Er zuckt mit den Schultern und grinst zufrieden. »Warum denn nicht?«

»Zum Beispiel, weil wir uns das nicht leisten können?«, meint Colin, während ich nur stumm von einem zum anderen blicken kann, weil mein Kopf auf einmal viel zu voll und gleichzeitig entsetzlich leer ist. Ein Musikvideo. Mit unserem Song und meiner Choreo? Das ist verrückt. Vollkommen verrückt. Aber vielleicht ist verrückt ja gut?

»Ach Quatsch, so krass aufwändig muss es doch nicht werden. Skye dreht ständig irgendwelche Videos für TikTok und so. Die sind ziemlich gut geworden.«

»Skye dreht TikToks?« Überrascht starre ich ihn an, vergesse für einen Moment, worum es eigentlich geht, denn Skye ist ungefähr die Letzte, die ich mir dabei vorstellen kann, wie sie Videos dreht und die dann in den sozialen Netzwerken verbreitet. Keine Ahnung, warum, eigentlich kenne ich Skye nicht gut genug, um beurteilen zu können, ob das zu ihr passt oder nicht. Aber irgendwie hätte ich sie so trotzdem nicht eingeschätzt, und sie hat es auch nie erwähnt. Genauso wenig wie Jase, Zoe oder Mae.

Jax wird tatsächlich rot, verlegen reibt er sich die Nasenspitze. »Ja. Also, die Sache ist die: Eigentlich darf ich das niemandem erzählen. Skye redet da nicht gerne drüber, ich glaube, außer mir weiß das niemand.«

»Tja, ich würde sagen, du hast kläglich versagt, mein Freund.« Beck klopft ihm auf die Schulter.

»Ich dachte, zwischen euch läuft nichts mehr.« Fragend

wandern Colins Augenbrauen nach oben, und Jax verzieht das Gesicht.

»Ist ja auch so. Das mit den Videos weiß ich schon lange. Ist doch auch egal jetzt. Stellt euch das aber bitte mal kurz vor: unser Song, Raynes Tanz – das könnte richtig gut werden. Vielleicht gehen wir ja viral, und dann wird ein Label auf uns aufmerksam, und dann werden wir reich und berühmt.« Er strahlt uns an, und auf einmal ist da kribbelnde Aufregung in meinem Bauch.

»Und wenn sie nicht gestorben sind, dann leben sie noch heute«, meint Colin sarkastisch, lehnt sich zurück und legt den einen Fuß über das andere Knie. »Ist das echt dein Ernst?«

»Warum denn nicht?«

»Weil es absolut unwahrscheinlich ist, dass es funktioniert.«

»Aber nicht unmöglich«, widerspricht Jax. »Einen Versuch wäre es auf jeden Fall wert, oder? Was haben wir schon zu verlieren?«

»Eigentlich nicht besonders viel«, räumt Beck ein und schaut zu Easton und mir. »Was meint ihr?«

Eastons Arm um meine Taille spannt sich an. Ich drehe mich zu ihm, so weit, dass ich ihn anschauen kann. Er sieht mich an, nur mich, und einen Moment lang ist es, als wären wir vollkommen allein in diesem Raum. Auf dieser Welt.

Er neigt den Kopf, eine winzige Bewegung.

Es ist deine Entscheidung.

Mein Puls schießt in die Höhe. Es ist wirklich meine Entscheidung.

»Ihr braucht mich nicht für ein Video. Ihr könnt das auch ohne mich machen.«

»Klar. Könnten wir.« Colins Antwort bringt mich dazu, mich wieder den Jungs zuzuwenden. Seine Mundwinkel heben sich zu einem kleinen Lächeln. »Aber wenn wir das schon machen, dann machen wir es zusammen. Easton hat recht. Es ist auch dein Song.«

»Okay, aber ich weiß nicht mal, ob ich das mit der Choreografie hinbekomme. Ich hab so was noch nie gemacht«, protestiere ich.

»Wir auch nicht.« Sein Lächeln wird breiter. »Ganz oder gar nicht, Rayne.«

Mein Herz macht einen kleinen Satz. Es ist das erste Mal, dass Colin mich nicht *Nachrichten-Mädchen* nennt.

Du gehörst jetzt zu uns.

Ich stehe auf, kann plötzlich nicht mehr ruhig sitzen. Meine Beine kribbeln, alles kribbelt. Meine Gedanken rasen, ich muss mich bewegen.

Ein Song.

Eine Choreografie.

Ein Musikvideo.

Das ist so absurd. Komplett verrückt. Wahrscheinlich funktioniert es nicht mal. Ziemlich sicher sogar.

Und wenn doch?

Es ist Dads Stimme in meinem Kopf. Warm und ermutigend. Ich bleibe stehen, schließe die Augen. Atme tief durch.

Was ist, wenn es doch funktioniert, Mockingbird?

Ich denke nicht weiter nach, öffne die Augen und treffe eine Entscheidung.

Davor

15. Juni um 6:43 PM

mockingbird:
Ich verstehe euch Typen manchmal nicht.

eastcoleman:
Warum? Was ist los?

mockingbird:
Der Abschlussball ist in zwei Wochen. Zwei (!!!) Wochen, und heute fragt mich Damien, dieser Volltrottel, ob ich mit ihm dahin gehe. Alle anderen haben ihr Date schon vor Wochen gefragt, und jetzt kommt er auf den letzten Drücker an und erwartet, dass ich Ja sage. Das kann doch echt nicht sein Ernst sein!

eastcoleman:
Vielleicht hat er sich vorher nicht getraut?

mockingbird:
Ach Quatsch. Wir waren Anfang des Jahres zusammen. Ein paar Wochen. Er war derjenige, der mit mir Schluss gemacht hat. Ich bezweifle wirklich, dass das der Grund ist.

eastcoleman:
Na ja, wenn er dir das Herz gebrochen hat und dir jetzt wieder

näherkommen möchte, ist das doch eigentlich nachvollziehbar, oder?

mockingbird:
Sag mal, auf wessen Seite bist du eigentlich?

eastcoleman:
Auf deiner. Immer auf deiner.

mockingbird:
Danke.
Im Übrigen hat er mir nicht das Herz gebrochen. Wir waren nicht zusammen, weil ich so wahnsinnig verliebt in ihn war.

eastcoleman:
Warum dann?

mockingbird:
Wenn ich dir das sage, wirst du sauer.

eastcoleman:
Sag's mir trotzdem.

mockingbird:
Hailey war zu der Zeit mit Damiens bestem Freund zusammen, und ich dachte, wir würden wieder mehr miteinander machen, wenn wir beide mit Jungs aus derselben Clique zusammen wären. Hat sich als Irrtum rausgestellt. Hailey hatte trotzdem keine Zeit für mich, und wenn wir alle zusammen unterwegs waren, hing sie die ganze Zeit nur an Josh.

eastcoleman:
…

mockingbird:
Ich sag doch, du wirst sauer.

eastcoleman:
Bin ich nicht. Aber ich kann Hailey echt nicht leiden.

mockingbird:
Musst du ja auch nicht.
Aber erklär mir wirklich mal bitte, warum Damien jetzt wieder ankommt.

eastcoleman:
Er hat Schluss gemacht?

mockingbird:
Ja.

eastcoleman:
Warum?

mockingbird:
Ach, da war noch ein anderes Mädchen. Und ich hatte wahrscheinlich einfach zu oft keine Lust auszugehen. Ich bleibe lieber zu Hause, und er wollte mich jedes Wochenende zu irgendwelchen Partys schleppen. Aber wie gesagt, ist jetzt nicht so, als hätte er mir das Herz gebrochen.

eastcoleman:
Okay, ehrlich gesagt, hab ich dann wirklich keine Ahnung, was

er will. Ihm wird ja nicht jetzt auf einmal eingefallen sein, dass er doch Gefühle für dich hat, oder?

mockingbird:
Wahrscheinlich hat ihm sein ursprüngliches Date abgesagt.

eastcoleman:
Und? Willst du sein neues Date sein?

mockingbird:
Auf gar keinen Fall. Ich will nicht mal zum Abschlussball gehen.

eastcoleman:
Du kannst doch nicht deinen Abschlussball verpassen.

mockingbird:
Klar, kann ich.

eastcoleman:
Wenn es um dein Date geht: Ich könnte kommen und dein Date sein.

mockingbird:
Das würdest du machen?

eastcoleman:
Ja.

mockingbird:
Das ist wirklich unwahrscheinlich süß von dir. Aber nein. Du kannst nicht extra für meinen Abschlussball nach L.A. fliegen.

eastcoleman:
Könnte ich schon.

mockingbird:
Das ist lieb. Aber du musst nicht kommen, ich will echt nicht hingehen. Ich mag solche Veranstaltungen einfach nicht.

eastcoleman:
Wenn du deine Meinung änderst, sag Bescheid.

mockingbird:
Danke, Easton.

eastcoleman:
Immer, Birdy.

33. KAPITEL
Rayne

Midnight Rain – Taylor Swift

Es fühlt sich beinahe unwirklich an, als Easton und ich später nach oben in sein Zimmer gehen. Das letzte Mal, als ich hier war, haben wir uns geküsst. Heute haben wir uns geküsst. Alles ist anders als beim letzten Mal, und als ich sein Zimmer betrete, wird mir klar, *wie* anders.

Und ich weiß irgendwie nicht so richtig, wie ich damit umgehen soll.

Eastons Finger streifen meinen Handrücken, ich sehe zu ihm hoch und begegne seinem fragenden Blick.

»Soll ich dich zurück zur Schule fahren?« Die Frage klingt widerstrebend, als wollte er sie überhaupt nicht stellen.

Ich schüttle den Kopf. »Nein. Oder … willst du –«

»Nein«, unterbricht er mich sofort. »Ich will, dass du bleibst.«

Erleichtert atme ich auf. »Okay. Ich auch.«

»Okay.« Ein Lächeln huscht über sein Gesicht. »Ich schaue mal eben im Bad nach, ob ich noch eine Zahnbürste für dich finde. Du kannst Willows Zeug mitbenutzen, ich bin mir sicher, sie hat nichts dagegen.« Er geht zu einer Kommode rüber, zieht sie auf und reicht mir eins von seinen T-Shirts. »Hier.

Meine Jogginghosen dürften dir alle viel zu groß sein, aber du kannst eine haben, wenn du willst.«

»Nein. Schon gut«, erwidere ich. Ich will seine Haut an meiner spüren, seine Wärme.

»Ich bin gleich wieder da, brauchst du sonst noch was?« Easton fährt sich mit einer Hand durch die Haare, er wirkt seltsam verlegen, als wäre er gerade genauso unsicher wie ich, und das hilft, damit das nervöse Kribbeln in meinem Bauch etwas nachlässt.

Ich lächle. »Ich hab alles.«

»Okay. Dann ...« Er geht zur Tür, wirft mir über die Schulter hinweg aber noch einen Blick zu, der meinen ganzen Körper pochen lässt.

Ich nicke, dabei hat er nicht mal eine Frage gestellt, aber ich kann nicht einfach nur dastehen und ihn ansehen, obwohl ich das am liebsten machen würde.

Easton beißt sich auf die Unterlippe, und ich sehe sofort zu seinem Mund. Diese Lippen ... Er zögert immer noch, dann strafft er sich und wendet sich ab. Ich kann hören, wie er einatmet, und schließlich verlässt er sein Zimmer.

Die Nachttischlampe neben seinem Bett ist die einzige Lichtquelle. Ich werfe das T-Shirt, das er mir gerade gegeben hat, aufs Bett und ziehe mein Handy aus meinem kleinen Rucksack.

Das Display ist wie durch ein Wunder heil geblieben, als ich es gegen die Wand geworfen habe, nur die Hülle ist gerissen. Ich tippe auf das Display, entdecke ein halbes Dutzend Nachrichten von Zoe und Mae in unserem Gruppenchat und registriere, dass es später ist als gedacht. Kurz vor Mitternacht.

Ich öffne unseren Chat, ich muss ihnen wenigstens Bescheid sagen, dass ich heute nicht mehr nach Hause komme, sonst machen sie sich bestimmt Sorgen. Ich würde wetten, dass Mae schon seit Stunden immer mal wieder an meine Zimmertür klopft, um herauszufinden, ob ich nicht doch heimlich zurück zur Schule gekommen bin. Ich habe den ganzen Tag nicht geschrieben, obwohl ich es versprochen habe, und mein schlechtes Gewissen treibt meine fliegenden Finger über die Buchstaben.

Mae: Wie läuft's?
Mae: Rayne, komm schon, wir sind neugierig.
Mae: Biiiiiitte antworte endlich.
Mae: Raaaaaaayne, ich nerve dich jetzt so lange, bis du endlich zurückschreibst!
Zoe: Himmel, Mae, sei nicht so neugierig. Sie wird sich schon melden.
Mae: Ich kann nicht anders. Dass Rayne nicht antwortet, bedeutet doch bestimmt was. Oder? Ooooooder?
Rayne: Ich hab total vergessen, mich zu melden, tut mir leid. Es ist gut gelaufen. Ich erzähle euch morgen alles.

Es dauert keine zehn Sekunden, bis Mae antwortet.

Mae: Na endlich, ich hab schon angefangen, mir Sorgen zu machen.
Rayne: Tut mir leid!
Mae: Ist doch nicht schlimm! Wenn du uns morgen alles erzählen willst … heißt das, du kommst heute nicht mehr nach Hause?

Ich spüre, wie mir das Blut in die Wangen schießt, keine Ahnung, warum ich auf einmal so verlegen bin.

Rayne: Ja. Sieht ganz so aus.
Mae: Omg! Heißt es das, was ich denke, was es heißt?

Mein Gesicht wird noch heißer, und ich bete, dass Easton sich nicht ausgerechnet diesen Moment aussucht, um zurückzukommen. Hastig tippe ich eine Antwort.

Rayne: Ich denke schon. Ich erzähl euch morgen alles, versprochen!
Mae: Wehe, wenn nicht!
Zoe: Gute Nacht, schlaft schön!
Mae: Oder auch nicht, hihihi.

Ich muss lachen, wünsche ihnen ebenfalls eine Gute Nacht und lasse mein Handy zurück in die Tasche gleiten, genau in dem Moment, in dem die Tür aufgeht und Easton sein Zimmer betritt.

»Ich hab dir eine Zahnbürste und ein Handtuch hingelegt. Wie gesagt, Willows Abschminkzeug und Cremes liegen da auch rum. Nimm einfach, was du brauchst«, sagt er.

Ich greife nach seinem T-Shirt. »Okay, bin gleich wieder da.«

Das Badezimmer ist ein Stockwerk tiefer, direkt neben Willows Zimmer. Aus dem Wohnzimmer unten im Erdgeschoss höre ich gedämpft die Stimmen der Jungs und, undeutlicher, die Hintergrundgeräusche des Films, den sie gucken. Leise schließe ich die Tür hinter mir und trete ans Waschbecken.

Ich ziehe mir Eastons Mütze vom Kopf. Meine Haare sind ein absolutes Chaos, ich schnappe mir eine Bürste von der Ablage, und kurz darauf liegen nicht nur meine Haare wieder einigermaßen gut, ich bin auch abgeschminkt und eingecremt, und meine Zähne sind geputzt. Dann tausche ich Kleid und Strumpfhose gegen Eastons Shirt, das mir viel zu groß ist, es reicht beinahe bis zur Mitte meiner Oberschenkel, aber es riecht nach ihm, und ich liebe es.

Ich falte meine Sachen ordentlich zusammen, bevor ich das Badezimmer wieder verlasse und die Treppe zum Dachboden hinaufsteige. Die Stufen sind kalt unter meinen nackten Füßen, aber ich fürchte, das ist nicht der einzige Grund, warum ich eine Gänsehaut bekomme. Es liegt vielmehr an der Tatsache, dass Easton in seinem Zimmer auf mich wartet. Dass ich zusammen mit ihm einschlafen und wieder aufwachen werde und alles dazwischen.

Mein Herz schlägt viel zu schnell, als ich in sein Zimmer schlüpfe und die Tür leise hinter mir ins Schloss fällt. Easton liegt schon im Bett, er trägt auch ein T-Shirt, was irgendwie schon ein bisschen schade ist und gleichzeitig ziemlich süß, weil ich genau weiß, warum er das tut. Um mir keinen Druck zu machen.

Er schlägt die Decke zurück, und ich klettere zu ihm ins Bett. Er zieht mich sofort an sich, bis mein Kopf auf seiner Brust zu liegen kommt und seine Lippen meine Schläfe streifen. Es ist warm unter der Decke, und sein Körper an meinem sorgt dafür, dass ich ganz ruhig werde. Es fühlt sich vertraut und neu zugleich an, und absolut richtig. Als hätte es von Anfang an genau so sein sollen.

Ich bewege mich ein Stück, sodass ich den Kopf heben und ihn ansehen kann. Ich muss ihn einfach ansehen.

»Du musst das mit dem Video nicht machen, wenn du nicht willst«, sagt er, sein Blick liegt fest auf mir. »Vielleicht ist es wirklich albern.«

»Nein, ist es nicht. Und ich will mitmachen.« Ich schlucke schwer. »Es fühlt sich schön an, ein Teil davon zu sein.«

»Ich bin froh, dass du ein Teil davon sein willst«, flüstert er. Wieder streifen seine Lippen meine Stirn, und ich schließe kurz die Augen. Ich habe mich seit Monaten nicht so geborgen gefühlt wie in diesem Moment.

»Und ich bin froh, dass Colin mich nicht mehr Nachrichten-Mädchen nennt.«

Easton lacht leise, das Geräusch vibriert in seiner Brust. »Ich auch. Er hat das jetzt aber auch wirklich lange genug durchgezogen. Irgendwann ist es auch nicht mehr lustig.«

»Meinst du, sie wollen mich wirklich dabeihaben?«

»Sonst hätten sie das nicht vorgeschlagen. Jax nicht, und Colin erst recht nicht.«

»Und Beck? Er hat nicht wirklich was dazu gesagt.«

»Ja, aber er mag dich. Ich glaube, er will dich einfach nur nicht unter Druck setzen. Er ist ein bisschen empathischer als Colin und Jax.«

»Was du nicht sagst«, erwidere ich schmunzelnd. Doch mein Lächeln erlischt gleich wieder. »Ich weiß nur echt nicht, ob ich das mit der Choreo kann. Macht euch bitte nicht zu große Hoffnungen. Vielleicht bin ich auch total unfähig.«

»Bist du nicht.«

»Weißt du doch gar nicht.«

»Doch, schon. Weißt du, Willow ist Tänzerin, und ich hab zwar nicht so viel Ahnung wie du und sie, aber ich verstehe genug davon, um sagen zu können, ob du gut bist. Und du *bist* gut.«

»Das heißt nur noch lange nicht …«, setze ich an, doch Easton schneidet mir das Wort ab, indem er seine Lippen kurz und fest auf meine drückt.

»Sag's nicht. Ehrlich. Hab ein bisschen Vertrauen in dich, Rayne. Bitte. Und wenn dir am Ende nicht gefällt, was du machst, dann ist das okay. Dann lassen wir das mit dem Video. Aber ich bin mir sicher, dass es toll wird. Dein Song ist auch unglaublich gut geworden.«

»Unser Song.«

»Unser Song«, bestätigt er lächelnd.

»Ist er, oder?«

»Ziemlich.« Er dreht sich ein Stück zur Seite, sodass wir jetzt beide auf der Seite liegen, mein Kopf halb auf seinem Arm.

Er hebt ein Bein an, damit ich meins zwischen seine schieben kann. Wir sind uns so nah, und es ist eine vollkommen andere Nähe als heute Nachmittag, als meine Beine um seine Hüften geschlungen waren. Das hier fühlt sich intimer an. Wahrer. Seine Haut an meiner, warm und überraschend weich.

»Hast du schon mal darüber nachgedacht, ob du … noch einen Song schreiben willst?« In seiner Stimme schwingt ein vorsichtiger Unterton mit, den ich nicht kenne und der mir doch irgendwie vertraut ist. Weil er so sehr nach Easton klingt.

»Nein.« Ich lüge, weil ich das sehr wohl getan habe. Nicht in letzter Zeit. Früher. Vor allem. Ich habe ihm damals geschrieben, dass ich Musik machen will. Er weiß das, nur deshalb stellt er diese Frage. Aber das war damals, und jetzt … jetzt ist es viel komplizierter geworden, Musik zu machen. Auch nur daran zu denken. »Doch«, gebe ich eine Sekunde später zu, schließlich kennt Easton die Wahrheit. Er kennt mich.

Er schweigt und wartet darauf, dass ich weiterspreche. Wenn ich weitersprechen will. Er gibt mir Zeit, und ich …

»Ich weiß nicht, was ich will«, gebe ich schließlich zu. »Mit dir diesen Song zu schreiben war … richtig. Es hat sich gut angefühlt. Aber ich bin mir nicht sicher, ob ich das noch mal kann.«

»Aber du könntest es versuchen.«

»Und wenn ich es nicht schaffe?«

»Dann ist das so. Aber das ist doch nicht schlimm. Und dann hast du es immerhin versucht.«

Ich ziehe die Unterlippe zwischen die Zähne. Wenn es nur so einfach wäre. Aber das ist es nicht. Ist es nie gewesen. Weil ich bin, wer ich bin. Weil Dad war, wer er war. Und weil ich nie wie er sein werde.

Ich öffne den Mund, um das zu sagen, aber heraus kommt etwas anderes.

»Ich habe meine Mom angerufen. Heute Nachmittag. Es war bescheuert. Ich wusste ja, dass sie nicht … dass sie nicht drangehen würde. Aber ihre Nummer wurde noch nicht neu vergeben, und als die Mailbox angesprungen ist, war da ihre Stimme, und ich bin so wütend geworden. Warum bin ich so wütend geworden?«

»Weil du wütend sein darfst.«

»Wirklich?« Meine Augen werden feucht. »Ich hab nicht das Gefühl, dass ich das darf.«

»Du darfst alles fühlen.«

Der nächste Atemzug sticht in meiner Brust. Es tut weh, und ein Teil von mir will aufhören zu reden, den Schmerz und die Trauer verdrängen, wenigstens für ein paar Stunden. Wenigstens für diese Nacht. Aber ich kann nicht verdrängen, und ich muss weitersprechen. »Ich vermisse sie. Und mit ihr zu reden. Ich will ihr von dir erzählen. Dad auch.«

»Ich wünschte, du könntest das.« Seine Stimme klingt auf einmal ganz belegt. Er blinzelt, und ich sehe, dass seine Augen genauso glänzen, wie meine es vermutlich tun.

»Es ist so unfair, dass ich ihnen nichts von dir erzählen kann. Dass sie dich nicht kennenlernen können. Ich will …« Ich breche ab und atme zittrig ein. »Ich habe Mom diese Nachricht auf die Mailbox gesprochen. Es war furchtbar. *Ich* war furchtbar. Und ich kann es nicht rückgängig machen. Ich habe mit ihr gesprochen, und ich weiß, dass sie die Nachricht nie hören wird, aber ich habe so viele furchtbare Dinge gesagt.« Scham schwingt in meiner Stimme mit.

»Hast du nicht. Bestimmt nicht.«

»Doch. Ich hab sie angeschrien.« Ich reibe mir übers Gesicht, und Eastons Umarmung wird fester. »Warum sie in der Nacht einen anderen Weg genommen haben. Und warum sie ausgerechnet zu dieser Zeit losgefahren sind. Warum nicht früher oder später. Ich hab gesagt, wie wütend ich bin.«

Einen Moment lang schweigt Easton. Dann beginnt er zu sprechen: »Ich bin sicher, dass deine Mom das nicht furchtbar gefunden hätte. Ich glaube, sie würde wollen, dass du deine Gefühle rauslässt, anstatt sie in dich reinzufressen. Sie hätte dich verstanden, da bin ich wirklich sicher.«

Er hat recht, das weiß ich. Ich wusste es die ganze Zeit, aber bis zu diesem Augenblick war mir nicht klar, wie sehr ich das hören musste. Seufzend schmiege ich mich enger an ihn.

»Sie hätte dich gemocht. Dad fand dich eh toll.«

Seine Mundwinkel heben sich zu einem winzigen Lächeln. »Ich weiß nicht, ob er mich jetzt immer noch toll gefunden hätte. Die meisten Väter sind nicht allzu scharf darauf, ihre Tochter mit ihrem Freund zu sehen.«

»Bist du das denn?«, frage ich und bin selbst überrascht davon, wie unsicher ich klinge. Dabei hat Easton mir gesagt, dass er in mich verliebt ist. Er hat gesagt, dass er alles mit mir will. Aber er muss auch das sagen. Und ich muss es hören.

Er legt eine Hand an mein Gesicht, sein Daumen streicht sanft über meine Wange. »Wenn du das willst.«

»Ja«, sage ich, mir stockt der Atem, als sein Daumen meine Lippen berührt. »Ich will, dass du mein Freund bist.« Die Worte kommen mir so leicht über die Lippen, als hätte ich sie immer schon, von Anfang an, sagen sollen. Möglich, dass es auch so ist.

Easton bewegt sich, und ich rutsche ein Stück nach unten. Er beugt sich über mich, und sein Gewicht drückt mich in die Matratze. Auf eine gute Weise. Viel zu gut.

»Ich will keine Angst mehr haben«, flüstere ich. »Du bist mein bester Freund, Easton. Aber du bist mehr. Viel mehr. Weil ich …« Zittrig atme ich ein. »Weil ich mich auch in dich verliebt habe. Oder es von Anfang an war. Ich weiß es nicht. Und ich will keine Angst mehr davor haben.«

Seine Augen leuchten auf, und er ist so schön, dass sich mein Herz zusammenzieht.

»Ich will dich küssen«, raunt er, tief und heiser. Ich liebe seine Stimme. Sie ist alles, und wenn ich sie höre, besteht mein Körper auf einmal nur noch aus Hitze und einem drängenden Pochen.

Ich befreie meine Arme, lege meine Hände an sein Gesicht, und anstatt ihm zu antworten, ziehe ich ihn zu mir herunter, bis er es tut. Mich küssen.

Unsere Münder öffnen sich gleichzeitig, seine Zunge ist heiß, und die Welt um mich herum verschwimmt. Sie hört einfach auf zu existieren.

Da sind nur noch er und ich. Sein Gewicht, das mich tiefer und tiefer in die Matratze drückt, aber er ist immer noch nicht da, wo ich ihn haben will, wo ich ihn brauche. Wo er sein muss.

Ich bewege meine Hüften, und er versteht. In einer fließenden Bewegung schiebt er sich über mich, richtig dieses Mal. Sein Becken drückt gegen meins, ich spreize die Beine, und dann spüre ich seine Erektion an meiner Mitte. Es ist fast mehr, als ich ertragen kann.

Sein Mund wandert von meinen Lippen, über meinen Kiefer, meinen Hals hinunter, bis zum Ausschnitt meines T-Shirts. Das Shirt, es muss weg. Seins auch. Ich will seine Haut unter meinen Fingerspitzen spüren, unter meinen Lippen, und ich will seine auf mir. Also greife ich nach dem Saum seines Shirts, schiebe den weichen Stoff nach oben. Seine Hüften drängen sich instinktiv näher an meine, bevor er sich aufrichtet und sich das Shirt hastig über den Kopf zieht.

Ich schlucke, als ich ihn ansehe. Er ist schön. So schön. Nicht so durchtrainiert wie die Jungen beim Ballett, schlanker und athletischer, die Muskeln nicht so definiert, aber trotzdem ausgeprägt. Mein Blick wandert über seine Brust, seinen Bauch, weiter nach unten zu der sehr sichtbaren Wölbung in seinen Boxershorts, ehe ich wieder in sein Gesicht sehe. Seine Augen sind dunkel und voller Verlangen, die Lippen geschwollen von unseren Küssen. Seine Haare sind ganz zerzaust, ich bin das gewesen, ich habe vergessen, wann und wie, aber das ist eigentlich auch ziemlich egal.

Ich setze mich auf, halte seinen Blick fest, verliere ihn nur kurz, als ich selbst das Shirt ausziehe. Er hat den Atem angehalten, ich kann es sehen, als er ihn wieder ausstößt, sobald ich das T-Shirt sinken lasse.

»Rayne.« Mein Name aus seinem Mund klingt nach Sehnsucht.

Ich strecke eine Hand nach ihm aus, er muss mich wieder berühren, alles andere kann ich nicht ertragen.

»Bist du sicher?«, fragt er.

Ich nicke. Ich glaube, ich war mir lange nicht mehr einer Sache so sicher wie dieser.

Er zögert, sein Kiefer spannt sich an, und ich weiß, welche Frage er stellen will, noch bevor er sie ausgesprochen hat. »Hast du …«

Wieder nicke ich, hastiger dieses Mal. Ja, ich hatte schon Sex. Es war nicht besonders gut, aber es ist passiert.

»Bist du wirklich …«

Ich unterbreche ihn, indem ich beide Hände in seinen Nacken gleiten lasse und meinen Mund auf seinen drücke.

»Hör auf zu reden«, flüstere ich, und Easton stößt ein kehliges Stöhnen aus, das zuckende Blitze durch meinen Unterleib schießen und gleichzeitig ein kribbelndes Glücksgefühl in mir aufsteigen lässt.

Er zieht mich an sich, und der Kuss verändert sich, wird tiefer, gieriger, hungriger. Irgendwie lande ich wieder mit dem Rücken auf der Matratze. Easton ist neben, nicht über mir, und ich bewege ungeduldig das Becken, weil das so nicht in Ordnung ist. Ich will ihn auf mir spüren, in mir.

Gott, ich will es viel zu sehr.

Seine Hände wandern quälend langsam über meinen Körper, Hüften, Taille, Brüste, ich winde mich unter seiner Berührung. Sein Atem streift heiß meine Haut, als er seinen Mund von meinem löst und seine Lippen meinen Hals hinunterwandern. Tiefer und tiefer, bis seine Zunge mit meinem Nippel spielt, an mir saugt. *Oh Gott.* Hitze sammelt sich in meinem Unterleib, Muskeln ziehen sich um nichts zusammen.

Und dann sind seine Finger endlich, endlich, endlich da, wo ich sie haben will, streichen über den Slip, den ich noch trage und der inzwischen erschreckend feucht ist, und ich kann nicht atmen, ich kann nicht atmen, ich … kann … nicht … atmen, auf die beste Weise, die es gibt, als er den dünnen Stoff beiseiteschiebt und mich berührt. Mir entfährt ein ersticktes Wimmern, ein Laut, den ich noch nie bei mir gehört habe, den er einatmet, als er mich wieder küsst. Ich spüre, wie er unter meinen Händen erschauert, so wie ich unter seinen Fingern, weil er genau die richtige Stelle findet. Alles dreht sich, es ist zu viel und nicht genug.

Ich klammere mich an ihm fest, keuche in seinen Mund, dränge mich seinen Fingern, seiner Berührung entgegen, und bitte, bitte, bitte, er darf nicht aufhören.

Er hört nicht auf. Nein, er macht weiter, und als er erst einen

Finger und dann einen zweiten in mich gleiten lässt, löse ich mich in meine Einzelteile auf.

Ich sehe Sterne. Ich glühe, ich zerfalle, ich sterbe, während er mich weiter streichelt, mit seinen Fingern in mich stößt. Ich bestehe nur noch aus Pochen und Sehnsucht und dem Wunsch nach mehr.

Meine Beine zittern, die Muskeln in meinem Unterleib ziehen sich verlangend zusammen. *Mehrmehrmehr*.

Ich küsse ihn, Zunge, Zähne, Hitze und Verlangen. Mein Becken kippt, er schiebt sich über mich. Ich dränge mich gegen seine Erektion, mehr Pochen und dann brennende Hitze in mir, als der Orgasmus über mich hinwegspült wie eine Welle.

Er verschluckt meinen Schrei, und dann liegen wir da, schwer atmend und am ganzen Körper zitternd, seine Stirn wieder gegen meine gelehnt, seine Lippen sind nur ein Stück von meinen entfernt.

»Das war …«, setze ich an und verstumme, weil ich keine Worte für das habe, was er mit mir gemacht hat.

»Ja«, sagt er. Seine Nasenspitze streift meine, und ich liebe es viel zu sehr, dass er das tut.

Ich strecke mich, bis mein Mund wieder seinen berührt, weil ich nicht genug bekommen kann. Von ihm. Von dem hier. Von uns. Ich will mehr, brauche mehr, ihn in mir, auf mir, alles von ihm und alles von mir und alles, alles, alles von uns.

Also lege ich eine Hand auf seine Schulter und schiebe ihn weg. In seinen Augen flackert es, dann huscht ein Lächeln über sein Gesicht, als ich ihn nach hinten drücke, bis er derjenige ist, der auf der Matratze liegt. Ich stehe auf, weil ich immer noch meinen Slip trage. Eastons Blick folgt jeder meiner Bewegungen, er beobachtet mich, als ich den letzten Rest Stoff abstreife und dann vollkommen nackt vor ihm stehe. Er schluckt.

»Fuck«, murmelt er, und ich muss lächeln, weil er so bewundernd klingt. Ich habe mich noch nie so schön gefühlt.

»Hast du …?« Ich muss die Frage nicht mal beenden, er nickt bereits, steht auf und geht zu einer der Kommoden hinüber. Er zieht eine Schublade auf, die seinem Nachttisch eindeutig fehlen, und dreht sich mit einer kleinen Plastikverpackung in der Hand wieder zu mir um. Er zögert kurz, dann streift auch er seine Boxershorts ab.

Ich sehe ihn an, taste seinen Körper mit meinen Augen ab, so wie er es bei mir macht, und es fühlt sich so vollkommen richtig an.

»Komm her«, raunt er, und dann bewegen wir uns gleichzeitig aufeinander zu. Seine Hände gleiten in meinen Nacken, vergraben sich in meinen Haaren. Meine Finger wandern über seinen Rücken, weiter nach unten, weiter nach vorne.

Easton stöhnt auf, als ich ihn umfasse. Ich lächle an seinen Lippen und nehme ihm das Kondom aus der Hand.

34. KAPITEL
Easton

Friends – Chase Atlantic

Raynes Augen sind dunkel, als sie mir das Kondom überstreift. Sie sieht mich an, und ich ertrinke in ihrem Blick. Ich kann nicht denken. Mein Blut kocht, mir war noch nie so heiß. Ich spüre nur ihre Hand um meinen Schwanz, ihr Griff ist fest und selbstbewusst.

Ein kehliges Stöhnen steigt in mir auf, als sie die Hand bewegt. Dann lächelt sie, und ich verliere beinahe die Kontrolle.

Habe ich gerade eben schon fast, jedes Mal, wenn sie diese leisen Laute ausgestoßen hat. Jedes Mal, wenn sie ihr Becken gegen meine Hand gepresst hat.

Und jetzt … jetzt stellt sie sich auf die Zehenspitzen, schlingt beide Arme um meinen Hals und drückt sich an mich. Ihr nackter Körper an meinem ist fast zu viel für mich. Ihre Haut ist warm und weich, ihre Brüste klein und fest. Alles an ihr ist auf rayneartige Weise sehr perfekt.

Mein Atem geht schwer, ich lehne die Stirn an ihre, kämpfe um meine Selbstbeherrschung, unsere Münder nur Zentimeter voneinander entfernt.

»Küss mich«, flüstert sie, ein ersticktes Flehen in der Stimme. Also küsse ich sie, tief und heiß, ich bin inzwischen so hart, dass es wehtut.

Ich vergesse, dass ich vorsichtig sein, mir, ihr, uns Zeit lassen wollte, weil ich will, dass es richtig ist. Dass es sich für sie richtig anfühlt. Ich kann nicht mehr denken, und sie ist der Grund dafür. Rayne in meinen Armen, ihr Geschmack in meinem Mund, ihre Haut an meiner.

Ich hebe sie hoch, sie schlingt ihre langen, schlanken Beine um mich, die mir seit Stunden, Tagen, Wochen den Verstand rauben. Alles an ihr tut das.

In meinen Ohren rauscht es, mein Schwanz zuckt und fleht nach mehr, nach allem. Mit ihr in meinen Armen gehe ich zurück zum Bett. Ich finde den Weg, ohne hinzusehen, lasse sie auf die Matratze sinken und richte mich dann auf, damit ich sie anschauen kann.

Ihre violetten Haare liegen wie ein Fächer ausgebreitet um ihren Kopf, sie sieht zu mir auf. Mein Mund wird trocken, während ich sie betrachte. Sie ist so schön.

»Easton.« Mein Name aus ihrem Mund, ich liebe ihre Stimme, ich liebe es, dass sie ein bisschen tiefer klingt als sonst, ein bisschen rauer.

Rayne greift nach mir, zieht mich zu sich runter, spreizt die Beine und schlingt sie um meinen Körper. Ich spüre ihre Hitze an mir, und ich glaube, ich sterbe.

»Bitte.« Wieder dieses Flehen, ich gebe auf und greife zwischen uns. Sie ist so feucht, immer noch oder schon wieder, es spielt keine Rolle. Sie ist mein Untergang, und ich habe absolut nichts dagegen.

Vorsichtig dringe ich in sie ein, halte inne, gebe ihr Zeit, sich an mich zu gewöhnen. Rayne bewegt sich als Erste, ihr Becken hebt sich, langsam, zögernd. Ich folge ihrer Bewegung, und dann finden wir in einen anderen Rhythmus, hart und schnell.

Wir verlieren die Kontrolle, und fuck, nichts hat sich jemals so gut angefühlt.

Sie stöhnt auf, und der Laut sorgt dafür, dass sich jeder Muskel in meinem Körper anspannt. In meinen Ohren rauscht es, mein Herz schlägt rasend schnell. Ihre Finger in meinen Haaren, auf meinen Schultern, meinem Rücken, meinem Hintern, sie zieht mich enger an sich, steigert das Tempo.

Ich verliere. Ich kann nur verlieren, und es ist mir so verdammt egal.

Ihre Hüften schnellen nach vorne, meine kommen ihr entgegen. In mir baut sich ein vertrauter Druck auf, zu schnell, zu früh. So sollte das nicht sein. Aber ich kann mich nicht bremsen, und sie lässt mir keine Wahl, bewegt sich schneller, ihre Beine halten mich da, wo sie mich haben will.

»Fuck, Rayne, ich kann nicht. Ich muss langsamer …« Ich breche ab, als sie den Kopf schüttelt.

»Nein. Nicht langsamer. Mach weiter. Bitte.«

Bitte.

Sie küsst mich, und ich will tun, was sie von mir verlangt, will ich wirklich, aber ich kann nicht, und deshalb stütze ich mich mit einer Hand auf der Matratze ab, um genug Platz zu haben, damit ich die andere zwischen uns schieben kann.

»Easton.« Sie stöhnt meinen Namen, sie will noch etwas sagen, aber was auch immer es ist, ihr kommt nur noch ein weiteres Stöhnen über die Lippen, als ich den richtigen Punkt finde.

Wir keuchen gleichzeitig auf, als sie den Rücken durchdrückt, ihr Becken noch ein Stück höher hebt. Wir drängen uns einander entgegen, ich stoße in sie, lasse meine Finger kreisen.

Sie kommt vor mir, nur ein paar Sekunden, mit einem erstickten Schrei, der mich über die Kante stößt. Ihre Muskeln ziehen sich um mich herum zusammen, und ich. Kann. Nicht. Mehr.

Ich komme, und ich wusste nicht, dass es sich so verdammt gut anfühlen kann, einen Teil von sich selbst zu verlieren.

* * *

Raynes Kopf liegt auf meiner Brust, wir sind immer noch wach. Ihre Fingerspitzen wandern über meine Haut, eine federleichte Berührung. Ihre Augen sind geschlossen, ich kann es nicht sehen, aber um ihre Lippen spielt ein Lächeln.

»Du bist verliebt in mich«, murmelt sie, und jetzt muss ich auch lächeln.

»Ja.«

»Und ich bin verliebt in dich.« Ihre Bewegungen werden langsamer, ihre Stimme ist auf einmal ganz weich und schläfrig.

»Ja«, wiederhole ich. Mir wird warm, anders als vorhin.

Sie schläft ein, an mich geschmiegt, nackte Haut an nackter Haut. Ihr Atem wird schwer, genau wie ihr Körper. Sie seufzt leise, und ich schließe die Augen.

Es ist verrückt, aber ich will nie wieder was anderes tun, als neben ihr einzuschlafen und wieder aufzuwachen.

35. KAPITEL
Rayne

Head In The Clouds – Hayd

»Na sieh mal einer an, wer sich da wieder blicken lässt«, begrüßt Zoe mich mit einem belustigten Lächeln, als ich am Montagmorgen kurz vor Unterrichtsbeginn das Studio betrete. Zoe und Mae dehnen sich bereits, ich dagegen bin spät dran. Meine Tasche landet mit einem dumpfen Laut auf dem Boden.

»Guten Morgen.« Meine Brust hebt sich etwas zu schnell, weil ich halb über den Campus gerannt bin. Hastig hole ich Haarnadeln aus der Tasche und beginne, meine Haare zusammenzubinden. Ich bin wirklich viel zu spät dran.

Alle anderen sind längst da und wärmen sich auf. Der Unterricht beginnt in ein paar Minuten, ich hätte schon vor einer Viertelstunde hier sein sollen, um mich ebenfalls aufzuwärmen. Aber Easton und ich sind nicht aus dem Bett gekommen, und als wir uns schließlich auf den Weg gemacht haben, war es so spät, dass mir gerade noch Zeit geblieben ist, auf mein Zimmer zu hetzen und mich umzuziehen, bevor ich hergeeilt bin.

»Du hast dein Versprechen schon wieder gebrochen.« Schmollend schiebt Mae die Unterlippe vor, aber ich kenne sie inzwischen gut genug, um zu wissen, dass sie das nicht wirklich ernst meint. Zumindest ist sie nicht böse auf mich, auch wenn sie so tut.

Ich werfe ihr einen entschuldigenden Blick zu. »Ich weiß. Tut mir leid.«

»Du wolltest uns gestern alles erzählen, stattdessen bist du vorsichtshalber gar nicht erst nach Hause gekommen. Gib's zu, du willst uns gar nichts erzählen.« Sie stößt ein theatralisches Seufzen aus, das Zoe zum Lachen bringt.

»Doch, will ich. Tut mir wirklich, wirklich leid«, beteuere ich. Das ist nicht mal gelogen. Ich habe echt ein schlechtes Gewissen, aber ich konnte Zoe und Mae nicht schreiben, was passiert ist. Ich konnte aber auch nicht ins Wohnheim kommen, um es ihnen zu erzählen. Wobei, gekonnt hätte ich schon. Ich wollte nur nicht. Weil es zu schön war, den Tag mit Easton im Bett zu verbringen.

»Schon gut.« Ein schelmisches Lächeln breitet sich auf ihrem Gesicht aus. »Du warst beschäftigt.«

Die Art und Weise, wie sie das sagt, lässt mich augenblicklich erröten. »Ja«, murmle ich, komme nicht dagegen an, dass ich jetzt auch lächeln muss, weil ich an Easton denke. Seine Hände in meinen Haaren, auf meinem Körper. Sein Mund, der jeden Zentimeter von mir erkundet hat.

»Du wirst ja rot«, stellt Zoe wenig hilfreich fest.

Ich seufze und vergrabe mein Gesicht für einen kurzen Moment in meinen Händen, bevor ich meine Freundinnen wieder ansehen kann.

»Dann hast du herausgefunden, was du fühlst, wenn du mit ihm zusammen bist?« Zoe lächelt mich an, ihre Augen leuchten.

»Ja.« Ich senke den Blick, meine Wangen glühen.

Mae stößt ein begeistertes Quietschen aus. »Ich wusste es! Gott, du musst uns alles erzählen!«

»Mach ich! Dieses Mal wirklich!« Ich trete zu den beiden an

die Stange und beginne endlich auch damit, mich aufzuwärmen. Jede Minute zählt.

»Das will ich hoffen!«

»Ist denn mit dem Song alles gut gelaufen?«, erkundigt Zoe sich und lehnt sich weit über ihr ausgestrecktes Bein.

Ich nicke. »Ziemlich gut sogar. Die Jungs haben vier Songs aufgenommen, und die sind alle echt toll geworden.«

»Und was haben sie jetzt damit vor?«

Ich komme nicht dazu, Zoe zu antworten. Mr Conrad betritt das Studio, dicht gefolgt von Easton.

Es ist noch keine halbe Stunde her, dass wir uns voneinander verabschiedet haben, nachdem er mich zu meinem Zimmer gebracht hat. Trotzdem kommt es mir gerade vor, als wäre eine halbe Ewigkeit vergangen. Es ist albern.

Er trägt einen dunkelblauen Hoodie, der seine Augen noch blauer erscheinen lässt, seine Haare fallen ihm wirr in die Stirn, und ich will zu ihm rübergehen, meine Hände in den weichen Strähnen vergraben und ihn küssen. Wieder und wieder und wieder.

Er lächelt, als er mich sieht, und ich bin unendlich verliebt.

»Hi«, formt er lautlos mit den Lippen.

»Hi«, flüstere ich genauso lautlos zurück, in meinem Bauch flattert es. Mae und Zoe beobachten uns leise kichernd.

»Gott, die beiden sind so niedlich«, meint Mae, ich kann das Lächeln in ihrer Stimme hören, und ich finde, sie hat recht.

Ich wende mich wieder meinen Freundinnen zu, als Easton sich ans Klavier setzt. Ich kann ihn nicht die ganze Zeit anstarren. Obwohl ich das schon ganz gerne machen würde.

Himmel, was passiert mit mir?

»Guten Morgen zusammen. Wir fangen gleich an, ich habe diese Woche viel vor mit euch«, sagt Mr Conrad, und an jedem anderen Tag wäre das der Moment gewesen, an dem sich das glückliche Flattern in meinem Bauch in ein nervöses verwandeln würde.

Aber nicht heute.

Heute ist es mir erschreckend egal, dass ich auch nach fast zwei Monaten und zusätzlichem Training mit Zoe und Mae am Wochenende noch immer gnadenlos hinterherhinke und dass sich das in nächster Zeit vermutlich auch nicht ändern wird.

Es ist mir egal, weil Easton da ist und mir aus dem Spiegel heraus immer mal wieder kurze Blicke zuwirft, die dafür sorgen, dass mir viel zu warm ist, während seine Finger sicher und schnell über die Tasten des Klaviers huschen.

Ich weiß nicht, ob es daran liegt, dass ich heute nicht so richtig bei der Sache bin, nicht so verbissen wie sonst, aber irgendwie fällt mir alles ein bisschen leichter.

Als wir von der Stange zur Mitte wechseln, um an unseren Sprüngen zu arbeiten, kann ich etwas höher springen, meine Beine etwas gerader halten. Meine Muskeln brennen, aber es ist das erste Mal, dass ich bei den Changements das Tempo halten kann und nicht langsamer bin als alle anderen, während wir in der Luft die Beine wechseln, sodass wir bei jedem Wechsel mit einem anderen Fuß vorne wieder landen.

Ich fühle mich seltsam schwerelos, und es ist wirklich verrückt, wie leicht auf einmal alles ist.

So leicht.

Wahrscheinlich bilde ich mir das alles nur ein, weil ich umgeben bin von dieser rosafarbenen Wolke absoluter Verliebtheit, aber selbst das ist mir gerade ziemlich egal.

»Viel besser, Rayne. Versuch noch ein bisschen mehr auf deine Hände zu achten, aber sonst ist das schon sehr gut«, lobt Mr Conrad mich, und ein strahlendes Lächeln breitet sich auf meinem Gesicht aus, obwohl ich schwer atme, weil meine Kondition sich zwar verbessert hat, allerdings nicht so, dass ich problemlos durch eine Stunde bei Mr Conrad komme – vor allem, wenn wir springen müssen. Vielleicht habe ich mir doch nur eingebildet, dass heute alles etwas einfacher ist.

»Zum Abschluss arbeiten wir noch an eurem Grand jeté«, fährt Mr Conrad fort, und Mae stößt neben mir ein kaum hörbares, gequältes Stöhnen aus. Sie hasst die Spagatsprünge. Ich kann es ihr nicht verdenken. An jedem anderen Tag hasse ich sie auch. Heute … Na ja, irgendwie nicht so sehr.

Wir werden in Gruppen eingeteilt, weil nicht genug Platz ist, damit wir alle gleichzeitig springen können.

Ich werde mit Zoe, Jessica und Kelly eingeteilt, und als ich springe, mit weit gestreckten Beinen, höher als jedes andere Mal bisher, fühlt es sich ein bisschen an wie Fliegen.

* * *

Der Tag vergeht schnell, die zweite Stunde im Spitzentanz verfliegt ebenso wie die erste Stunde bei Mr Conrad, und als Zoe und ich schließlich den Saal betreten, in dem der Contemporary-Kurs stattfindet, wartet Melanie bereits auf uns, obwohl wir früh dran sind. Sie begrüßt uns mit einem knappen Nicken und einem warmen Lächeln.

»Hattet ihr ein schönes Wochenende?«, fragt sie und klingt dabei aufrichtig interessiert.

Zoe und ich nicken gleichzeitig, und Zoe fängt an zu lachen, als ich schon wieder rot werde.

Melanie zieht fragend die Augenbraue hoch. »Hab ich was Falsches gesagt?«

»Nein«, erwidere ich hastig. »Wir hatten ein super Wochenende.«

»Sehr gut, ich hoffe, ihr habt euch ausgeruht. Pausen sind wichtig.«

Ich will im Erdboden versinken, als Zoe haltlos zu kichern beginnt.

»Rayne ist bestimmt total ausgeruht«, murmelt sie, und ich stoße ihr warnend einen Ellbogen in die Seite.

Melanie wirkt kurz verwirrt, dann lächelt sie wieder. »Freut mich zu hören.« Ihr Blick richtet sich auf jemanden hinter uns, und sie begrüßt Lia und Katie, die gerade den Saal betreten.

Ich bin mir nicht sicher, ob Zoe Jase' Schwester ebenfalls gesehen hat, aber sie hakt sich bei mir unter und zieht mich ans andere Ende des Saals, ohne auch nur in Lias Richtung zu gucken. Ich habe immer noch keine Ahnung, was für ein Problem Jase und Lia miteinander haben, aber es ist ziemlich offensichtlich, dass es eins ist, das sich nicht so leicht aus der Welt schaffen lässt, wenn Zoe, die sonst zu wirklich jedem nett ist, sie so konsequent ignoriert.

»Und ich dachte, Mae wäre die Einzige, die sich über mich lustig macht«, sage ich und tue so, als hätte ich überhaupt nichts bemerkt. Was auch immer da vor sich geht – es geht mich nichts an.

»Ich mache mich nicht über dich lustig, ganz ehrlich.« Zoe blinzelt mich treuherzig an, und ich verdrehe grinsend die Augen.

»Natürlich nicht.«

»Nein, ich finde es wirklich schön, wie verliebt ihr seid.« Sie drückt mich kurz an sich, bevor sie mich loslässt und sich anmutig auf den Boden sinken lässt. Ich lasse mich etwas weniger anmutig neben sie fallen.

»Ich finde es ziemlich verrückt«, gebe ich zu. »Ich hätte nicht gedacht, dass es sich so … anfühlt.« Mir fehlen irgendwie die richtigen Worte, um auszudrücken, was ich fühle, aber Zoe schenkt mir ein wissendes Lächeln. Sie versteht trotzdem, was ich meine.

»Ja, ich weiß.« Ihre Stimme bekommt einen weichen Unterton, sie dreht den Kopf, und als ich ihrem Blick folge, entdecke ich Jase und Skye, die gerade den Saal betreten. Skye gestikuliert wild mit den Händen, während sie auf ihn einredet. Zwischen Jase' Augenbrauen hat sich eine steile Falte gebildet.

»Alles okay?«, fragt Zoe besorgt, als die beiden sich neben uns auf den Boden fallen lassen.

Jase lehnt sich zu ihr rüber und küsst sie. Als sie sich wieder voneinander lösen, sehen sie sich einen Moment lang an, auf eine Weise, die mich dazu bringt, wegzuschauen.

»Skye hat Geheimnisse«, erklärt Jase schließlich.

»Jetzt tu mal nicht so, als wäre ich da die Einzige.« Schnaubend löst Skye die Haarnadeln aus ihren dunklen Locken, bis sie in langen, zerzausten Strähnen über ihren Rücken fallen.

»Ich hab nicht gesagt, dass mich das stört«, kontert Jase und grinst sie an. »Oder dass ich sauer bin oder sonst was. Ich wollte nur wissen, warum du ausgerechnet jetzt mit der Sache rausrückst, obwohl du monatelang keinen Ton gesagt hast.«

»Kann mich irgendjemand aufklären?« Verwirrt sieht Zoe von einem zum anderen.

Aber Skyes Blick richtet sich auf mich, und auf einmal weiß ich, worum es geht.

»Wie schnell hat Jax mich verraten?«

»Äh«, mache ich, unsicher, was ich antworten soll.

Sie seufzt und macht eine wegwerfende Handbewegung. »Ist auch egal. Jax und die Jungs wollen zu dem Song, den sie am Wochenende aufgenommen haben, ein Video drehen, und sie haben gefragt, ob ich helfen kann, weil ich ein paar TikToks gedreht habe, von denen niemand was wusste. Außer Jax. Aber ich hätte wissen müssen, dass er seine Klappe nicht halten kann, und deswegen wissen jetzt irgendwie alle Bescheid.«

»Du drehst TikToks?«, fragt Zoe ungläubig.

»Genau so hab ich auch reagiert«, meint Jase, greift nach Zoes Hand und verschränkt seine Finger mit ihren.

»Und genau deswegen weiß keiner von euch was davon.« Skyes Mund verzieht sich zu einem zuckersüßen Lächeln. »Na ja, jetzt ist es zu spät, also auch egal.«

»Ich verstehe immer noch nicht so ganz, worum es geht.«

Skye nickt mir zu. »Erklär du es. Du steckst da tiefer drin als ich.«

»Eigentlich ist es gar keine so große Sache«, beginne ich und fasse dann kurz zusammen, welche Idee die Jungs in den letzten Tagen hatten.

»Klingt nach einer ziemlich großen Sache«, meint Zoe, als ich schließlich verstumme.

»Ist es aber nicht.« Mir ist selbst klar, dass ich versuche, die ganze Sache runterzuspielen. »Es ist nur …« Ich breche ab, als Melanie in der Mitte des Raums in die Hände klatscht. Schlagartig verstummen alle Gespräche um uns herum. Wir stehen auf und treten zu den anderen.

»Da wir jetzt vollzählig sind, würde ich gerne anfangen«, beginnt Melanie, ihr Blick wandert der Reihe nach über uns. »Wie läuft es mit euren Choreografien?«

Keiner sagt etwas. Niemand rührt sich.

Ein belustigtes Lächeln huscht über ihr Gesicht. »Hat schon jemand angefangen?«

Fünf von uns heben zögerlich die Hand, zwei von ihnen sind Skye und Lia. Neben mir stößt Jase einen abschätzigen Laut aus, aber als ich ihn ansehe, hat er eine undurchdringliche, sehr neutrale Miene aufgesetzt.

»Okay, ich schlage vor, wir machen das ein bisschen anders als ursprünglich geplant. Ich gehe davon aus, dass ihr euch zumindest schon für einen Song entschieden habt, und ob ihr allein, zu zweit oder in einer Gruppe arbeiten möchtet.«

Dieses Mal nicken alle, obwohl ich glaube, dass es doch einige gibt, die diese Entscheidung noch nicht getroffen haben.

»Wunderbar, dann legen wir gleich los. Findet euch mit euren Partnern zusammen, sofern ihr welche habt, und dann sucht euch einen Platz. Ich schaue eben, ob ich noch einen zweiten Raum für uns organisieren kann, damit es hier nicht zu eng wird. Los geht's, ich bin gleich wieder da.« Melanie verlässt den Saal, ohne auf eine Antwort zu warten. Vermutlich hätte sie auch keine bekommen.

»Habt ihr schon angefangen?« frage ich, aber Zoe und Jase schütteln beide den Kopf.

»Nicht wirklich. Wir haben eine Idee, aber noch nichts Konkretes«, erwidert Jase.

»Ein Duett ist auch viel schwieriger als ein Solo«, meint Skye und streicht sich eine Haarsträhne hinters Ohr.

»Wie weit bist du denn?«, will Zoe wissen, und Skye wird tatsächlich ein bisschen rot.

»Fast fertig.« Ihre Antwort klingt beinahe wie eine Frage. Sie zuckt mit den Schultern. »Aber mir macht Choreografieren auch Spaß. Und ich brauche es für meine Videos.«

Melanie kehrt zurück, bevor einer von uns etwas erwidern kann. Sie geht mit der Hälfte des Kurses in einen freien Saal am Ende des Gangs. Skye, Zoe, Jase und ich bleiben mit der anderen Hälfte hier.

Ich sehe, wie Jase' Schultern ein Stück nach unten sinken, als seine Schwester den Saal verlässt.

»Dann fange ich mit euch an, würde ich sagen.« Melanie deutet auf uns vier, sobald sie erneut unseren Saal betritt. »Seid ihr eine Gruppe?«

Wir schütteln simultan den Kopf, Skye und ich weichen zurück.

»Wir arbeiten alleine«, antwortet Skye.

»Dann los. Sucht euch bitte einen Platz und fangt an.« Sie wendet sich noch mal an alle. »Ich habe es gerade schon der anderen Gruppe eingebläut: Denkt daran, es geht nicht um Perfektion. Es geht um eure Emotionen und die Musik. Nutzt das. Konzentriert euch nicht nur auf den Rhythmus, sondern auch auf die Lyrics. Lasst euch darauf ein. *Fühlt* es. Und wenn ihr Schwierigkeiten mit dem Anfang habt, beginnt an einer anderen Stelle. Ihr müsst die Choreografie nicht nach der Chronologie des Songs entwickeln. Ihr könnt auch am Ende anfangen, wenn euch das hilft«, sagt Melanie und wendet sich dann der ersten Gruppe zu.

Ich gehe rüber zum Fenster und bleibe einen Moment lang unschlüssig stehen, bevor ich die Augen schließe, tief durchatme und alles um mich herum ausblende. Wenn ich darüber nachdenke, dass ich nicht alleine bin, fühle ich mich beobachtet, und dann bekomme ich garantiert gar nichts hin.

Emotionen und Musik. Darum geht es. Nur das zählt.

Blinking little lights
Seems like a night sky right to my feet
I've been here a while
Wondering if once again we could meet

Eastons Stimme in meinem Kopf. Sanft und tief.

Die Geräusche um mich herum, die leisen Gespräche derjenigen, die in Gruppen arbeiten, treten in den Hintergrund. Ich lockere die Schultern, rufe mir die Bewegungen in Erinnerung, die Melanie in den letzten Wochen mit uns durchgegangen ist. Weniger Kontrolle, mehr Erdung.

Ich schlage die Augen auf, finde mich selbst im Spiegel und mache den ersten Schritt.

36. KAPITEL
Rayne

Fuck it I love you – Lana Del Rey

Es ist bereits dunkel, als ich ein zweites Mal an diesem Tag über den Campus zum Trainingsgebäude laufe. Helles Licht fällt aus den hohen Fenstern nach draußen, aber ich kann von hier unten niemanden entdecken.

Die meisten haben ihr Training für diesen Tag beendet, und eigentlich bin ich die Letzte, die abends noch mal freiwillig rübergeht, aber heute bin ich zu unruhig. Seit ich angefangen habe, mir ernsthaft Gedanken über die Choreografie zu *Dance With Me 'til Midnight* zu machen.

Im Trainingsgebäude ist es still, abgesehen von meinen Schritten ist nichts zu hören. Bis ich den zweiten Stock erreiche.

Leise Klaviermusik dringt zu mir ins Treppenhaus, und ich weiß nicht, warum, aber anstatt wie geplant nach oben in den dritten Stock zu gehen, laufe ich jetzt durch den Flur des zweiten. Ich folge nur der Musik, und dann entdecke ich im zweiten Studio auf der linken Seite ein blondes Mädchen.

Ich bin nicht mal wirklich überrascht, als ich Lia erkenne. Sie tanzt. Und sie ist wunderschön.

Ihre Bewegungen sind fließend und voller Anmut. Es sieht so leicht aus. Wirklich leicht. Dabei weiß ich selbst, wie unendlich anstrengend es ist, was sie da macht. Wie sehr ihre Füße in den Spitzenschuhen schmerzen müssen. Wie angespannt jeder einzelne Muskel in ihrem Körper ist.

Aber man sieht ihr die Anstrengung nicht an, und ich schätze, das ist es, was wahres Talent und ein Traum, für den man jede Grenze übertritt, ausmachen. Der kurze Ballettrock flattert, als sie in eine Drehung geht. Sie ist perfekt. Ein Zwischenschritt, dann holt sie Schwung und geht in eine weitere Drehung. Und noch eine. Noch eine. Noch eine.

Ich zähle mit, wie hypnotisiert. *Fouetté en tournant*, eine der spektakulärsten Drehungen im Ballett, vor allem, wenn man sie so oft wiederholt wie Lia. Vierzehn, fünfzehn, sechzehn. Sie macht weiter, immer weiter. In *Schwanensee* wird diese Drehung zweiunddreißig Mal wiederholt. Es gibt nur wenige Tänzerinnen, denen diese Drehung so oft hintereinander gelingt, ohne Pause und absolut perfekt.

Lia ist perfekt. Mehr als perfekt, sie ist atemberaubend. Ich starre sie an und kann mich nicht bewegen, obwohl ich überhaupt nicht hier sein, geschweige denn sie beobachten sollte.

Aber wenn man jemandem wie ihr beim Tanzen zuschaut, kann man nicht einfach so wegsehen.

Der Ausdruck auf ihrem Gesicht ist weich, ein Lächeln umspielt ihre vollen Lippen, obwohl sie mit Sicherheit hochkonzentriert ist. Aber das Lächeln wird Tänzerinnen genauso eingebläut wie jede andere Übung.

Sie schafft fünfundzwanzig Drehungen, bevor sie aus dem Tritt gerät und das Gleichgewicht verliert. Fluchend fängt sie sich wieder und stützt sich mit beiden Händen auf den Oberschenkeln ab. Ihre Brust hebt und senkt sich, sie atmet schnell, und jetzt, von einer Sekunde zur nächsten, merkt man ihr die

Anstrengung doch an. Eine tiefe Falte hat sich zwischen ihren Augenbrauen gebildet. Sie wirkt unzufrieden.

Mit einem frustrierten Laut richtet sie sich auf und schüttelt die Beine aus. So unauffällig wie möglich will ich mich wegschleichen, weil nichts unangenehmer ist, als dabei erwischt zu werden, wie man jemanden nicht heimlich genug beobachtet, aber ich bin ein bisschen zu langsam.

Lia dreht sich Richtung Flur, ihr Blick zuckt von ihrer Tasche, die neben der Tür liegt, zu mir. Als sie mich entdeckt, verschwindet die Enttäuschung auf ihrem Gesicht schlagartig. Ihr Mund verzieht sich zu einem freundlichen Lächeln. Als hätte sie eine Maske aufgesetzt. Eine sehr hübsche Maske, die ich beinahe für echt gehalten hätte, wenn ich sie gerade nicht ohne sie gesehen hätte. Irgendwas sagt mir, dass sie sie nicht oft absetzt.

»Hey«, grüßt sie, und ich hebe peinlich berührt eine Hand.

»Entschuldige, ich wollte dich nicht stören.«

»Hast du nicht.« Sie winkt ab, aber da ist etwas in ihrem Blick, das ihre Worte Lügen straft. Ich kenne sie nicht, wir haben bisher kein Wort miteinander gewechselt, mir sollte das gar nicht auffallen. Aber es ist unübersehbar.

»Ich wollte eigentlich nur …«, setze ich an und mache eine vage Handbewegung in Richtung eines der anderen Studios. »Du bist echt gut«, sage ich stattdessen, in dem dummen Versuch, die Situation mit Small Talk zu retten. Ich sage das Falsche.

»Danke.« Ihr Lächeln verrutscht kaum merklich, ihre Augen flackern, und dann sehe ich etwas von mir in ihr, so absurd es auch ist, weil Lia so anmutig und talentiert ist wie niemand sonst, den ich bisher an dieser Schule gesehen habe. Nicht mal Zoe ist so gut wie sie, und Zoe ist verdammt gut.

Aber die Unsicherheit in Lias grünen Augen ist vertraut. Sie hält sich nicht für gut genug. Ausgerechnet sie.

Peinliche Stille breitet sich zwischen uns aus, ich trete unruhig von einem Fuß auf den anderen und ringe mir ein Lächeln ab.

»Ich geh dann mal. Ich wollte eigentlich noch an der Choreo für Contemporary arbeiten, also …«

Lia nickt. »Viel Erfolg.« Dann wendet sie sich wieder dem Spiegel zu, und ich beeile mich, wegzukommen.

Die Studios im dritten Stock sind alle wie ausgestorben. Ich entscheide mich für das letzte auf der rechten Seite, werfe meine Tasche in die Ecke und ziehe mir den Hoodie über den Kopf. Nur in T-Shirt, Leggins und Socken beginne ich mit meinen Aufwärmübungen, aber meine Gedanken sind immer noch bei Lia und diesem Ausdruck in ihren Augen. Ich überlege, ob es mich beruhigen sollte, dass sie genauso unsicher ist wie ich, obwohl sie so offensichtlich viel besser als die meisten anderen Tänzerinnen an dieser Schule ist. Möglich, dass es mich tatsächlich beruhigen sollte, weil ich mit meinem Gefühl nicht alleine bin, aber so ist es nicht. Es ist eher traurig, dass Lia trotz ihres Talents das Gleiche zu empfinden scheint.

»Hey, Birdy.« Eastons warme Stimme reißt mich aus meinen Gedanken. Ich drehe den Kopf und muss lächeln, als ich ihn in der Tür entdecke, beide Hände in den Hosentaschen seiner Jogginghose vergraben, die Mütze auf dem Kopf, die ich in den letzten Tagen und Wochen immer getragen habe.

Schwungvoll erhebe ich mich und gehe zu ihm. »Hey.«

Er zieht mich an sich, als hätte er das schon tausend Mal getan, und küsst mich auf eine Weise, die mir den Atem raubt.

Als wir uns voneinander lösen, glüht mein Gesicht schon wieder, das ist doch wirklich nicht normal. Lächelnd streicht er mir eine Haarsträhne aus der Stirn.

»Hey«, raunt er noch einmal, eine Oktave tiefer als gerade eben, und mein Hirn setzt einfach aus. Da ist nur noch Nebel in meinem Kopf, und die Hitze wandert von meinen Wangen weiter nach unten, nistet sich in meiner Brust ein, meinem Bauch, meinem Unterleib, bis es zwischen meinen Beinen drängend zu pochen beginnt.

Seine Finger fahren über mein Kinn, spielen mit meinen Haaren, und ich kann wirklich nicht mehr denken, wenn er das macht. Aber ich muss denken, weil er aus einem ganz bestimmten Grund hier ist. Und obwohl mir gerade noch ein ziemlich guter anderer Grund einfallen würde, der viel mit seinem Mund, seinen Händen und dem Rest seines Körpers zu tun hat, ist es nicht der.

Ich zwinge mich, einen Schritt zurückzuweichen, weg von ihm, damit mein Verstand wieder arbeiten kann. Eastons blaue Augen leuchten wissend und ziemlich belustigt auf.

»Wie war dein Tag?«, frage ich und muss mich räuspern, weil meine Stimme so belegt klingt.

»Unspektakulär.« Er zuckt mit den Schultern. »Im Plattenladen war viel los.«

»Klingt gut.«

»Gut für den Laden, schlecht für mich und die Songs, an denen ich gerne gearbeitet hätte, wenn nicht so viele Leute da gewesen wären.« Er grinst und meint kein einziges seiner Worte ernst. »Wie war dein Tag?«

»Gut. Denke ich. Ich habe mir Gedanken zur Choreografie gemacht. Das heißt, ich habe angefangen. So viel hab ich noch nicht. Aber deswegen wollte ich, dass du herkommst. Ich dachte, du könntest den Song spielen, und ich zeige dir, was ich bisher habe. Ich hatte heute Mittag zwar eigentlich alles im Kopf, aber es ist trotzdem noch mal was anderes, wenn ich den Song höre.«

»Nur deswegen sollte ich kommen?«, erkundigt er sich und zieht eine Augenbraue hoch. Ein dunkler Unterton liegt in seiner Stimme, und mir ist schon wieder viel zu heiß. Oder immer noch. Himmel, ich habe keine Ahnung.

»Nur deswegen«, erwidere ich und bemühe mich vergeblich, mir nicht anmerken zu lassen, was er mit mir macht.

Er seufzt schwer und enttäuscht, ich kaufe ihm das keine Sekunde ab. »Das ist traurig.«

»Ich weiß. Sehr traurig.« Ich nicke ernst und bewege mich rückwärts auf den Flügel zu, der an der linken Seite vor dem Spiegel steht. Mein Puls geht zu schnell, und wir sind wirklich nicht *deswegen* hier, aber irgendwie halt doch.

»Unendlich traurig.« Easton folgt mir, bis ich schließlich mit dem Hintern gegen den Flügel stoße und ihm nicht mehr ausweichen kann. Ganz abgesehen davon, dass ich es gar nicht will.

Er beugt sich über mich, stützt sich mit beiden Händen auf dem Deckel hinter mir ab. Ich bin zwischen seinen Armen gefangen und habe mich trotzdem noch nie sicherer gefühlt. Ich spüre seine Wärme und vergesse schon wieder, wie das mit dem Denken funktioniert. Und mit dem Atmen, wenn wir schon dabei sind. Sein vertrauter Duft steigt mir in die Nase, und es ist beinahe zu viel für mich. Seine Nähe, die Art, wie er riecht, wie er mich gegen den Flügel presst, bis ich das Gefühl habe, hintenüber zu fallen. Aber ich kann nicht fallen. Das Instrument ist hinter mir, er vor mir, und beide sorgen dafür, dass ich stehen bleibe.

Seine Lippen streifen meinen Mund, und ich stoße ein zittriges Seufzen aus. Flatternd schließen sich meine Lider. Ich würde selbst dann nicht dagegen ankommen, wenn ich es gewollt hätte.

»Atmen nicht vergessen, Birdy«, murmelt er, ich kann sein Grinsen spüren, und dann küsst er mich. Anders als gerade eben. Das ist kein Begrüßungskuss. Es ist ein Wir-sind-vollkommen-allein-in-einem-Ballettstudio-und-viel-zu-verliebt-Kuss.

Mein Mund öffnet sich, und dann atme ich. Ich atme ihn ein. Spüre seine Zunge an meiner, Hitze in meinem Bauch. Das Pochen zwischen meinen Beinen kehrt zurück, drängender als gerade eben noch. Es macht mich wahnsinnig. Auf eine gute Weise, die neu für mich ist.

Easton stöhnt auf, als ich mein Becken gegen seins drücke, und jetzt ist er derjenige, der vergisst, wie man atmet, und das macht mich verdammt glücklich.

»Atmen nicht vergessen, Easton«, flüstere ich in seinen Mund, so wie er es eben bei mir getan hat, und dieses Mal bin ich diejenige, die ihn küsst. Tief und gierig, weil es bei ihm gar nicht anders sein kann.

Ich kann seine Erektion spüren und bin mehr als erleichtert, dass er nur eine Jogginghose trägt und nicht wie heute Morgen eine Jeans. Durch den weichen Stoff kann ich alles spüren. Seine Hände wandern unter mein T-Shirt, ich seufze, als er über meine nackte Haut streichelt, von meinen Hüftknochen über meinen Bauch nach oben zu meinen Brüsten. Ich trage ein dünnes Bustier, aber das hält ihn nicht auf, und Himmel, ich bin so froh darüber.

Ich wusste nicht, dass es derartig erregend sein kann, jemanden an einem Ort zu küssen, an dem man sich nicht küssen sollte. Schließlich ist das hier eine Schule, und uns könnte jeden Moment jemand erwischen. Aber es ist spät, kein Mensch ist um diese Uhrzeit hier oben. Unser Studio ist auf der Rückseite des Gebäudes. Das Fenster geht raus auf den Verwaltungstrakt, und auch da ist jetzt absolut niemand mehr.

Wir sind vollkommen allein, aber wenn ich ehrlich bin, so ganz ehrlich, dann ist es auch dieser Nervenkitzel, dass vielleicht doch jemand kommen könnte, der das alles hier so verdammt heiß macht.

Eastons Mund wandert von meinen Lippen über meinen

Hals, und ich muss mir auf die Unterlippe beißen, um das Stöhnen zu unterdrücken, das in mir aufsteigt, als seine Zunge über meine Haut gleitet. Er hört es trotzdem, hebt den Kopf. Seine Pupillen sind vor Verlangen geweitet, seine Lippen ein bisschen geschwollen. Meinetwegen.

Easton schiebt beide Hände unter meinen Hintern und hebt mich hoch. Er setzt mich auf dem Flügel ab, das Holz ist kühl, das kann ich selbst durch den Stoff meiner Leggins spüren. Meine Haut dagegen ist viel zu warm.

Meine Füße finden Halt auf dem Deckel, der die Tasten schützt. Ich spreize die Beine, gerade weit genug, dass Easton sich dazwischenschieben kann. Ich will ihn näher, brauche ihn näher. Erneut findet sein Mund meinen, er beugt sich über mich, und ich hebe ihm das Becken entgegen, in mir baut sich ein bittersüßer Druck auf.

Easton löst sich von mir, sein Blick brennt sich in meinen. Seine Finger schließen sich um den Bund meiner Leggins, in seinen Augen liegt eine stumme Frage.

»Willst du es, Birdy?«, raunt er heiser, weil er Easton ist und es richtig machen möchte, und ja, ich will es. Viel zu sehr. Seine Stimme jagt warme Schauer über meinen Rücken, und in dem Moment wird mir klar, dass ich mich zuerst in sie verliebt habe.

Diese Stimme. Wie Seide über Schmirgelpapier. Das habe ich damals gedacht, als ich sie zum ersten Mal gehört habe, vor Monaten. Ich weiß es noch ganz genau.

»Ja«, hauche ich. Mein Mund ist trocken, mein Herz schlägt zu schnell. Ich weiß, dass wir das gerade nicht tun sollten, nicht hier, aber bei Gott, es ist mir gerade so egal, wo wir sind.

Nichts ist mehr wichtig, abgesehen von diesem unerträglichen Drängen in meinem Inneren, gegen das er etwas unternehmen muss, weil ich sonst leider sterbe.

Wieder hebe ich mein Becken, und dieses Mal zieht er mir in einer fließenden Bewegung die Leggins samt Slip von den Beinen. Der Stoff landet leise raschelnd auf dem Boden. Mein T-Shirt – möglich, dass es eins von seinen ist, das ich ihm gestern Abend geklaut habe – bauscht sich um meine Hüften, als Easton mich bestimmt auf den Flügel drückt. Jetzt merke ich, wie kalt das Holz tatsächlich ist. Ich schlucke schwer. Mein ganzer Körper pocht, besteht nur noch aus glühender Hitze. Ich verbrenne.

Easton schiebt mein Shirt und das Bustier hoch, so weit, dass meine Brüste freiliegen. Mit den Lippen streicht er über die Spitzen, seine Zunge spielt mit mir, und mir entfährt ein sehnsüchtiger Laut, ein wortloses Betteln nach mehr. Er gibt mir mehr, wandert mit dem Mund über meinen Bauch, weiter nach unten. Ich schnappe nach Luft, als ich seine Zunge spüre, genau da, wo ich sie brauche.

Mein Kopf fällt nach hinten, rücklings sinke ich auf den Flügel und liege vor ihm, mit gespreizten Beinen und vollkommen entblößt. Nichts hat sich je so gut angefühlt wie sein Kopf zwischen meinen Beinen, seine Zunge an meiner Mitte.

Es ist neu und heiß, ich stöhne auf, als er einen Finger in mich gleiten lässt, langsam, aufreizend, mich um den Verstand bringend. Seine Zunge bewegt sich im gleichen Rhythmus, und. Ich. Sterbe.

Keuchend winde ich mich unter seiner Berührung, um mich herum verschwimmt der Saal. Meine Finger vergraben sich in seinen Haaren, ziehen an den Strähnen, er vergräbt seine in meiner Haut. Ich fühle nur noch, und ich fühle ihn, wie er mich leckt, schneller, seinen Finger in mir bewegt, härter, tiefer, besser.

Meine Hüften drängen nach vorne, er legt eine Hand auf meinen Unterleib, drückt sanft, aber bestimmt zu, und ich weiß nicht, warum, aber es ist dieser Druck, der dafür sorgt, dass eine Welle aus gleißender Hitze durch meinen Körper schießt. Meine Muskeln krampfen sich um seine Finger herum zusammen, ich stöhne auf, vergesse, wer ich bin, wo ich bin, warum wir eigentlich hier sind.

Easton richtet sich auf, als mein Körper wieder zur Ruhe kommt. Mein Körper, der sich schwer und leicht zugleich anfühlt und der gerade nicht mehr mir zu gehören scheint, weil er mir nicht mehr gehorcht. Ich blinzle zu ihm hoch, sein Mund glänzt. Ich würde mich gerne aufsetzen, leider spielen meine Muskeln nicht mehr mit. Easton zieht mich hoch. Er zieht mich hoch, um mich zu küssen. Ich schmecke mich selbst auf seiner Zunge.

»Also deswegen solltest du nicht herkommen«, murmle ich.

Er lächelt, ich spüre es. »Aber ich komme gerne deswegen her.«

Wieder küsst er mich, und ich denke, wenn er will, darf er noch öfter deswegen herkommen.

37. KAPITEL
Easton

She Looks So Perfect – 5 Seconds of Summer

»Also, was ist der Plan?« Ich sehe zu Rayne auf. Inzwischen sitze ich auf dem Hocker vor dem Klavier, und sie steht ein paar Schritte von mir entfernt und fährt sich mit den Fingern durch die zerzausten, langen Haare. Es ist das erste Mal, dass ich sie im Tanzstudio mit all den Ringen an ihren Fingern sehe, und keine Ahnung, warum, es sind schließlich nur Ringe, aber irgendwie kommt sie mir gerade … vollständiger vor. Mehr wie sie selbst.

Sie wirft mir einen belustigten Blick zu. »Der Plan *war*, dass du mir mit der Choreo hilfst, indem du den Song spielst.«

»Das kann ich ja immer noch machen.«

»Musst du auch.« Ihr Mund verzieht sich zu einem Lächeln, und ich liebe es.

»Ich weiß. Übrigens, Jax hat ein paar Videos von uns bei TikTok hochgeladen und mit den Songs hinterlegt, die wir bisher aufgenommen haben. Die sind natürlich nicht so gut wie die vom Wochenende, aber –«

»Eure Songs sind alle gut«, fällt sie mir ins Wort und funkelt mich vorwurfsvoll an.

»Okay, okay, entschuldige. Jedenfalls scheint es ganz gut zu laufen. Zumindest sind da wohl ein paar Leute, die mehr von uns wollen.«

»Natürlich wollen sie das. Geht gar nicht anders. Weil ihr toll seid.« Sie nickt zufrieden, als hätte sie tatsächlich nichts anderes erwartet. Hat sie vermutlich auch nicht.

»Und er hat auch ein paar Videos von dem Tag im Studio gemacht und bei Insta in unsere Story geladen. Keine Ahnung, wann er noch die Zeit hatte, irgendwas aufzunehmen, aber im Moment sieht es wirklich so aus, als könnte da was passieren.«

»Wird es auch. Weil ihr gut seid. Inzwischen läuft so viel über Social Media, dass mich das echt nicht überrascht.« Sie hebt die schmalen Schultern und lässt die Arme kreisen.

»Vielleicht werden Träume ja doch wahr.« Ich muss schlucken, bringe die Worte sonst nicht raus, weil ich immer noch nicht so richtig daran glaube, egal wie gut wir möglicherweise tatsächlich sind. Das sind tausend andere auch.

Ihr Blick wird weich. »Ganz sicher sogar.«

»Obwohl es wahrscheinlich sinnvoll gewesen wäre, wenn wir uns vorher mit dem ganzen Marketingzeugs auseinandergesetzt hätten.«

Rayne verzieht das Gesicht. »Hör auf, so negativ zu sein! Ihr fangt jetzt an, und es wird gut! Außerdem ist das teilweise so willkürlich, dass man gar nicht sagen kann, ob es sich gelohnt hätte. Was sich lohnen wird, ist das, was jetzt kommt! Und damit das funktioniert, sollten wir jetzt wirklich mal anfangen.«

»Ja, gleich.« Ich strecke eine Hand nach ihr aus, weil ich sie berühren muss. Ich bin süchtig nach ihrer Haut auf meiner. Aber Rayne weicht lachend noch zwei weitere Schritte zurück.

»Oh nein. Deine Hände bleiben da, wo sie sind!« Sie deutet auf den Flügel. »Sonst schaffen wir heute gar nichts mehr.«

»Na gut.« Mit einem schweren Seufzen gebe ich nach und drehe mich auf dem Hocker so, dass ich den Deckel hochklappen kann. Es fällt mir schwer, zu ignorieren, dass Rayne vor ein paar Minuten genau da vor mir saß, die Füße abgestützt, mein Kopf zwischen ihren Beinen, ihr Duft in meiner Nase, ihr Geschmack auf meiner Zunge. Bei der Erinnerung wird mir warm, viel zu warm, und sämtliches Blut in meinem Körper macht sich auf den Weg nach unten. Ich bin froh, dass ich keine Jeans mehr trage. Das würde sonst verdammt unangenehm werden.

»Bereit?«

Ich hebe den Blick zum Spiegel und sehe zu Rayne. Sie erwidert meinen Blick fragend. Ich will Nein sagen, weil ich eigentlich gerne mit ihr in ihrem Zimmer verschwinden und ihr wieder die Leggins und das T-Shirt ausziehen will, das mir gehört, ihr aber viel besser steht, obwohl es ihr viel zu groß ist. Aber vielleicht ist es auch genau das, was das Ganze so scharf macht.

Reiß dich zusammen.

Ich räuspere mich und nicke. »Bereit.«

»Dann los.« Sie lächelt, ihre Augen funkeln, als wüsste sie ganz genau, dass ich überhaupt nicht bereit bin.

Ich atme tief durch und lege meine Hände auf die Tasten, obwohl *Dance With You 'til Midnight* eigentlich kein Klaviersong ist. Aber es wird reichen, um an der Choreografie zu arbeiten.

Im Spiegel beobachte ich, wie Rayne die Augen schließt, ihre Brust hebt sich, und als ich anfange zu singen, macht sie den ersten Schritt.

Meine Finger finden die richtigen Tasten ganz von selbst, ich kann die Melodie in- und auswendig, sie ist mir in Fleisch und Blut übergegangen, genau wie der Text. Und das ist gerade jetzt auch ziemlich hilfreich, weil ich das hier sonst nicht hinbekommen würde, müsste ich mich konzentrieren. Ich kann nur Rayne ansehen, folge ihren Bewegungen mit den Augen.

Sie fühlt den Song, und ich tue es auch. Sie tanzt, ich singe, und es ist verdammt perfekt. Sie ist es. Nicht auf eine kontrollierte, wirklich perfekte Weise. Sie ist rayneperfekt.

Ihre Schritte sind sicher und leicht, ihre Haare fliegen, als sie in eine Drehung geht. Langsame Schritte, schnelle Schritte, Drehungen und Sprünge, ich habe keine Ahnung, wie sie das macht, aber ich kann nicht weggucken.

Ich beobachte Rayne jeden Tag beim Tanzen. Beim Ballett, und einmal auch im Contemporary-Kurs, aber das hier, das ist irgendwie anders. Schmerzhaft anders. Besser anders.

Weil es ihr Song, mein Song, unser Song ist, und weil jede ihrer Bewegungen zu unseren Worten passt. Weil sie kraftvoll und stark, aber auch traurig und ängstlich sind, und ich wusste nicht, dass so etwas möglich ist. Dass man Emotionen sehen kann. Aber bei ihr geht das.

Forgot to breathe
Forgot to see
Forgot my fcking name

Ich vergesse wirklich alles, während ich ihr zusehe, aber die Worte sind noch da, weil sie Rayne sind.

Ich komme erst wieder in der Realität an, als sie innehält und sich in meine Richtung dreht. Es dauert ein paar Sekunden, bis ich es bemerke und verstumme. Die letzten Töne verklingen, dann schweigt auch der Flügel.

»Was meinst du?«, fragt sie. Unsicherheit schwingt in ihrer Stimme mit, vertraute Unsicherheit, weil ich sie viel zu gut kenne. »Ich bin noch nicht fertig, natürlich nicht, so schnell geht das nicht. Das war nur das, was ich als Erstes im Kopf hatte. Melanie hat mir in der Stunde ein bisschen mit den Bewegungen geholfen, aber irgendwie weiß ich nicht so richtig, ob das alles so passt. Vielleicht lassen wir das mit dem Video doch besser, oder ich tanze einfach nicht, und ihr Jungs macht das allein. Das interessiert bestimmt sowieso niemanden, wenn ich tanze und –«

»Stopp!«, unterbreche ich ihren Redeschwall.

Geräuschvoll klappt sie den Mund zu.

»Das war … Ich habe nicht mal Worte dafür, wie das war, Rayne.« Ich stehe auf und gehe zu ihr, greife nach ihren Händen und verschränke meine Finger mit ihren. »Du wirst in diesem Video tanzen. Es sei denn, du willst nicht, aber du solltest. Weil du dazugehörst. Okay?«

Ihre grauen Augen glänzen, als sie zu mir hochsieht. »Okay.« Dann lächelt sie. »Ich habe überlegt, ob wir vielleicht einen Teil der Choreografie zusammen tanzen könnten.«

Ich muss lachen. »Ich kann nicht tanzen.«

»Ich auch nicht«, widerspricht sie.

»Du hast dich aber gerade schon selbst im Spiegel gesehen, oder? So zwischendurch wenigstens?«

Sie zuckt mit den Schultern. »Ja, aber …«

»Kein Aber.« Ich lege beide Hände an ihr Gesicht, ihre Haut ist warm und weich. »Du kannst das. Warum zweifelst du immer so an dir?«

Ihre langen schwarzen Wimpern werfen Schatten auf ihre Wangen, als sie den Blick niederschlägt. »Weil ich nicht so gut bin wie meine Mom.« Geflüsterte Worte, so leise, dass ich sie kaum verstehe. »Ich bin hierhergekommen, weil ich sein wollte wie sie. Will ich immer noch. Aber ich krieg's einfach nicht hin.«

»Das ist nicht wahr.«

»Doch. Heute … Heute habe ich kurz gedacht, dass ich es vielleicht doch schaffe. Weil es wirklich gut gelaufen ist. Und dann …« Sie schluckt, atmet mit einem Seufzen aus. »Dann habe ich angefangen, an dieser Choreografie zu arbeiten, und es war … Es hat Spaß gemacht.«

Stirnrunzelnd mustere ich sie. Die Art, wie sie das sagt, gefällt mir nicht. »Warum klingt das, als wäre das ein Problem?«

»Weil das allen anderen keinen Spaß macht. Alle anderen wollen Ballett tanzen, und Contemporary ist für sie ein Kurs, den sie belegen müssen, weil sie ihm zugeteilt wurden. Und ich bin …« Sie bricht ab und zieht verunsichert die Unterlippe zwischen die Zähne.

»Du bist du«, sage ich bestimmt. »Du musst nicht sein wie deine Mom oder wie alle anderen an dieser Schule. Du musst sowieso gar nichts. Du bist, wer du bist, und so bist du genau richtig. Du bist talentiert und schön und … Scheiße, Rayne, kannst du dich bitte so sehen, wie ich dich sehe?«

Einen Moment lang sagt sie nichts, schaut mich nur an. Dann lächelt sie, ein kleines Lächeln, das ein bisschen traurig wirkt, aber sie lächelt.

»Ich versuch's.« Sie stellt sich auf die Zehenspitzen, ihr Mund streift meinen, ich bekomme eine Gänsehaut. »Tanz mit mir«, flüstert sie an meinen Lippen. »Nur einmal. Ich will wissen, wie sich das anfühlt.«

Ich lehne meine Stirn gegen ihre. »Wenn du mit mir tanzen willst, tanze ich so oft mit dir, bis du es nicht mehr willst.«

»Das wird nie passieren«, sagt sie, und in dem Moment glauben wir beide wirklich daran.

8. TEIL

Bridge

38. KAPITEL

Easton

Hopes & Dreams – Caskets

»East!« Becks aufgeregte Stimme lässt mich den Kopf heben. Mein bester Freund stürmt in den Plattenladen, dicht gefolgt von Colin und Jax. Alle drei haben den gleichen fiebrigen Ausdruck auf dem Gesicht, der dafür sorgt, dass mein Puls in schwindelerregende Höhen schießt. Ich habe meine Freunde noch nie so gesehen, mit weit aufgerissenen Augen, ein bisschen blass um die Nase.

»Was ist los?«, frage ich, in meinem Inneren haben sämtliche Alarmglocken zu schrillen begonnen.

»Du hängst monatelang jeden verdammten Tag am Handy, und wenn ein einziges Mal wir was von dir wollen, guckst du nicht drauf?«, beschwert Colin sich, aber da ist ein Unterton in seiner Stimme, der mir vertraut ist. Er meint das, was er sagt, nicht böse. Er ist nur viel zu aufgeregt. Nicht panisch-aufgeregt. Nur aufgeregt-aufgeregt. Meine Schultern entspannen sich ein wenig. Wenn etwas passiert wäre, etwas Schlimmes, wäre Colin jetzt anders drauf. Im Grunde ist sein Gemeckere beinahe ein gutes Zeichen.

»Tut mir leid, ich war beschäftigt.« Ich deute auf die Kartons mit Platten, die vor ein paar Stunden angekommen sind und die ich seitdem einsortiere. Allerdings war heute Nachmittag überraschend viel los, deshalb bin ich nicht so schnell vorangekommen, wie ich es gerne gehabt hätte. Und ich hatte tatsächlich keine Zeit, um zwischendurch einen Blick auf mein Handy zu werfen.

»Sieht man.« Jax grinst mich versöhnlich an, eine wortlose Entschuldigung für Colins Gemecker.

»Ist alles okay?«

»Mehr als okay!« Beck legt mir beide Hände auf die Schultern und schüttelt mich, ein strahlendes Lächeln auf dem Gesicht. »Phil hat uns die Songs geschickt.«

»Jetzt schon?« Ungläubig sehe ich von einem zum anderen.

Colin und Jax nicken in einer synchronen Bewegung. Es ist erst fünf Tage her, dass wir im Tonstudio waren. Ich hätte frühestens nächste Woche mit den Aufnahmen gerechnet, ganz sicher nicht heute schon.

Unsere Songs sind fertig.

So richtig fertig.

»Phil hat uns vor einer Stunde 'ne Mail geschickt.« Endlich lässt Beck mich los.

»Habt ihr schon reingehört?« Meine Stimme klingt irgendwie seltsam, ich muss mich räuspern, aber das ändert nichts daran, dass ich auf einmal einen dicken Kloß im Hals habe.

Unsere Songs sind wirklich fertig. So fertig, dass wir sie uns anhören können.

»Ohne dich?« Colin wirft mir einen missbilligenden Blick zu, der mich grinsen lässt. »Als ob.«

»Was glaubst du, warum du gefühlt hundert ungelesene Nachrichten und unbeantwortete Anrufe auf dem Handy hast?« Jax zwinkert mir zu, während er sich die Mütze vom Kopf zieht. Mit einer Hand fährt er sich über die kurzen Haare.

»Tut mir echt leid«, entschuldige ich mich noch einmal, aber Beck macht nur eine wegwerfende Handbewegung.

»Jetzt sind wir ja hier. Rudys Boxen sind eh besser als unsere zu Hause. Ist er da?«

»Nee, nur Evie.« Über die Schulter werfe ich einen Blick Richtung Café. Drei Tische sind besetzt, deswegen steht Evie vor der Siebträgermaschine und kocht Kaffee, anstatt wie sonst durch TikTok zu scrollen oder Instagram zu checken.

»Dann können wir die Songs hier spielen?«

Ich rolle mit den Augen. »Könnten wir auch, wenn Rudy hier wäre«, erwidere ich. Rudy wäre wirklich der Letzte, der uns abhalten würde.

»Auch wieder wahr. Hier.« Beck drückt mir sein Smartphone in die Hand. »Ich hab die Songs schon runtergeladen.«

Im Gehen tippe ich den Code ein, der sein Display entsperrt. Er hat seit Jahren denselben, weil er sich keinen anderen merken kann. Wir kennen ihn alle. Beck sagt immer, wir sind seine Notfallversicherung, falls er ihn irgendwann doch mal vergessen sollte.

Ich schließe sein Handy an die Boxen an – Rudy ist so oldschool, dass hier nichts über Bluetooth läuft – und scrolle mich durch den Download-Ordner. Adrenalin schießt durch meinen Körper, als ich die Tracks entdecke. Meine Hände zittern, das hier passiert wirklich. Wir haben unsere Songs aufgenommen, und jetzt können wir sie anhören.

Ich will auf Play drücken, aber ich kann nicht. Rayne ist nicht hier. Sie ist nicht hier, aber sie sollte dabei sein.

»East? Worauf wartest du?«, fragt Colin ungeduldig.

»Rayne.« Ich hebe den Kopf und sehe meine Freunde an. »Wir können das nicht ohne sie machen. Wenn sie nicht wäre, würden wir jetzt überhaupt nicht hier stehen und könnten unsere Songs nicht anhören.«

Jax stöhnt auf. »Dein Ernst? Also ja, ich verstehe, was du meinst, aber komm schon, East. Wir sterben vor Ungeduld.«

»Ich weiß, aber …« Ich verstumme, bringe es nicht über mich, auf Play zu drücken, obwohl ich mir sicher bin, obwohl ich *weiß*, dass Rayne das wollen würde. Weil sie weiß, wie wichtig das für uns ist. Wie hart wir die letzten Jahre auf diesen Moment hingearbeitet haben.

Aber ich will dabei sein, wenn sie das erste Mal unsere Songs hört, wenn sie das erste Mal *Dance With You 'til Midnight* hört.

»Dann ruf sie an, sag ihr, sie soll herkommen«, schlägt Beck vor.

»Geht nicht.« Ich werfe einen kurzen Blick auf die Uhr, die über der Kasse hängt. »Sie hat noch Unterricht.«

»Wir können uns die Songs auch jetzt anhören, und wenn Rayne später dazukommt, tun wir einfach so, als hätten wir das noch nicht getan?«, wirft Colin ein.

»Weil wir alle so wahnsinnig gute Lügner sind, oder was?«, gebe ich zurück. »Das geht nicht. Ich kann sie nicht anlügen, und ich will es auch nicht. Und ich weiß auch, dass sie nichts dagegen hätte. Wenn ich sie jetzt anrufe, würde sie mich wahrscheinlich fragen, worauf ich noch warte, aber –«

»Ja, dann: Worauf wartest du?« Beck kommt auf mich zu und bleibt neben mir stehen.

Unschlüssig verziehe ich das Gesicht. Ich bin hin- und hergerissen. Ich will unsere Songs hören. Jetzt. Aber ich will sie auch mit Rayne hören. Vor allem unseren Song.

Ich atme tief durch. »Okay. Ich glaube, ich habe einen Plan.«

Ein aufgeregtes Kribbeln breitet sich in mir aus. Wir haben vier Songs aufgenommen, einer davon gehört ihr und mir. Wir haben ihn zusammen geschrieben, in dieser Nacht am Strand.

»Schließt der uns mit ein?« Becks Mund verzieht sich zu

einem wissenden Grinsen, wahrscheinlich wusste er schon, was ich vorhabe, noch bevor ich selbst daran gedacht habe.

»Nein. Ausnahmsweise nicht.« Ich schüttle den Kopf und drücke auf Play.

Weil das hier wirklich unser Moment ist. Colins, Jax', Becks und meiner. Vier Jungs, die vor Jahren in einem Musikraum in der Schule das erste Mal zusammengespielt haben. Vier Jungs, die sich in den letzten Jahren gestritten und wiedergefunden haben, die für ihre Musik leben und nie aufgehört haben zu träumen.

Ein Traum ist wahr geworden.

Meet Me At 3 AM beginnt mit Jax' Schlagzeug und Becks Gitarre. Dann setzt Colin ein, und schließlich ich. Meine Stimme ist rau und tief. Sie klingt anders aus den Lautsprechern, ein bisschen fremd.

Ich bekomme eine Gänsehaut, während ich zuhöre, es ist völlig verrückt.

Wir sind alle vollkommen still, niemand sagt etwas, niemand rührt sich. Wir hören einfach zu und können nicht glauben, dass wir das sind. Dass wir diesen Song aufgenommen haben. Dass er dermaßen gut geworden ist.

Ist er aber. Verdammt gut sogar.

»Fuck«, murmelt Beck ehrfürchtig, als der letzte Ton schließlich verklingt. Ich glaube, er spricht uns allen aus der Seele. »Waren das wirklich wir?«

»Ja.« Mir kommt ein fassungsloses Lachen über die Lippen. »Das waren wir.«

39. KAPITEL
Rayne

Someone, Somewhere (Acoustic Version) –
Asking Alexandria

»Rayne! Wo willst du hin?« Der vorwurfsvolle Klang von Maes Stimme lässt mich mitten im Flur innehalten. Langsam drehe ich mich um.

»Äh … nirgendwohin«, erwidere ich. Es klingt zu sehr nach einer Frage, während ich unauffällig versuche, meine Tasche so hinter mich zu schieben, dass sie sie nicht bemerkt.

Ich hätte wissen müssen, dass das nicht funktioniert.

»Rayne«, sagt sie warnend, so wie meine Mom es früher immer getan hat, wenn sie mitten in der Nacht in mein Zimmer gekommen ist und mich dabei erwischt hat, wie ich mir bei YouTube ein Musikvideo nach dem anderen angeschaut habe.

Die Erinnerung trifft mich völlig unvermittelt. Mein Herz zieht sich zusammen, aber dieses Mal … Es tut ein winzig kleines bisschen weniger weh. Und das schmerzt gleichzeitig dann fast noch mehr.

»Du willst schon wieder rüber ins Trainingsgebäude?« Mae stützt beide Hände in die Seiten und lenkt mich von dem Druck ab, der in mir aufsteigt.

»Ja«, gebe ich kleinlaut zu, Lügen ist zwecklos, sie hat mich ohnehin längst durchschaut. »Ich wollte noch mal die Choreo durchgehen.«

»Du machst seit Montag nichts anderes. Irgendwann musst du auch mal eine Pause einlegen.«

»Ich weiß, aber ich hatte vorhin eine Idee, und ich glaube …« Ich verstumme, als sie kichernd den Kopf schüttelt. »Was denn?«

»Gar nichts. Ich find's schön, dass du so viel Spaß daran hast. Aber du musst auch auf dich aufpassen, okay? Wenn du dich überanstrengst und verletzt, kannst du nicht weitermachen.«

»Ich bin vorsichtig.«

»Bitte. Sonst ist alles, was Skye gerade für euer Musikvideo plant, komplett überflüssig, und sie hängt sich da echt rein. Woher auch immer sie die Zeit dafür nimmt.«

»Das ist eine wirklich gute Frage.«

Skye hat den Jungs und mir in den vergangenen Tagen unzählige Videos mit kurzen Clips geschickt, was sie sich für unser Musikvideo vorstellen könnte. So in etwa jedenfalls, weil meine Choreo natürlich anders wird. Aber ihr ging es mehr um die Kameraeinstellungen, die Beleuchtung, tausend andere Details, über die keiner von uns sich Gedanken gemacht hätte, wenn sie nicht wäre.

»Na ja, solange sie Spaß dran hat.« Mae zuckt mit den Schultern.

»Das ist sowieso das Wichtigste.« Ich deute auf das Treppenhaus hinter mir. »Ich geh dann mal. Wir sehen uns später, okay?«

»Brauchst du Gesellschaft?«

»Nein, lieber nicht.« Ich schenke ihr ein entschuldigendes Lächeln. »Ich muss das alleine durchgehen.«

»Na schön.« Sie lacht unbeschwert. »Wir sehen uns später. Oder morgen. Mach nicht mehr zu lange.«

»Mache ich nicht«, verspreche ich, dann wende ich mich ab und laufe die Treppe hinunter.

Mae hat recht, ich habe in den letzten Tagen vielleicht ein bisschen zu viel an der Choreografie gearbeitet, aber nachdem ich einmal angefangen habe, ist es schwierig bis unmöglich, wieder aufzuhören. Weil mir jedes Mal, wenn ich die Schritte noch einmal durchgehe, etwas auffällt, das ich ändern möchte.

Weil ein Schritt, eine Drehung oder eine Armbewegung noch nicht so ist, wie sie sein soll, wie ich sie haben will.

Obwohl Easton gesagt hat, dass meine Choreografie gut ist, obwohl ihm anzusehen war, dass er es vollkommen ernst meint. Aber vielleicht muss sie auch genau deswegen noch ein bisschen besser werden. Ich bin mir nicht ganz sicher. So oder so kann ich nicht aufhören.

Die Luft ist klar, es riecht ein wenig nach Frühling, als ich das Wohnheim verlasse und über den Campus laufe. Es ist immer noch kalt, aber nicht mehr so eisig wie noch vor ein paar Tagen. In den meisten Wohnheimzimmern brennt Licht, irgendwo höre ich helles, fröhliches Gelächter. Ich habe das Trainingsgebäude fast erreicht, als mein Handy in der Jackentasche vibriert.

Es ist Easton, das weiß ich, noch bevor ich es hervorgezogen habe.

»Was machst du gerade?«, begrüßt er mich, als ich den Anruf entgegennehme. Er klingt so aufgeregt, dass mein Herz einen Satz macht.

»Ich will die Choreo noch mal durchgehen. Warum? Alles okay?«

»Ja, alles gut«, beeilt er sich zu sagen. »Ich stehe bei euch auf dem Parkplatz. Ich möchte dir was zeigen. Also, falls du auch willst.«

»Nein.« Ich verdrehe übertrieben die Augen, auch wenn er es nicht sehen kann. »Niemals.«

»Wer weiß. Du hast schließlich keine Ahnung, worum es geht.«

»Versuchst du mich gerade davon abzubringen, zu dir zu kommen?«, frage ich, meine Schritte beschleunigen sich ganz von selbst. Ich gehe längst in die andere Richtung, weg vom Trainingsgebäude, weg von den Wohnheimen. »Dafür ist es nämlich etwas spät. Ich bin gleich da.«

Ich trete durch das Tor und entdecke Eastons Van. Die Scheinwerfer malen helle Lichtkegel auf den Asphalt.

»Ich will dich nur nicht unter Druck setzen.« Ich kann das Lächeln hören, das in seiner Stimme mitschwingt.

»Das ist so bescheuert, dass du überhaupt keine Antwort verdient hast.« Ich erreiche den Wagen und öffne die Beifahrertür.

Easton legt auf und grinst mich an. Er sieht so wahnsinnig gut aus, dass mir für einen Moment die Luft wegbleibt. Irgendwas ist anders heute, ich kann nicht richtig greifen, was, aber er strahlt förmlich, und das macht mich ziemlich glücklich.

»Geantwortet hast du trotzdem«, sagt er, während ich in den Wagen klettere.

Dieses Mal komme ich nicht dazu, etwas zu erwidern, aber das ist seine Schuld, weil er eine Hand an mein Gesicht legt und mich zu einem Kuss zu sich heranzieht. Wenn mir das Atmen nicht längst schwergefallen wäre, wäre es spätestens jetzt so weit.

»Soll ich dich nächstes Mal anschweigen?«, will ich wissen, als wir uns atemlos voneinander lösen.

»Bitte nicht. Ich mag deine Stimme.« Seine Augen leuchten auf, und ich bin wirklich hoffnungslos verliebt.

»Danke.« Ich komme nicht gegen das Lächeln an, das sich auf meinem Gesicht ausbreitet. »Was wolltest du mir zeigen?«

»Erzähle ich dir gleich.« Der Motor erwacht zum Leben, und Easton lenkt den Van vom Parkplatz.

»Du bist gemein.« Schmollend schiebe ich die Unterlippe vor. »Erst lockst du mich in deinen Van, und jetzt entführst du mich?«

»Willst du aussteigen?« Er wirft mir einen kurzen Blick zu, den ich kopfschüttelnd erwidere.

»Natürlich nicht. Ich bin viel zu neugierig.«

»Ich hab gehofft, dass du das sagst.«

»Verrätst du mir wenigstens, wo wir hinfahren?«

Jetzt ist er derjenige, der den Kopf schüttelt. »Lass dich überraschen.«

* * *

Wir fahren zum Strand. Easton versucht während der ganzen Fahrt, mich abzulenken, fragt mich, wie mein Tag war, ob ich den Stoff für die Klausuren, die in den nächsten Wochen anstehen, schon durchgegangen bin, und gibt sich insgesamt sehr viel Mühe, damit ich nicht merke, was er vorhat.

Aber ich merke es. Weil der Weg irgendwie vertraut ist, auch wenn wir erst einmal zusammen ans Meer gefahren sind. Und weil ich Easton kenne.

Er parkt den Wagen an der gleichen Stelle wie beim letzten Mal. Es ist dunkel, auch wie beim letzten Mal. Und trotzdem ist alles anders.

Der Himmel ist klar, so klar, dass man die Sterne sehen kann. Heute wird es ganz sicher nicht anfangen zu schneien. Es riecht immer noch ein bisschen nach Frühling, vor allem hier, weil das Meer immer nach Sommer riecht, und ja, das ergibt eigentlich keinen Sinn, aber für mich eben doch.

Easton greift nach meiner Hand, als wir aussteigen und den Weg zum Meer runterlaufen. Der Sand gibt unter unseren Schritten nach, die Wellen rauschen, sonst ist es vollkommen still.

»Phil hat uns heute die Songs geschickt«, durchbricht Easton das Schweigen zwischen uns.

Ich bleibe abrupt stehen. »Was?« Fassungslos starre ich ihn an. »Oh mein Gott, wirklich?«

»Wirklich.«

»Und das sagst du mir erst jetzt?«

Easton zuckt mit den Schultern, wirkt aber ziemlich zufrieden mit sich selbst. »Sonst hättest du gewollt, dass ich dir die Songs im Auto vorspiele.«

»Äh, ja?! Und es ist ein bisschen frech, dass du das nicht gemacht hast.« Ich knuffe ihn in die Seite.

»Ich weiß, aber hier ist es viel schöner.« Er deutet auf das Meer direkt vor uns. Die Wellen sind höher dieses Mal, ich weiß nicht, ob die Flut bald einsetzt oder gerade geht. »Schließlich haben wir den Song hier geschrieben.« Er reibt sich über die Nase und wirkt auf einmal so verlegen, dass ich lachen muss.

»Das ist ein bisschen kitschig.«

»Gut kitschig oder blöd kitschig?«

Ich schlinge beide Arme um seinen Hals und strahle ihn an. »Ziemlich gut. Eigentlich ist es sogar wirklich süß.«

»So bin ich halt.«

»Sowieso.« Ich streiche ihm eine dunkle Haarsträhne aus der Stirn. »Aber bitte sag mir, dass du dir die Songs schon angehört hast.«

»Hab ich. Die Jungs sind in den Laden gekommen. Sie waren zu ungeduldig.«

»Verständlicherweise. Wäre ich auch gewesen.«

»Ich wollte, dass du auch dabei bist, aber ich glaube, wenn ich dich erst geholt hätte, hätten Colin und Jax mir den Hals umgedreht. Und außerdem …«

»Wolltest du ein bisschen kitschig sein«, necke ich ihn, strecke mich und drücke ihm einen Kuss auf die Nasenspitze.

»Auch das.«

»Seid ihr zufrieden?« In meinem Bauch beginnt es aufgeregt zu flattern. Die Songs sind fertig. Sie sind fertig, und sie müssen gut sein. *Bitte.*

»Ja.« Das eine Wort kommt Easton als erleichtertes Seufzen über die Lippen. »Es ist der absolute Wahnsinn. Sie klingen überhaupt nicht nach uns. Also schon, aber die Aufnahmen sind so gut geworden, das Ganze ist ziemlich surreal.«

»Die Songs sind ja auch gut. *Ihr* seid gut. Und deswegen klingt garantiert auch jedes einzelne Lied nach euch.« Wieder küsse ich ihn, ich kann nicht anders.

»Ist es okay, dass wir die Songs schon gehört haben? Wie gesagt, ich wollte eigentlich auf dich warten, und ich habe mir auch gedacht, dass du damit kein Problem hast, aber …«

Er verstummt, als ich meine Hand auf seinen Mund lege. »Easton, das ist euer Ding. Nicht meins. Ihr habt diese Songs geschrieben und aufgenommen. Ihr seid die Band.«

Er atmet auf, und ich begreife, dass er wohl tatsächlich ein bisschen unsicher war. Meine Brust wird eng. »Okay.«

»Wirklich okay«, versichere ich ihm.

Er zieht etwas aus seiner Hosentasche, das ich erst im nächsten Moment als In-Ear-Kopfhörer erkenne. »Bereit?« Er reicht sie mir, und ich stecke mir die kleinen Stöpsel ins Ohr.

»Immer.«

Einen Moment lang ist es vollkommen still. Easton zieht

sein Handy aus der Tasche, und dann sind da plötzlich die ersten Klänge von unserem Song.

Sanft und doch auch irgendwie stürmisch. Eastons Stimme, unsere Worte, die Instrumente der Jungs, und der Song ist alles, alles, alles, was ich mir hätte vorstellen können.

Der Text ist vertraut und klingt doch irgendwie neu. Obwohl es nicht das erste Mal ist, dass ich Easton unseren Song singen höre. Aber das hier ist irgendwie anders. Es macht etwas mit mir.

Ich kann Easton nur anschauen, während ich seine Stimme im Ohr habe. Seine Worte und meine, unsere Gedanken.

Dunkelheit und Angst und Hoffnung, Mut und alles dazwischen. Dieser Song ist so sehr wir, wie er nur sein kann.

I won't turn back
I won't give up
*I'll make it f*cking right*
Get lost in music
Lost in you
And dance with you 'til midnight

Tränen schießen mir in die Augen, ich schaffe es nicht, sie zurückzuhalten. Mein Herz tut weh, weil ich auf einmal daran denken muss, dass Dad ihn nie hören wird. Er hätte ihn geliebt, das weiß ich. Er hätte es geliebt, dass ich ihn mitgeschrieben habe.

Ich weiß, dass du das kannst, little Bird. Glaub an dich. Du wurdest geboren, um Musik zu machen.

Ich habe verdrängt, dass er das gesagt hat, nur ein paar Stunden vor dem Unfall. Ein paar Stunden, bevor er sich mit Mom auf den Weg zu dieser Party gemacht hat. Ich habe in meinem Zimmer gesessen, unzählige Zettel und Dutzende Stifte auf dem Boden um mich herum, weil ich versucht habe, das, was in meinem Kopf vorging, zu Papier zu bringen. Ich war frustriert und wütend auf mich selbst, fest davon überzeugt, dass ich es nie, nie, nie hinbekommen würde, einen Song zu schreiben, der wirklich gut ist.

Und jetzt stehe ich hier und habe es geschafft. Gemeinsam mit Easton. Und dieser Song ist wirklich und wahrhaftig einfach alles, und das ist es, was ich will. Genau das. Ich will meine Gedanken und Gefühle zu Papier bringen, in Worte formen, Verse, die sich zu einem großen Ganzen zusammensetzen.

Ich will genau das, was ich schon immer wollte. Ich habe es nur zwischendurch vergessen. Nicht zugelassen. Verdrängt.

Aber jetzt geht das nicht mehr.

Easton streckt eine Hand nach mir aus, streicht mir zärtlich die Tränen von den Wangen. Er weiß, was in mir vorgeht, auch ohne dass ich es ausspreche.

Der Song verklingt, ich ziehe mir die Stöpsel aus den Ohren und gebe sie Easton zurück.

»Er ist wirklich, wirklich toll geworden«, sage ich mit erstickter Stimme. »Ehrlich, ich hätte nicht gedacht, dass es so gut werden würde. Also schon, aber das ist …«

»Alles«, beendet Easton meinen Satz, und ja, er weiß auf jeden Fall, was in mir vorgeht.

»Ich wünschte, mein Dad könnte ihn hören.«

»Ich auch. Er wäre so stolz auf dich.«

»Ja.« Ich versuche, den Kloß herunterzuschlucken, der mir im Hals steckt, und versage kläglich. Ich seufze. »Wäre er.«

Easton zieht mich an sich, seine Lippen streifen meine Schläfe. Eine Weile stehen wir einfach nur so da, seine Arme um mich geschlungen, mein Gesicht in seiner Jacke vergraben. Dann hebe ich den Kopf.

»Wenn wir das Musikvideo drehen …«, beginne ich, und Easton senkt den Kopf. Sein Blick hält meinen gefangen, und einen Augenblick lang glaube ich, dass sich die Sterne darin spiegeln, was absolut unmöglich ist. Aber ich will es gerne glauben, weil irgendwo da oben der Stern ist, den Mom und Dad mir geschenkt haben, und weil es sich ein bisschen so anfühlt, als wären sie noch da, solange er da ist.

»Was?«, raunt Easton leise, sein Atem streift meine Haut.

»Tanzt du mit mir? Es ist unser Song, oder? Dann lass es auch unseren Tanz sein. Bitte.«

Er muss Ja sagen, weil er wissen muss, dass es nur ein Ganz-oder-gar-nicht gibt. Montag mit ihm zusammen zu tanzen hat sich richtig angefühlt. Sehr richtig. Und es hat Spaß gemacht. Es hat wirklich Spaß gemacht, und vielleicht muss es genau so sein. Vielleicht ist das alles, was das Tanzen für mich sein muss. Etwas, das ich mache, weil es mir Freude bereitet. Aber nichts, womit ich jeden Tag meines Lebens verbringen will.

Kann es so einfach sein?

Ich habe keine Ahnung, aber ich muss das ja auch nicht jetzt entscheiden.

Easton lächelt und nickt, und zum ersten Mal seit Monaten, zum ersten Mal seit dieser Nacht, die alles verändert, die alles zerbrochen hat, glaube ich, dass ich irgendwann vielleicht wieder ganz glücklich sein kann.

Und dass es okay ist.

Das Glücklichsein.

40. KAPITEL
Rayne

Save Tonight – Tom Speight, Lydia Clowes

»Oh Gott, ich bin so aufgeregt! Seid ihr auch so aufgeregt?« Mae greift nach meiner Hand und zerquetscht mir fast die Finger. Ich spüre es kaum.

»Nein, gar nicht. Ich bin voll entspannt.«

Man muss mir meine Verzweiflung anhören, denn Zoe und Jase beginnen zu lachen.

»Klar. Total entspannt. Sieht man. Deswegen rennst du auch nicht die ganze Zeit hin und her, um zu überprüfen, ob die Jungs Hilfe brauchen oder ob Skye damit zufrieden ist, wie wir alles aufgebaut haben«, meint Jase.

Verlegen streiche ich mir eine Haarsträhne hinters Ohr – das heißt, ich will es, aber Zoe hält mich auf. »Finger weg, sonst ruinierst du die Locken.«

»Entschuldige.« Ich seufze. »Es ist nur … War das eine dumme Idee? Vielleicht sollte ich doch nicht mitmachen.«

»Nein«, erwidern sie gleichzeitig.

»Das war eine tolle Idee!« Dieses Mal ist der Druck von Maes Hand etwas sanfter. »Echt. Das Video wird absolut umwerfend, da bin ich ganz sicher.«

»Ich auch«, stimmt Zoe ihr zu. »Du hast in den letzten Wochen so hart an der Choreografie gearbeitet. Das kann nur gut werden.«

Ich schlucke. Es *muss* gut werden. Wenn nicht, muss ich leider weinen. Denn Zoe hat recht. Ich habe in den letzten Wochen jede freie Minute an der Choreo gearbeitet. Einige Teile musste ich abändern, weil Easton jetzt mit mir tanzt, einige Teile haben mir nicht mehr gefallen, so wie ich sie am Anfang entworfen hatte, und dann musste ich sie so oft üben, bis sie mich sogar in meinen Träumen verfolgt hat. Aber inzwischen sitzt jeder Schritt, und es hat sich gut angefühlt. Weil ich wusste, wofür ich das mache. Weil ich ein Ziel hatte.

Dieses Video, für das wir heute hier sind, Easton und die Jungs, Jase, Mae, Zoe und Skye. In einer leer stehenden Fabrikhalle in Southie, mit zerbrochenen Fenstern, durch die es eiskalt zieht, und Stahlträgern, die die Halle früher vermutlich in einzelne Bereiche aufgeteilt haben. Zoe, Jase und Mae haben die letzten Stunden damit verbracht, jeden Träger mit Dutzenden Lichterketten zu verzieren. Wenn alles so läuft, wie wir uns das vorstellen, werden die Lichter aussehen wie Sterne.

Skye kennt die Eigentümerin der Halle, es ist eine alte Freundin ihrer Tante, die ihr erlaubt, sie für ihre eigenen Videos zu nutzen. Deswegen gibt es auch Strom, obwohl die Halle wohl seit Jahren leer steht. Skye hat nicht viel darüber rausgerückt, wer diese Freundin ihrer Tante ist und warum sie sich ausgerechnet diesen Ort für ihre Videos ausgesucht hat, aber wir haben schnell gemerkt, dass das alles nicht neu für sie ist.

Im hinteren Bereich bauen die Jungs gerade Jax' Schlagzeug auf, Skye scheucht sie durch die Gegend, bis sie den perfekten Platz gefunden haben.

»Okay, das ist gut so.« Skyes Stimme hallt laut bis zu uns herüber, Jax stöhnt erleichtert auf und lässt sich auf seinen Hocker fallen. Sie wirft ihm einen knappen Blick zu, bevor sie sich erst in Eastons und dann in meine Richtung dreht. »Ich würde sagen, wir können loslegen. Rayne, East, ihr seid dran. Wir machen zuerst die Choreo, danach nehmen wir euch dabei auf, wie ihr den Song spielt.«

»Alles klar.« Easton kommt zu mir rüber, und mein Magen macht einen nervösen Satz. Er lächelt. »Bereit?«

Ich nicke, ziehe den Mantel aus und reiche ihn Mae, die ihn mit aufgeregt leuchtenden Augen entgegennimmt.

»Viel Spaß«, flötet sie.

»Du kriegst das hin.« Zoe umarmt mich kurz. »Ehrlich, du schafft das, das wird toll!«

Ich nicke nur und bete, dass sie auch dieses Mal recht behält.

Die Luft ist kalt auf meiner warmen Haut, das Kleid, das ich trage, ist eigentlich viel zu dünn. Es ist schwarz, mit einem enganliegenden Oberteil und langen Ärmeln und einem kurzen, weiten Rock, der um meine Oberschenkel schwingt, wenn ich mich drehe.

Easton streckt mir eine Hand entgegen, einen Moment später schließen sich seine Finger um meine.

»Bereit«, antworte ich mit einiger Verspätung.

Wieder lächelt er, und jetzt zieht er mich weg von meinen Freundinnen und Jase, weiter in die Halle rein.

Skye erklärt uns, wie sie die einzelnen Sequenzen filmen will, und mit jeder Minute, die verstreicht, werde ich unruhiger, nervöser, bekomme Angst, dass ich es doch nicht hinbekomme. Aber nein, ich kriege das hin. Muss ich einfach.

Und dann ist da Eastons Hand an meiner Taille.

Seine Hand auf meiner Taille, und alles in mir wird vollkommen ruhig.

»Es wird alles gut«, flüstert er, als könnte er meine Unruhe spüren. Sein Atem streift meine Wange, und meine Haut beginnt zu kribbeln. Ich lehne mich an ihn, nur kurz, ich brauche seine Nähe, seine Wärme, die Gewissheit, dass er da ist. Bei mir.

»Okay«, flüstere ich zurück.

Er lässt mich los, und wir gehen in Position.

Ich schließe die Augen. Die Musik setzt ein, irgendwo neben uns, zu leise für das Video, aber das ist nicht schlimm, Skye legt später eine Tonspur darüber, und dann wird es perfekt sein.

Der erste Schritt, und dann der zweite. Mein Körper wird weicher, meine Muskeln sind geschmeidig, ich habe mich vorhin schon aufgewärmt.

Flatternd öffnen sich meine Lider. Ich tanze, und ich bin das Mädchen, das ich sein soll. Das Mädchen, mit dem Easton bis Mitternacht tanzt. Alles in mir wird leicht, ich gehe in eine Drehung, und dann ist er da. Genau dort, wo er sein soll. Ich lege meine Hand in seine, sein Griff ist warm und fest, und wir drehen uns gemeinsam.

Ein Lächeln breitet sich auf meinem Gesicht aus, ganz von selbst. Ich vergesse, wer ich bin, was ich verloren habe. Ich existiere nur in diesem Augenblick, ich bin das Mädchen aus dem Song. Ich hebe den Kopf, begegne dem Blick aus diesen blauen Augen.

Er lächelt, und ich liebe ihn.

Noch eine Drehung, meine Hand in seiner und ein Flattern in meinem Bauch. Er sieht mich an. Ich sehe ihn an, und es ist alles so einfach. Das Tanzen. Mit ihm. Hier. Jetzt.

Es geht nur um die Musik und die Gefühle, die wir denen, die uns zusehen, zeigen wollen. Ich bewege mich von ihm weg, und Easton greift nach meiner Hand, zieht mich in einer Drehung zurück zu sich. Meine Hand kommt auf seiner Brust zu liegen, ich kann sein Herz schlagen spüren. Schnell und hart. Erneut blicke ich zu ihm hoch, in seine blauen Augen, und sein Blick zuckt zu meinem Mund. Er atmet schwer, genau wie ich, und mir ist auf einmal so warm, ich weiß nicht, wohin mit mir. Wir sind gefangen in unserem eigenen Rausch.

Sekunden werden zu Minuten werden zu Stunden, ich weiß nicht, wie viel Zeit vergeht. Wir gehen die Schritte durch, jede Figur, wieder und wieder und wieder, mit kurzen Pausen, wenn Skye die Kameraeinstellung ändern möchte oder eine Drehung nicht so war, wie ich sie haben wollte.

»Das war super«, meint Skye irgendwann. »Ein letztes Mal noch, dann machen wir mit den Jungs weiter, okay?«

Easton und ich nicken nur, Reden ist zu anstrengend.

»Dann los. Position!« Sie lächelt uns an und verschwindet wieder hinter der Kamera.

Die Musik setzt ein, ich mache den ersten Schritt. Das Kleid schwingt um meine Beine. Das letzte Mal.

Ich sehe Easton an, weiche von der Choreografie ab, auch wenn ich das jetzt eigentlich nicht tun sollte, aber ich kann nicht anders. Und da ist etwas in seinen Augen, das alles in mir kribbeln lässt. Meine Haut glüht, mir ist so unendlich warm.

Da sind nur Easton und ich. Mein Herz rast, Freude rauscht durch meine Adern. Ich lächle, als ich in die letzte Drehung gehe.

Ich bewege mich von ihm weg, er zieht mich erneut an sich, meine Hand auf seiner Brust, sein Herz unter meinen Fingern, und mein Lächeln wird breiter.

Und dann erlischt es, als ich den Kopf hebe und seinem glühenden Blick begegne. Es sind nur Sekunden, aber sie dehnen sich aus zu einer Unendlichkeit. Unsere ganz eigene Unendlichkeit, gefangen in einem kurzen Moment. Und dieser Moment ist alles.

Wir kommen uns näher, es passiert einfach, ganz instinktiv.

Er zögert, nur den Bruchteil einer Sekunde, weil das auch nicht Teil des Plans ist, aber es ist egal, mir ist es egal, und ihm auch. Sein Mund senkt sich auf meinen. Sanft und fest und so, so warm. Meine Lider schließen sich flatternd, mein Körper wird ganz weich. Ich spüre nur noch seine Lippen auf meinen, den warmen Druck, doch es reicht nicht, es reicht absolut nicht. Seine Hände auf meinem Rücken, über dem Kleid, aber ich will sie darunter spüren. Hitze in meinem Bauch, und mein Herz stolpert und stolpert und stolpert.

Wir lösen uns erst voneinander, als wir unsere Freunde lachen hören.

»Das war ein wirklich sehr schöner Abschluss«, meint Skye lächelnd.

»Danke«, murmle ich verlegen, erwidere ihren Blick mit hochroten Wangen. Eastons Gesicht glüht genauso wie meins. Das hält ihn allerdings nicht davon ab, mich noch einmal an sich zu ziehen und erneut zu küssen.

Länger. Tiefer.

»Du warst toll«, raunt er an meinen Lippen, seine Finger wandern über meinen Rücken, und ich bekomme eine Gänsehaut. Allerdings nicht, weil mir kalt ist.

»Du auch.« Mein Mund verzieht sich zu einem Lächeln. Ich glaube, ich könnte mich daran gewöhnen, mit ihm zu tanzen.

»Okay, Leute, wir haben nicht den ganzen Tag Zeit.« Skye kommt Easton zuvor, als er mich erneut küssen will. »Du kannst dich wieder umziehen, Rayne. Jungs, ihr seid dran.«

Schwer seufzend lässt er mich los, und es ist ihm deutlich anzusehen, wie ungerne er das macht. Mir geht es wie ihm, und um ganz ehrlich zu sein, würde ein Teil von mir am liebsten von hier verschwinden und ganz andere Dinge tun. Aber wir haben eine Aufgabe, eine Mission, und wir sind noch nicht fertig. Also gehe ich rüber zu Zoe und Mae, die mir meinen Mantel reicht. Als ich die langen Ärmel überstreife, spüre ich auch wieder die Kälte hier in der Halle.

»Hier.« Zoe zieht mir eine Mütze über den Kopf. »Jetzt darfst du dir auch die Locken ruinieren.«

»Danke.« Zitternd schlinge ich die Arme um mich. »Habt ihr meine Stiefel irgendwo gesehen?«

»Ja, Sekunde.« Jase verschwindet kurz und reicht mir einen Moment später meine gefütterten Winterstiefel.

»Danke.« Ich schlüpfe aus den Schläppchen, die ich die letzten Stunden anhatte, und seufze erleichtert auf, als ich nicht mehr den kalten Boden unter den Füßen spüre.

»Das war richtig toll.« Zoe greift nach meiner Hand, während Mae mir einen Arm um die Schultern schlingt. Beide strahlen mich an. »Echt. Das war so, so schön.«

»Ihr zwei wart so süß! Und ziemlich hot.« Mae lacht und tut so, als würde sie sich mit einer Hand Luft zufächeln. Ich werde prompt noch ein bisschen röter. »Ehrlich, man konnte die Chemie zwischen euch förmlich greifen. Ich glaube, als ihr euch geküsst habt, bin ich ein bisschen gestorben.«

»Oh Gott, bitte übertreib nicht so«, flehe ich sie an, muss aber auch lachen, als ich sehe, wie Jase uns verständnislos und etwas überfordert mustert, weil er offenbar keine Ahnung hat, wovon Mae redet.

Ich dagegen weiß ziemlich gut, was sie meint.

»Ich übertreibe nicht. Es war wirklich einfach nur schön!«

Skye bewahrt mich vor einer Antwort. »Ruhe da auf den billigen Plätzen, wir wollen weitermachen!«

Schlagartig kehrt Ruhe ein. Skye nickt zufrieden und gibt den Jungs ein Zeichen.

We Are No Saints beginnen zu spielen, Eastons Stimme flutet die leere Halle, und alles ist absolut verdammt perfekt.

41. KAPITEL
Easton

Better Days – OneRepublic

Fassungslos sitzen wir zusammengequetscht auf dem viel zu kleinen Sofa und starren auf Skyes iPad. Rayne ist auf meinem Schoß, ihre Finger haben sich in meine Hand gekrallt. Jase hockt halb auf der Armlehne, Zoe umständlich zwischen seine Beine gezogen. Die Jungs sitzen neben mir auf dem Sofa. Mae und Skye stehen beim Couchtisch. Skye ringt die Hände, es ist das erste Mal, dass ich sie nervös erlebe. Im Wohnzimmer herrscht ohrenbetäubendes Schweigen.

»Kann bitte irgendjemand was sagen?« Skye lacht, aber auch das klingt nervös.

»Das ist …«, setzt Jax krächzend an und bricht dann ab, weil seine Stimme versagt. Meine will auch nicht arbeiten, ich bringe keinen Ton heraus.

»Krass«, beendet Colin seinen Satz.

»Abgefahren«, stimmt Beck zu.

Immer noch starren wir alle auf den kleinen Bildschirm, der inzwischen schwarz ist, auf dem wir aber noch vor ein paar Sekunden zu sehen waren. Wir. In einem Musikvideo.

In einem Musikvideo, das nur semiprofessionell von einer

Tanzstudentin in einer leer stehenden Lagerhalle gedreht wurde, mit einer Band, die so etwas noch nie gemacht hat. Nur sieht man das nicht. Gar nicht.

Was auch immer Skye da gemacht hat, sie hat jede Erwartung übertroffen, die wir nicht hatten.

»Wieso kannst du so was?« Rayne dreht sich auf meinem Schoß ein Stück zur Seite, um Skye anschauen zu können, und Skye wird tatsächlich rot.

Verlegen zuckt sie mit den Schultern. »So kompliziert ist das gar nicht«, wehrt sie ab. »Alles eine Sache der Übung.«

»Das ist echt toll geworden«, sagt Zoe ein bisschen ehrfürchtig.

»Wirklich?«

»Wirklich.« Ich nicke und finde endlich meine Stimme wieder. Auch wenn sie immer noch ein bisschen seltsam klingt. »Das ist wirklich richtig, richtig gut geworden.«

Sie atmet aus, und erst jetzt, als ihre Schultern ein Stück nach unten sinken, sieht man ihr an, wie angespannt sie tatsächlich war. »Okay. Gut. Danke. Oh Gott.« Ihr entfährt ein erleichtertes Lachen. »Ich bin so froh, dass ihr es nicht hasst.«

»Als ob. Wie sollten wir das jemals hassen?! Das ist echt der Wahnsinn.« Jax steht auf und streckt eine Hand nach ihr aus. Erst in letzter Sekunde scheint er sich daran zu erinnern, dass das, was auch immer zwischen ihnen war, nicht mehr existiert. Stattdessen fährt er sich durchs Haar und räuspert sich. »Echt. Der totale Wahnsinn.«

Sie schenkt ihm ein kleines Lächeln. »Danke.« Dann wendet sie sich wieder an uns alle. »Ich habe euch noch ein paar Videos zusammengeschnitten, die ihr für TikTok und Insta nehmen könnt. Das lange ist wahrscheinlich besser für YouTube. Ich schicke euch später alles rüber, aber ich wollte erst mal wissen, ob euch das gefällt, bevor ich euch den Rest zeige.«

»Du hast noch mehr gemacht?« Ungläubig starre ich sie an.

»Ja, na ja, ich war so schön im Flow, und wir hatten echt viele gute Sequenzen, die ich nicht alle für das lange Video nehmen konnte. Außerdem müsst ihr Social Media eh zuspamen, damit alle euer Video sehen und den Song hören wollen.«

»Du willst nicht zufällig unsere Marketingmanagerin werden?« Becks Frage klingt, als würde er einen Scherz machen, aber ich bin mir ziemlich sicher, dass er das sehr ernst meint.

Skye schüttelt den Kopf. »Lass mal. Ich hab genug zu tun. Aber Videos schneide ich euch gerne zusammen.«

Beck steht auf und zieht Skye an sich. »Danke! Du bist echt die Beste!«

»Ach Quatsch, mir macht das doch Spaß«, erwidert sie und lässt Beck mit einem unbeholfenen Klopfen auf die Schulter los. »Ich schicke euch eben die Videos rüber, die ich schon fertig habe, und dann könnten wir eigentlich direkt das erste hochladen. Am besten machen wir euren Song direkt zu einem Sound, dann können den gleich alle mitbenutzen. Tja, und dann werdet ihr hoffentlich berühmt.«

Colin, Jax, Beck und ich wechseln einen Blick, und für einen Moment sind da nur noch wir und die absurde Hoffnung, dass das alles tatsächlich funktionieren könnte. Dass wir es wirklich schaffen könnten.

Dass unsere Träume wahr werden.

»Dann lasst uns loslegen.« Skyes Stimme vibriert vor Tatendrang, ich glaube, sie ist fast so aufgeregt wie wir. Verständlicherweise, sie hat unendlich viel Arbeit in dieses Video gesteckt. Sie will, dass sich das gelohnt hat. Ich weiß nicht, wie wir ihr je dafür danken können.

Stunden vergehen. Die ersten Videos werden bei TikTok und Instagram veröffentlicht. Skye hat Dutzende Videos zusammengeschnitten, teilweise mit den gleichen Sequenzen, und immer mit dem Chorus unseres Songs hinterlegt. Das erste Video läuft gut, die beiden danach nicht, aber wir haben genug Views, um weiterzumachen. Die nächsten Clips zu posten. Zwei, drei am Tag.

Tage vergehen. Leute wollen den kompletten Song hören. Sie wollen mehr. Mehr von uns. Mehr von Rayne und mir. Es ist absurd. Wir posten das Video bei YouTube. Unsere Freunde teilen es. Und dann ganz viele andere. Tausende. Mehr Menschen, als wir je für möglich gehalten hätten. Kommentare und DMs fluten unseren Account.

Eine Woche vergeht. Wir posten den Clip, in dem Rayne und ich uns küssen, und alle drehen durch. Es ist wirklich verrückt. Sie kennen uns nicht, nur das, was sie in dem Video von uns sehen, aber auf einmal gibt es Tausende Kommentare von Leuten, die wissen wollen, ob wir wirklich zusammen sind, und dass wir es, falls es nicht so ist, definitiv sein sollten.

Dance With You 'til Midnight schlägt ein wie eine Bombe. Es ist surreal. Einfach verdammt noch mal nicht möglich.

Aber es ist möglich.

Es ist wahr.

Es ist unsere Realität und unser Leben.

9. TEIL

Breakdown

Jetzt

Rayne Bellamy findet Monate nach dem tragischen Tod ihrer Eltern ins Leben zurück!

Boston – Neun Monate nach dem Tod ihrer Eltern, des Rockstars Liam Bellamy und der ehemaligen Balletttänzerin Laura Bellamy, zeigt Rayne Bellamy sich zum ersten Mal in der Öffentlichkeit.

Sie tritt in dem Musikvideo zu *Dance With You 'til Midnight* von *We Are No Saints*, einer aufstrebenden Pop-Rock-Band aus Boston, auf.

In den vergangenen Monaten hat Rayne Bellamy sich vollkommen zurückgezogen, um den Tod ihrer Eltern zu verarbeiten. Dass sie nun als Tänzerin auf der Bildfläche erscheint, lässt hoffen, dass sie inzwischen über ihren Verlust hinweggekommen ist.

Liam und Laura Bellamy verstarben im Juni vergangenen Jahres an den Folgen eines tragischen Autounfalls.

Rayne Bellamy tanzt sich zurück ins Leben!

Los Angeles – Damit hatte wohl niemand gerechnet: Ein Dreivierteljahr nach dem Verlust ihrer Eltern (wir berichteten **hier**) tanzt Rayne Bellamy in die Fußstapfen ihrer Mutter, Laura Bellamy, die vor Raynes Geburt selbst Tänzerin war.

In den letzten Monaten wurde immer wieder spekuliert, was aus der Rockstartochter geworden ist, die Los Angeles nach dem Tod ihrer Eltern verlassen hat – zu schmerzlich waren wohl die Erinnerungen. Viele haben damit gerechnet, dass sie früher oder später das Erbe ihres Rockstarvaters antritt. Doch so wie es scheint, begnügt sie sich mit den Spitzenschuhen ihrer Mutter. Dabei hat sie durchaus auch musikalisches Talent, wie uns von ehemaligen Mitschüler*innen zugetragen wurde. **Hier** könnt ihr euch selbst davon überzeugen. Das Video zeigt Rayne bei einer Schulaufführung in der 8. Klasse. Zugegeben, die Fußstapfen ihrer Mutter scheint sie eher auszufüllen als die ihres Vaters. Aber überzeugt euch doch selbst.

We Are No Saints – Vom Wohnzimmer ins Rampenlicht!

Boston – Bis vor wenigen Wochen kannte wohl kaum jemand *We Are No Saints*, eine Band aus Boston, die ihre Songs vor allem im heimischen Wohnzimmer anstatt auf den großen Bühnen dieser Welt performt hat. Jetzt haben die Jungs ihr erstes Musikvideo veröffentlicht und sich dafür prominente Unterstützung gesucht: Rockstartochter Rayne Bellamy, die in dem Video als Tänzerin auftritt.

Gerüchten nach zu urteilen, soll die Beziehung zwischen Frontmann Easton Coleman und Rayne Bellamy nicht nur rein beruflich sein.

Bleibt zu hoffen, dass Coleman Bellamys Tochter nicht nur ausnutzt, um endlich einen Weg ins Rampenlicht zu finden. Nach allem, was sie im letzten Jahr durchmachen musste, hat sie sicherlich mehr verdient.

Rayne Bellamy & Easton Coleman – Was läuft zwischen der Rockstartochter und dem Musiker?

Los Angeles – Die allermeisten werden das Musikvideo zu *Dance With You 'til Midnight* von *We Are No Saints* bereits gesehen haben, falls nicht – **hier** findet ihr das ungeschnittene Video.

Die Chemie zwischen Bellamy und Coleman ist beinahe mit Händen zu greifen, während sie tanzen. Nicht umsonst werden die beiden auf Social Media von unzähligen Fans geshippt.

Doch was ist wirklich dran an der Beziehung der beiden? Ist sie echt oder bloß Marketing, um den Song zu promoten?

Falls es eine Marketingstrategie ist, scheint sie aufzugehen. Das Musikvideo hat bei YouTube inzwischen fast elf Millionen Aufrufe, bei TikTok gehen die Videos der Band seit Tagen viral. Es gibt unzählige Edits der Kussszene zwischen Bellamy und Coleman.

Es bleibt also spannend, und wir stellen uns weiterhin die Frage: Was läuft zwischen der Rockstartochter und dem Musiker?

Insider behaupten: Easton Coleman nutzt Rayne Bellamy nur aus

Boston – Seit Tagen fragen sich Tausende Fans, was dran ist an der Beziehung zwischen Rayne Bellamy und Easton Coleman, dem Frontmann von *We Are No Saints*, einer Band aus Boston, die in den vergangenen zwei Wochen einen rasanten Aufstieg erlebt hat. Grund für den Erfolg soll unter anderem Rockstartochter Rayne Bellamy sein. Es lässt sich nicht leugnen, dass die Band es vor allem der Rockstartochter und ihrem

Auftritt in dem Musikvideo zu ihrer ersten Single *Dance With You 'til Midnight* zu verdanken hat, dermaßen ins Rampenlicht geraten zu sein.

Einem Insider zufolge soll sich Easton Coleman in den vergangenen Monaten viel Mühe damit gegeben haben, eine Beziehung zu Rayne Bellamy aufzubauen, nachdem die beiden sich in Boston begegnet sind.

Zugegeben, es ist schon ein seltsamer Zufall, dass die Band, die zuvor kaum einer kannte, plötzlich überall präsent ist. Was an den Gerüchten dran ist, wissen wohl nur die beiden selbst. Wir hoffen allerdings, dass Coleman dem Namen der Band nicht alle Ehre macht, schließlich hat Bellamy in den vergangenen Monaten genug durchgemacht …

42. KAPITEL
Easton

idfc – blackbear

Mir ist kotzübel, während ich einen Artikel nach dem anderen lese. Es sind zu viele, und ich muss dringend damit aufhören, aber ich bringe es nicht fertig, mein Handy wegzulegen und es zu lassen.

Ausnutzen ... Marketingstrategie ... Insider ... Rampenlicht ... Beziehung ... Erfolg nur ihr zu verdanken.

Meine Gedanken rasen, mein Kopf ist zu voll, mein Herz schlägt zu schnell.

Ich sollte mich freuen. Darüber, dass das Video so gut ankommt, dass die Leute mehr von uns wollen. Dass sie unsere Musik wollen. Stattdessen fühlt sich alles falsch an. Wegen diesen verdammten Artikeln, die ich mir seit gefühlt zehn Stunden durchlese, ohne mich davon abhalten zu können.

Ich bin wie besessen, auf die ungesündeste Art und Weise, und ein Teil von mir weiß natürlich, dass das alles absoluter Bullshit ist. Dass es keinen Insider gibt, erst recht keine beschissene Marketingstrategie. Dass das einfach nur Rayne und ich sind. Dass wir Erfolg haben, weil unser Song gut ist.

Leider ist da aber auch ein kleiner Teil, der das anders sieht.

Der glaubt, dass die Menschen, die diese Artikel schreiben, recht haben. Weil die Zweifel in meinem Kopf zu laut sind und weil es doch auch stimmt. Bevor Rayne nach Boston gekommen ist, bevor wir uns getroffen haben, lief das mit der Musik nicht. Nicht so, wie es sollte. Wir haben alles gegeben, und es hat nie gereicht.

Und dann haben wir diesen Song geschrieben. Diesen einen Song, der alles geändert hat, und das haben wir zusammen gemacht.

»Hör auf, dir diesen Scheiß reinzuziehen.« Beck taucht so unerwartet hinter mir auf, dass ich erschrocken zusammenfahre. Ich habe nicht mitgekriegt, wie er nach Hause gekommen ist. Er war noch arbeiten, während Colin in seinem Zimmer mit Emma telefoniert und Jax oben damit beschäftigt ist, sich um unsere Social-Media-Accounts zu kümmern. Er hat da ungefragt das Kommando übernommen, und ich bin froh darüber, weil ich mit dem teilweise echt toxischen Mist bei TikTok und Instagram vermutlich gar nicht klarkommen würde. Selbst wenn die positiven Rückmeldungen im Moment überwiegen.

»Kann ich nicht«, gebe ich zurück. Mir entfährt ein protestierender Laut, als er mir das Handy wegnimmt.

»Musst du aber!« Seine Augen verengen sich zu schmalen Schlitzen. »Du weißt, dass kein Wort von dem stimmt, was diese Pisser da schreiben, oder?«

»Ja«, erwidere ich, klinge aber selbst in meinen eigenen Ohren nicht richtig überzeugt.

»East …«, setzt er warnend an, weil er genau weiß, was in meinem Kopf vorgeht, und ich stöhne genervt auf.

»Ich weiß, dass das Bullshit ist, okay? Rational betrachtet.«

»Gut, dann betrachte es doch auch bitte rational.« Er schenkt mir ein schmallippiges Lächeln, und ich würde wirklich gerne tun, was er von mir verlangt, nur ist das leider echt nicht so einfach.

»Glaubst du, wir hätten es auch ohne Rayne geschafft?« Die Frage platzt aus mir heraus, bevor ich mich stoppen kann, und ich hasse mich selbst dafür, sie überhaupt zu stellen.

Seufzend lässt Beck sich neben mich aufs Sofa fallen. »Spielt das eine Rolle?«

Ich will Nein sagen, aber das wäre gelogen.

»Es ist nur … Ach egal. Es ist dumm.« Ich lasse den Kopf in den Nacken fallen und presse mir die Handballen auf die Augen.

»East, komm schon. Spuck's aus.«

»Ich komme mir vor wie das allerletzte Arschloch.«

»Bist du nicht.«

»Das sagst du nur, weil du mein bester Freund bist.«

»Und weil ich dich kenne. Also los. Sag schon.«

»Weißt du noch, als ich mich mit Rayne gestritten hab? Als ich so ausgeflippt bin, nachdem wir den Song geschrieben haben?«

Er nickt, natürlich erinnert er sich daran. So viel Zeit ist schließlich auch noch nicht vergangen.

»Ich hab mich gefühlt wie ein Versager, weil ich es ohne sie nicht hinbekommen habe. Und jetzt fühlt es sich genauso an, nur noch beschissener, weil, ja … weil es jetzt echt gut läuft, und vielleicht haben diese dämlichen Pisser ja doch irgendwie recht mit dem, was sie schreiben«, sprudelt es aus mir heraus.

»Welchen Teil von dem Mist, der in diesen Artikeln steht, meinst du? Nur damit ich weiß, was ich dir wieder ausreden muss.« Beck stößt mir einen Ellbogen in die Seite, und ich verziehe das Gesicht.

»Was ist, wenn es stimmt? Dass ich sie nur ausgenutzt habe?«, frage ich leise.

Beck schweigt. Er schweigt so lange, bis ich ihn irgendwann ansehen muss. Ungläubig erwidert er meinen Blick.

»Soll ich dir jetzt eine reinhauen oder später?«, will er betont freundlich wissen, und ich verdrehe die Augen.

»Ich mein's ernst.«

»Ja. Ich auch. East … Komm schon. Du weißt selbst, dass das nicht wahr ist.«

»Ist es das?«

»Sag du's mir.« Er ändert seine Taktik, ich hätte es kommen sehen müssen, schließlich kenne ich ihn genauso gut wie er mich. »Hast du sie ausgenutzt?«

Mein Herz gerät aus dem Takt. Alles in mir sperrt sich gegen Becks Frage. Und damit habe ich wohl meine Antwort. Aber ich bin noch nicht bereit, das zuzugeben. Mein Kopf macht nicht mit. Die Zweifel sind zu laut, ich wünschte, ich könnte sie einfach abstellen. Aber das wäre wohl zu einfach.

»Nicht bewusst.« Ein kleines Zugeständnis, zu dem ich bereit bin.

»Auch nicht unbewusst.« Seine Stimme hat einen sanften Unterton bekommen, den ich lange nicht mehr bei ihm gehört habe.

»Und was ist, wenn sie das denkt?« Ich kann ihm nicht in die Augen sehen, starre stattdessen auf meine Hände, während meine Schultern sich schmerzhaft verkrampfen.

»Das glaubst du nicht wirklich, oder?«

Langsam schüttle ich den Kopf. Nein, eigentlich nicht, aber irgendwie auch doch. Warum ist das alles so verdammt kompliziert? Warum zum Teufel bin ich so?

»Du würdest nie jemanden ausnutzen. Erst recht nicht Rayne. Das mit euch hat doch schon lange angefangen, bevor du überhaupt wusstest, wer sie ist.«

Meine Finger schließen sich um das Armband an meinem

Handgelenk. Er hat recht. Ich *weiß* das. Aber etwas zu wissen und etwas zu fühlen sind zwei völlig verschiedene Dinge.

»Ich hasse meinen Kopf«, murmle ich.

»Lass das. Dein Kopf ist toll. Du machst damit ziemlich gute Sachen. Songs schreiben zum Beispiel. Verdammt gute Songs. Keiner von uns kann so schreiben wie du, East.«

»Mit Rayne bin ich besser.«

»Und warum ist das so schlimm?«, fragt er, und ich schätze, das ist die Frage der Fragen.

»Ist es nicht«, gebe ich mit einem schweren Seufzen zu. »Das Ding ist … Ich will mit ihr schreiben. Ich will tausend Songs mit ihr schreiben. Weil mit ihr alles besser ist. Und einfacher. Also warum kriege ich nicht aus meinem Kopf, dass ich es auch alleine hinbekommen muss?«

»Ich würde dir gerne sagen, dass es dafür eine logische Erklärung gibt, und die gibt es bestimmt auch, und wenn ich Psychologie studiert hätte, könnte ich dir die vielleicht auch geben. Hab ich aber nicht und kann ich nicht. Gib dir einfach ein bisschen Zeit, okay? Und rede mit Rayne darüber. Ich kann mir vorstellen, dass das hilft.«

»Ach was.« Meine Mundwinkel heben sich zu einem matten Grinsen. »Reden hilft? Meinst du echt?«

Er lacht. »Ich hab Gerüchte darüber gehört.« Er steht auf und klopft mir auf die Schulter. »Und jetzt geh und rede mit ihr. Sie kennt das ganze Drama mit der Presse doch. Ich bin sicher, sie kann dir diesen Mist noch besser ausreden als ich.«

»Mmh, du hast das schon ziemlich gut gemacht.«

»Ich bin ja auch gut. Und jetzt schaue ich mal, ob Jax noch Hilfe braucht. Er gibt sich auch zu viel von dem Mist, aber wenigstens ist er emotional nicht ganz so tief drin wie du.« Er ist schon fast an der Tür, als ich ihn noch mal aufhalte.

»Hey, Beck?«

Über die Schulter hinweg wirft er mir einen fragenden Blick zu.

»Danke.«

»Dafür hat man doch beste Freunde.«

Ich nicke. Ja, so ist das wohl.

Aber richtig verschwunden sind diese verfickten Zweifel trotzdem noch nicht.

43. KAPITEL

Rayne

Stay – Gracie Abrams

»Das ist echt so abgefahren.« Ehrfürchtig scrollt Mae durch ein Video nach dem anderen. Ich werfe einen kurzen Blick auf das Display ihres Handys, entdecke ein weiteres Edit des Musikvideos, auf dem Eastons und mein Kuss so bearbeitet wurde, dass er praktisch in Zeitlupe abläuft, und lasse mich dann stöhnend auf den Rücken fallen.

Ich fürchte, wenn ich noch eins dieser Videos sehe, verliere ich den Verstand.

»Mae, bitte, hör auf, dir das anzusehen.«

»Aber die Videos sind echt toll. Weißt du, wie viele den Song inzwischen als Sound benutzt haben? Tausende. Wirklich, das ist voll abgefahren.«

»Ich weiß.«

»Warum freust du dich nicht?«

»Ich freue mich«, widerspreche ich. »Das ist es nicht. Es ist nur … Ich habe eben vorher nicht gut genug über das alles nachgedacht.« Ich mache eine ausschweifende Handbewegung, doch Mae wirft mir nur einen verständnislosen Blick zu.

»Was meinst du?«

Ich seufze. »Ich hab gehofft, dass das Video gut ankommt. Ich hab nur nicht daran gedacht, dass die Leute auch was daraus machen. Aus Easton und mir. Es fühlt sich an …« Kopfschüttelnd breche ich ab. »Ich kann's gerade irgendwie nicht richtig erklären. Es ist einfach komisch.«

»Okay.« Mae legt ihr Handy zur Seite und lächelt mich entschuldigend an. »Wenn das für dich komisch ist, höre ich auf, mir Videos von euch anzugucken.«

»Danke.« Ich greife nach ihrer Hand und drücke sie kurz.

Wir haben uns nach dem Abendessen auf mein Zimmer zurückgezogen. Zoe und Jase sind heute Abend im Theater, im Moment wird *Dornröschen* aufgeführt, und weil das Zoes Lieblingsballett ist, hat Jase Karten besorgt. Deswegen sind Mae und ich heute unter uns. Ich bin froh darüber, weil ich schon den halben Tag darauf warte, dass Easton sich meldet.

Wir haben uns heute im Unterricht gesehen, so wie sonst auch, aber wir hatten keine Zeit, um richtig zu reden, irgendwie war heute ein hektischer Tag. Also habe ich ihm später geschrieben, ob wir uns noch sehen. Er hat aber noch nicht geantwortet, und irgendwas daran sorgt dafür, dass sich mein Magen in einen unangenehm drückenden Knoten verwandelt hat.

»Und wie geht's jetzt weiter?«, fragt sie nach einer Weile, in der nur Gracie Abrams sanfte Stimme die Stille in meinem Zimmer gefüllt hat.

Ich drehe den Kopf in ihre Richtung. Mae hat das Kinn auf den Händen abgestützt, ihre grünen Augen funkeln neugierig.

»Was meinst du?«

»Na, du weißt schon. Mit der Band.«

»Keine Ahnung. Ich denke, sie werden weitermachen. So lange, bis irgendein Label sagt, dass sie sie haben wollen. Oder sie versuchen es am Ende ohne Label.«

Ihr Blick wird ein bisschen durchdringender. »Und du? Was ist mit dir? Was hast du vor?«

Ich erstarre. »Gar nichts.« Es klingt zu sehr nach einer Frage.

Maes fein geschwungene Augenbrauen wandern skeptisch nach oben. »Komm schon, Rayne. Mir kannst du's sagen.«

Mein Mund öffnet sich, aber ich bringe keinen Ton heraus. Ich weiß nicht, was ich sagen soll.

Abwartend mustert Mae mich, und letztendlich rettet mich ein zögerliches Klopfen an meiner Zimmertür. Ich schwinge die Beine aus dem Bett, öffne die Tür und stehe auf einmal Easton gegenüber.

Mein Herz macht einen sehnsüchtigen Satz. Wir haben uns heute Morgen das letzte Mal gesehen, aber gerade fühlt es sich an, als wären Wochen vergangen und nicht nur ein paar Stunden.

»Hey«, begrüße ich ihn verblüfft. »Was machst du denn hier?«

»Tut mir leid, ich weiß, ich hab mich nicht gemeldet. Aber … können wir reden?«, fragt er, sein Mund verzieht sich zu einem unsicheren Lächeln, das das mulmige Gefühl von gerade eben zurückkehren lässt. Er sieht müde aus. Unter seinen Augen liegen dunkle Schatten, die Haare fallen ihm noch zerzauster als sonst in die Stirn, und er ist etwas blass.

»Klar, komm rein.« Ich trete zur Seite und erinnere mich erst dann daran, dass ich nicht allein bin.

»Das ist wohl mein Stichwort, um zu verschwinden.« Mae klettert aus meinem Bett und zwinkert uns zu.

»Oh, sorry, ich wollte dich nicht vertreiben. Ich kann auch morgen –«

»Ach Quatsch«, fällt Mae Easton ins Wort. »Ich sehe deine Freundin jeden Tag. Da kann ich auch mal einen Abend auf sie verzichten. Vor allem, wenn ihr etwas zu bereden habt.« Sie umarmt ihn kurz, einen Augenblick später fällt die Tür hinter ihr ins Schloss.

Easton und ich sind alleine.

Aber irgendwas ist anders als sonst. Ich kann nicht ganz greifen, was, aber es gefällt mir nicht.

»Alles okay?« Ich strecke eine Hand nach ihm aus, meine Fingerspitzen streifen seine, und ich atme erleichtert auf, als er seine Finger sofort zwischen meine schiebt.

»Jetzt schon.« Er stößt einen Laut aus, der irgendwas zwischen einem Seufzen und einem Lachen ist. Meine Mundwinkel heben sich ganz von selbst.

»Sicher?«, hake ich trotzdem noch mal nach.

»Ja. Schon. Denke ich. Der Tag hat mich fertiggemacht.« Sanft zieht er mich an sich und umfasst mein Gesicht mit beiden Händen.

»Warum?« Meine Finger wandern unter seinen Pulli, ich muss ihn spüren.

»Weil …« Er zögert kurz, beißt sich auf die Unterlippe.

Ich warte und streichle behutsam über seine nackte Haut.

»Hast du … Liest du diese Artikel? Über … uns?«

Sämtliche Muskeln in meinem Körper verkrampfen sich. »Nein.«

Ich brauche die Gegenfrage gar nicht zu stellen, ich weiß, er hat es getan.

»Warum nicht?«, fragt er leise.

»Weil nichts von dem, was sie schreiben, wahr ist. Absolut gar nichts.«

»Und wenn doch?« Er klingt so unsicher, es bricht mir ein bisschen das Herz.

»Was hast du denn gelesen?«, frage ich, obwohl ich es eigentlich gar nicht wissen will. Aber ich muss es wissen, denn was auch immer es war, es beschäftigt ihn.

»Ein paar Sachen über dich und deine Eltern.« Mir wird eiskalt, aber ich komme nicht dazu, ihn mehr darüber zu fragen, denn er spricht schnell weiter. Vermutlich ist das auch besser so. »Einige Dinge über uns. Dass unser Musikvideo nur läuft, weil du dabei bist. Und dass ich dich ausnutze.«

»Du weißt aber, dass wirklich nichts davon wahr ist, oder?«

Easton schweigt, es ist die Sorte von Schweigen, die eigentlich zustimmen will, aber nicht ganz überzeugt ist. Meine Finger wandern über seine Seite, nach hinten zu seinem Rücken. Ich schmiege mich an ihn und atme tief seinen vertrauten Duft ein.

»Als ich noch klein war, wusste ich nicht, dass mein Dad berühmt ist. Mom hat mich immer mit zu seinen Konzerten genommen, ich hatte dann so riesige Kopfhörer auf, aber ich habe nie begriffen, dass die Leute, die da waren, alle wegen meinem Dad gekommen sind. Wie hätte ich das auch verstehen sollen.« Bei der Erinnerung daran, wie Mom mir Bilder von uns gezeigt hat, ich bei ihr auf dem Arm mit wirklich riesengroßen Kopfhörern, füllen sich meine Augen mit Tränen. Aber ich muss auch lächeln. Es ist eine schöne Erinnerung. »Es hat Jahre gedauert, bis ich kapiert habe, wer er ist. Meine Eltern haben sich immer bemüht, mich so gut es ging aus der Öffentlichkeit herauszuhalten, und wir haben zwar in L.A. gewohnt, aber etwas außerhalb, und ich war schon als Kind lieber zu Hause als woanders.«

Eastons Hände wandern von meinem Gesicht in meine Haare. Er schweigt immer noch und wartet darauf, dass ich weiterspreche. Was ich tue. Obwohl ich gar nicht so richtig weiß, was ich ihm mit dieser Geschichte eigentlich sagen möchte.

»Aber irgendwann bin ich natürlich neugierig geworden. Google ist echt ein Tor zur Hölle, wenn man in der Öffentlichkeit steht. Ich habe so viele Sachen über meine Eltern gelesen, dass ich irgendwann nicht mehr wusste, ob ich sie wirklich kenne. Was absurd ist, weil ich sie natürlich kannte. Besser als diese Pseudojournalisten, die alles schreiben, um Klicks zu generieren. Es hat lange gedauert, bis ich begriffen habe, dass es mir nicht guttut, zu lesen, was im Internet steht. Nicht nur über meine Eltern, auch über mich. Das fing irgendwann an, als ich in die Pubertät gekommen bin. Es wurde so viel Scheiße geschrieben, dass es nur noch schwer zu ertragen war. Also habe ich einen Cut gemacht und danach gar nichts mehr gelesen. Nie wieder. Am Anfang war das echt schwierig, aber irgendwann gewöhnt man sich daran, bestimmte Sachen einfach nicht zu googeln. Was ich eigentlich sagen will: Nichts von dem, was du gelesen hast, entspricht der Wahrheit. Die haben alle keine Ahnung. Das Musikvideo läuft, weil es toll ist. Weil der Song toll ist und weil ihr auch ein bisschen Glück hattet. Vielleicht war auch einfach das Timing gut, wer weiß das schon. Es ist völlig egal, Hauptsache, es läuft.« Ich stelle mich auf die Zehenspitzen und schlinge ihm beide Arme um den Hals, während ich ihm fest in die Augen schaue, um sicherzugehen, dass er mich nicht nur hört, sondern auch versteht. »Und dass du mich angeblich ausnutzt, ist der größte Bullshit, den ich je gehört habe.«

Seine blauen Augen flackern. »Dann glaubst du das nicht?«

»Nicht eine Sekunde. Ich kenne dich, Easton.«

Er lehnt seine Stirn gegen meine, sein Atem streift meine Haut, als er seufzt. »Ich hasse es, dass ich mir über so was Gedanken mache. Und ich hasse es, dass ich mich schlecht fühle, weil ich manchmal denke, ich müsste es auch ohne dich schaffen. Dabei will ich es gar nicht ohne dich schaffen. Ergibt das Sinn? Nein, irgendwie nicht, oder?«

»Doch.« Ich hebe eine Hand an seinen Mund und streiche mit dem Daumen über seine Lippen. »Für mich ergibt das schon sehr viel Sinn. Ich glaube, solche Gedanken sind normal, wenn man kreativ arbeitet. Aber, Easton, du kannst alles schaffen, ob mit mir oder ohne mich. Du schreibst die besten Songs, das weiß ich.«

»Du auch«, flüstert er. Ich weiß nicht, warum, aber ich will lieber so tun, als hätte ich es nicht gehört.

»Bitte lies diese Artikel nicht mehr«, sage ich leise und schmiege mich noch ein bisschen enger an ihn.

»Okay.«

»Versprochen?«

»Versprochen.«

»Ich liebe dich.« Die Worte kommen mir über die Lippen, noch bevor ich darüber nachgedacht habe, sie auszusprechen. Es passiert einfach. Vielleicht soll das so sein. Vielleicht sagt man so etwas dann, wenn man nicht darüber nachdenkt. Wenn man es einfach nur fühlt. Und ich fühle es gerade sehr.

»Ich liebe dich auch.« Eastons Stimme jagt kribbelnde Schauer über meinen Rücken, er lächelt, und dann küsst er mich.

Es ist ein sanfter Kuss. Ein Kuss, nur weil er mich küssen will. Weil wir verliebt ineinander sind.

So verliebt.

Mir schießen Tränen in die Augen, weil ich jetzt, in diesem Augenblick, so verflucht glücklich bin. Ich kann kaum begreifen, wie das sein kann, aber irgendwie auch doch, weil wir wirklich und wahrhaftig verliebt sind. Und es spielt keine Rolle, was irgendwelche Klatschzeitschriften über uns schreiben. Es gibt nur eine Wahrheit. Unsere Wahrheit.

Und vielleicht weine ich auch ein bisschen, weil Mom und Dad nie erfahren werden, dass ich jemanden gefunden habe, den ich lieben kann. Den ich lieben will.

Easton löst sich ein Stück von mir, als er das Salz auf unseren Lippen schmeckt. Sein Blick ist dunkel, verhangen und besorgt.

»Nicht weinen«, wispert er.

Ich schüttle den Kopf, ein ersticktes Lachen bricht aus mir heraus. »Tut mir leid«, murmle ich und wische mir die Tränen von den Wangen, schlucke gegen die Enge in meiner Kehle an.

»Was ist los?« Er umfasst mein Gesicht mit beiden Händen, sein Blick ist weich.

»Gar nichts«, erwidere ich und hebe die Schultern. »Ich bin einfach … glücklich.«

»Und deshalb weinst du?«

»Ja.«

»Dann sind das gute Tränen?« Ein kleines Lächeln zupft an seinen Mundwinkeln, ein bisschen unsicher und sehr Easton.

Ich nicke und blinzle die letzten Tränen weg. »Ja, weil du mich glücklich machst.«

Seine Augen leuchten auf, und als er mich dieses Mal küsst, ist es ein anderer Kuss. Langsamer, tiefer. *Mehr*. Ein Kuss, der uns beide vergessen lässt, warum er hergekommen ist, worüber wir geredet haben. Ein Kuss, bei dem einem jeder Gedanke abhandenkommt.

Ich öffne den Mund für seine Zunge, drücke den Rücken durch. Mein Körper strebt näher zu ihm. Näher, näher, immer näher.

Erneut lasse ich meine Hände unter seinen Pulli wandern, er bekommt sofort eine Gänsehaut, und ich lächle an seinen Lippen, zupfe an dem weichen Stoff, der dringend verschwinden muss, damit seine Haut meine berühren, damit ich seine Hitze, damit ich *ihn* spüren kann. Richtig.

»Fuck, Rayne, weißt du eigentlich, was du mit mir machst?«, murmelt er heiser, ohne seinen Mund von meinem zu lösen.

Sein Atem streift mein Kinn, und ich öffne flatternd die Augen. Mein Blick trifft seinen, und seine Augen sind dunkler als vorhin, fast schwarz.

Dunkel vor Verlangen.

Mein Innerstes reagiert ganz von selbst auf die Erregung in seinem Blick, das schwere Schlucken, die Hände an meinem Gesicht. Jetzt ist er derjenige, der über meine Lippe streicht, und mir stockt der Atem. Nur für einen Moment, dann lasse ich meine Zunge um seine Fingerspitze tanzen, und er keucht auf.

»Das Gleiche, was du mit mir machst.« Ich strecke mich, drücke meine Brust gegen seine, genau wie mein Becken. Er ist hart, jetzt schon. Ein Kuss, eine Berührung, und er ist hart.

Easton stöhnt, als ich mich an seiner Erektion reibe, der Laut schickt glühend heiße Wellen durch meinen ganzen Körper. Ich greife nach dem Saum seines Pullis, er muss ihn loswerden, wir beide. Alle Klamotten. Jetzt sofort.

Ich ziehe ihm den Pullover aus, während er sich die Schuhe von den Füßen tritt.

Ich habe ihn in den letzten Tagen und Wochen oft so gesehen, mit nacktem Oberkörper, aber ich habe mich noch immer nicht an den Anblick gewöhnt. Nicht so sehr, dass ich ihn jetzt nicht anstarre. Aber wenn er mich so anlächelt, wie er es gerade tut, scheint es ihn nicht besonders zu stören.

Als Nächstes verschwindet seine Hose, dann steht er nur noch in engen Boxershorts vor mir, und das Ziehen in mir wird stärker, weil ich ihn so sehr will.

»Zieh dich aus«, raunt er, seine Hände ballen sich zu Fäusten, als müsste er sich davon abhalten, es selbst zu tun.

Er will, dass ich mich vor ihm ausziehe, und obwohl ich das schon oft getan habe in den letzten Wochen, obwohl er mir oft dabei zugesehen hat, ist das hier anders.

Weil ich mich dieses Mal nicht *vor* ihm ausziehe, sondern *für* ihn.

Ich nicke Richtung Bett und beiße mir kurz auf die Unterlippe. »Setz dich.«

Er tut, was ich will, und ich tue, was er will.

Ich trage meine üblichen Klamotten, Leggins und Hoodie. Es ist einer von seinen, und ich bin mir sicher, dass ihm das sehr bewusst ist, so wie sein Blick über den Stoff wandert, als ich meine Hände um den Saum schließe und mich dann doch umentscheide, weil ich wieder keinen BH trage, nicht mal ein Bustier. Stattdessen streife ich die Leggins von meinen Beinen, langsam, mit kleinen Unterbrechungen, die seinen Atem schneller gehen lassen.

Meine Bewegungen sind weich und geschmeidig. Ich hätte nie gedacht, dass sich das Tanztraining im Schlafzimmer bezahlt machen würde, aber na ja, das tut es.

»Rayne.« Mein Name, ein heiseres Flehen aus seinem Mund.

Ich hebe den Kopf, blinzle ihn unschuldig an und schiebe schließlich den Stoff zur Seite.

»Willst du mich umbringen?« Er bewegt die Hüften, unruhig, seine Hände sind immer noch verkrampft, er will nach mir greifen, ich kann es in seinen Augen sehen.

»Heute nicht«, sage ich leise und ziehe mir in einer fließenden Bewegung den Hoodie über den Kopf.

Sein Blick tastet über meinen nackten Oberkörper, meine Brüste, es fühlt sich an, als würde er mich berühren, obwohl er es nicht mal könnte, wenn er die Arme nach mir ausstrecken würde, weil ich einige Schritte von ihm entfernt stehe. Sein Blick wandert tiefer, zu dem dunkelroten Slip, den ich trage, und allein die Art, wie er mich ansieht, sorgt dafür, dass sich die Muskeln in meinem Unterleib zusammenziehen.

»Komm her.« Er streckt eine Hand nach mir aus, und wieder

tue ich, was er verlangt. Ich gehe zu ihm, meine Haut, meine Lippen, alles kribbelt, er muss mich küssen, berühren, ich halte es nicht mehr aus.

Ich hole ein Kondom aus der Schublade meines Nachttischs, bevor ich meine Hand in seine lege, mich von ihm aufs Bett und in die weiche Matratze drücken lasse.

Dann ist er bei mir, sein Blick zuckt von meinen Augen zu meinem Mund, er küsst mich, und ich vergesse, wie man denkt, wie man atmet, wer ich bin. Er küsst mich, und jeder Muskel spannt sich an, ich brauche mehr, mehr, mehr.

Meine Finger krallen sich in seine Haut, sein Atem geht schneller.

Mehr, bitte mehr.

Ich weiß nicht, ob ich es ausspreche oder ob er einfach merkt, was ich will, doch jetzt wandern seine Lippen über meinen Hals, finden die empfindliche Stelle direkt hinter meinem Ohr, und mir entfährt ein sehnsüchtiges Seufzen. Ich bewege mich unter ihm, es ist reiner Instinkt, mein Verstand hat sich verabschiedet. Ich kann nicht mehr denken.

Aber denken ist gerade auch nicht wichtig, fühlen dagegen schon, und das tue ich. Viel zu sehr. Ich streiche über seine Schultern, seine Brust, seinen Rücken, spüre, wie seine Muskeln sich unter meinen Fingerspitzen anspannen, und ich liebe dieses Gefühl. Doch es ist nicht genug, weil er sich zwar über mich beugt, aber nicht wirklich über mir ist. Mit den Unterarmen stützt er sich auf der Matratze ab, aber ich will sein Gewicht auf mir spüren, ich will ihn spüren, auf mir, in mir, einfach überall.

»Easton«, sage ich, nur seinen Namen, weil ich wirklich nicht mehr denken kann. Er lächelt an meiner Haut, auch das kann ich spüren. Sein Mund wandert weiter nach unten, meinen Hals hinunter zu meinen Brüsten.

»Komm her.« Jetzt bin ich diejenige, die ihn bittet, aber es geht wirklich nicht mehr anders. Ich stehe in Flammen, und das ist seine Schuld.

Ich greife nach dem Kondom, das irgendwo neben mir liegt. Das Plastik raschelt leise, als ich die Packung aufreiße. Ich ziehe ihm die Boxershorts aus, er mir den Slip, dann richtet er sich auf, so weit, dass ich ihm das Kondom überstreifen kann. Er beobachtet mich, während ich das tue, zuckt in meiner Hand, und irgendwas daran finde ich viel zu heiß.

Als ich ihn dieses Mal an mich ziehe, lässt er sich schwer auf mich sinken, küsst mich. Seine Zunge in meinem Mund, ich atme ihn ein, und das Pochen zwischen meinen Beinen wird unerträglich. Er muss etwas dagegen tun.

Easton greift zwischen uns, ich spüre ihn genau da, wo ich ihn haben will, und dann halte ich die Luft an, als er in mich eindringt. Wir bewegen uns gleichzeitig, langsam und vorsichtig, ich hebe die Hüften, er stößt in mich, und dann ist nichts mehr langsam und vorsichtig.

Kurze Küsse, leises Keuchen, seine Lippen an meinem Hals. Ich ziehe ihn enger an mich, meine Hände beben, ich zittere, brauche ihn tiefer, ein bisschen fester, ein bisschen mehr. Easton stöhnt auf, und der Laut schießt auf direktem Weg in meine Mitte. Er schiebt beide Hände unter meinen Hintern, hebt mich ein Stück an, auf einmal ist der Winkel anders, und alles ist anders. Hitze in meinem Bauch, ein glühendes Ziehen und Kribbeln, das sich in meinem ganzen Körper ausbreitet.

Ich bin noch nie so gekommen, kein einziges Mal, nicht ohne seine Finger oder seine Zunge, doch in dem Moment, als er noch einmal in mich stößt, stößt er mich gleichzeitig die Kante hinunter. Ich muss mir auf die Unterlippe beißen, um den Schrei zu unterdrücken, der in mir aufsteigt.

Easton küsst mich, doch es ist mehr als Küssen, es ist wirklich Einatmen. Ein Schauer läuft durch seinen Körper, und dann wird er in mir und auf mir ganz still.

Meine Muskeln sind weich, auf einmal bin ich müde, so müde, aber es ist die beste Art von Erschöpfung, die man sich vorstellen kann. Ich weiß nicht, wie lange wir so daliegen, aufeinander und ineinander verschlungen. Irgendwann löst Easton sich nach einem kurzen, aber tiefen Kuss von mir und steht auf, um das Kondom zu entsorgen. Er ist fast sofort wieder bei mir, zieht mich an seine Brust. Ich spüre seinen Herzschlag in meinem Rücken, schmiege mich mit einem leisen, zufriedenen Seufzen an ihn, Haut an Haut, und wieder findet sein Mund meinen Hals.

»Ich liebe dich, Birdy«, flüstert er, und ich möchte ihn das für immer sagen hören.

Ich weiß nicht, warum ich genau in dem Moment denke, dass sich das ein bisschen wie ein Abschied angefühlt hat. Es ist keiner. Kann es nicht sein. Darf es nicht sein. Aber einen Wimpernschlag lang fühlt es sich so an. Dann ist der Augenblick vorbei, ich schlafe ein und denke an gar nichts mehr.

44. KAPITEL
Rayne

exile – Taylor Swift, Bon Iver

Heute ist kein guter Tag. Das merke ich schon, als ich am Donnerstagmorgen mit meinen Aufwärmübungen beginne. Ich weiß nicht, was es ist. Ich kann es nicht benennen, aber ich fühle mich nicht gut.

Da ist so ein seltsames Gefühl in meinem Bauch, eine merkwürdige Unruhe.

Ich habe schlecht geschlafen, vielleicht weil Easton zum ersten Mal in dieser Woche nicht neben mir gelegen hat. Die letzten Nächte habe ich bei ihm verbracht, aber gestern waren die Jungs unterwegs, und ich war so erschöpft vom Unterricht, dass ich direkt nach dem Abendessen in mein Bett geklettert bin, mir bei Netflix eine Serie rausgesucht habe und dabei irgendwann eingeschlafen sein muss. Mitten in der Nacht bin ich wach geworden, und schon da habe ich mich irgendwie nicht besonders gut gefühlt. Aber ich habe nur den Laptop auf den Nachttisch gestellt, ein Glas Wasser getrunken und bin dann ziemlich schnell wieder eingeschlafen. Nur um mich in sehr wirren Träumen wiederzufinden.

Möglich also, dass dieses komische Gefühl in meinem

Bauch nur davon kommt, dass ich müde bin und vermutlich auch ein bisschen überarbeitet. Ich habe in den letzten Wochen, bevor wir das Musikvideo gedreht haben, so viel Zeit mit der Choreografie verbracht, dass ich einiges vernachlässigt habe. Die Übungen, die mich auf den Spitzentanz vorbereiten sollen, zum Beispiel, damit ich irgendwann vielleicht doch endlich die Schläppchen gegen Spitzenschuhe tauschen kann, um wenigstens ansatzweise an das heranzukommen, was die anderen erreichen. Vom Theorieunterricht ganz zu schweigen. Eigentlich müsste ich längst an den Zusammenfassungen für die anstehenden Klausuren sitzen, aber ich konnte mich noch nicht aufraffen, und dass Zoe und Mae mit ihren Notizen schon lange fertig sind, ist auch nicht wirklich hilfreich, um mich zu motivieren.

So gut es zwischendurch lief, so sehr hänge ich jetzt wieder hinterher.

»Rayne? Rayne! Hey!« Eine schmale Hand berührt mich an der Schulter. Ich drehe den Kopf und begegne Zoes besorgtem Blick. »Geht's dir gut?«

»Hm? Ja. Sorry. Alles okay.«

»Sicher?« Eine tiefe Falte hat sich zwischen ihre Augenbrauen gegraben. »Jase hat erzählt, dass Easton sich online zu viele Artikel über euch angeschaut hat. Machst du das auch?«

»Nein. Überhaupt nicht.« Entschieden schüttle ich den Kopf und lasse für einen Moment die Stange los. »Wenn man sich zu viel davon durchliest, kann man gleich mit einer Therapie anfangen.«

»Da ist vermutlich was dran. Ich hab mir auch nicht viele angeschaut, aber ich kann mir ungefähr vorstellen, wie viel Scheiße da geschrieben wird.«

»Irgendwann gewöhnt man sich dran.« So bitter es auch ist, dass man das überhaupt muss.

»Dann machst du dir deswegen also keine Gedanken? Tut mir leid, ich will nicht so … neugierig sein, aber du siehst echt so aus, als würde es dir nicht gut gehen, und ich mache mir einfach Sorgen.«

»Das ist lieb von dir, aber mir geht's gut. Wirklich«, füge ich mit mehr Nachdruck hinzu, als ich empfinde.

Sie wirkt nicht überzeugt, ich schätze, weil ich es auch nicht bin. Aber wie soll ich ihr erklären, was los ist, wenn ich es selbst nicht verstehe?

»Hab nur schlecht geschlafen.«

Ein verständnisvolles Lächeln huscht über ihre Züge. Ich bin mir nicht sicher, ob sie mir die Ausrede abkauft, aber zumindest lässt sie es darauf beruhen. »Versteh ich. Ich glaube, heute Nacht war Vollmond«, erwidert sie, als würde das alles erklären. »Ich hab auch nicht so gut geschlafen.«

»Vielleicht ist wirklich der Vollmond schuld.«

»Möglich.«

Zoe wirkt immer noch besorgt, als wir mit unseren Aufwärmübungen weitermachen, aber sie sagt nichts mehr, und ich bin froh über die Stille und darüber, dass Mae gerade auf der anderen Seite des Saals ist, weil sie irgendwas mit Kelly besprechen wollte. Sie hätte nicht so schnell lockergelassen wie Zoe.

Mein Kopf ist wie in Watte gepackt, während ich mich dehne, meine Muskeln dazu zwinge, zu arbeiten. Leider spielt mein Körper nicht richtig mit, ich bin steif, und ich hoffe wirklich, dass das nur daran liegt, dass ich übermüdet bin und mir in den letzten Wochen zu viel abverlangt habe.

Ich sollte eine Pause machen, das weiß ich, aber ich habe keine Zeit für Pausen, ich muss immer noch besser werden.

Warum eigentlich?

Die Stimme in meinem Kopf ist leise, aber sehr vertraut. Sie klingt nach meiner Mom.

Warum machst du das, Rayne? Warum glaubst du, immer besser werden zu müssen?

Blinzelnd schüttle ich den Kopf, versuche, die Stimme auszublenden, aber es geht nicht. Sie ist da, und sie lässt sich nicht verdrängen.

Warum quälst du dich so sehr?

Ich schließe die Augen, auf einmal möchte ich weinen. Weil ich es doch selbst nicht weiß. Nicht so richtig jedenfalls. Möglich, dass ich mir die Wahrheit auch einfach nicht eingestehen kann.

Wie gesagt, heute ist kein guter Tag.

»Guten Morgen.« Mr Conrads Stimme lässt mich aufblicken. Gut gelaunt wie immer kommt er in den Saal und schickt uns auf unsere Plätze, während Easton, der hinter ihm den Raum betritt, sich ans Klavier setzt.

Er schenkt mir ein Lächeln, und meine Mundwinkel heben sich ganz von selbst, aber mein Lächeln ist nicht echt, und er merkt das, das ist ihm anzusehen.

Seine Augen flackern, sein Mund formt lautlos die gleiche Frage, die Zoe mir vorhin erst gestellt hat. *Geht's dir gut?*

Ich will nicken, aber ich schaffe es nicht, und auf einmal ist da schon wieder Moms Stimme in meinem Kopf, und mir wird schlagartig klar, dass es solche Tage einfach gibt. Schlechte Tage, an denen ich sie und Dad noch ein bisschen mehr vermisse als sonst. Tage, an denen ich müde und erschöpft bin und ein bisschen verloren.

Ich glaube, das ist okay. Es gefällt mir nicht. Aber es ist okay. Weil der Schmerz nie verschwinden wird. Ich muss lernen, damit zu leben, und an manchen Tagen ist das ein bisschen einfacher als an anderen. Heute ist keiner dieser Tage.

* * *

»Hey, Birdy.« Easton kommt nach der Stunde zu mir und zieht mich an sich, obwohl wir eigentlich beide keine Zeit dafür haben, weil wir gleich zu unseren nächsten Kursen müssen.

Ich lasse mich trotzdem an seine Brust sinken und fühle mich sofort ein bisschen besser, als mir sein vertrauter Duft in die Nase steigt.

Zoe und Mae bedeuten mir mit einer Handbewegung, dass sie schon mal vorgehen.

»Was ist los?«, fragt er sanft, als ich das Gesicht an seiner Brust vergrabe.

Wortlos zucke ich mit den Schultern.

Mit einer Hand streicht er über meinen Rücken, mit der anderen umfasst er mein Kinn, hebt es an und zwingt mich behutsam, ihn anzuschauen.

»Hm?«

»Ich will schlafen«, murmle ich. Das ist zumindest ein Teil der Wahrheit.

Er mustert mich prüfend, blickt direkt in mich hinein, und ich glaube, er versteht wirklich, was in mir vorgeht.

»Kann ich irgendwas tun?« Sein Daumen berührt meinen Mundwinkel, und beinahe muss ich lächeln.

»Nein. Morgen ist bestimmt alles wieder besser.«

»Ganz sicher«, sagt er und klingt dabei so überzeugt, dass ich ihm fast glaube.

Seufzend löse ich mich von ihm. »Ich muss jetzt los.«

»Sehen wir uns später?«

»Klar. Ich komme heute Abend vorbei.« Ich stelle mich auf die Zehenspitzen und hauche ihm einen Kuss auf die Lippen.

»Okay.«

Ich will mich schon umdrehen, aber er zieht mich noch einmal an sich, küsst mich, ein bisschen heftiger als ich ihn gerade eben, ein bisschen mehr so, als wären wir allein und als würde sich das Studio nicht allmählich mit den nächsten Schülerinnen und Schülern füllen.

Aber irgendwann können wir nicht mehr so tun, als hätten wir keine Verpflichtungen. Seufzend lässt Easton mich los. Ich greife nach meiner Tasche und wende mich Richtung Tür.

Doch ich habe den Saal noch nicht verlassen, als Easton mich zurückruft.

»Rayne, warte. Oh fuck, warte. Scheiße, was passiert hier?« Seine Stimme klingt anders als gerade eben noch, eine Mischung aus Aufregung, Panik und Unglauben schwingt in ihr mit.

Ich wirble herum, und da steht er, das Handy in der Hand, den Blick auf das Display gerichtet. Er ist kreidebleich.

Mit ein paar schnellen Schritten bin ich wieder bei ihm, und für den Bruchteil einer Sekunde vergesse ich, dass heute kein guter Tag ist, dass ich mich seltsam fühle und überhaupt irgendwie alles doof ist. Easton sieht aus, als hätte er einen Geist gesehen. »Was ist passiert?«

Ihm kommt ein fassungsloses Lachen über die Lippen, und er hält mir sein Handy hin. Meine Augen fliegen über das Display. Ich lese die Nachricht. Einmal, zweimal, dreimal.

»Das steht da wirklich, oder?«, fragt Easton, seine Stimme bebt. »Ich bilde mir das nicht nur ein?«

»Nein«, sage ich, mir läuft es eiskalt den Rücken runter, als ich die Mail von der Redrock Music Group ein viertes Mal lese. »Die wollen euch haben. Ihr sollt zu einem Gespräch nach L.A. kommen.«

45. KAPITEL
Easton

Bad Liar – Imagine Dragons

Als ich später nach Hause komme, kann ich mich nicht mehr daran erinnern, wie der Tag gelaufen ist. Ich weiß nur, dass diese Mail von Redrock kam. Die Stunden danach sind nur noch verschwommene Bilder. Ich habe die beiden Kurse, die an diesem Tag noch anstanden, irgendwie hinter mich gebracht, ich weiß wirklich nicht, wie. Rudy habe ich für die Schicht im Plattenladen abgesagt, auch wenn ich deswegen ein unfassbar schlechtes Gewissen habe, aber es ging nicht anders. Am liebsten hätte ich auch die Kurse an der New England School of Ballet geschwänzt, aber weil ich zum ersten Kurs da war, konnte ich das echt nicht bringen, auch wenn ich vor Aufregung beinahe gestorben wäre, und in jeder Minute, die meine Finger nicht auf den Tasten des Flügels lagen, das Handy in der Hand hatte, um mit den Jungs zu schreiben.

Beck, Jax und Colin sitzen im Wohnzimmer, als ich das Haus betrete. Ihre Stimmen hallen laut und aufgeregt durch den Raum, sie reden so schnell, dass ich nur einzelne Wörter verstehe.

»Hey«, sage ich, und alle drei verstummen gleichzeitig. Nur, um im nächsten Moment aufzuspringen, und dann fallen wir uns gegenseitig um den Hals, weil unser verdammt noch mal größter Traum wahr wird.

»Wir haben es geschafft!«

»L.A., Junge!«

»Wir haben es wirklich geschafft!«

»Fuck!«

»Oh Gott, ey, könnt ihr's glauben?«

»Alter, das ist Wahnsinn!«

»Wir haben es echt geschafft! Ich komm nicht klar!«

»Ich muss Emma anrufen! Stellt euch mal vor, wir ziehen nach L.A., dann ... Oh fuck, wir könnten uns endlich wieder öfter sehen.«

Wir reden alle durcheinander, man versteht kaum ein Wort, und doch wissen wir alle, was die anderen sagen.

»Habt ihr schon geantwortet?«, will ich irgendwann wissen.

»Wir haben extra auf dich gewartet«, erwidert Colin feierlich. Ich habe ihn noch nie so breit grinsen sehen wie in diesem Augenblick.

»Dann lasst uns mal loslegen.« Jax reibt sich die Hände, lässt sich aufs Sofa fallen und klappt den Laptop auf, der auf dem Couchtisch liegt. »Ich denke, die Antwort ist klar, oder?«

»Nee, wir schreiben denen, dass wir absolut kein Interesse haben und lieber in Boston bleiben, als nach L.A. zu gehen.« Lachend tritt Beck hinter ihn und zerzaust ihm mit beiden Händen die Haare, die sonst immer raspelkurz, in den letzten Wochen allerdings länger geworden sind, weil Jax im Winter immer Mützen trägt.

»Das dachte ich mir«, meint Jax feixend und tippt eine kurze Mail an Redrock Music.

Und dann sitzen wir stumm da, starren auf den Eingang unseres E-Mail-Postfachs und warten auf eine Antwort.

Mein Herz schlägt so schnell, ich kann es in jeder Faser meines Körpers spüren. In meinen Ohren rauscht es.

Redrock will uns.

Redrock.

Verdammte Scheiße.

Das ist eins der größten Musiklabels des Landes. Eins der besten. Sie wollen, dass wir nach Los Angeles kommen und ihnen noch mehr von unseren Songs vorspielen. Sie wollen uns kennenlernen.

Sie wollen uns.

»Jungs! Sie haben schon geantwortet! Wir sollen am Wochenende rüberfliegen, wenn das zeitlich bei uns passt.« Jax' Stimme überschlägt sich vor Aufregung.

»Dieses Wochenende?«, fragt Beck ungläubig.

»Morgen.« Jax nickt heftig. »Sie schicken uns gleich Flugtickets, wenn wir damit einverstanden sind.«

»Was zur Hölle?« Colin lacht fassungslos auf.

»Anscheinend ist es ihnen wichtig, dass sie uns schnell unter Vertrag nehmen.« Jax lehnt sich zurück, die Arme weit über den Kopf gestreckt. »Oh Gott, das ist so geil! Wir fliegen nach L.A., Leute!«

»Morgen«, wiederhole ich, und auf einmal geht mir das alles viel zu schnell. Es ist absurd. Diese Mail ist alles, was wir jemals wollten, alles, worauf wir hingearbeitet haben. Jahrelang. Es geht nicht zu schnell. Aber es fühlt sich trotzdem so an.

Ich denke an Rayne, und mir wird kalt.

46. KAPITEL
Rayne

I know it won't work – Gracie Abrams

Das Problem daran, wenn man sich etwas mehr als alles andere wünscht, ist, dass man manchmal aus den Augen verliert, wie groß das Opfer ist, das man dafür bringen muss.

Und wir waren so darauf konzentriert, dass die Band endlich ein Label findet, dass wir nicht darüber nachgedacht haben, was das bedeuten könnte. Für Easton und mich.

Für uns.

Es ist irgendwie Ironie des Schicksals, dass wir jetzt wahrscheinlich die Städte tauschen werden.

Erst war ich in Los Angeles und er in Boston.

Bald werde ich in Boston sein und er in Los Angeles.

Ich habe keinen Gedanken daran verschwendet, dass unsere gemeinsame Zeit in Boston begrenzt sein könnte. Jetzt wünschte ich, ich hätte es getan.

In meiner Brust sitzt ein stechender Schmerz, als ich vor Eastons Haus stehe und unschlüssig die Tür anstarre. Ich stehe schon eine ganze Weile hier, weil ich mich nicht traue, anzuklopfen.

Wenn ich das tue, wenn ich reingehe, müssen wahrscheinlich Entscheidungen getroffen werden, und ich weiß nicht, ob ich das kann.

Ich fürchte, ich kann es nicht.

»Hey.« Willows Stimme erklingt hinter mir, ihr ist anzuhören, dass sie lächelt.

Ich drehe mich zu ihr um und ringe mir ebenfalls ein Lächeln ab. »Hey.«

Ich habe Willow seit Wochen nicht mehr gesehen. Sie war viel unterwegs und kaum zu Hause. Dass wir uns ausgerechnet jetzt auf der Veranda begegnen, so wie beim ersten Mal, als wir uns getroffen haben, ist irgendwie auch ziemlich bezeichnend. Als würde sich ein Kreis schließen. Nur bin ich mir nicht sicher, ob das gut ist.

»Lassen die Jungs dich nicht rein?«

Ich schüttle den Kopf, eine winzige Notlüge, weil ich ihr unmöglich sagen kann, dass ich einfach zu viel Angst habe, reinzugehen.

»Wie gut, dass ich einen Schlüssel habe.« Sie schiebt sich an mir vorbei und öffnet die Haustür.

Ich will ihr folgen, als sie reingeht, aber es ist unfassbar schwierig, weil meine Kehle auf einmal ganz eng wird.

»Rayne? Kommst du?« Willow wirft mir aus dem Flur heraus einen fragenden Blick zu.

»Ja, komme.« Ich straffe die Schultern und betrete das Haus.

Eigentlich ist alles wie immer, aber auch nur eigentlich, denn heute ist trotzdem alles anders. Im Haus herrscht eine andere Atmosphäre als sonst, angespannter, aufgeregter. Kein Wunder.

Ich würde gerne behaupten, dass ich mich zu einhundert Prozent für Easton und die Jungs freue, und das tue ich auch. Wirklich. Aber da ist auch diese nagende Angst, die mir den Magen verknotet, weil ich weiß, was kommen wird. Was kommen muss. Und deswegen wäre es glatt gelogen, wenn ich das behaupten würde. Ich freue mich, weil ihr Traum in Erfüllung geht. Doch ich freue mich nur zu achtundneunzig Prozent. Die anderen zwei Prozent sind purer Widerwillen, und das macht mich zu einer fürchterlichen Freundin.

Ich lasse mir Zeit damit, Mantel und Stiefel auszuziehen, bevor ich ins Wohnzimmer gehe. So viel Zeit, wie man sich eben dabei lassen kann, eine Reihe Knöpfe und zweimal die Schnürsenkel zu öffnen.

Willow stößt ein begeistertes Quietschen aus, ich denke, Easton hat ihr gerade die gute Nachricht überbracht. Ich will mich umdrehen und weglaufen, damit wir dieses Gespräch nicht führen müssen. Aber das wäre unfair und ziemlich feige.

Also tapse ich auf Socken rüber ins Wohnzimmer, wo Willow Easton gerade in einer schraubstockartigen Umarmung umklammert hält und immer wieder beteuert, wie unfassbar stolz sie auf ihn ist.

»Hallo, Sunshine.« Beck entdeckt mich als Erster. Seine Augen leuchten, er vibriert förmlich vor Aufregung.

»Hey.« Ich gehe zu ihm rüber und umarme erst ihn, dann die anderen, fest und ein bisschen zu lange, während ich ihnen sage, wie sehr ich mich für sie freue, wie toll das alles ist und dass sie dieses Angebot mehr verdient haben als alle anderen auf der Welt.

Dann stehe ich vor Easton, und der Kloß in meinem Hals wächst urplötzlich so weit an, dass ich keinen Ton mehr herausbringe. Zum zweiten Mal an diesem Tag will ich einfach nur weinen.

Wortlos zieht er mich an sich, ich schätze, er spürt, was in mir vorgeht, oder er fühlt, was ich hoffe, aber gleichzeitig nicht hoffen will, das Gleiche.

»Wir sind mal kurz oben«, sagt er zu seinen Freunden, dann greift er nach meiner Hand und zieht mich aus dem Wohnzimmer. Die Treppenstufen knarzen unter unseren Füßen, ich kämpfe gegen die Tränen an, die in meinen Augen brennen. Ich bin furchtbar. Ich sollte mich einfach nur freuen, und ich will es auch, weil er es wirklich verdient hat. Er hat *alles* verdient.

Aber kaum hat er seine Zimmertür hinter uns geschlossen, breche ich in Tränen aus. Salzige Tränen, die heiß über meine Wangen laufen.

»Hey, nicht weinen«, sagt er und klingt doch selbst so, als würde er gleich losheulen. Was irgendwie alles noch schlimmer macht.

»Tut mir leid.« Schniefend wische ich mir die Tränen von den Wangen, aber eigentlich kann ich mir das sparen, es kommen direkt neue hinterher.

»Dir muss nichts leidtun.« Er greift nach mir, seine Hände streichen beruhigend über meinen Rücken.

»Doch. Ich bin furchtbar. Ich freue mich für euch, wirklich. Ich bin so stolz auf euch! Ihr habt so hart dafür gearbeitet. Und das ist toll! Unfassbar toll!«, schluchze ich an seiner Brust und finde das offensichtlich gar nicht toll.

»Du bist nicht furchtbar!« Er klingt ziemlich hilflos, und ich fühle mich sofort noch schlechter.

»Doch!« Ich befreie mich aus seiner Umarmung und weiche ein Stück zurück, weil seine Berührungen alles nur noch schlimmer machen, weil ich daran denken muss, dass das bald vielleicht nicht mehr einfach so möglich ist. In meinem Kopf herrscht Chaos, ich weiß, ich muss klar denken, mich wirklich beruhigen, aber ich kann nicht. Ich atme zu schnell, mein Herz rast, und ich kann verdammt noch mal nicht aufhören zu weinen. »Ich stehe hier mit dir und heule, anstatt mit euch zu feiern. Ich bin furchtbar und egoistisch und … Gott, ich hasse das. Warum bin ich so?«

»Du bist nicht furchtbar!«, wiederholt er fest.

Ich schüttle nur den Kopf.

»Und du bist auch nicht egoistisch!«

»Doch, bin ich! Dein Traum wird endlich wahr, und ich kann nur daran denken, dass du bald in L.A. bist und ich hier in Boston und dass allein der Gedanke einfach nur scheiße wehtut!« Meine Stimme wird mit jedem Wort lauter, ich verliere die Beherrschung, dabei ist das Letzte, was ich will, ein Streit mit Easton. Aber ich fühle zu viel, und es muss alles raus, weil ich sonst durchdrehe.

»Glaubst du, mir geht es anders? Dass ich da noch nicht dran gedacht habe?«, fährt er mich an, auf einmal ist er genauso wütend wie ich. Obwohl es eher Verzweiflung als Wut ist. Oder eine Mischung aus beidem.

»Nein, aber –«

»Und vielleicht nehmen sie uns ja auch gar nicht«, unterbricht er mich. »Vielleicht fliegen wir nach L.A., lernen die Leute kennen, und am Ende stellt sich heraus, dass sie uns doch nicht wollen. Vielleicht passt es nicht.«

»Das ist doch Quatsch! Es wird passen! Die wären dumm, wenn sie euch nicht nehmen, und du weißt das!«

»Keine Ahnung. Aber vielleicht –«

»Oh nein, wag es nicht! Sag das bloß nicht!«, falle ich ihm ins Wort.

Er schiebt trotzig das Kinn nach vorne und funkelt mich an. »Du weißt doch gar nicht, was ich sagen wollte.«

»Und ob. Du wolltest sagen, dass es für euch vielleicht nicht passt, dass diese ganze Sache mit dem Label möglicherweise nicht das Richtige für euch ist.«

Easton schweigt, und das ist Antwort genug.

»Tu das nicht«, flehe ich ihn an. »Versuch nicht, dir das einzureden. Nicht meinetwegen. Du willst das. *Ihr* wollt das. Das ist alles, was ihr jemals wolltet. Mach euch das nicht kaputt. Nicht wegen mir.«

»Wenn es nur um mich gehen würde –«

»Es geht aber nicht nur um dich. Es geht um dich und deine besten Freunde, deine Brüder, verdammt noch mal. Und selbst wenn es nur um dich gehen würde … Ihr kämpft schon so lange dafür. Schon seit Ewigkeiten. Es geht hier immerhin um deinen größten Traum, Easton!«

»Es geht aber auch um dich, Rayne! Es geht um uns. Was ist, wenn sie uns wollen? Was ist, wenn wir nach L.A. ziehen? Was wird dann aus uns?«

»Ich weiß es nicht! Okay?« Ich schreie ihn an, obwohl er nichts falsch gemacht hat, und ich hasse es, dass ich so bin.

Ich will aufhören, aber ich kann nicht. Weil sie auf einmal wieder da ist, diese beschissene Angst, ihn zu verlieren. Vielleicht war sie die ganze Zeit da, irgendwo unter der Oberfläche, wo ich sie nicht richtig wahrgenommen habe, wo ich verdrängen konnte, dass sie existiert. Jetzt kann ich nichts mehr verdrängen. Weil er gehen wird und ich wieder allein sein werde. Schon wieder. Anders dieses Mal und auf eine verdrehte Weise auch gleich. Ich werde allein sein, und ich kann nicht atmen, mir tut alles weh. Meine Handflächen werden feucht, hinter meiner Stirn hat es schmerzhaft zu pochen begonnen, mein Blick verschwimmt, nur eine Sekunde, bis ich wieder richtig sehen kann. Es ist nicht fair, nichts davon, erst recht nicht die Worte, die mir über die Lippen kommen. Ich will sie aufhalten, will mich aufhalten, aber ich weiß nicht, wie. Ich verliere die Kontrolle, und ich mache alles kaputt. Weil die Angst mich auffrisst. Schnell und ohne Erbarmen.

»Vielleicht soll es so sein. Vielleicht war uns von Anfang an nur eine begrenzte Zeit zusammen bestimmt, vielleicht – «

»Fang jetzt bloß nicht mit so einer beschissenen Schicksalsnummer an«, faucht er.

Ich verziehe das Gesicht, weil es ohnehin nur der dumme Versuch einer Ausrede war. Aber ich musste es wenigstens versuchen, oder?

Easton atmet tief durch und greift nach meiner Hand. Ein Teil von mir will sich ihm entziehen, aber mein Körper ist gegen mich. Meine Finger verschränken sich ganz von selbst mit seinen, und alles in mir wird schlagartig ruhiger.

»Du und ich, wir sind echt, Rayne. Wir sind echt. Ich liebe dich. Und was auch immer am Wochenende in L.A. passiert, wir kriegen das hin, okay? Wir kriegen das hin!«

Meine Unterlippe bebt, als ich ihn ansehe und nicke. Ich muss nicken, es gibt keine andere Option. Er muss recht haben.

Wir kriegen das hin.

»Wir haben monatelang nur geschrieben und uns nie gesehen. Und trotzdem hat es funktioniert, und jetzt ...« Er stockt, der Ausdruck auf seinem Gesicht verändert sich, er hat eine Idee, das ist ihm anzusehen. »Du könntest auch mitkommen«, platzt es aus ihm heraus. »Wenn wir wirklich nach L.A. ziehen, könntest du einfach mitkommen.«

Seine Augen leuchten hoffnungsvoll auf, und ich will Ja sagen. Gott, ich will so sehr Ja sagen, dass es mich von innen heraus zerreißt.

Aber ich habe L.A. nicht grundlos verlassen. Ich bin nicht grundlos nach Boston gekommen.

Ein winzig kleines Wort, zwei Buchstaben, aber ich bringe es nicht über die Lippen.

47. KAPITEL

Easton

Blossom – Dermot Kennedy

Es ist angenehm warm, als wir in L.A. landen. Der Himmel ist klar und strahlend blau. Die Sonne scheint, es ist der perfekte Frühlingstag. Eigentlich ist alles verdammt perfekt.

Wir werden am Flughafen von einem Fahrer von Redrock abgeholt. Er wartet sehr klischeehaft mit einem Schild in der Hand auf uns, auf dem der Name unserer Band steht. Jax fängt an zu lachen, als er das sieht, boxt Colin gegen die Schulter. George, der Fahrer, führt uns nach draußen zu einem schwarzen SUV, der uns zu Redrock bringen soll. Wir klettern in den Wagen, Beck sitzt vorne, wir anderen hinten. Eingequetscht zwischen Colin und Jax starre ich aus dem Fenster, während wir uns vom Flughafen Richtung Stadt bewegen. Meine Freunde unterhalten sich über mich hinweg, ich höre nicht richtig zu, weil ich noch nicht wirklich hier bin.

Meine Gedanken sind immer noch bei Rayne.

Rayne und der Frage, die sie nicht beantwortet hat. Es war nicht fair, ihr diese Frage überhaupt zu stellen, schon klar. Es ist egoistisch, und ich hätte sie nicht einfach so damit überfallen dürfen. Das ist keine Entscheidung, die man mal eben so treffen kann. Sie hat sich in Boston ein neues Leben aufgebaut, Freundinnen gefunden, ein Zuhause.

In L.A. würde sie mit zu vielen schmerzhaften Erinnerungen konfrontiert werden.

Aber der Gedanke, dass meine Zukunft möglicherweise hier an der Westküste liegt, während ihre auf der anderen Seite des Kontinents stattfindet, ist einfach unerträglich. Ich musste sie fragen.

Ich musste sie fragen, obwohl noch gar nicht sicher ist, ob wir überhaupt einen Plattenvertrag bekommen, ob wir tatsächlich umziehen werden.

Ich musste sie fragen, weil ich mir nicht vorstellen kann, nicht mehr mit ihr in derselben Stadt zu wohnen, sie nicht mehr jeden Tag sehen zu können.

Du und ich, wir sind echt, Rayne. Wir sind echt.

Das ändert nur leider trotzdem nichts an der Tatsache, dass ich sie damit nicht so hätte überrumpeln dürfen.

Ich zucke zusammen, als Jax mir einen Ellbogen in die Seite stößt.

»Träumst du? Komm schon, wir sind da.« Er grinst mich an, und ich ringe mir ein Lächeln ab. Ich weiß, ich müsste glücklicher sein. Unser verdammter Traum geht in Erfüllung, und ich sollte es genießen. Ich sollte jede einzelne Sekunde genießen.

»Sorry, ich war in Gedanken.«

»Dann wird es Zeit, dass du in der Realität ankommst. Wir sind in L.A., Mann!« Sein Grinsen wird noch eine Spur breiter, er ist zu aufgeregt, um zu merken, was in mir vorgeht, und ich bin froh darüber. Er würde es nicht verstehen, das weiß ich.

»Bewegt euch!«, ruft Colin ungeduldig. Er und Beck sind längst ausgestiegen und warten schon vor dem Eingang auf uns.

»Na los.« Jax klettert aus dem Wagen, ich folge ihm mit einem unterdrückten Seufzen und zwinge mich endgültig dazu, jeden Gedanken an Rayne abzuschütteln.

Jetzt sind erst mal die Jungs dran. Und unser gemeinsamer Traum. Unser verdammter Traum, der zum Greifen nah ist.

Das Redrock Building ist ein hoher Wolkenkratzer, vollständig aus Glas, die Sonne spiegelt sich gleißend hell in den Fassaden. Am Bürgersteig stehen in regelmäßigen Abständen Palmen, es ist ziemlich surreal.

»Und? Alle bereit?«, fragt Colin, bevor wir das Gebäude betreten.

»So was von bereit.« Beck legt mir einen Arm um die Schulter und schiebt mich ins Gebäude.

Die Eingangshalle ist hell, auch hier stehen überall Palmen, in Töpfen und deutlich kleinere als draußen. Vor der großen Fensterfront Richtung Straße befinden sich gemütlich aussehende Sessel um niedrige Tische, die aussehen wie Baumstämme.

Wir melden uns an der Rezeption an, und ein paar Minuten später steigt eine hochgewachsene Frau mit kurzen schwarzen Haaren aus dem Fahrstuhl und begrüßt uns mit einem freundlichen Lächeln. Sie stellt sich als Constance Roberts vor, Talentsucherin von Redrock.

»Freut mich, euch kennenzulernen. Geht's euch gut?«, fragt sie. Wir nicken gleichzeitig. »Wie aufgeregt seid ihr?«

»Zu sehr«, erwidert Beck ehrlich.

»Verständlich. Aber keine Sorge, wir sind eigentlich alle ziemlich nett, und wir freuen uns wirklich sehr, dass ihr so kurzfristig Zeit hattet, herzukommen.« Sie deutet Richtung Fahrstuhl und drückt dann auf die Nummer vierzehn, nachdem wir ihn betreten und sich die Türen mit einem leisen Pling hinter uns geschlossen haben.

»Wir freuen uns, dass wir hier sein dürfen«, erwidert Colin.

Auf dem Weg nach oben erkundigt Constance sich, wie unser Flug war, erklärt uns anschließend, in welchem Hotel wir untergebracht werden und dass sie einiges für den Tag geplant hat, falls wir nach dem Termin nicht zu erschöpft sind.

»Ich kann mir vorstellen, dass ihr nicht besonders viel geschlafen habt«, meint sie mit einem Augenzwinkern. Da hat sie wohl recht. Wir haben wirklich nicht viel geschlafen, vor allem, weil unser Flug extrem früh ging. Es war fast noch Nacht, als wir uns auf den Weg zum Flughafen gemacht haben.

»Eigentlich gar nicht.« Jax grinst fröhlich.

»Ich hoffe, heute Nacht sieht das anders aus. Aber bis es so weit ist«, die Fahrstuhltüren gleiten zur Seite, und wir verlassen den Aufzug, »hier entlang.«

Wir folgen Constance in einen großen Konferenzraum, in dem an einem runden Tisch bereits eine weitere, deutlich kleinere Frau mit roten, lockigen Haaren auf uns wartet.

»Das ist Amy, wir arbeiten zusammen.«

»Freut mich, euch kennenzulernen.« Sie reicht uns nacheinander die Hand, dann fragt sie, was wir trinken wollen und ob wir Hunger haben. Sie wirkt nett, ihr Lächeln ist warm, aber der Blick aus ihren braunen Augen ist scharfsinnig.

Wir schütteln alle vier die Köpfe. Wir sind zu nervös, um etwas zu essen.

»Ich würde sagen, dann fangen wir direkt an«, schlägt Constance vor, nachdem wir uns um den Tisch herum verteilt haben. »Ich denke, es dürfte euch nicht überraschen, dass wir durch euer Musikvideo auf euch aufmerksam geworden sind. Wir waren extrem beeindruckt. Habt ihr das alles selbst auf die Beine gestellt?«

Ich nicke. »Eine Freundin von uns hat sich vorrangig um das Video gekümmert. Sie kennt sich da besser aus als wir.«

»Macht sie das beruflich?« Neugierde blitzt in Constances Augen auf.

»Nein, sie studiert Tanz«, erklärt Jax.

Amy und Constance wechseln einen kurzen Blick, den ich nicht deuten kann. »Das ist wirklich sehr beeindruckend. Ihr könnt stolz darauf sein, dass ihr das zusammen so gut hinbekommen habt«, sagt Constance.

»Ja, aber wichtiger als das Video sind eure Songs. Wir haben uns eure Social-Media-Profile angeschaut, und was ihr bisher an Songs hochgeladen habt«, fügt Amy hinzu. »Da war schon viel Gutes dabei. Einiges ist noch ausbaufähig, aber wir finden, ihr habt sehr viel Potenzial. Und gerade, in Anbetracht eures aktuellen Hypes bei Social Media, wäre es schade, wenn ihr das nicht nutzen würdet.«

»Deswegen würden wir gerne mit euch an einem Album arbeiten. Wir können uns gut vorstellen, einige eurer Songs zu überarbeiten, aber ich denke, wir werden auch ein paar neue brauchen. Wer von euch schreibt eure Songs?«

»Hauptsächlich Beck und ich«, sage ich.

»Dann habt ihr *Dance With You 'til Midnight* zusammen geschrieben?«

Ich schüttle den Kopf und knete meine Hände. »Den Song habe ich zusammen mit Rayne Bellamy geschrieben.«

»Ah, die Tänzerin aus eurem Video.« Wieder sehen Amy und Constance sich an. Ich bin froh, dass sie von Rayne als der Tänzerin spricht und nicht als Liam Bellamys Tochter.

»Schreibt ihr öfter Songs zusammen?«, will Constance wissen.

Mein Herz macht einen Satz. »Bisher war das der einzige.«

Ihre Augen verengen sich kaum merklich, sie mustert mich prüfend. »Ich denke, das solltet ihr ändern. Ihr habt eine erstaunliche Chemie zusammen. Nicht nur beim Tanzen. *Dance*

With You 'til Midnight ist wirklich ein außergewöhnlich guter Song geworden. Eure anderen Songs sind auch nicht schlecht, auf keinen Fall, sonst würden wir hier heute nicht sitzen, aber dieser Song ist etwas Besonderes. Wir haben ihn gehört und sofort etwas gefühlt. Ihr erzählt damit eine Geschichte, die sich echt anfühlt, und genau so etwas suchen wir.«

Einen Moment lang kann ich nicht atmen, meine Handflächen werden feucht. Ich warte auf die Stimme in meinem Kopf, die Zweifel, die immer da sind, aber da ist nichts. Die Stimme ist still, und zum ersten Mal glaube ich, dass es stimmt, was Rayne gesagt, was Beck gesagt hat, was alle gesagt haben. Ich muss nicht versuchen, allein etwas Großartiges zu erschaffen. Es ist okay, wenn ich das mit jemandem zusammen mache. Mit ihr.

Weil wir zusammen wirklich echt sind und weil wir zusammen das Beste aus uns herausholen können.

»Wir möchten so oder so mit euch zusammenarbeiten, aber wenn Rayne weiterhin Songs mit euch schreibt, wäre das ein großer Pluspunkt. Ich sage es, wie es ist, weil es sowieso offensichtlich ist: Sie ist eine bekannte junge Frau. Sie an eurer Seite zu haben kann euch sehr helfen. Außerdem sieht es so aus, als würden euch sehr viele Menschen zusammen sehr toll finden.« Constances Mundwinkel heben sich zu einem vielsagenden Schmunzeln, und ich spüre, wie mir Hitze in die Wangen schießt.

»Ist das so?«, murmle ich verlegen und hoffe, sie gibt mir darauf keine Antwort. Jax hat mir in den letzten Tagen zu viele Kommentare von völlig fremden Menschen gezeigt, die aus irgendwelchen Gründen hoffen, dass Rayne und ich nicht nur in dem Video ein Paar sind, sondern auch im echten Leben.

»Sieht ganz so aus.« Amys Augen funkeln belustigt.

Ich schaue zu meinen Freunden, weil das keine Entscheidung ist, die ich alleine treffen kann. Sowieso nicht, weil Rayne ihre eigenen Entscheidungen treffen muss. Aber es geht hier auch um die Band, und wenn Redrock Rayne dabeihaben möchte, ist das was ganz anderes, als wenn ich sie bitte, mit nach L.A. zu kommen.

Es geht um unsere Band, um unsere Zukunft und unsere Freundschaft. Unsere Musik.

»Sie gehört dazu, schon vergessen?« Beck grinst mich an, und meine Schultern sacken erleichtert nach unten.

»Wir können ja nicht zulassen, dass Rayne wieder das Nachrichten-Mädchen wird«, meint Colin, was Amy und Constance mit einem verwirrten Stirnrunzeln quittieren.

»East redet mit ihr«, beschließt Jax, und ja, das werde ich wohl.

»Großartig. Dann kommen wir jetzt mal zu den harten Fakten und Zahlen.« Constance steht auf und nimmt einen Stapel Papiere von dem Sideboard, das neben der Tür steht. Sie teilt den Stapel in vier Teile auf und schiebt jedem von uns einen zu. »Das ist das Angebot, das wir euch machen können.«

48. KAPITEL
Rayne

How Do I Say Goodbye – Dean Lewis

Was mache ich hier? Was mache ich hier? Was zum Teufel mache ich hier?

Unschlüssig verlagere ich das Gewicht von einem Fuß auf den anderen und starre hoch zu Grandmas Haus, so wie ich vorgestern zu Eastons Haus hochgestarrt habe. Ich weiß wirklich nicht, was ich mache. Warum ich hier bin.

Es sind Monate vergangen, seit ich hier war, Wochen, seitdem ich meine Großmutter das letzte Mal gesehen habe. Sie hat sich nicht gemeldet, und ich auch nicht, und ich denke, damit ist eigentlich alles klar. Wir haben keine Beziehung zueinander, und wir sind keine Familie. Es ergibt keinen Sinn, dass ich vor diesem Haus stehe, weil sie mir nicht helfen kann, die Entscheidung zu treffen, die ich treffen muss.

Aber es ist das dritte Mal in einem Jahr, dass sich alles ändert, und ich brauche … Ich glaube, ich brauche jemanden, der mir sagt, was ich tun soll. Welche Entscheidung ich treffen soll. Ob ich bleiben oder mit Easton nach L.A. gehen soll. Darauf wird es hinauslaufen. Das eine oder das andere.

Nur dass meine Großmutter nicht dieser Mensch ist. Sie

kennt mich nicht. Sie hat keine Ahnung, wer ich bin. Sie kann mir nicht helfen.

Wir haben es geschafft! Sie wollen uns! Wir sollen so schnell wie möglich nach L.A. ziehen, damit wir ein Album aufnehmen können. Und sie wollen dich auch. Wir sollen zusammen Songs schreiben.

Seine Stimme in meinem Ohr, seit Stunden denke ich an nichts anderes. Er hat mir auf die Mailbox gesprochen, als ich noch Unterricht hatte. Ich hätte ihn zurückrufen sollen, sofort in der Sekunde, in der ich die Nachricht abgehört habe, aber ich habe es nicht getan. Ich habe es nicht getan, und ich hasse mich dafür. Er hat eine Antwort verdient. Er hat pure Freude verdient. Aber statt Freude habe ich nur einen Knoten nagender Angst im Bauch, weil ich nicht weiß, was ich tun soll.

Bleiben oder gehen. Ich muss eine Entscheidung treffen. Jetzt ist es nicht mehr nur ein dahingesagtes *Du könntest mitkommen*. Es ist keine Möglichkeit mehr, dass die Jungs einen Vertrag bekommen, sondern die Realität. Sie haben es geschafft, und ich soll mit Easton Songs schreiben.

Ein Teil von mir will so dringend Ja zu allem sagen, dass es wehtut. Und der andere Teil … der andere Teil weiß gar nichts mehr.

Mit einem leisen Seufzen wende ich mich ab, um mich auf den Weg zurück zur Schule zu machen, halte jedoch sofort wieder inne, als ich plötzlich Grandma gegenüberstehe.

Natürlich.

»Rayne«, sagt sie, etwas überrascht, aber immer noch mit demselben kühlen und distanzierten Tonfall, der immer in ihrer Stimme mitschwingt.

»Hey, Grandma.« Unbeholfen hebe ich die Hand, winke ihr zu und wünschte in der nächsten Sekunde, ich hätte es nicht getan.

»Was machst du hier?«

»Ich war zufällig in der Gegend und dachte …« Ich breche ab, als Grandmas ordentlich gezupfte Augenbrauen nach oben wandern. Gut, an ihrer Stelle hätte ich mir auch kein Wort geglaubt.

»Möchtest du mit reinkommen?« Grandma deutet Richtung Haus.

Ich zögere kurz, dann nicke ich, folge ihr die Treppe hinauf zur Tür und dann in den Flur. Nichts hat sich hier verändert in den vergangenen Monaten, seitdem ich ausgezogen bin, alles ist noch genau wie vorher. Sogar auf dem Esstisch steht ein ähnlicher Strauß Blumen wie Anfang des Jahres.

Grandmas Haus ist mir immer noch fremd, obwohl ich sechs Monate bei ihr gewohnt habe, und als sie mir bedeutet, mich an den Esstisch zu setzen, begreife ich, dass ich mich hier immer nur wie ein Gast gefühlt habe und nicht, als wäre das mein neues Zuhause. Nicht so, wie sich von Anfang an die New England School of Ballet angefühlt hat. Das Wohnheim, mein Zimmer dort, die Menschen, mit denen ich da wohne.

Grandma verschwindet in der Küche und kommt ein paar Minuten später mit einem Tablett zurück, auf dem eine Kanne Tee und zwei Tassen stehen.

»Warum bist du hier?«, fragt Grandma, nachdem sie sich mir gegenübergesetzt hat, und hebt anmutig die zierliche Tasse an, die vor ihr auf dem Tisch steht. Ich habe meine eigene noch nicht angerührt.

Ich öffne den Mund, ich will es ihr sagen, aber heraus kommt etwas anderes. »Warum hast du dich nie bei mir gemeldet? Du hast gesagt, du meldest dich, an dem Tag, als wir uns auf dem Campus begegnet sind. Aber du hast es nie getan. Warum nicht? Bin ich dir so egal?«

Grandma zuckt nicht mal mit der Wimper. Stattdessen

seufzt sie schwer. »Rayne …«, beginnt sie und stellt mit einem leisen Klappern die Teetasse wieder ab. »Du bist mir nicht egal. Ich kenne dich schlichtweg nicht.«

»Du hättest mich aber kennenlernen können. Ich war schließlich hier.«

»Ja, du warst hier und hast dich den ganzen Tag in deinem Zimmer verkrochen. Du hattest auch kein Interesse daran, mich kennenzulernen.«

Einen Moment lang verschlagen ihre Worte mir die Sprache. »Ich hab versucht, nicht den Verstand zu verlieren«, bringe ich gepresst hervor, während mein Magen sich verkrampft. Das alles entwickelt sich in eine völlig falsche Richtung. »Ich hab meine Eltern verloren, ich wusste nicht, wie ich …«

»Und ich habe meine Tochter verloren«, erwidert Grandma, in ihren grauen Augen blitzt ein sehr vertrauter Schmerz auf.

»Ich weiß«, erwidere ich leise. »Aber –«

»Nein, weißt du nicht«, unterbricht sie mich. Ihre Schultern straffen sich, ihr Rücken ist kerzengerade. »Sein einziges Kind zu verlieren ist …« Sie bricht ab und schüttelt den Kopf. »Noch schlimmer ist es, wenn man dann begreift, dass man sein Kind schon sehr viel früher verloren hat.«

Meine Augen brennen, und auf einmal wünsche ich mir nichts mehr, als dass ich nicht hergekommen wäre. Aber jetzt bin ich hier, und ich kann nicht einfach wieder gehen.

»Als Mom mit Dad nach L.A. gegangen ist?«, frage ich.

Sie nickt. »Ich war dagegen. Aber deine Mutter hatte schon immer ihren eigenen Kopf. Sie hat alles weggeworfen, was wir all die Jahre aufgebaut haben. Ihre Karriere, ihr Leben. Für deinen Vater.«

»Und für mich.« Die Worte kommen mir als Flüstern über die Lippen. Mom war schon schwanger, als sie das Studium abgebrochen hat und mit Dad nach Kalifornien gegangen ist.

»Ja. Dabei hatte Laura eine großartige Karriere vor sich. Sie war die beste Tänzerin der Stadt. Du hättest sie sehen müssen.«

»Ich habe sie gesehen«, entgegne ich, meine Stimme zittert. »Jeden Tag. Sie hat immer noch getanzt.«

Sie war wunderschön, und vor allem war sie glücklich.

»Aber sie ist nie auf die Bühne gegangen, obwohl sie so viel Talent hatte.« Grandma seufzt schwer. »Wie auch immer. Deine Mutter hat Entscheidungen getroffen, mit denen ich nicht einverstanden war.«

»Deshalb habt ihr aufgehört, miteinander zu reden?«

Sie weicht meinem Blick aus. »Ich fürchte, so einfach ist das nicht.«

»Warum nicht?«

»Rayne.« Wieder ein Seufzen. »Das alles ist so lange her. Wir waren beide viel zu stur, und wir haben Fehler gemacht, und irgendwann war so viel Zeit vergangen, dass sich diese Fehler nicht mehr rückgängig machen ließen.«

»Würdest du dir wünschen, du könntest es?«

»Das spielt jetzt keine Rolle mehr.«

»Doch. Ich bin noch da«, sage ich, obwohl ich gar nicht weiß, warum. In meinem Kopf herrscht absolutes Chaos. Ich bin nicht wegen Mom hergekommen. Aber vielleicht auch doch.

»Du erinnerst mich sehr an Laura, weißt du das?«, sagt Grandma, als hätte sie überhaupt nicht gehört, was ich gesagt habe. Ihre Mundwinkel heben sich zu einem feinen Lächeln. »Du siehst ihr so ähnlich. Die Haare hast du von deinem Vater, aber sonst siehst du genau aus wie sie in deinem Alter.«

Ich schweige, weil ich nicht weiß, was ich dazu sagen soll. Es stimmt nämlich nicht. Ich sehe nicht aus wie Mom. Die Augen sind das Einzige, was ich von ihr habe.

»Wie dem auch sei, du bist mir nicht egal, Rayne«, fährt

Grandma fort. »Ich fürchte nur, ich bin nicht in der Lage, dir das zu geben, was du brauchst.«

Ich muss mir auf die Unterlippe beißen, um nicht loszuheulen. Es ist dumm. Was habe ich erwartet? Dass wir urplötzlich doch eine Familie werden, nur weil ich hergekommen bin? Nein.

»Ich denke, dann sollte ich jetzt gehen.« Ich stehe auf, mir ist schlecht, meine Beine fühlen sich an, als würden sie gleich einfach unter mir wegsacken.

»Ja, das scheint mir auch eine gute Idee zu sein.« Grandma erhebt sich ebenfalls. Ich kann nicht glauben, dass es das jetzt gewesen sein soll. Aber wenn ich ehrlich bin, hätte es auch nicht anders laufen können. Wir haben uns beide keine Mühe gegeben. Wir sind Fremde, und so wie es scheint, bleibt das auch so.

»Ich denke darüber nach, die Schule zu verlassen und zurück nach L.A. zu gehen«, platzt es an der Tür aus mir heraus. Ich weiß nicht, warum, was ich mir davon verspreche. Ob ich Zustimmung oder Ablehnung erwarte und dann, wie durch ein Wunder, entscheiden kann, ob das wirklich das ist, was ich will.

Grandma lächelt nur ein kleines Lächeln. »Ich sagte doch, du bist wie deine Mutter«, meint sie nur, dann schließt sie die Tür, und ich bin allein.

Das war's jetzt wirklich.

Ich sollte etwas empfinden, irgendwas. Aber stattdessen fühle ich mich sehr leer. Ich weiß nur, dass ich nach Hause will. Dass ich mit Mom und Dad reden will, weil sie wüssten, was ich tun soll. Was ich tun will, auch wenn ich es selbst nicht weiß.

Sie wüssten es.

Und ich habe keine Ahnung.

* * *

Ich starre mein Handy an und weiß, ich muss Easton anrufen. Er wartet darauf, dass ich mich melde. Dass ich auf seine Nachricht reagiere. Was ich nicht getan habe. Weil ich immer noch nicht weiß, was ich sagen soll.

Du könntest mitkommen.

Ich schwinge die Beine aus dem Bett und greife nach meinen Kopfhörern. Ich muss hier raus. Ich kann hier nicht denken.

Aus dem Aufenthaltsraum dringt Gelächter zu mir, als ich mein Zimmer verlasse. Es ist Freitagabend, Zoe hat was davon erzählt, dass ein paar Leute einen Filmabend machen wollen. Sie hat gefragt, ob ich auch mitkommen will, um mich abzulenken, damit ich nicht die ganze Zeit an Easton denke. Es war ein lieb gemeintes Angebot, aber ein Film reicht nicht, um nicht an ihn zu denken.

Ich lasse die fröhlichen Stimmen hinter mir, gehe die Treppe hinunter und verlasse das Wohnheim. Auf dem Campus ist einiges los, im Trainingsgebäude brennt noch Licht, aber ausnahmsweise will ich nicht dorthin.

Die Tür zum Verwaltungsgebäude ist nicht abgeschlossen, irgendjemand scheint noch hier zu sein, aber als ich die Eingangshalle betrete, ist niemand zu sehen.

Meine Schritte werden langsamer, mein Herz schlägt dafür mit jeder Sekunde schneller. Fest und hart gegen meine Rippen. Es tut beinahe weh.

Ich war seit meinem ersten Tag an der Schule nicht mehr hier. Mein Blick fällt ganz automatisch auf die Fotos, die an den Wänden hängen. Ich habe in all den Wochen, die ich hier bin, nicht nach Moms Bild gesucht. Vielleicht weil ich Angst davor hatte, es nicht zu finden und was das bedeuten würde.

Vermutlich sollte ich das nicht tun. Einem Bild so viel Bedeutung beimessen. Aber ich denke, ich sollte ganz viele Dinge nicht tun.

Langsam gehe ich an den Fotos vorbei, betrachte die Tänzerinnen und Tänzer in ihren Posen und finde Mom schließlich auf der rechten Seite. Es ist das vorletzte Bild.

Mom ist jung und wunderschön. Sie trägt ein schwarzes Trikot zu einem schwarzen Rock, die Haare sind zu einem strengen Knoten zurückgebunden. Die Pose sieht einfach aus, eine leichte Rückbeuge, der Kopf nach oben gerichtet, die Arme ausgestreckt. Sie steht auf der Spitze ihres einen Fußes, das andere Bein hat sie angewinkelt. Es sieht einfach aus, und doch ist es was Besonderes. Kein komplizierter Sprung, kein extravagantes Outfit. Nur meine Mom.

Tränen steigen mir in die Augen, während ich sie betrachte. Mein Herz tut weh. Sie war so schön.

»Hey, Mom«, sage ich leise, lasse mich auf den Boden sinken und setze mir die Kopfhörer auf. Einen Moment später habe ich Dads leise Stimme im Ohr. Zum ersten Mal seit Monaten. Zitternd atme ich ein, mein ganzer Körper verkrampft sich.

Vertraut, er klingt immer noch so vertraut. Ich weine, weil ich nicht anders kann. Mir tut alles weh. Warum muss Vermissen so wehtun?

»Hey, Dad«, bringe ich irgendwann erstickt hervor und wische mir schniefend die Tränen von den Wangen. »Ich weiß nicht, was ich tun soll.«

Niemand antwortet. Natürlich nicht. Dad singt weiter, ich höre *Mockingbird*, weil es das einzige Lied ist, das gerade Sinn ergibt. Das Lied, mit dem irgendwie alles angefangen hat.

»Ist es verrückt, dass ich hier mit euch rede? Wahrscheinlich, oder? Selbstgespräche zu führen ist schon ein bisschen verrückt.« Ich ziehe die Knie an und schlinge die Arme um mich selbst. »Woher weiß man, welche Entscheidung man treffen soll? Woher soll ich wissen, was ich tun soll? Ob ich bleiben oder mit ihm gehen soll? Wie soll das gehen?«

Der Song verklingt und beginnt von vorne.

»Ich hab einen Song geschrieben, Dad«, sage ich. Die Erinnerung an die Nacht am Strand, Easton und ich in diesem Van, Stift und Notizbuch in der Hand, lässt schmerzhafte Sehnsucht in mir aufsteigen. »Ich hab mit Easton einen Song geschrieben, und er hat gefragt, ob ich mit ihm nach L.A. gehe. Die Jungs haben ein Angebot, und er hat gefragt, ob ich mitkomme. Und ich will das. Wirklich, aber ich weiß nicht, ob ich das kann. Ich meine, das ist doch verrückt, oder? Was soll ich in L.A.? Easton und ich sind doch erst seit ein paar Wochen zusammen. Jetzt einfach mit ihm zu gehen ist total verrückt. Komplett absurd. Ich meine, wer macht denn so was? Du hättest mir den Hals umgedreht, wenn ich so eine Entscheidung nur für einen Jungen getroffen hätte.«

Einen Moment lang glaube ich beinahe, dass er antwortet, nur den Bruchteil einer Sekunde, weil ich das viel zu sehr brauche. Doch natürlich bekomme ich keine Antwort.

»Aber ich will mit ihm gehen, Dad. Ich will mit ihm mitgehen, weil er mein bester Freund ist und weil das zwischen uns … einfach echt ist.« Ich stoße ein ersticktes Lachen aus.

Du und ich, wir sind echt, Rayne.

»Wenn er geht und ich bleibe … das geht nicht. Es geht einfach nicht. Aber jetzt von hier fortzugehen … Ich bin wegen Mom hergekommen. Ich wollte sein wie sie, weil sie sich das so sehr gewünscht hat, weißt du? Sie war immer ein bisschen traurig, dass ich die Musik mehr geliebt habe als das Ballett. Ich weiß, dass sie das nicht böse gemeint hat, ganz ehrlich. Sie wollte einfach nur, dass wir was gemeinsam haben, und ich wollte das auch. Ich *will* das. Gott, sie fehlt mir so.« Ein gequältes Schluchzen bricht aus mir heraus, ich schlage mir die Hände vors Gesicht, obwohl niemand da ist, der meine Tränen sehen kann. »Ich hab Angst, dass ich sie enttäusche, wenn ich zurückgehe, weißt du?«

»Hearts can break from time to time. Fragile little souls«, singt Dad weiter, und ich kann nicht, ich kann nicht, ich kann nicht mehr atmen. Mir tut alles weh. Easton soll hier sein, er soll mich festhalten und mir sagen, dass es okay ist. Zusammenzubrechen, keine Entscheidung treffen zu wollen, Angst zu haben.

Ich will, dass er mir sagt, was Dad mir sagen würde. Weil Dad sagen würde, dass ich Mom nie enttäuschen könnte. Dass das Wichtigste für sie wäre, dass ich glücklich bin. Und ich deshalb genau das machen soll, was mich glücklich macht.

Das Ballett ist es nicht. War es nie, und ich glaube, im Grunde habe ich das die ganze Zeit gewusst. Jeden Tag in jeder Trainingsstunde, in der ich zu verbissen darum gekämpft habe, etwas zu erreichen, was einfach nicht das Richtige für mich ist. Ich habe es gewusst und verdrängt, weil ich keine Ahnung hatte, was ich sonst tun soll, wohin ich gehen soll, wovon ich träumen soll.

Dabei war mein Traum eigentlich die ganze Zeit da. Ich habe mich nur nicht getraut, ihn zuzulassen. Er war schon da, bevor Mom und Dad gestorben sind, damals schon, als ich nur mit Easton Nachrichten geschrieben habe. Er hat mich gefragt, was ich machen möchte, und meine Antwort war einfach.

»Glaubst du, dass ich das kann, Dad? Songs schreiben?«

Du kannst alles schaffen, little bird.

Er hat das so oft gesagt, jedes Mal, wenn ich an mir gezweifelt habe.

»Ich will das. Ich glaube, ich will das wirklich. Das hier, das alles … Es ist schön, aber es fühlt sich nicht richtig an. Es fühlt sich an, als würde ein Teil von mir fehlen. Und ich glaube nicht, dass ich ihn hier finde«, sage ich, und auf einmal ist es ganz einfach, eine Entscheidung zu treffen. Mit Moms Bild vor Augen und Dads Stimme im Ohr:

Spread your wings, untie your chains
Make your voice get heard
We'll be dancing in the rain
My lovely mockingbird

Ich muss mutig sein und fliegen.

49. KAPITEL
Easton

Hollywood – Lewis Capaldi

Rayne geht nicht ans Telefon, obwohl ich seit Stunden versuche, sie zu erreichen. Meine Nachrichten gehen auch nicht durch, und auf die Nachricht, die ich ihr auf die Mailbox gesprochen habe, hat sie nicht reagiert. Ich versuche, deswegen nicht durchzudrehen, aber es ist verdammt schwierig.

So schwierig, dass ich irgendwann Jase schreibe und ihn frage, ob es Rayne gut geht. Seine Antwort kommt schnell, beruhigt mich aber nur ein bisschen.

Jase: Mach dir keine Sorgen, sie ist mit Zoe und Mae unterwegs. Zoe hat was von Mädelsabend und Ablenkung gesagt.

Ablenkung wovon? Hat sie sich entschieden, und das war's? Oder hat sie sich noch nicht entschieden und kann das auch nicht? Meine Gedanken fahren Achterbahn, sie muss sich bitte melden, bevor ich den Verstand verliere.

Aber sie meldet sich nicht, und ich kann nicht schlafen. Meine Freunde liegen in ihren eigenen Betten, in der Suite, die Redrock uns gebucht hat. Ich höre Jax' leises Schnarchen. Wir waren erst spät im Hotel, haben den ganzen Tag mit Constance und Amy verbracht und gefeiert.

Sie haben viel vor mit uns. Große Pläne. Ein Album, mehr Social-Media-Marketing, Fernsehauftritte, Interviews. Eine Tour, sobald das Album fertig ist. Wir sollen so schnell wie möglich nach L.A. ziehen, damit wir anfangen können, an unseren Songs zu arbeiten. Constance hat noch mehrmals betont, dass sie sich freuen würde, wenn Rayne daran mitarbeiten würde.

Ich greife nach meinem Handy, zum gefühlt tausendsten Mal in den letzten paar Stunden, und setze mich ruckartig auf, als ich endlich eine Antwort von Rayne entdecke.

Rayne: Bist du wach?
Easton: Ja. Wo warst du?
Rayne: Unterwegs. Tut mir leid, dass ich mich nicht früher gemeldet habe. Kannst du mir einen Gefallen tun?
Easton: Jeden.
Rayne: Kannst du zum Santa Monica Beach fahren und mir ein Video vom Sonnenaufgang machen?

Ungläubig starre ich auf ihre letzte Nachricht, ein warmes Kribbeln breitet sich in mir aus, als dumme, dumme Hoffnung in mir aufsteigt.

Easton: Gib mir eine halbe Stunde.
Rayne: Sonnenaufgang ist in 23 Minuten. Beeil dich!

Ich schwinge die Beine aus dem Bett und ziehe mich hastig an, bevor ich mich so leise wie möglich aus der Suite schleiche, um meine Freunde nicht zu wecken.

* * *

Der Santa Monica Beach ist, trotz der frühen Stunde, bereits gut besucht. Hauptsächlich tummeln sich hier Surfer, die die ersten Wellen des Tages erwischen wollen. Es ist ungewohnt, so früh schon so viele Leute am Strand zu sehen.

Der Himmel wird gerade heller, als ich die Schuhe ausziehe und den noch kühlen Sand unter meinen nackten Füßen spüre. Salzige Luft steigt mir in die Nase. Ich muss an die beiden Nächte mit Rayne am Meer denken, daran, wie sie gesagt hat, dass sie sich am Meer immer zu Hause fühlt.

Und da ist sie wieder, diese dumme Hoffnung, von der ich einfach nicht ablassen kann. Mein Herz schlägt aufgeregt in meiner Brust, während ich den Strand entlanglaufe und nach Rayne suche. Sie muss hier sein. Sie hat mich nicht wirklich hierherbestellt, nur damit ich ihr ein Video vom Sonnenaufgang mache.

Sie ist hier, ich bin mir sicher.

Und dann ist sie diejenige, die mich findet.

»Du machst ja gar kein Video.« Die belustigte Stimme hinter mir lässt mich innehalten.

Ich drehe mich um, und da steht sie tatsächlich vor mir. Hier. Unter ihren Augen liegen dunkle Schatten, sie sieht müde aus, aber sie lächelt, und sie ist schön. So wunderschön.

»Du bist hier«, sage ich und mache einen Schritt auf sie zu, strecke eine Hand nach ihr aus. Ich muss sie berühren, mich vergewissern, dass sie wirklich hier ist.

Ihre Finger verschränken sich mit meinen, und sie ist es.

»Ja«, sagt sie. »Ich bin hier.«

50. KAPITEL
Rayne

Lucky Again – Louis Tomlinson

Acht Stunden zuvor

»Ich fasse es nicht, dass du das tatsächlich machst!«, sagt Mae und hetzt neben mir her zur Sicherheitskontrolle. Ich habe kein Gepäck dabei, deswegen muss ich nicht noch zum Schalter, wahrscheinlich sind die ohnehin längst zu. Ich bin spät dran.

Überall stehen Menschen herum, es sind so viele, dass wir nicht so schnell vorankommen, wie wir sollten, weil wir ständig jemandem ausweichen müssen.

»Wir werden dich vermissen.« Zoe greift im Laufen nach meiner Hand. Die beiden haben darauf bestanden, mich zum Flughafen zu bringen, nachdem ich ihnen erzählt habe, was ich vorhabe. Sie sind nun mal echte Freundinnen.

»Ich werde euch auch vermissen.« Auf einmal habe ich einen dicken Kloß im Hals. Abrupt bleibe ich stehen, so plötzlich, dass Mae noch zwei Schritte weiterläuft, bis sie merkt, dass Zoe und ich nicht mehr bei ihr sind. Ich strecke beide Arme aus, und wir fallen einander um den Hals.

»Wehe, du kommst uns nicht regelmäßig besuchen.« Maes

Stimme klingt ziemlich erstickt, und als sie mich loslässt, glitzern Tränen in ihren Augen. Sofort fangen auch meine an zu brennen.

»Ihr könnt mich auch besuchen kommen. Sooft ihr wollt.«

»Darauf kannst du dich so was von verlassen! Du wirst uns nicht mehr los.«

»Auf keinen Fall«, stimmt Zoe zu, auch ihre braunen Augen glänzen verdächtig.

»Das will ich auch schwer hoffen. Ich bin wirklich so froh, dass ich euch gefunden habe und –«

»Stopp! Lass das«, unterbricht Mae mich und schüttelt hektisch den Kopf. »Wenn du jetzt sentimental wirst, fange ich an zu heulen, und dann musst du mich trösten, und wir sind echt spät dran. Du musst deinen Flug erwischen!«

»Ich weiß, aber –«

»Kein Aber«, fällt mir jetzt auch Zoe ins Wort. »Du kommst doch eh noch mal zurück. Jetzt ist keine Zeit für einen richtigen Abschied. Du musst Easton sagen, dass du mit ihm Musik machen willst.«

»Musst du. Das wird großartig. Weil du großartig bist. Wir freuen uns jetzt schon auf jeden Song, den du schreibst! Und jetzt los.« Mae greift nach meiner freien Hand und zieht uns weiter.

Wir erreichen die Kontrolle, und jetzt ist doch die Zeit für einen Abschied gekommen, wenigstens für einen kurzen.

»Wir sehen uns spätestens Montag«, sage ich, weil Easton und die Jungs ohnehin am Sonntag zurückfliegen werden, die Flugtickets sind längst gebucht, das weiß ich. Außerdem ist da noch ein Gespräch mit Direktor Pearson, das ich führen muss.

Bei dem Gedanken daran, dass ich die New England School of Ballet tatsächlich verlassen werde, zieht sich mein Herz schmerzhaft zusammen. Gleichzeitig steigt Aufregung in mir auf, weil es das Richtige ist.

Ich bin keine Tänzerin. Nicht so, wie ich es sein sollte, wenn ich diese Schule weiterhin besuchen wollen würde. Mein Herz schlägt für etwas anderes.

Für die Songs in meinem Kopf, die ich zu Papier bringen will. Die Songs, die ich mit Easton schreiben will.

Wir umarmen uns ein letztes Mal, dann lasse ich meine Freundinnen stehen und mache mich auf den Weg nach Los Angeles. Zu Easton. Damit ich ihm sagen kann, was ich will.

Ich schlafe nicht, den ganzen Flug über. Stattdessen höre ich wieder und wieder die Songs, die die Jungs im Studio aufgenommen haben.

Ich höre Easton zu, stundenlang, und dann bin ich da. In Los Angeles. Zu Hause.

Ich fahre zum Strand und warte, bis er kommt. Mein Herz macht einen Satz, als ich ihn entdecke. Ich muss lächeln, und ja, das hier war auf jeden Fall die richtige Entscheidung.

Er geht los, ohne sein Handy aus der Hosentasche zu holen. Er wusste, dass ich komme. Er kennt mich.

Aber er sieht mich nicht. Erst als ich direkt hinter ihm bin, den Sand unter den Füßen, das Rauschen der Wellen neben uns.

»Du machst ja gar kein Video«, sage ich amüsiert.

Easton erstarrt, als er meine Stimme hört, und dreht sich dann langsam zu mir um. Seine Augen leuchten auf, er lächelt, und ich weiß ganz sicher, ich habe die richtige Entscheidung getroffen. Weil mein Herz ein bisschen weniger wehtut, wenn er mich so anlächelt.

Der Schmerz wird nicht verschwinden, das weiß ich. Er wird immer da sein. Ich werde Mom und Dad immer vermissen. Es wird immer wehtun, zu wissen, wie viel sie verpassen werden. Zu viel. Mein ganzes Leben. Es ist nicht fair, aber ich kann es nicht ändern. Ich kann nur weitermachen. Mich an die schönen Dinge erinnern. An Moms Lächeln und Dads Songs. Daran, wie sie getanzt hat, und daran, wie er bei uns auf der Terrasse gesessen und Dutzende Songs geschrieben hat.

Sie werden immer bei mir sein.

»Du bist hier«, sagt Easton, seine Stimme ist belegt. Er macht einen Schritt auf mich zu, streckt eine Hand nach mir aus, und ich lege meine Hand in seine. Unsere Finger verschränken sich …

»Ja«, erwidere ich. »Ich bin hier.«

»Warum?« Er zieht mich an sich, lehnt seine Stirn gegen meine. Sein Atem streift meine Haut, und ich schließe die Augen.

»Weil ich hierhin gehöre. Ich will nach Hause kommen«, sage ich, und ich weiß, er weiß, was ich meine.

Er ist mein Zuhause.

War er die ganze Zeit. Seit ich ihn das erste Mal *Mockingbird* habe singen hören. Seit ich ihm das erste Mal geschrieben habe. Und seit er mir das erste Mal geantwortet hat.

10. TEIL

Outro

EPILOG
Rayne

»Bereit?«, fragt Easton und schenkt mir ein aufmunterndes Lächeln. Wir stehen in der Auffahrt unserer Villa. Ich bin seit letztem Sommer nicht mehr hier gewesen.

Aber sie ist nach wie vor mein Zuhause.

Ich nicke, bringe aber keinen Ton heraus. Meine Hand umklammert seine, und nein, ich bin nicht bereit, kein bisschen.

Wir haben die letzten fünf Wochen mitten in der Stadt gewohnt, in einem Hotel direkt gegenüber von dem Studio, in dem *We Are No Saints* ihr erstes Album aufgenommen haben.

Waiting ist großartig geworden. Easton und ich haben Songs geschrieben, jede Nacht. Wir waren wie besessen, es war ein Rausch, aus dem keiner von uns aufwachen wollte. Mein Kopf war so voll, ich hätte tausend Songs schreiben können. Es war, als wäre eine Mauer in meinem Kopf gefallen, und endlich konnten all die Wörter raus, die so lange darauf gewartet haben, dass ich sie aufschreibe.

Wir haben kaum geschlafen, ich weiß nicht, wie wir das überlebt haben. Wahrscheinlich hat das Adrenalin geholfen. Jedes Mal, wenn wir einen neuen Song fertig hatten, sind die Jungs am nächsten Tag ins Studio und haben ihn aufgenommen. Am Ende waren es viel zu viele für ein Album, nicht alle haben in das Konzept gepasst, in die Geschichte, die wir mit der Platte erzählen wollten, deshalb mussten wir aussortieren, geliebt haben wir trotzdem jeden einzelnen.

Jetzt ist das Album fertig, und es ist Zeit für eine kleine Pause, bevor die Jungs auf ihre erste Tour gehen.

Zeit, um umzuziehen. Nach Hause zu kommen.

Mein Herz schlägt viel zu schnell, während wir zur Haustür gehen. Das Grundstück sieht noch genauso aus wie früher. Das Haus. Nur Dads Auto steht nicht in der Auffahrt, sondern in der Garage, obwohl er es nie reingestellt hat.

Ich hole tief Luft und stecke den Haustürschlüssel ins Schloss. Die Tür schwingt auf, wir gehen rein. Meine Augen brennen, es ist alles wie immer und doch ganz anders.

Die Möbel stehen noch an Ort und Stelle, das Sofa, der Esstisch und die Stühle, Dads Flügel. Moms Bücherregale. Alles andere ist verschwunden. Die Jacken, die immer an der Garderobe hingen, Moms Handtaschen, die Schuhe. Es ist alles weg, natürlich, Grandma hat Leute dafür bezahlt, dass sie das Haus leer räumen, als ich zu ihr nach Boston gezogen bin. Moms und Dads Sachen sind in einem Lagerhaus in der Stadt untergebracht, Grandma wollte sie spenden, ich habe mich dagegen gewehrt. Irgendwann beschäftige ich mich damit, was ich mit den vollen Kartons mache, aber noch nicht jetzt.

»Es ist schön hier«, sagt Easton, als wir ins Wohnzimmer gehen. Wir treten an die große Fensterfront, von der aus man direkt aufs Meer schauen kann.

»Ja.« Ich seufze leise und spüre, wie etwas in mir zur Ruhe kommt, während wir nach draußen blicken.

»Geht's dir gut?«

»Ja«, wiederhole ich, ein Lächeln breitet sich auf meinem Gesicht aus. »Mir geht's wirklich gut.«

»Und es ist echt okay, wenn wir alle hier wohnen?«, fragt er ein bisschen unsicher.

»Sonst hätte ich nicht gefragt.« Ich stupse ihn an. »Es ist schön, wenn das Haus nicht leer ist. Und ihr gehört zusammen. Ich kann ja nicht nur dich hier einziehen lassen.«

»Könntest du schon.« Grinsend zieht er mich an sich. »Aber Beck kann kochen.«

»Richtig. Und wir nicht. Wir brauchen ihn also. Und ich glaube, Colin freut sich, dass er hier noch ein paar Meilen näher an Stanford wohnt als in der Stadt, um Emma zu sehen.« Ich schlinge beide Arme um seine Taille und blicke zu ihm auf. »Ich bin wirklich froh, dass ihr alle hier wohnen werdet.«

Seine Antwort ist ein Kuss, zärtlich und sanft. »Bist du auch froh, dass du hier bist?«, fragt er, nachdem wir uns wieder voneinander gelöst haben.

»Ja«, sage ich und meine es auch so. »Es war die richtige Entscheidung.«

Für die Musik, gegen das Ballett. Für einen Traum, den ich mir viel zu lange nicht zu träumen erlaubt habe.

Aber jetzt bin ich hier, und der Traum ist wahr geworden. Und ich bin nicht allein. Ich bin nie allein. Weil Mom und Dad immer bei mir sind. Und weil Easton und die Jungs bei mir sind. Und weil ich Zoe und Mae gefunden habe. Wir mögen in verschiedenen Städten wohnen, aber ich weiß, dass sie trotzdem immer für mich da sein werden. Sie alle sind die Familie, die ich nicht erwartet, aber im richtigen Moment gefunden habe.

Easton

Wir spielen unser erstes Konzert in Boston im Lighthouse. Es muss so sein. Hier, in dieser Stadt, hat damals alles angefangen, und deswegen muss auch unsere Tour hier beginnen.

Dance With You 'til Midnight ist vor sieben Wochen offiziell erschienen, und alles, was seitdem passiert ist, fühlt sich an wie ein Fiebertraum, nicht wie die Realität. Wir haben es in die Top Ten der Billboard Charts geschafft, etwas, womit wir nie gerechnet hätten. Unser Album ist erschienen. Die Tour wurde angekündigt, und jedes einzelne Konzert ist ausverkauft. Wir spielen in Clubs wie dem Lighthouse, nicht in riesigen Arenen, aber das müssen wir auch nicht. Wir fangen schließlich gerade erst an.

»Ich glaube, ich muss gleich kotzen.« Jax taucht hinter der Bühne auf und hält sich den Magen. Er ist tatsächlich ziemlich blass.

»Dann tu es jetzt und nicht, wenn wir auf der Bühne stehen«, meint Colin, aber er klingt in etwa genauso nervös wie Jax. Wir sind alle nervös.

»Habt ihr gesehen, wie viele Leute da sind?« Beck rauft sich die Haare.

»Viele«, sage ich, obwohl ich keine Ahnung habe. Aber es sind viele Stimmen, die aus dem Hauptraum des Clubs zu uns hallen.

»Wo sind Emma und Rayne?« Suchend schaut Colin sich um.

Ich nicke Richtung Bühne. »Sie stehen in der ersten Reihe. Mit Jase, Zoe und Mae. Sie wollen uns richtig zusehen.«

Colin setzt gerade zu einer Erwiderung an, als Amy mit forschen Schritten auf uns zukommt. Sie wird uns bei der Tour begleiten.

»Geht's euch gut, Jungs?«, fragt sie in die Runde. Wir nicken, obwohl Jax sofort noch ein bisschen bleicher wird. »Dann mal los. Showtime. Und viel Spaß.«

Sie scheucht uns auf die Bühne, und dann beginnt es. Unsere Tour. Alles.

Das Lighthouse ist komplett voll. Ich weiß nicht, ob ich schon mal so viele Menschen hier gesehen habe.

Ich trete ans Mikrofon, mein Herz hämmert wild gegen meine Brust, Schweißperlen laufen mir den Rücken hinunter, jetzt schon, das ist die Aufregung, nicht nur die Hitze, die hier drin herrscht.

»Guten Abend, Boston! Wir freuen uns, wieder zu Hause zu sein! Seid ihr bereit?«, rufe ich, und ja, sie sind bereit.

Das Kreischen, das uns entgegenschallt, ist so laut, es tut beinahe in den Ohren weh. Gleichzeitig schießt Adrenalin durch meine Adern.

Ich finde Rayne in der ersten Reihe, bevor ich den ersten Song anstimme. Ich muss sie finden, weil ich das hier für sie tue. Und weil mit diesem Song alles angefangen hat.

Mockingbird.

Sie steht zwischen Zoe und Mae, sie halten sich an den Händen. Ihr Lächeln trifft mich mitten ins Herz, aber ich sehe auch, dass ihre Augen verdächtig glänzen, als ich die erste Zeile singe.

You were always chasing heights
Beautiful and brave
Dancing fearless through the nights
Knowing you are safe

Ihre Lippen bewegen sich zusammen mit meinen, zusammen mit allen anderen. Alle hier kennen den Text. Und ich glaube, alle wissen, warum wir die Tour mit diesem Song beginnen.

Ich sehe sie an, während ich singe, nur sie. Ihr Blick brennt sich in meinen, und einen Moment lang sind wir völlig allein. Da ist niemand mehr, nur wir.

Und wir sind echt, sie und ich. Waren wir von Anfang an.

NACHWORT

Ich kann gar nicht glauben, dass ihr *Stay Here* jetzt schon in den Händen halten könnt und wir uns mit kleinen Schritten auf das Ende der Reihe zubewegen. Mit sehr kleinen Schritten, denn Lias & Phoenix' und Skyes & Gabriels Geschichten warten glücklicherweise ja noch auf uns.

So wie Zoe (und alle anderen) hat auch Rayne ihre ganz eigenen Probleme mit dem Ballett.

Ich habe viel darüber nachgedacht, wie ich euch diese Problematik näherbringen möchte, und ich hätte neben dem Druck, den sie sich selbst macht, auch noch Druck von außen aufbauen können, vom Lehrpersonal, von den anderen Studierenden, weil es das wäre, was realistisch ist. Bei diesem Sport geht es schließlich viel zu oft um Druck.

Ich habe mich letzten Endes jedoch ganz bewusst dagegen entschieden, Rayne Druck von außen zu machen, weil ich mit der *New England School of Ballet* einen Ort erschaffen wollte, an dem meine Figuren, aber auch ihr euch beim Lesen wohlfühlen könnt, der wirklich wie ein zweites Zuhause ist, und ich denke und hoffe, dass ihr euch das auch genauso gewünscht habt – selbst wenn die Realität anders aussieht. Aber seien wir ehrlich: Wir wollen der Realität beim Lesen doch auch ein bisschen entfliehen, oder?

So oder so freue ich mich, wenn wir uns bald wiederlesen,

wenn Lia ihre Geschichte in *Shine Bright* erzählen darf und wir für das dritte Semester an die *New England School of Ballet* zurückkehren.

DANKSAGUNG

Dass ihr Raynes und Eastons Geschichte so lesen konntet, wie ihr es getan habt, haben wir alle zwei ganz besonderen Menschen zu verdanken – wirklich, ohne die beiden wäre das ein ganz anderes Buch geworden, und das wäre doch wirklich schade gewesen.

Also danke, Katharina, danke, Steffi. Für wirklich alles. Jede Mail, jede Nachricht, jedes Telefonat. Danke dafür, dass ihr so viel Zeit und Energie in dieses Buch gesteckt habt, ich wüsste wirklich nicht, was ich ohne euch getan hätte. Das sage ich zwar jedes Mal, aber dieses Mal ist es noch wahrer als sonst.

Danke, Steffi Bubley und dem wunderbaren LYX-Verlag, dafür, dass ich diese Bücher schreiben darf und dass sie dank euch so wunderhübsch sind. Danke dem Team von LYX-Audio für die allerbesten Hörbücher, dem Marketing und Andrea Berlauer für einfach alles, was ihr tut.

Kathrin, danke auch dir für alles, was du für meine Bücher tust!

Vivi, ich fasse mich dieses Mal kurz, dafür aber in Großbuchstaben: DANKE!

Sarah, danke, dass du mir wieder und wieder in den Hintern getreten hast, unsere Schreibsessions haben mich gerettet!

Maike, tausendmal danke für die Songs, die du an meiner Stelle geschrieben hast. Sie sind absolut umwerfend, und ich wünschte, es gäbe eine Band, die sie tatsächlich zum Leben erwecken könnte.

Becca, Elena, Marie, Charlie, Lui: Danke euch fürs Testlesen, für eure Romannachrichten und ewig langen Sprachnachrichten. Danke für eure Begeisterung und Liebe, ihr habt mich mit eurem Feedback wirklich unendlich glücklich gemacht und meine Zweifel leiser werden lassen!

Mama, Christina, Jan: Danke, dass ihr immer an mich geglaubt habt, dass ihr mich immer unterstützt, und danke für eure Begeisterung für meinen Traum.

Benedikt, danke, dass wir dieses beste aller Jahre gemeinsam verbringen können und du es noch besser machst.

Und zu guter Letzt möchte ich allen Buchhändler:innen, Blogger:innen und Leser:innen danken. Eure Begeisterung für *Hold Me* hat alles übertroffen, was ich mir erhofft habe. Ich bin euch so unendlich dankbar für jede Rezension, jedes Bild, jede Nachricht, einfach für alles, alles, alles.

Triggerwarnung

Dieses Buch enthält Elemente,
die potenziell triggern können.

Diese sind:
Tod, Verlust von Angehörigen, Autounfall, Trauer.